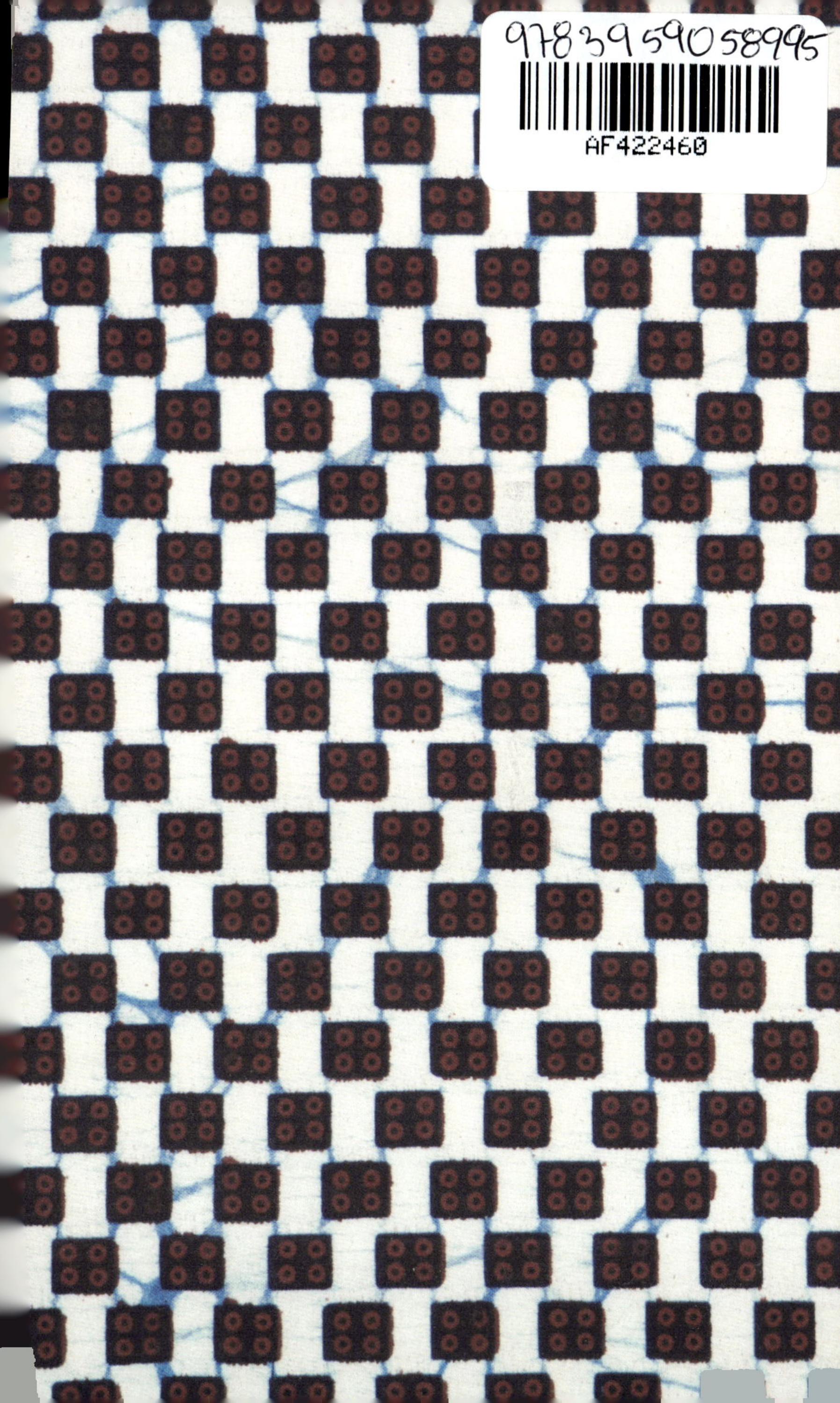
9783959058995
AF422460

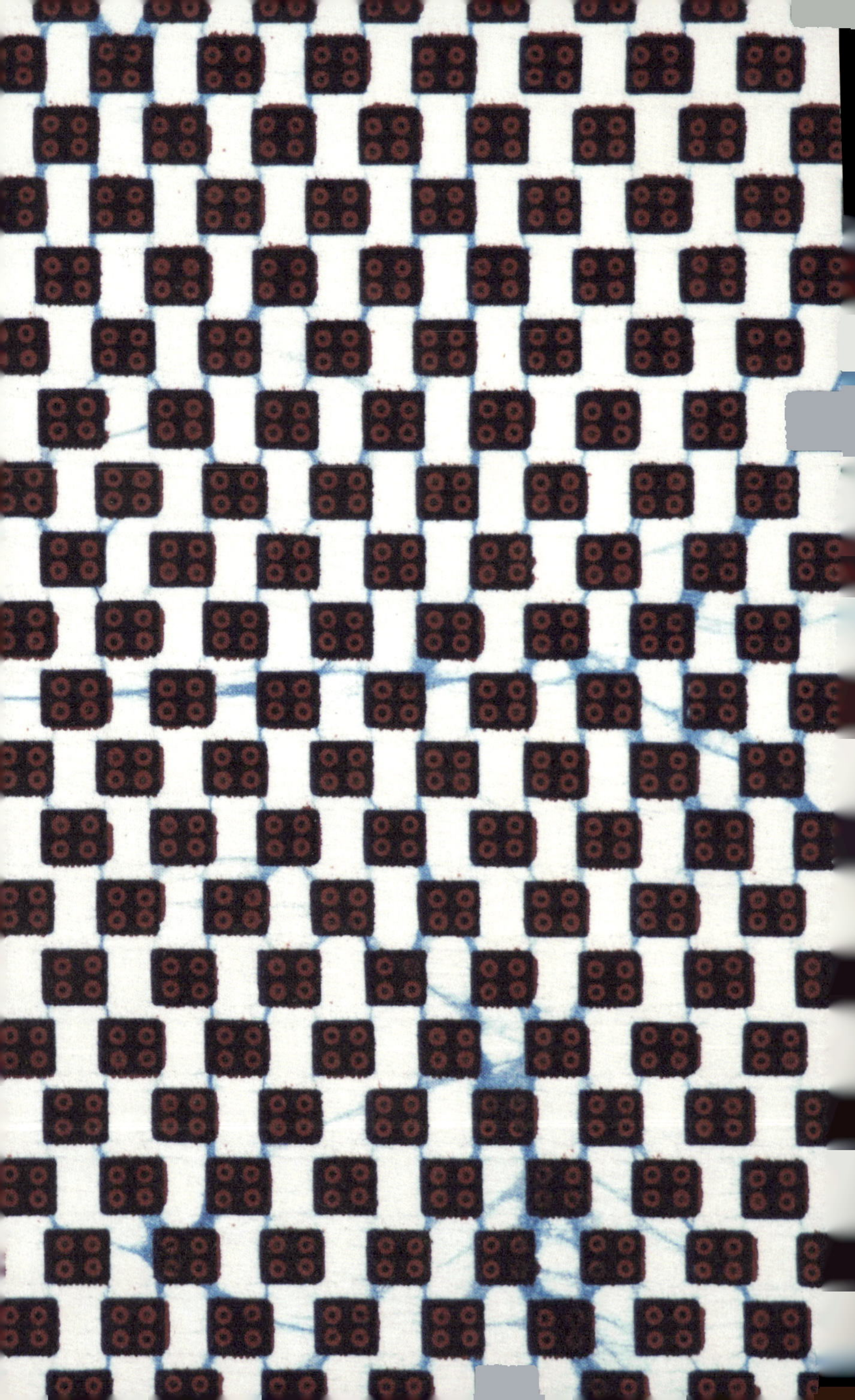

Protektorat

Artist
Silvia Rosi

Theorist
Katrin Bauer

C|O Berlin　Spector Books

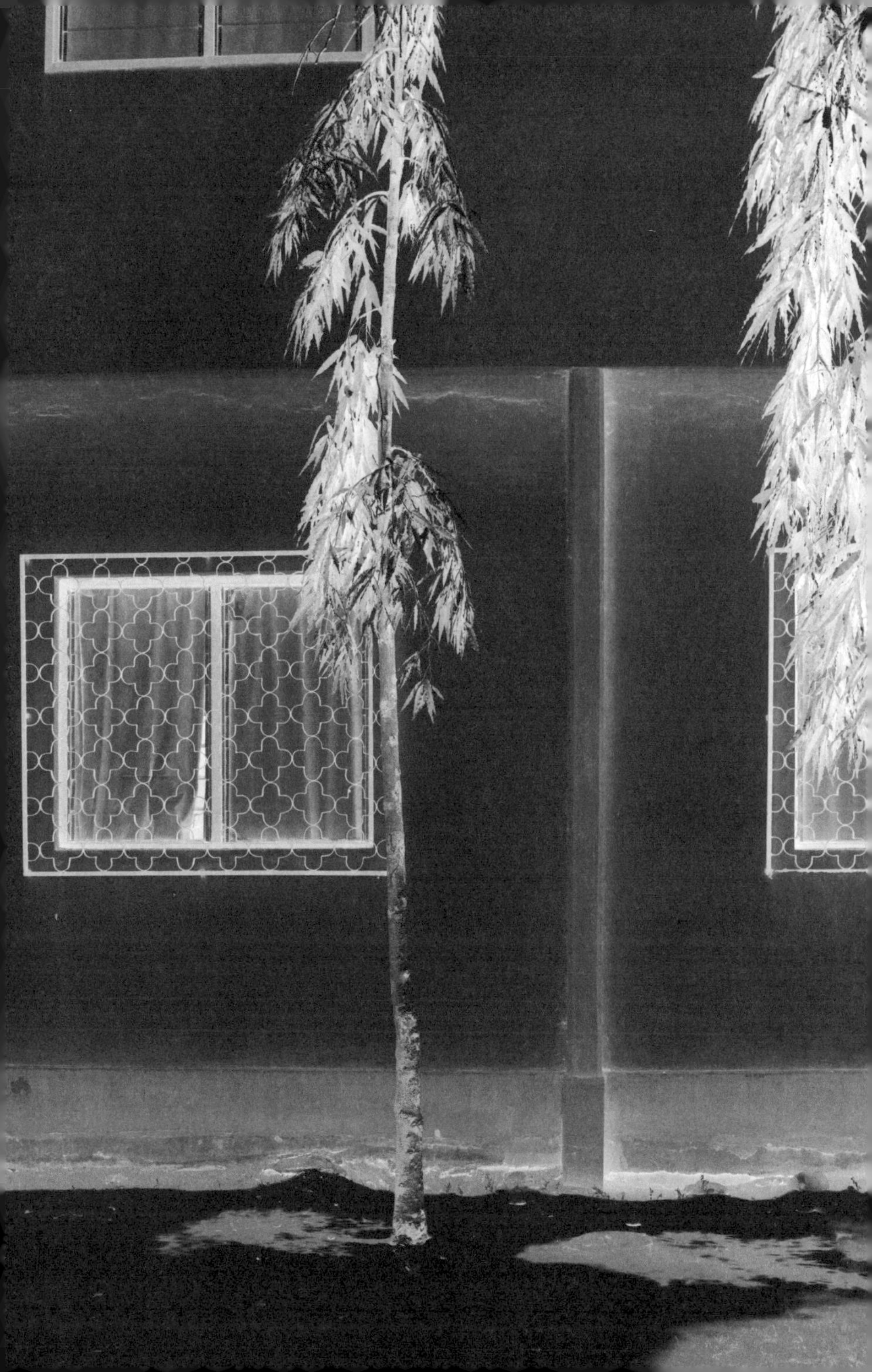

Juni 1899.

Kulturen. Läßt die Ausführung

... Kulturen ...

...ground these parts to lay ques-
tious charges against us, in order
to have the privilege given her o...
...ling us, but we were rescued
by Pedro Coffee who told us that a...
long as he lives, nobody will
molest us. My daughter fle[d]
to the English Wesleyan mission
for protection & now desire
assurances that we may not
sold into slavery as deem...
of the Christian Religion.

As Amooho is going about
privately imploring people [to]
assist her to sell us as s...
as the death of Pedro C...
shall occur & is publish...

Signed
    Hannah Arundemani
        Her
        X
Witnesses to Signatures mark.
    Lydia Gbudekpo
        her
        mark

Broyou Roe
    English Minister

  Blackooe   Native Christian

Little Popo
  April 6th 1888

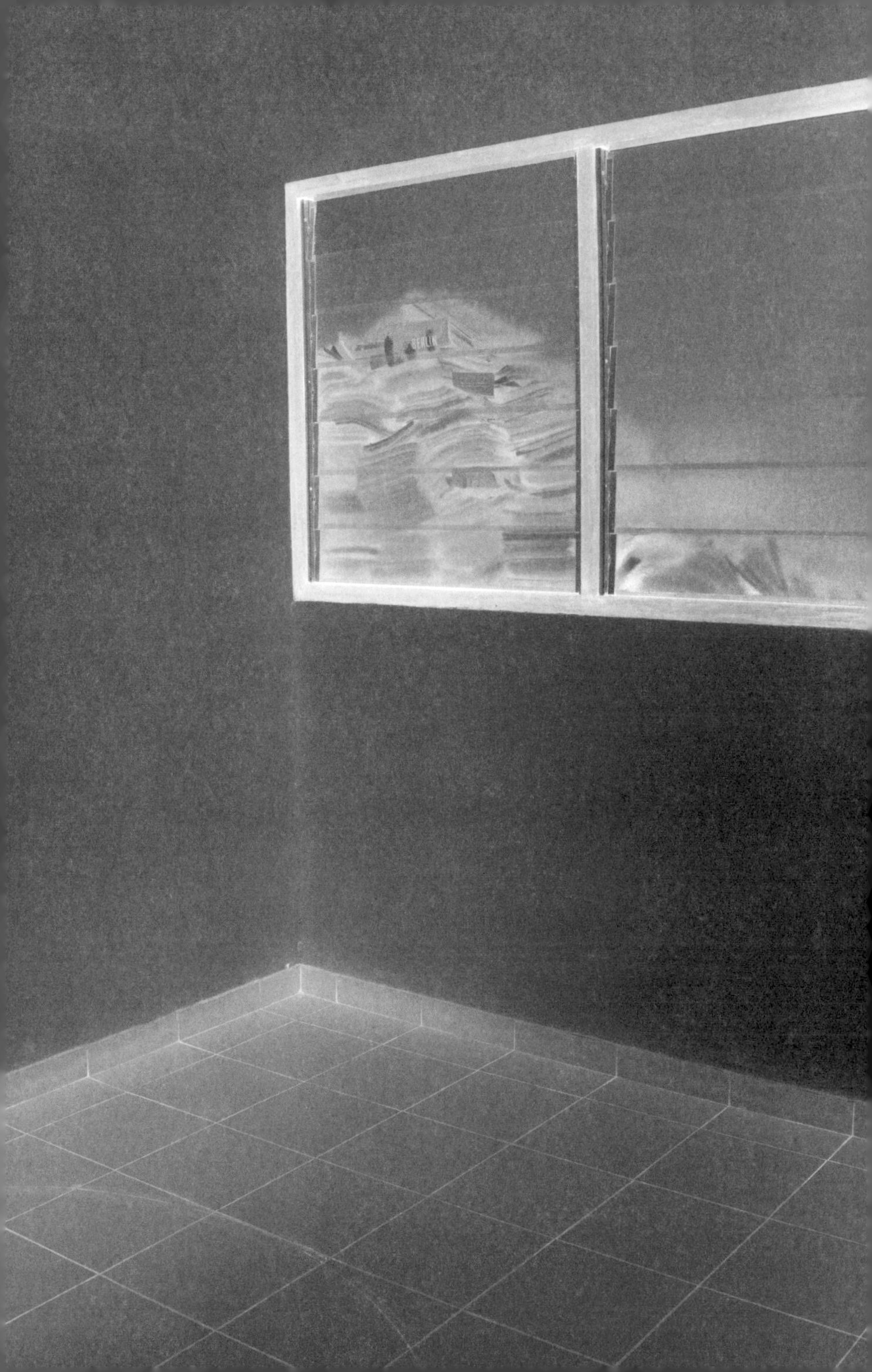

BERLIN

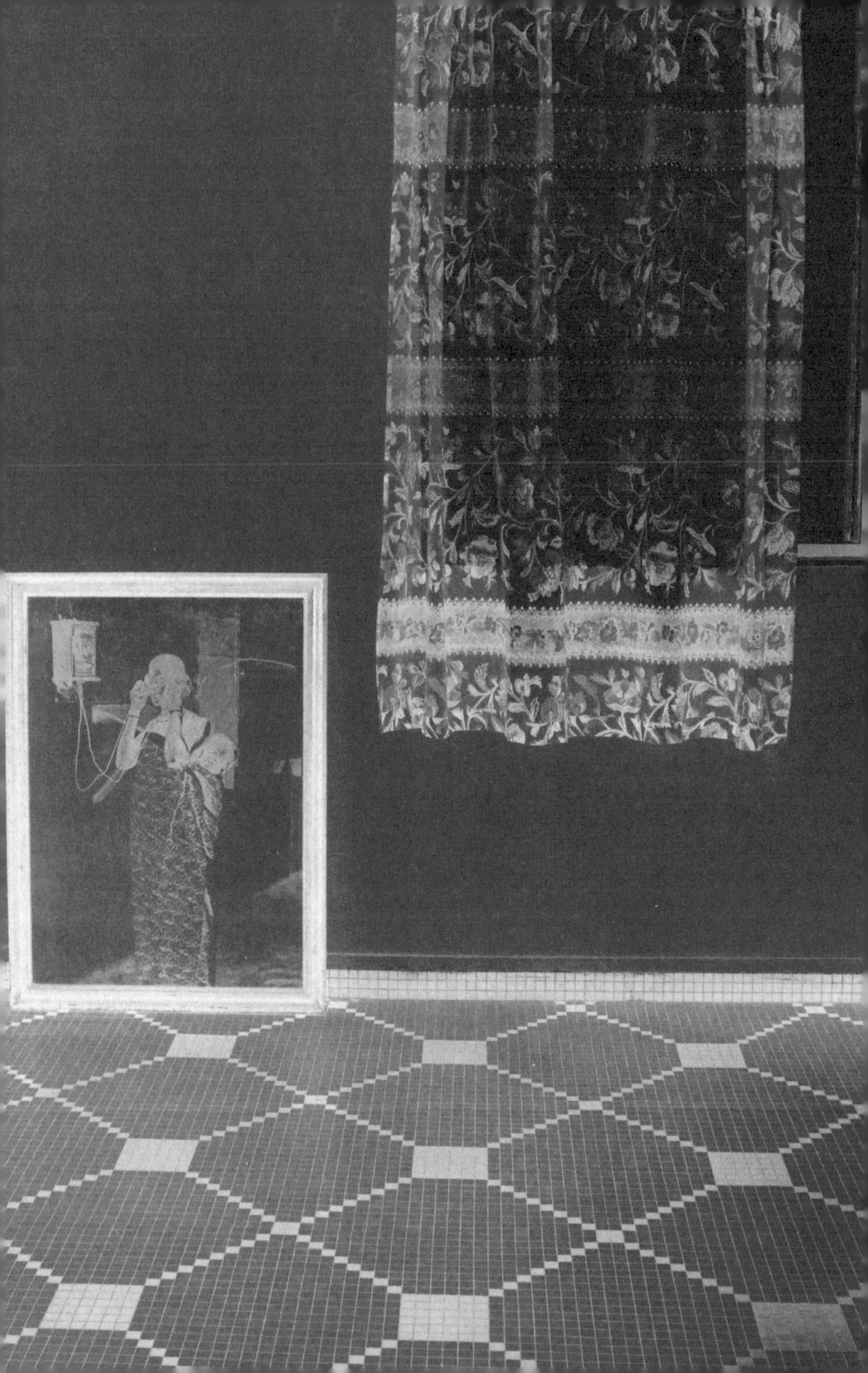

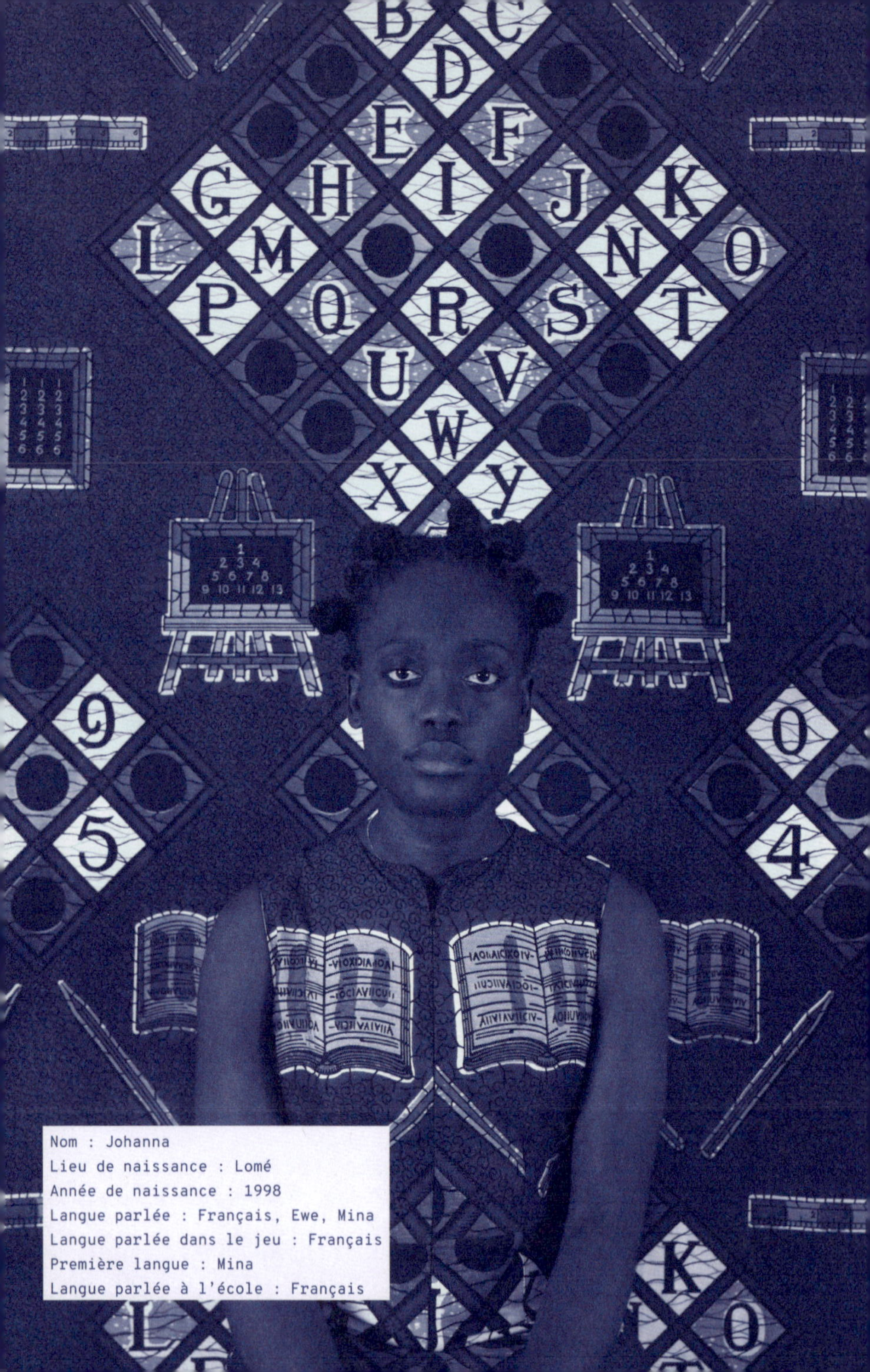

Nom : Johanna
Lieu de naissance : Lomé
Année de naissance : 1998
Langue parlée : Français, Ewe, Mina
Langue parlée dans le jeu : Français
Première langue : Mina
Langue parlée à l'école : Français

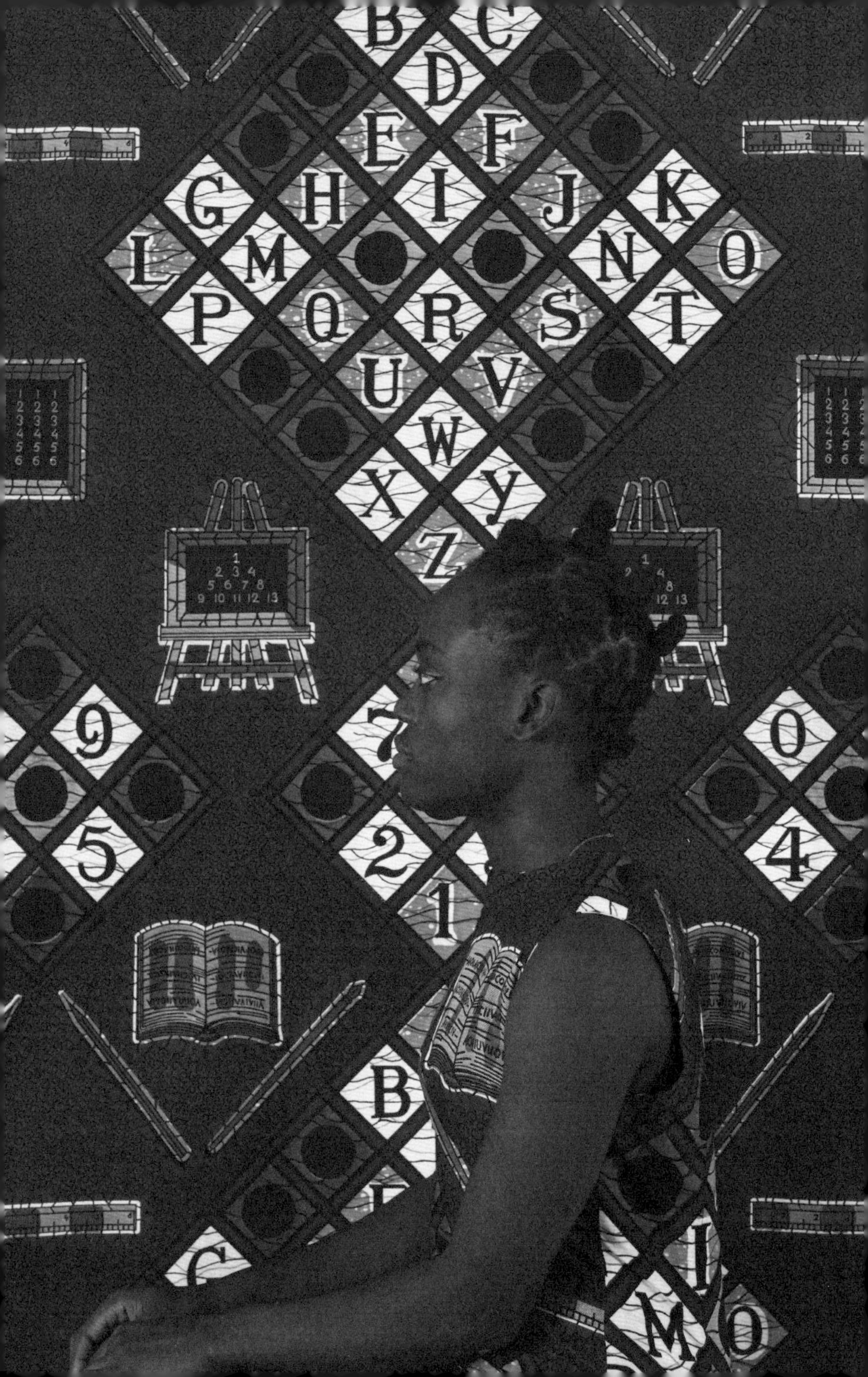

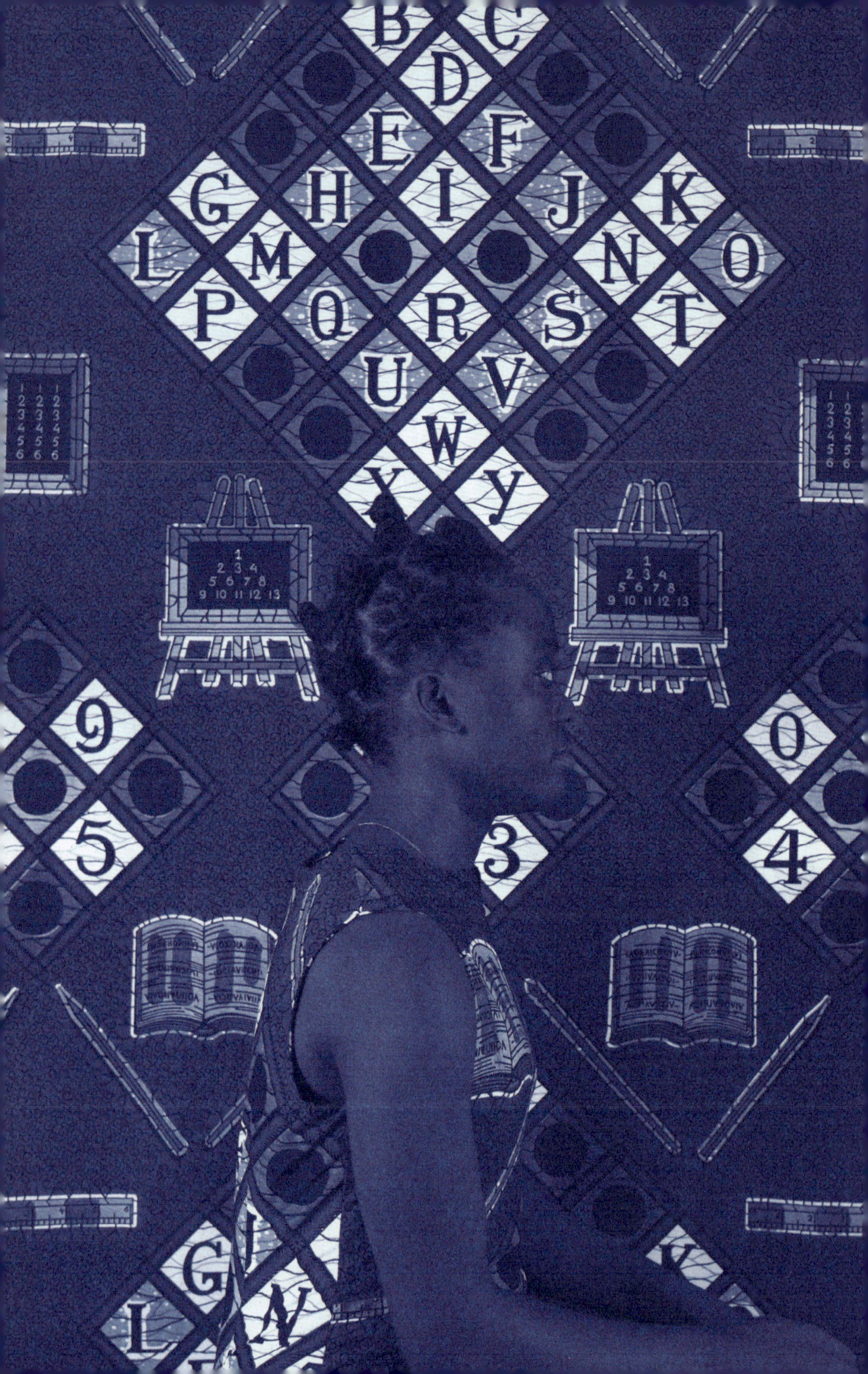

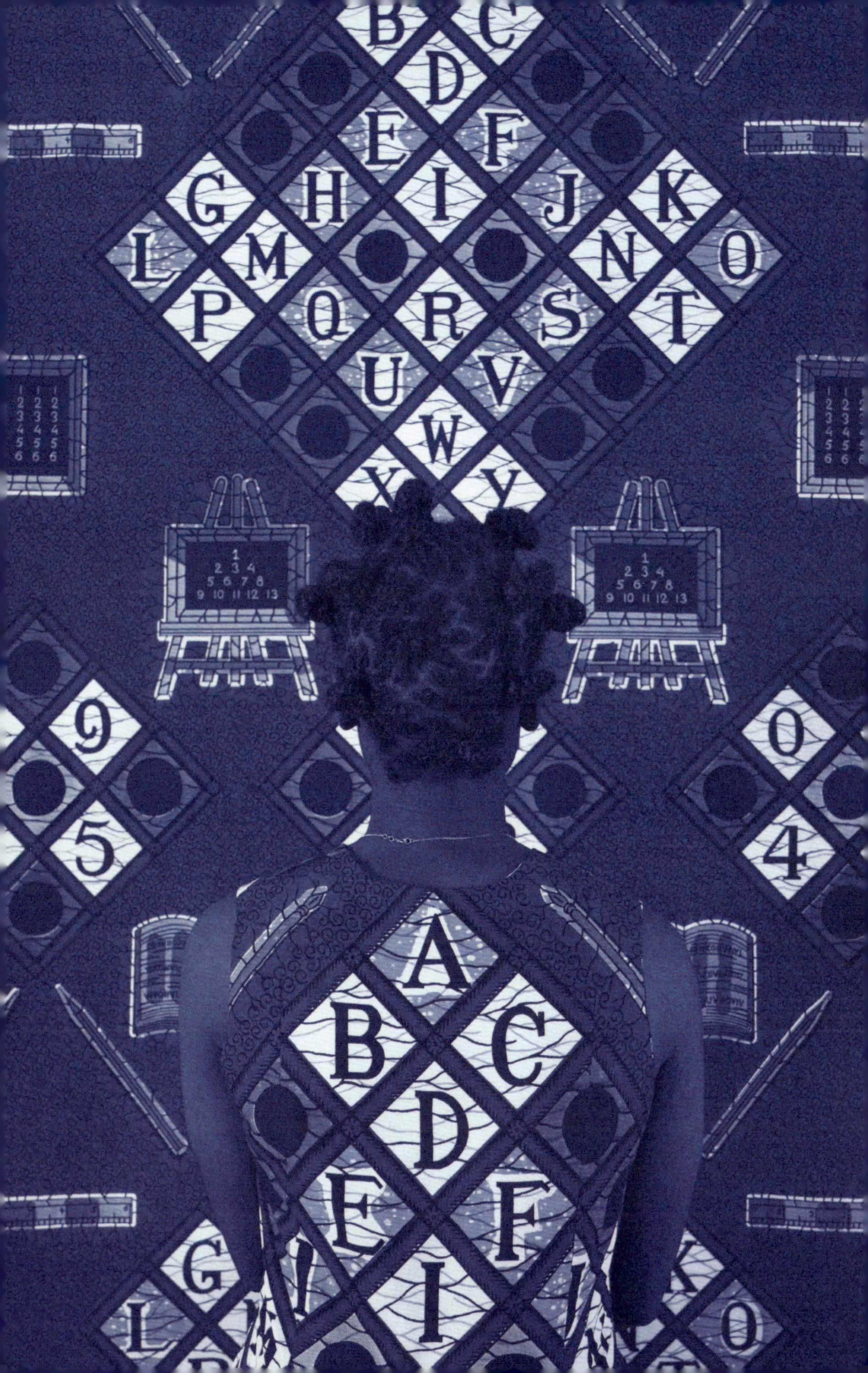

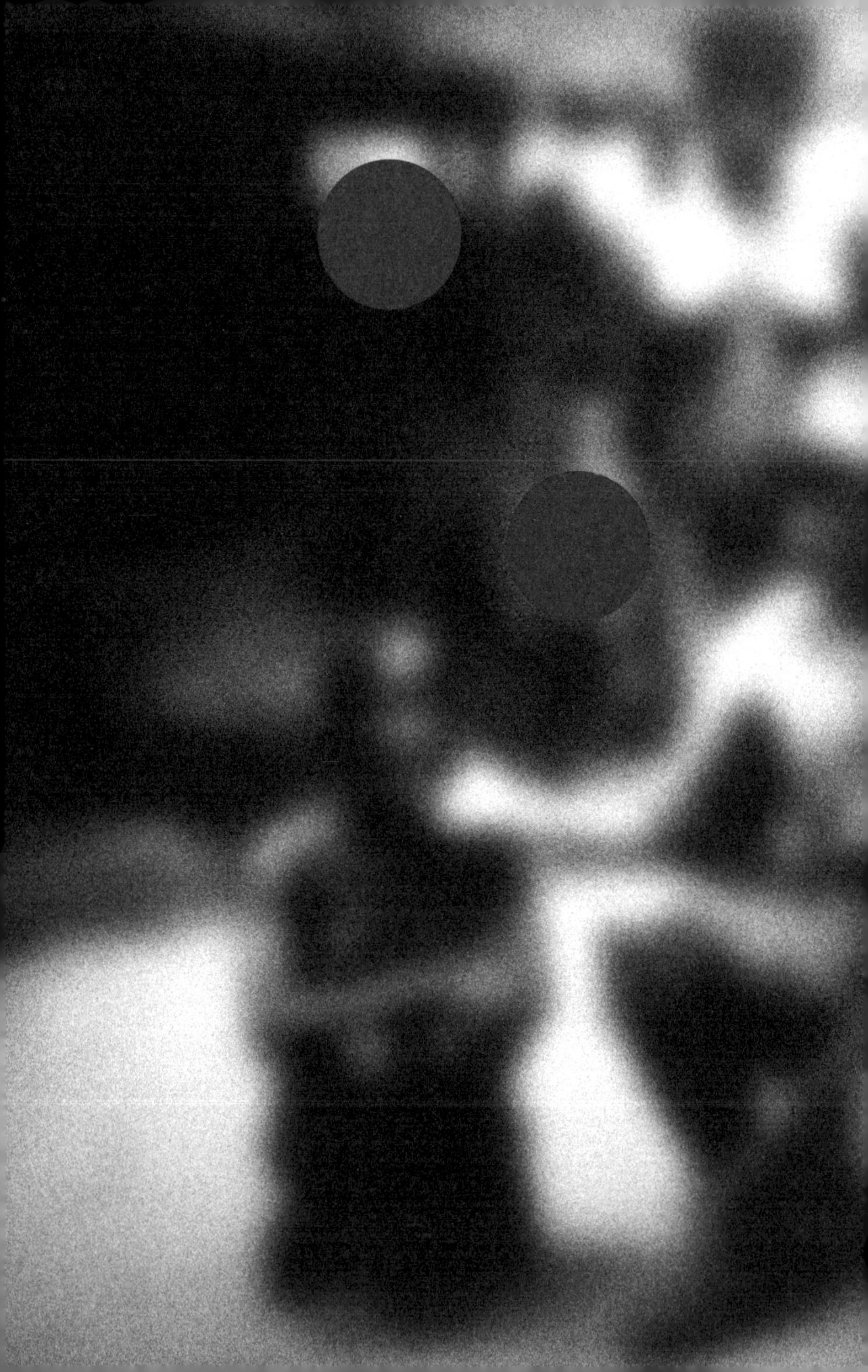

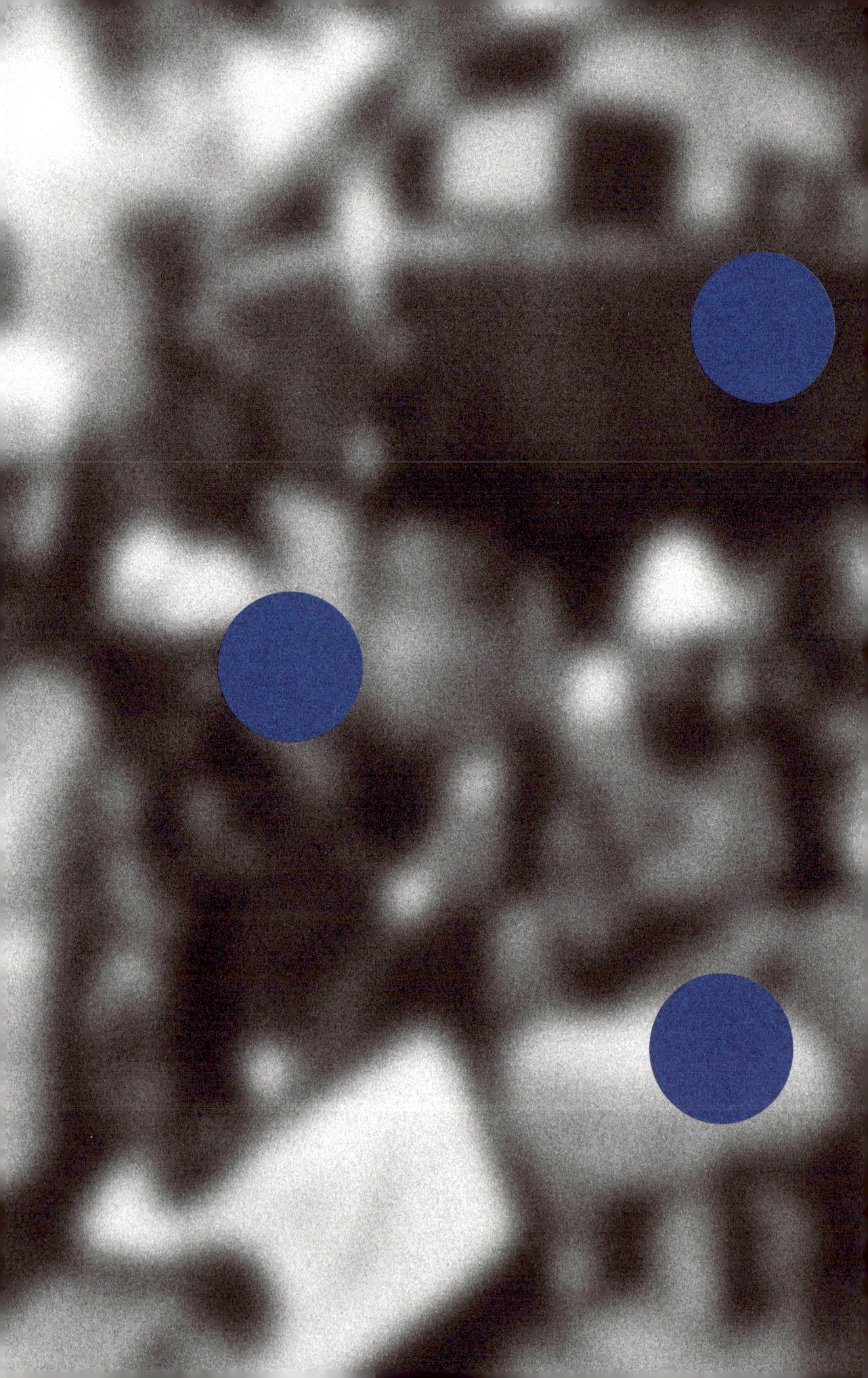

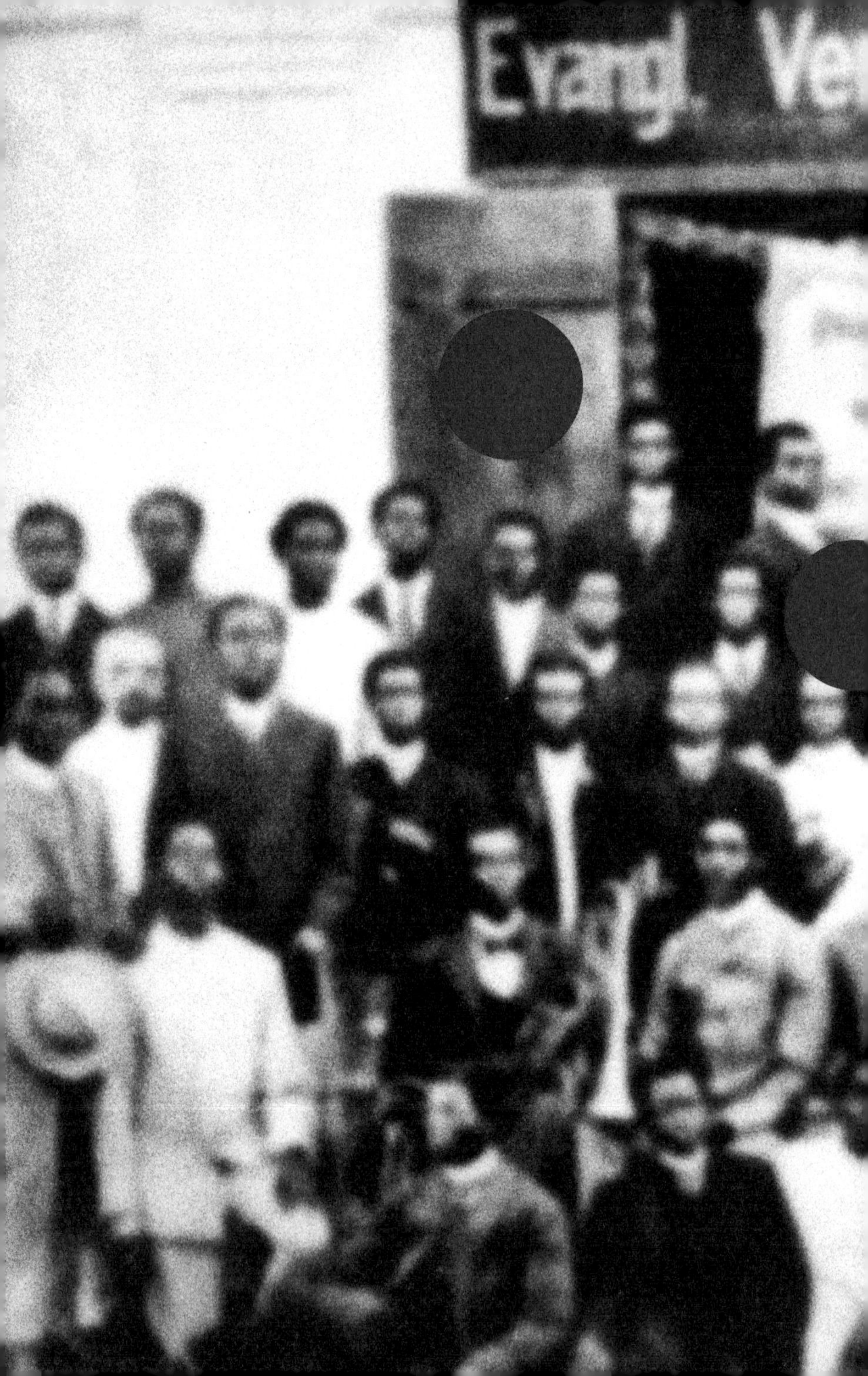

Every Ver

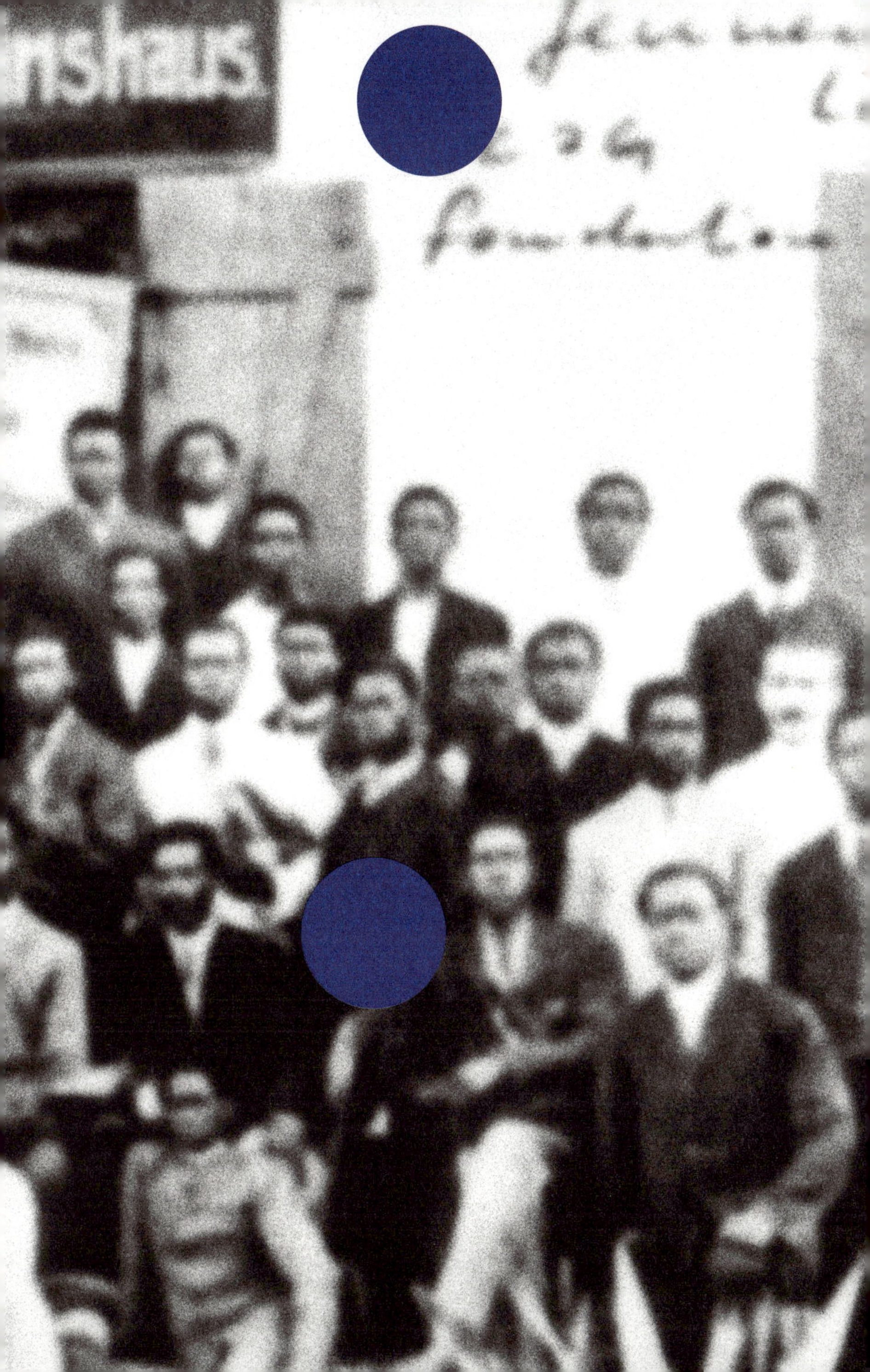

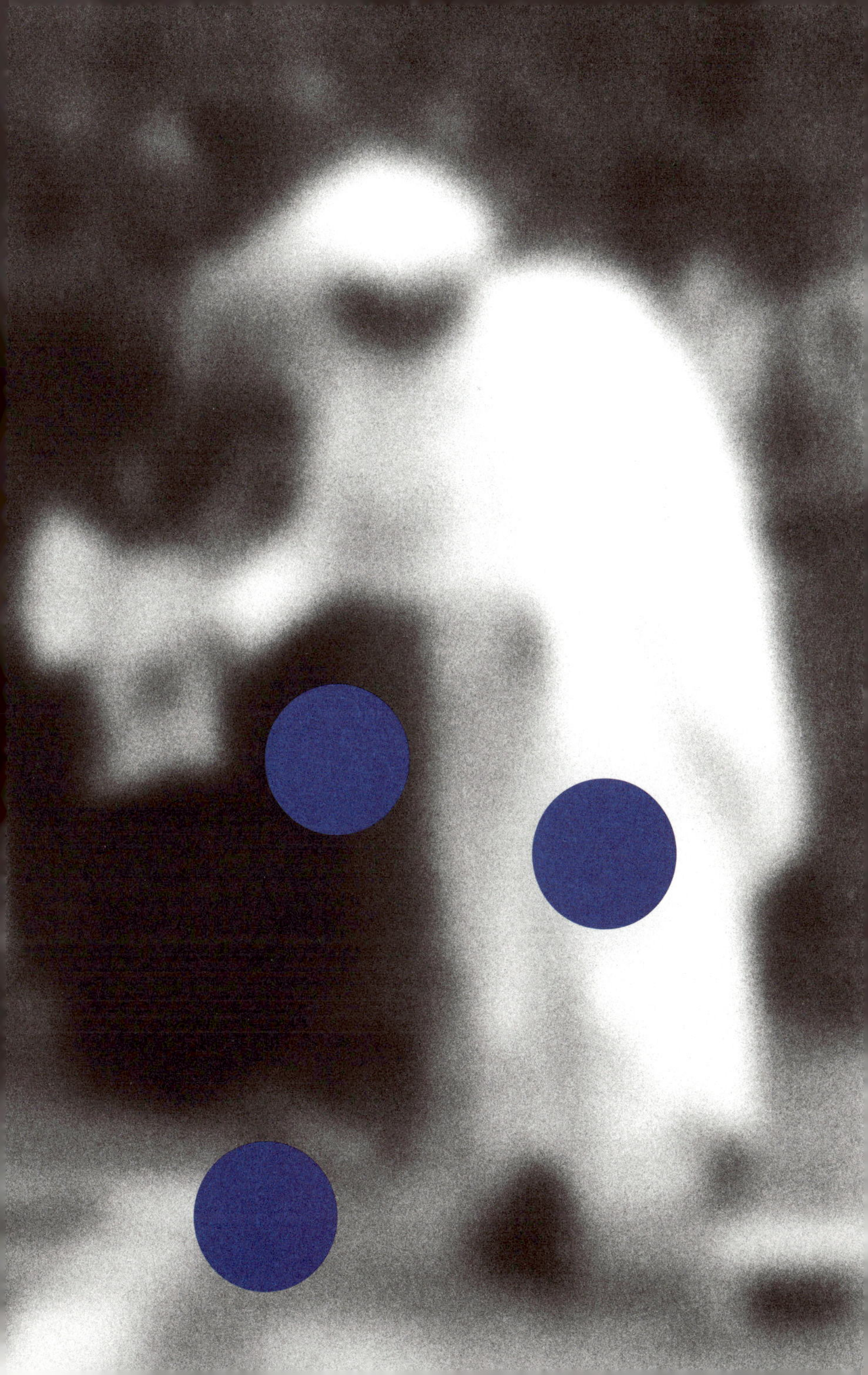

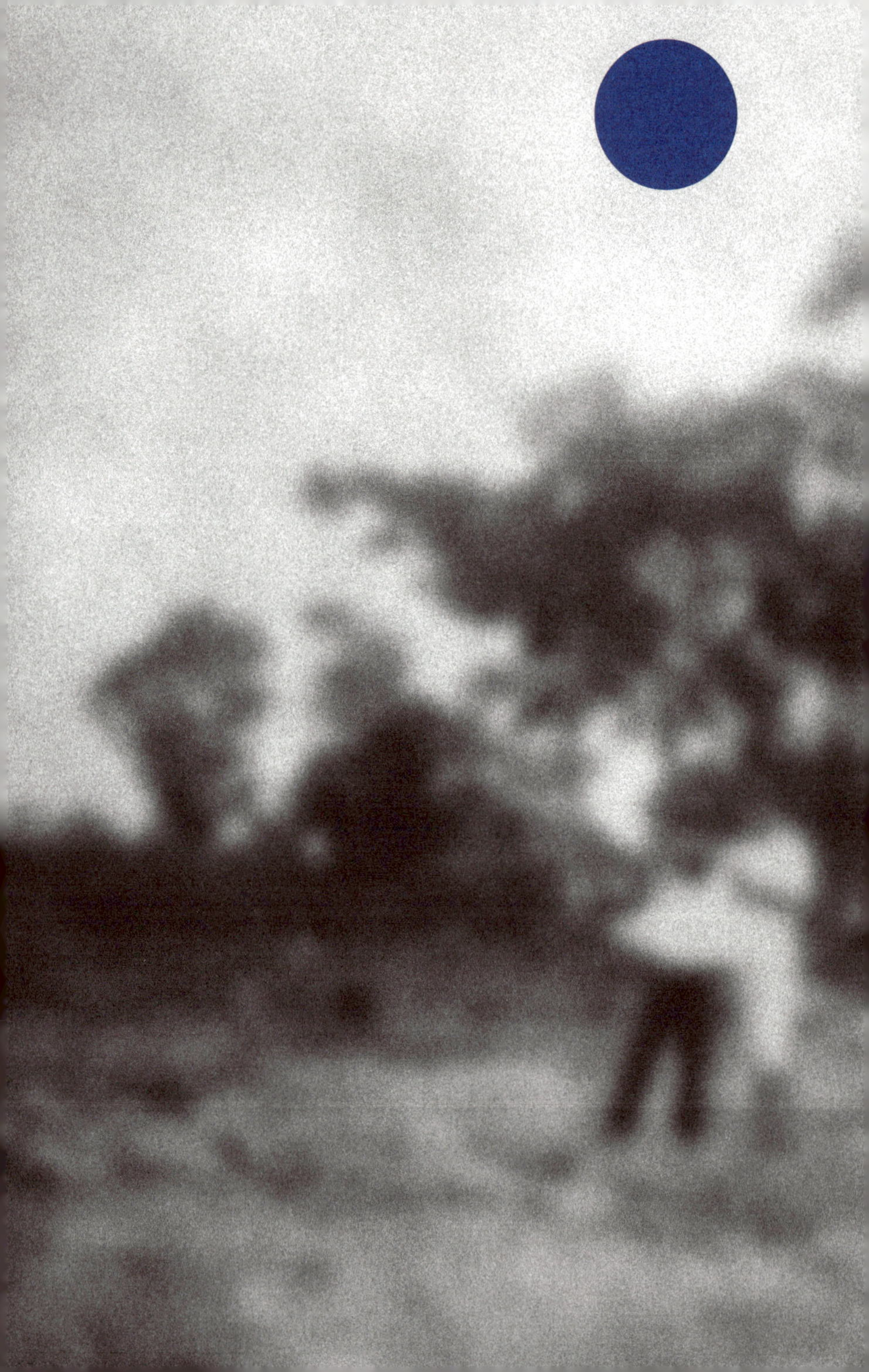

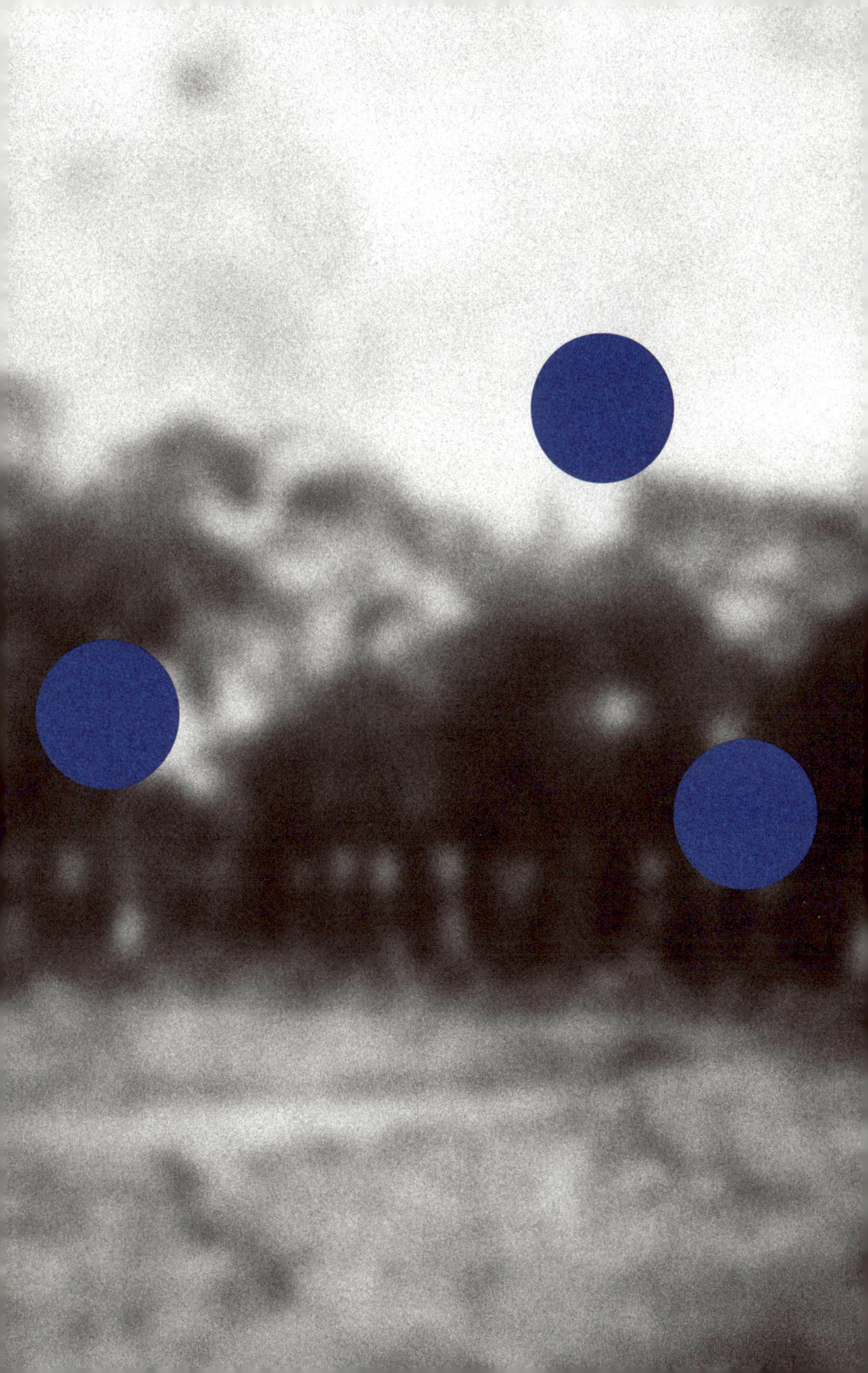

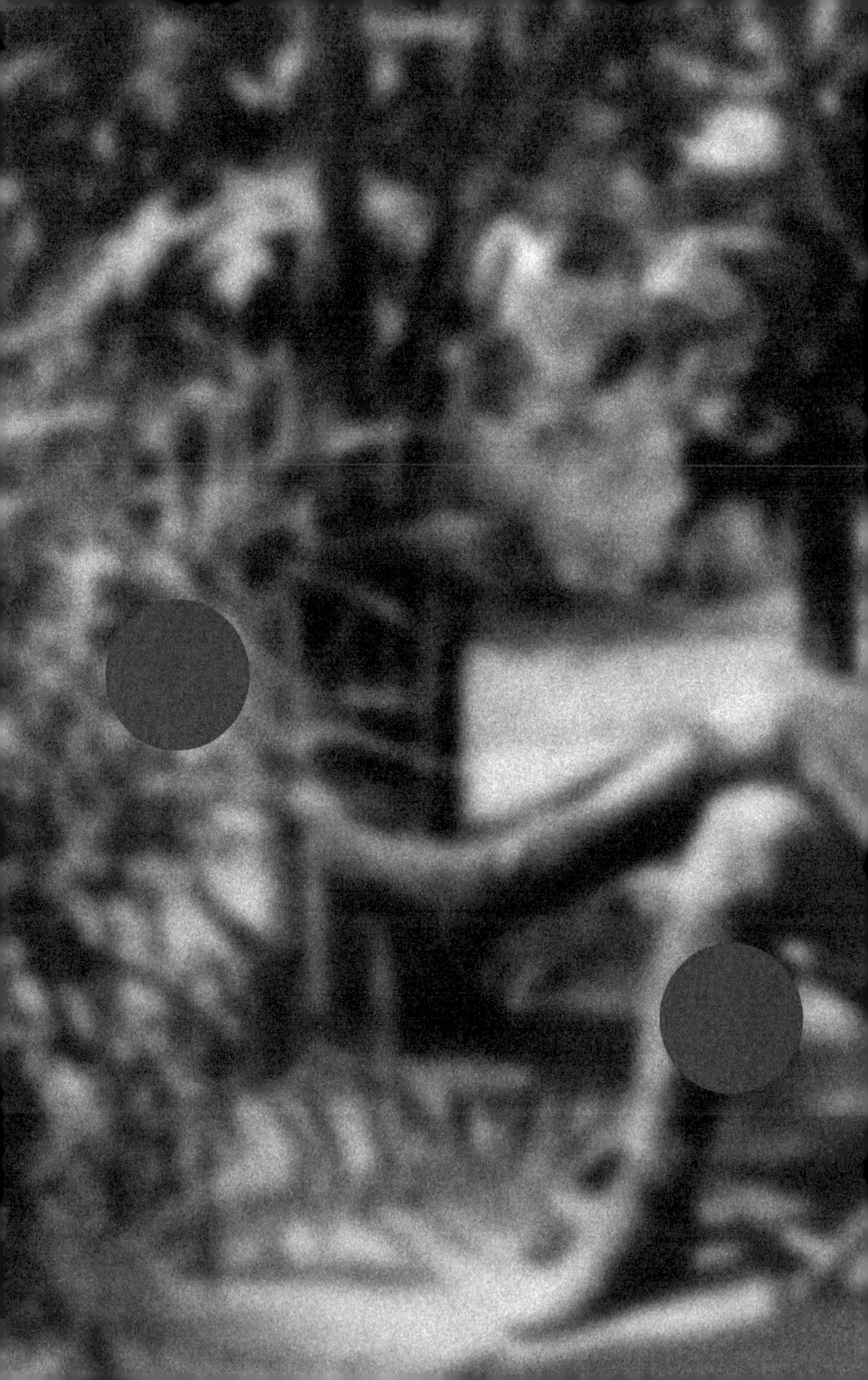

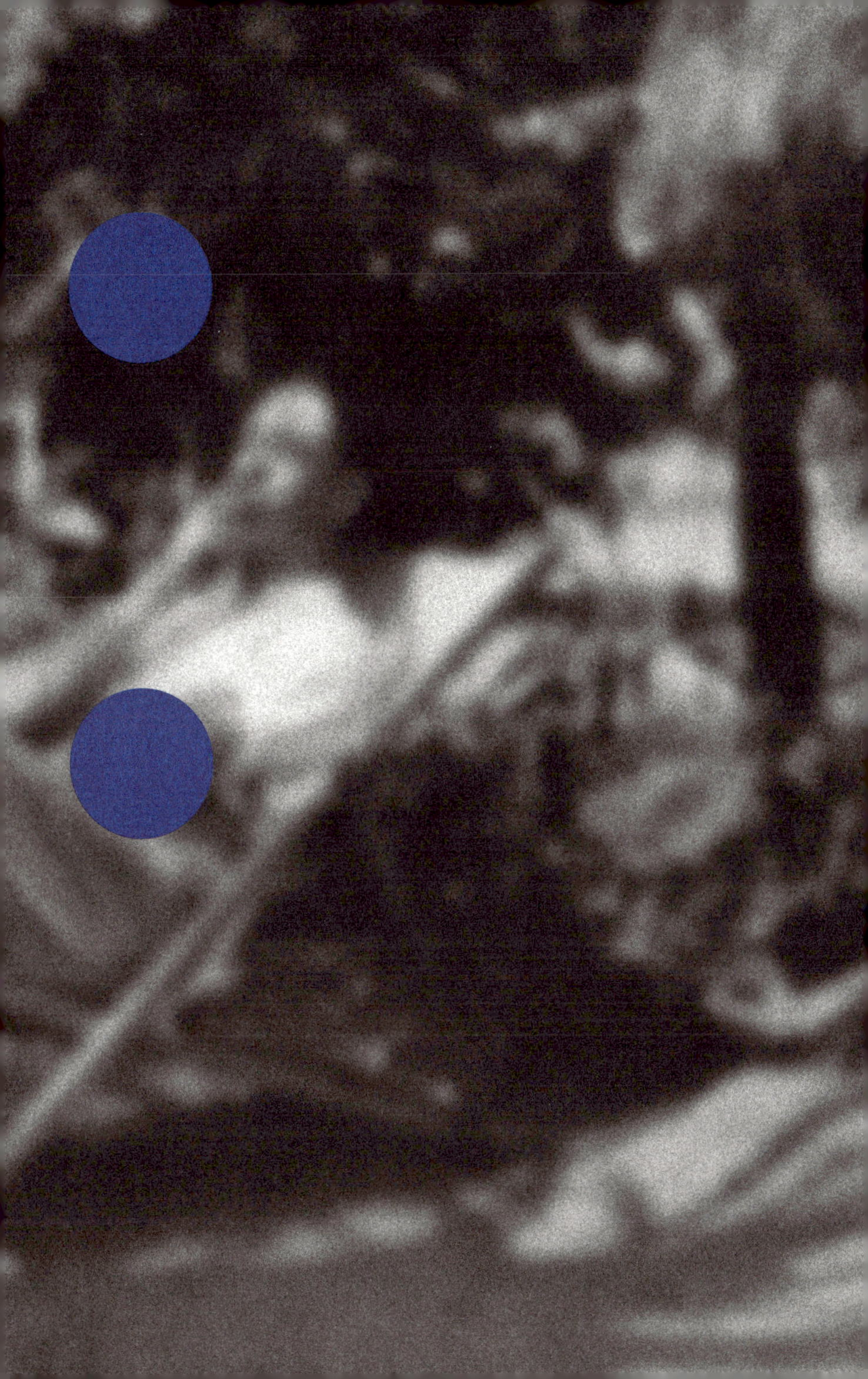

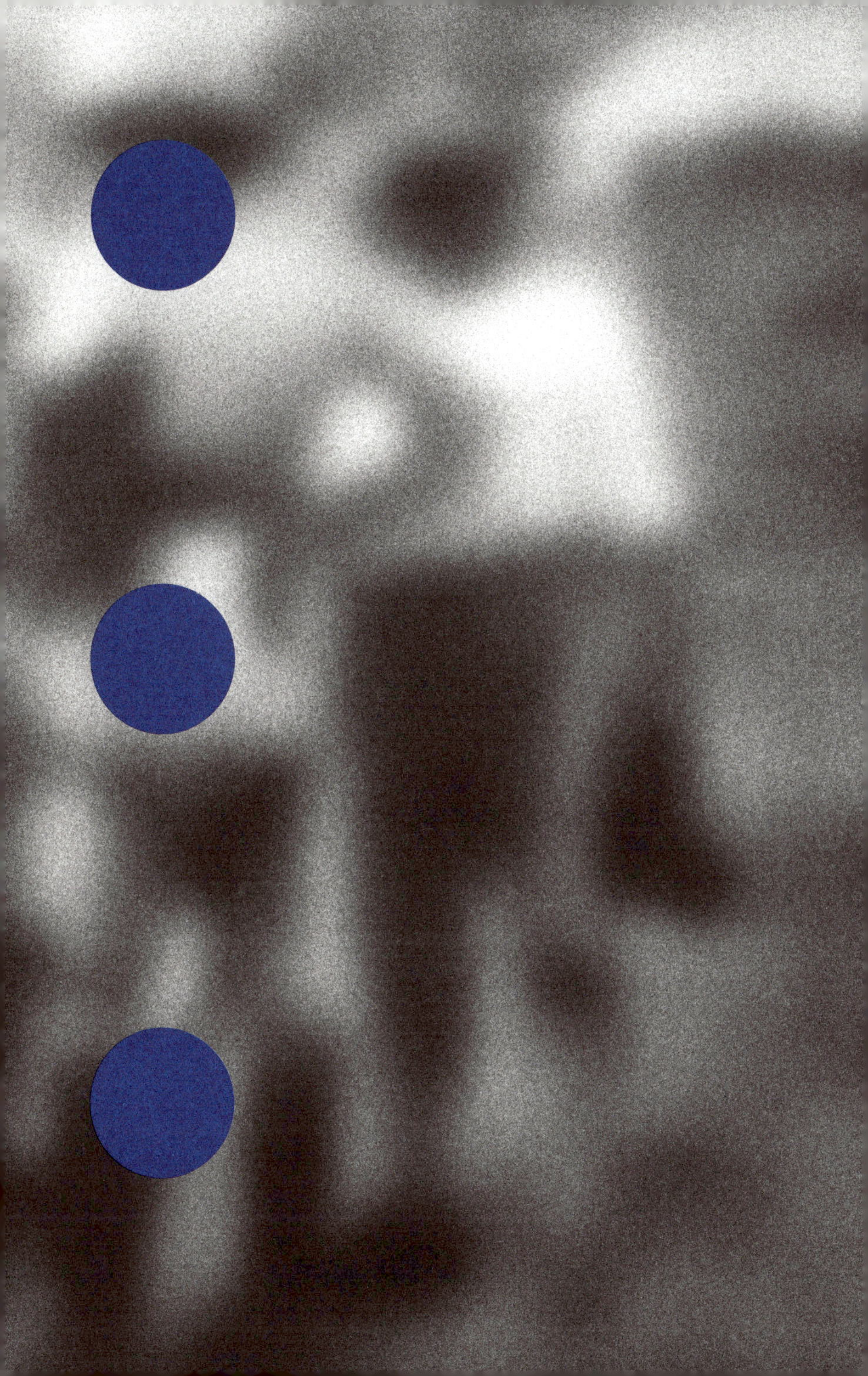

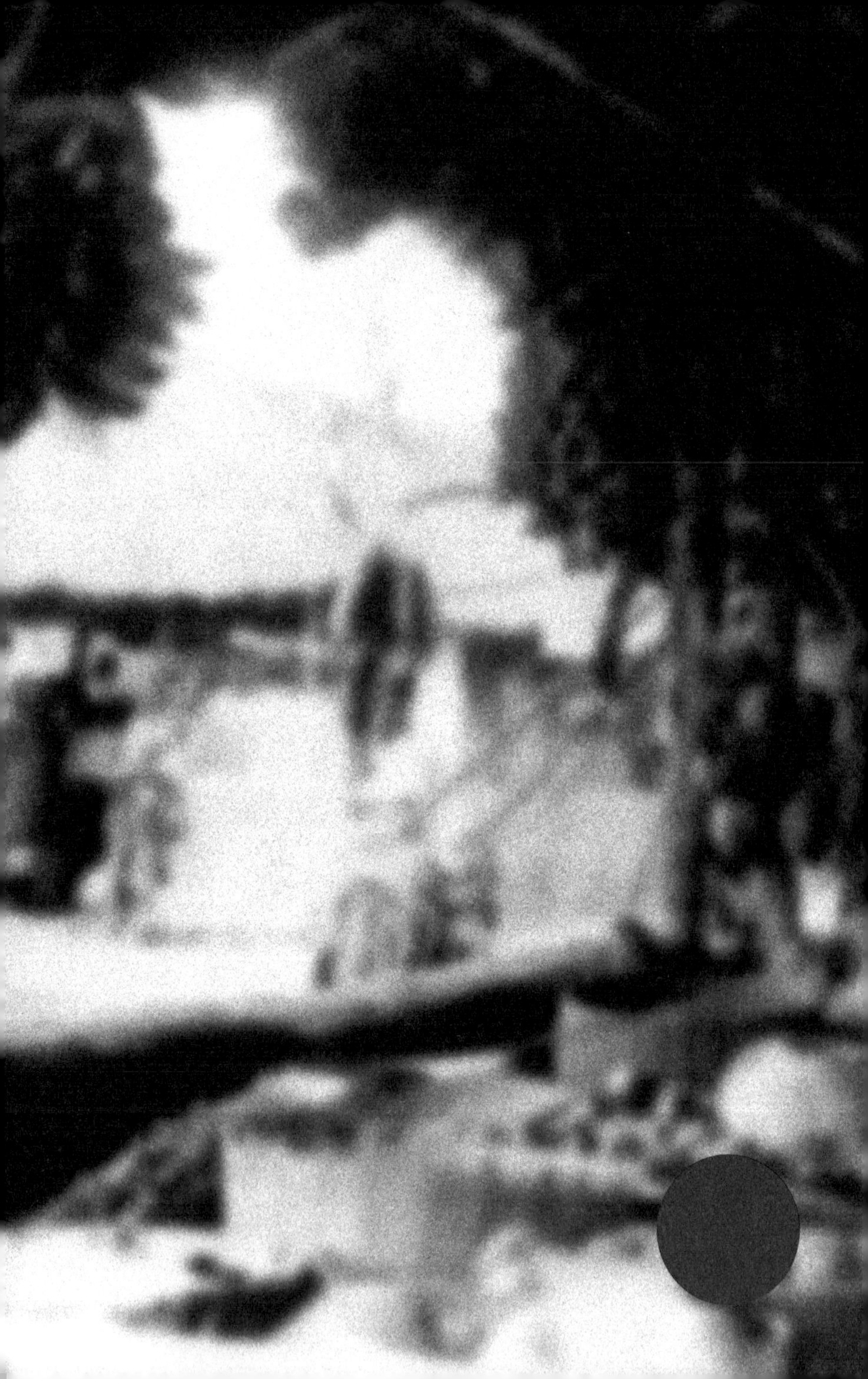

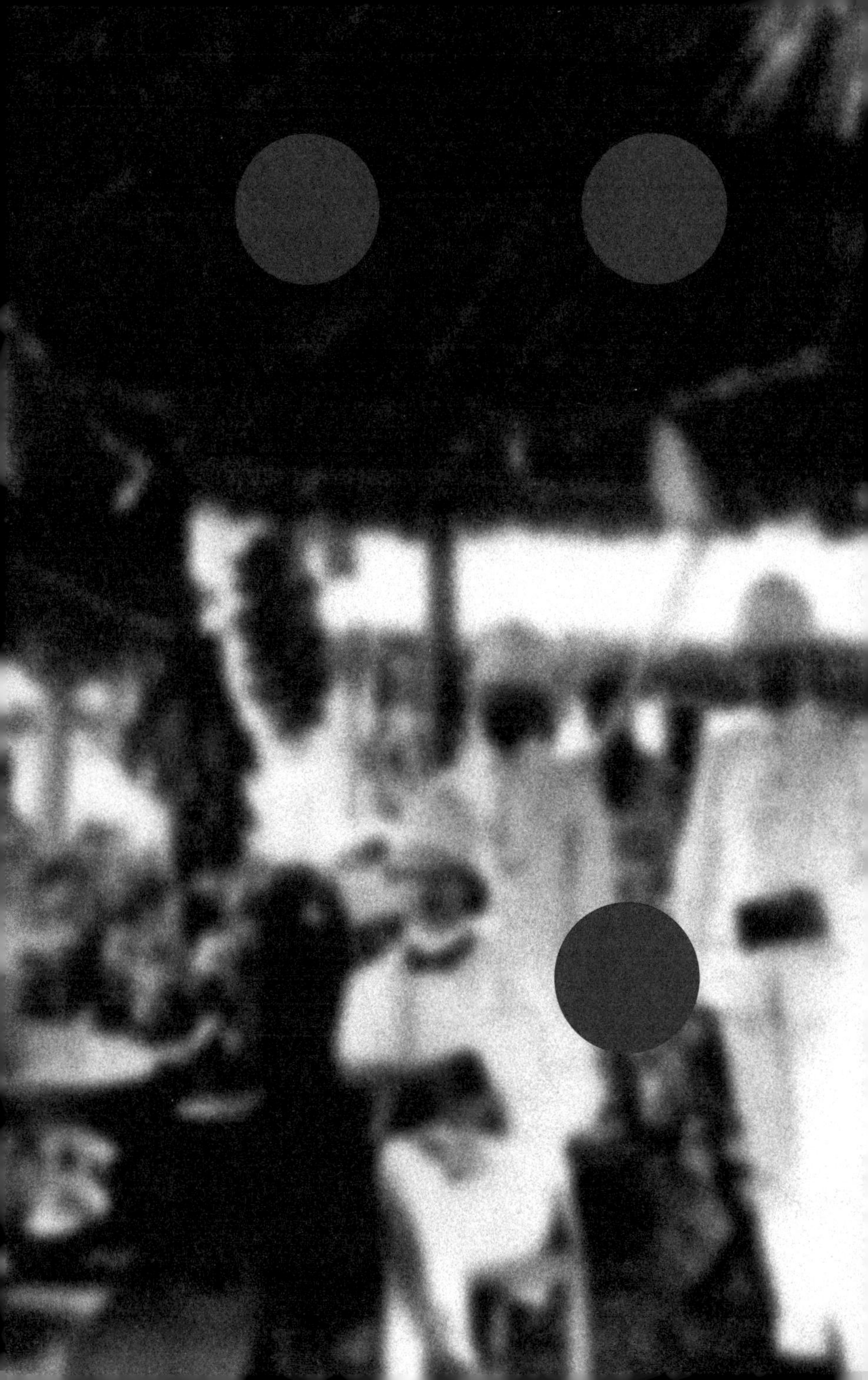

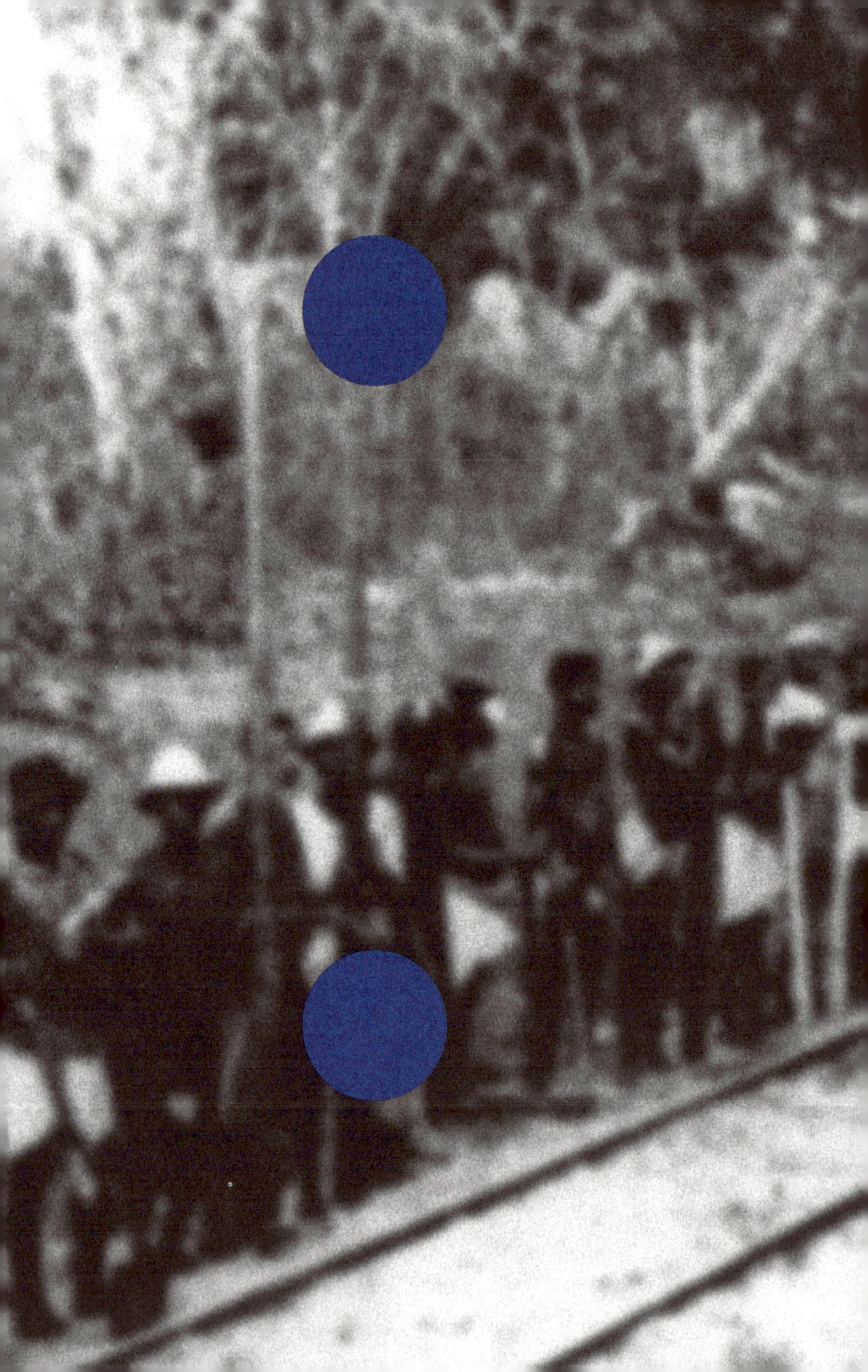

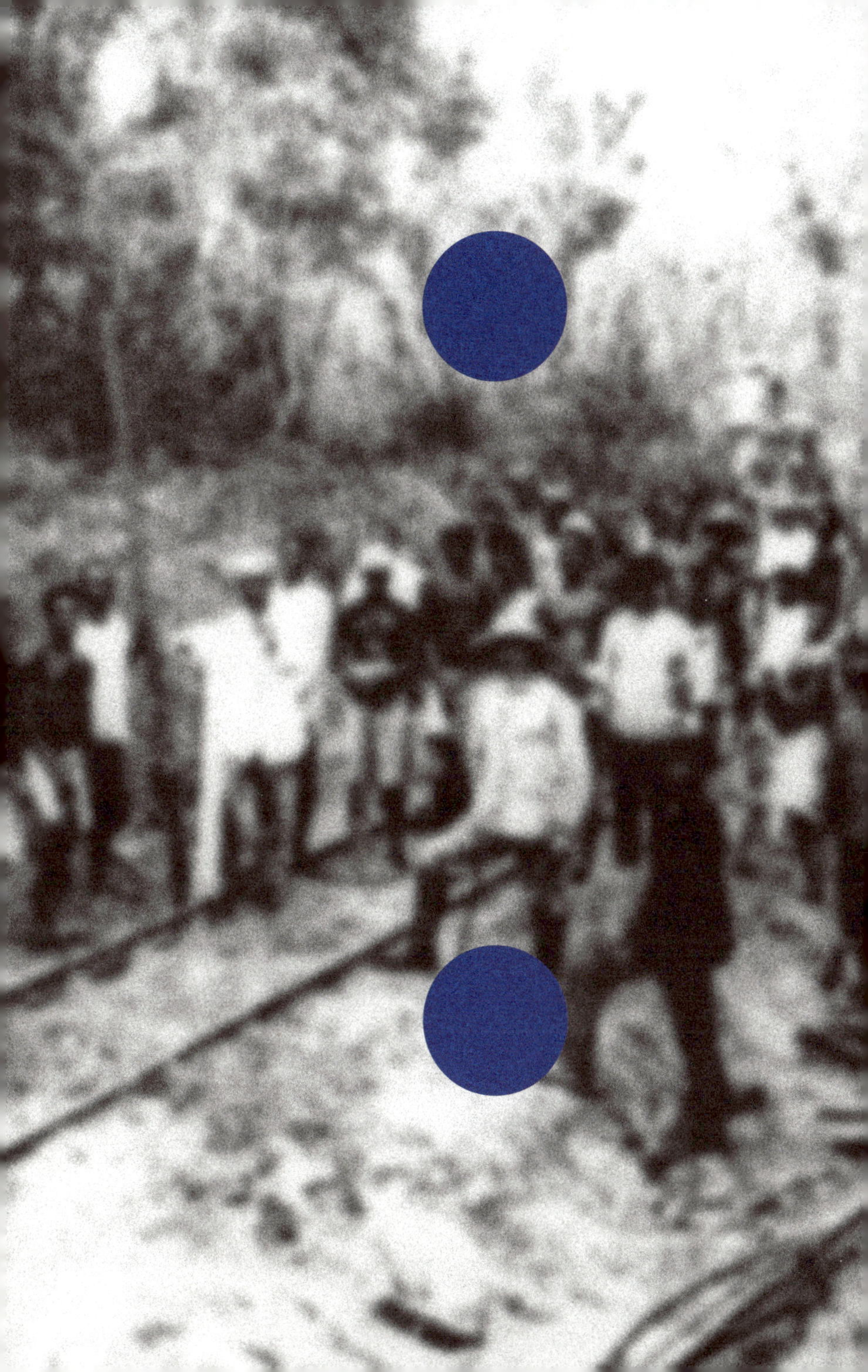

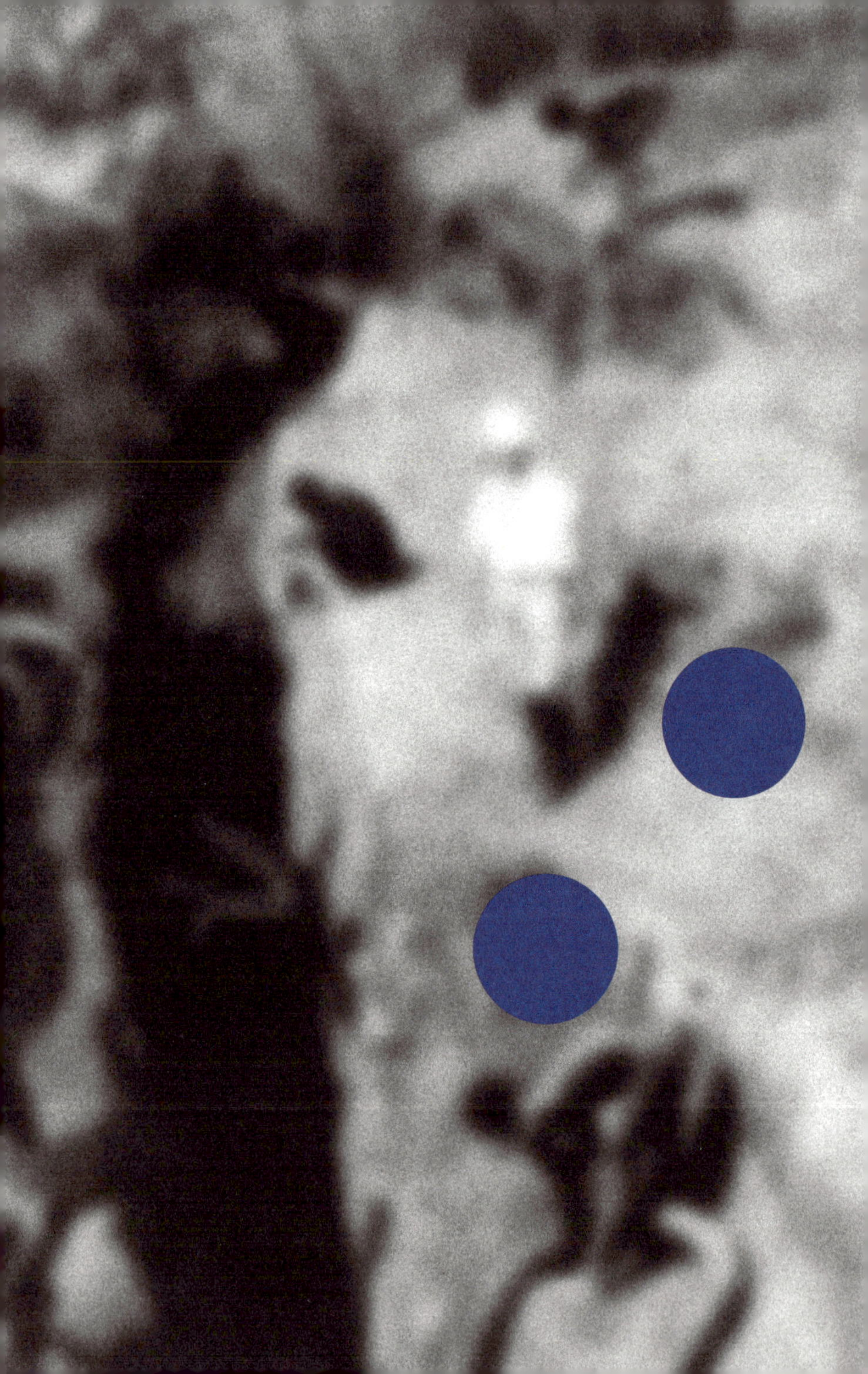

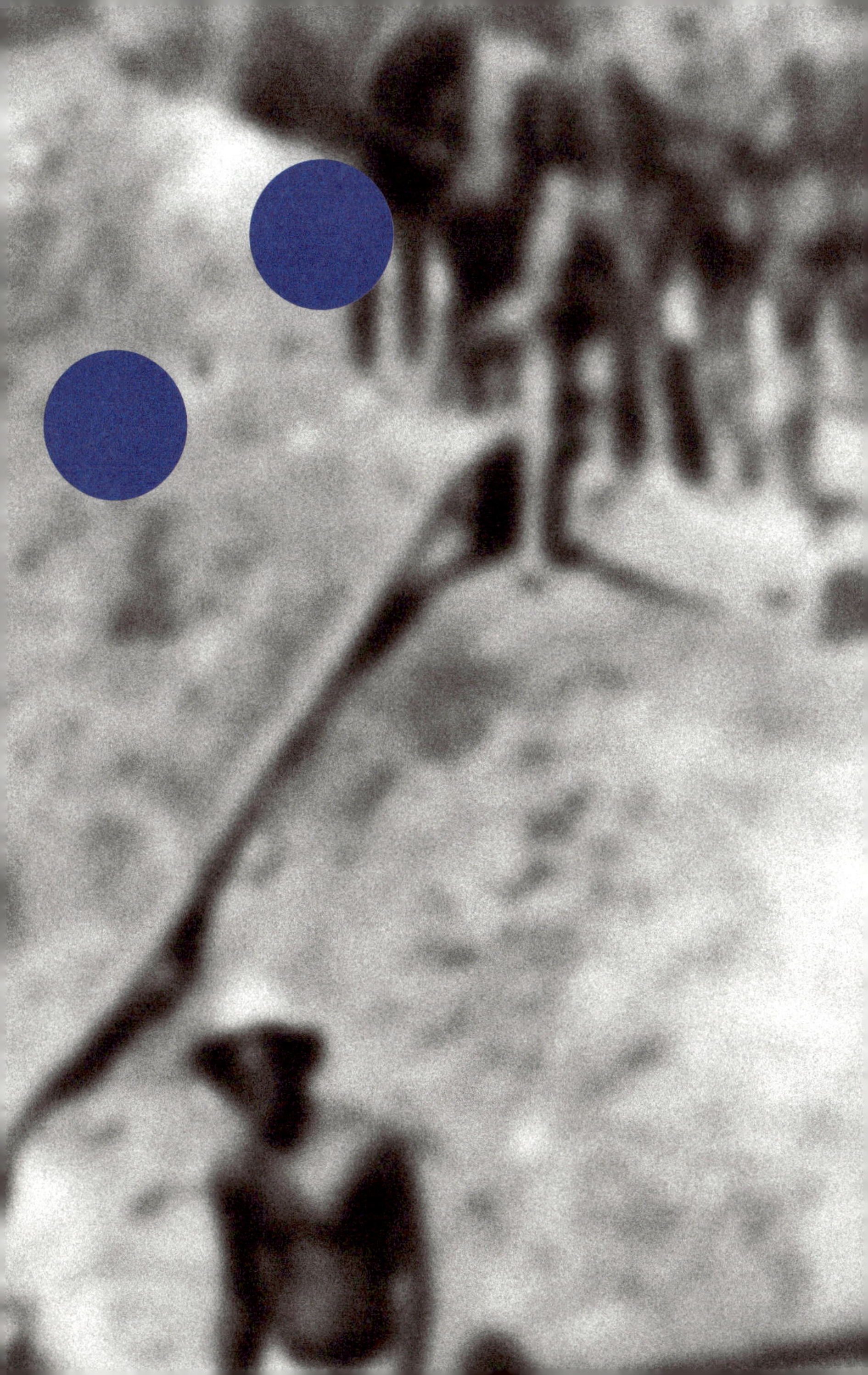

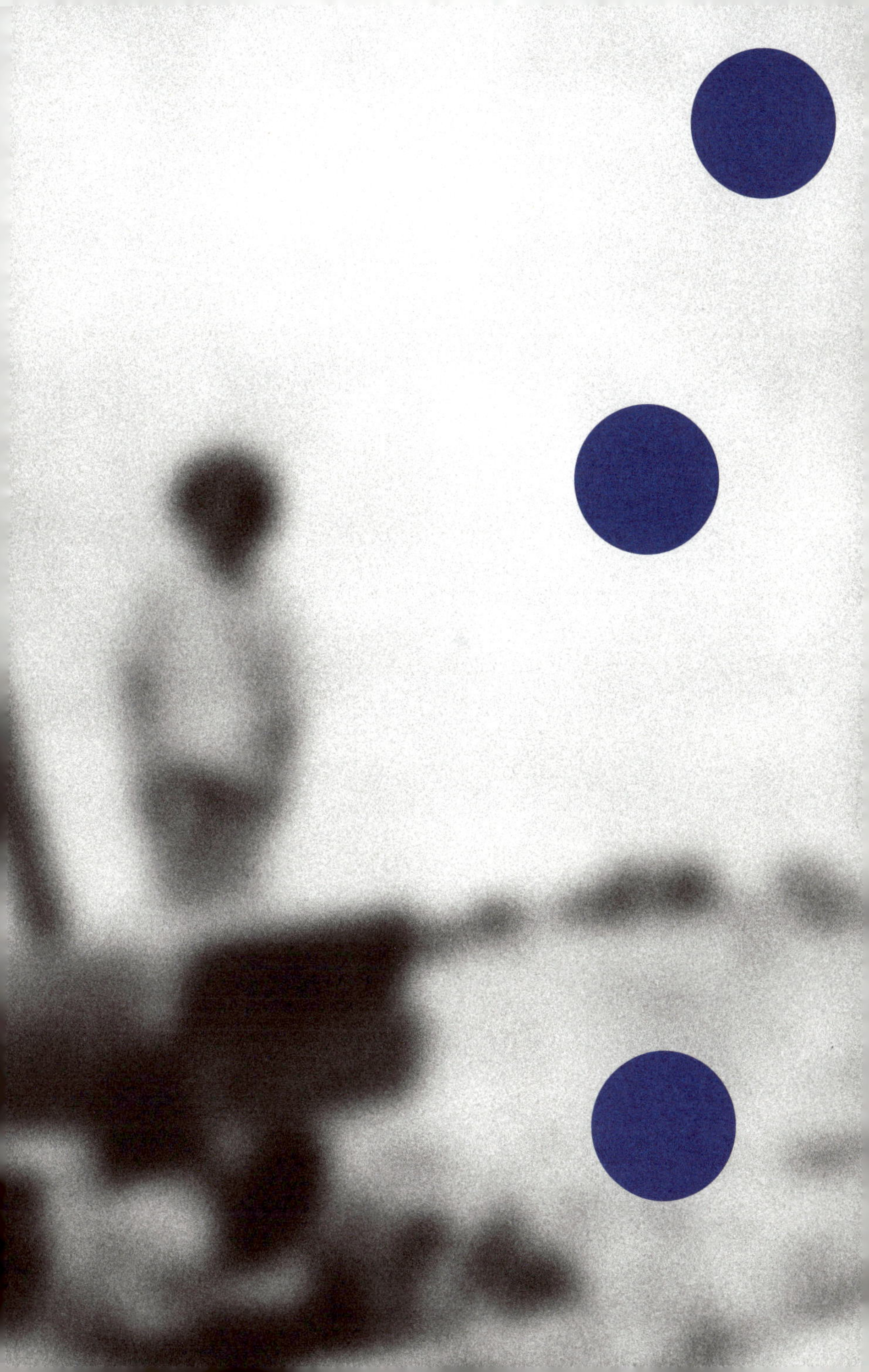

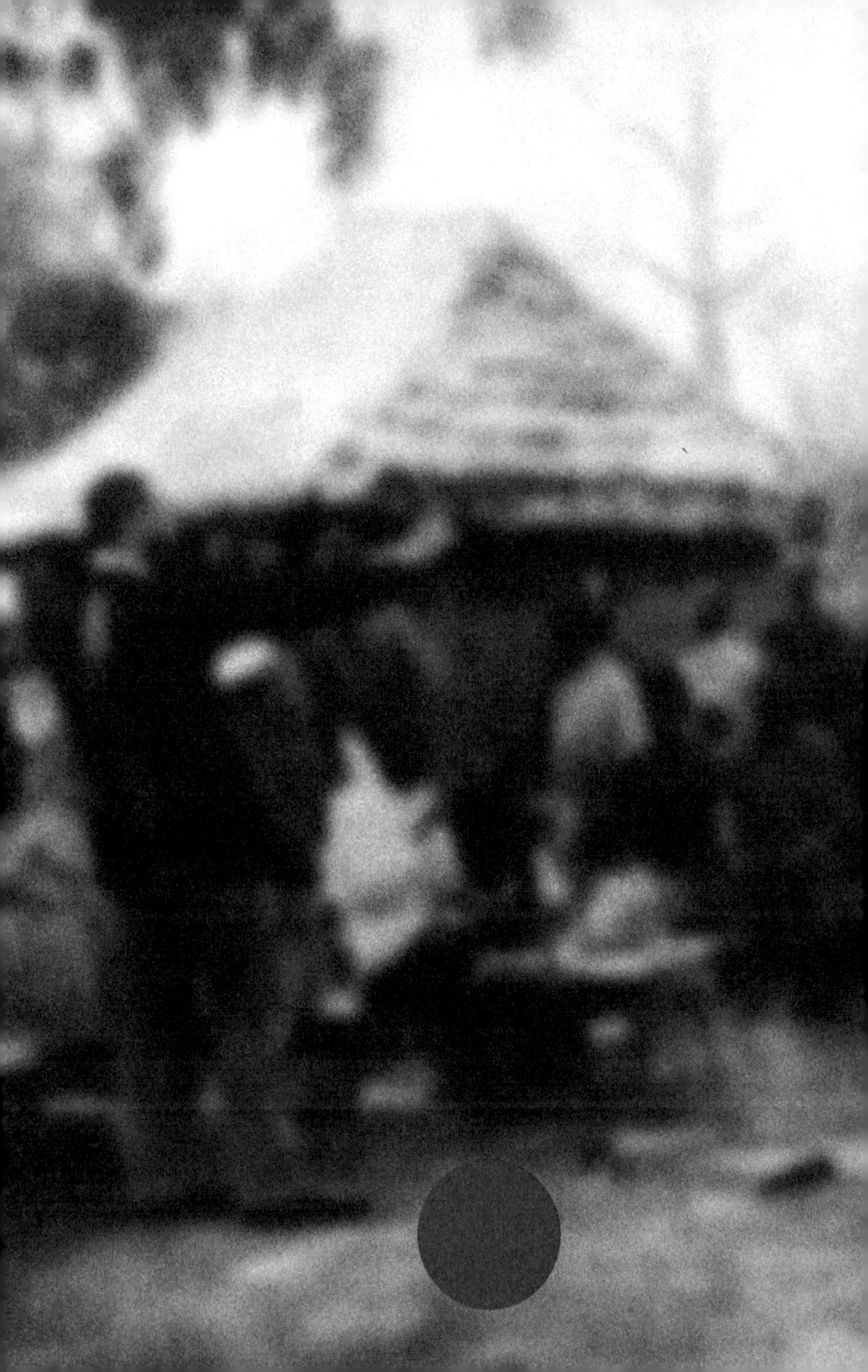

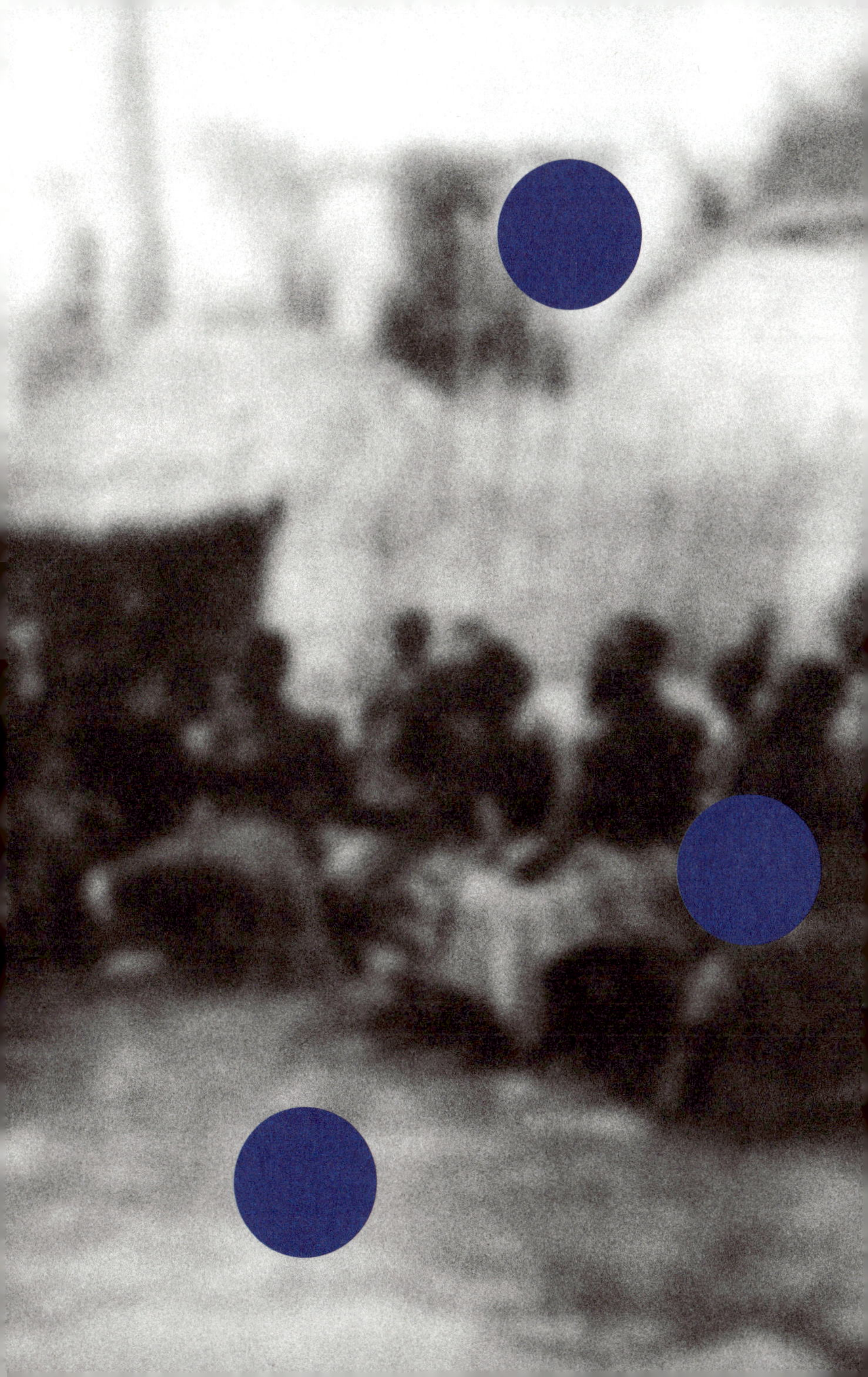

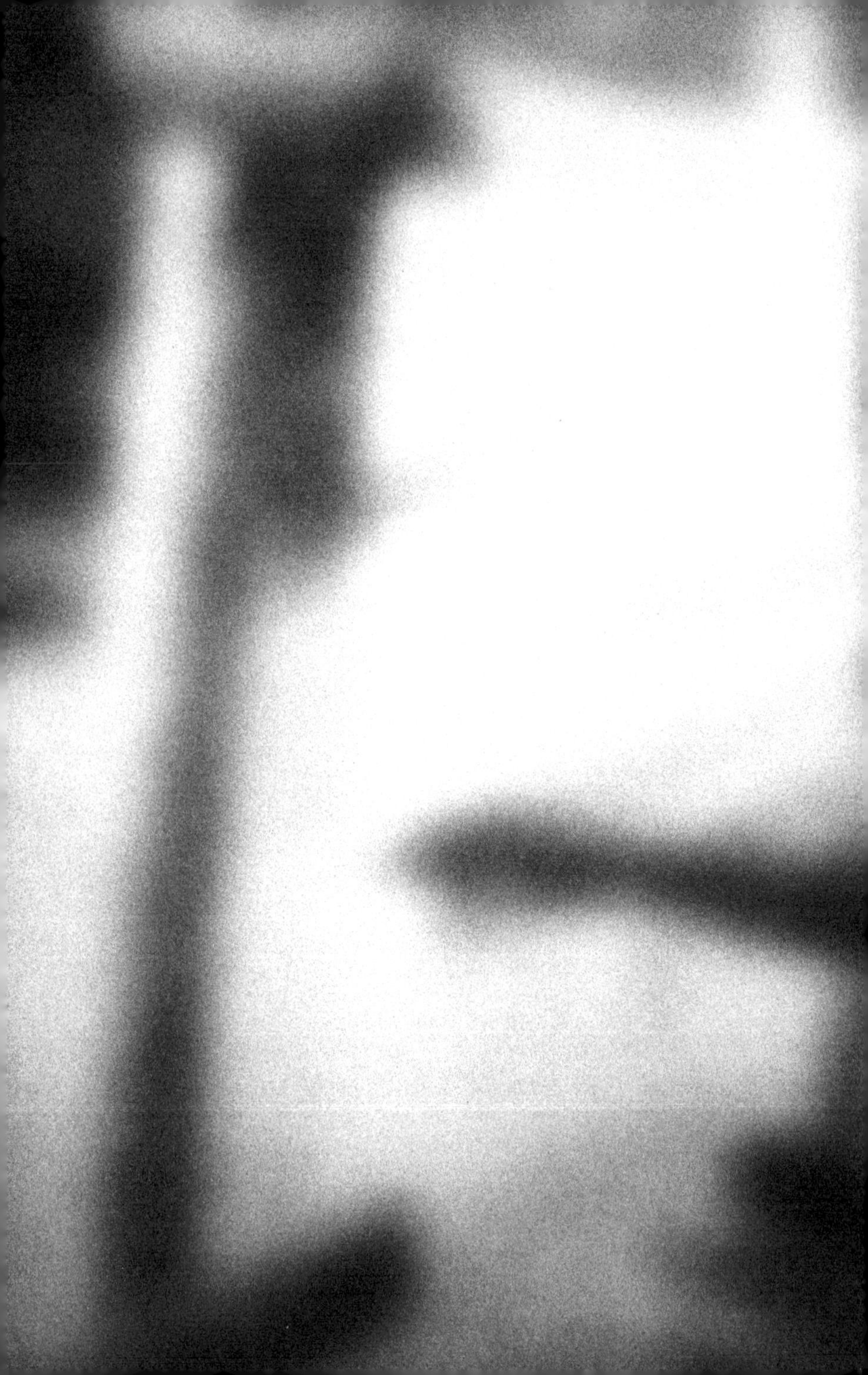

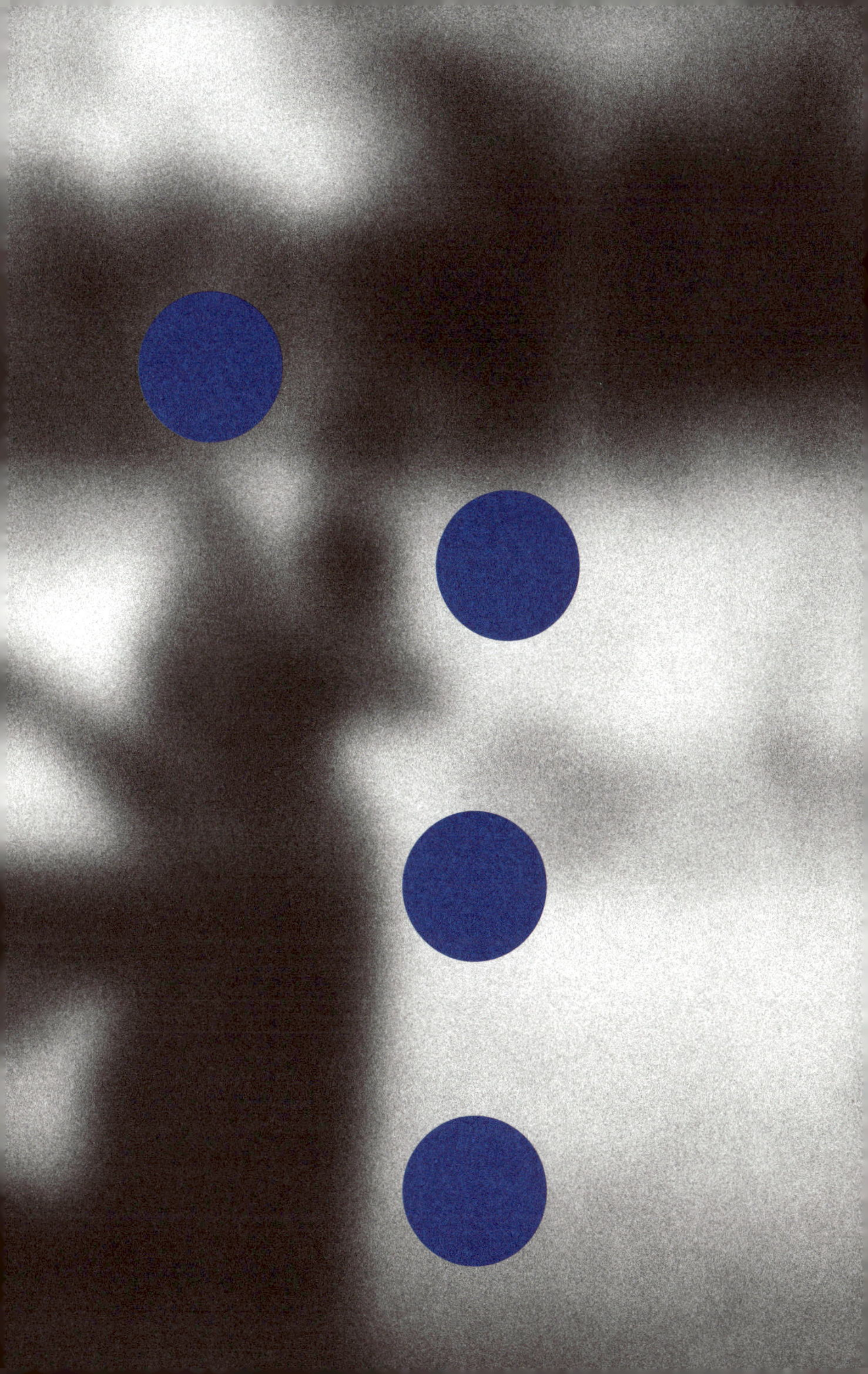

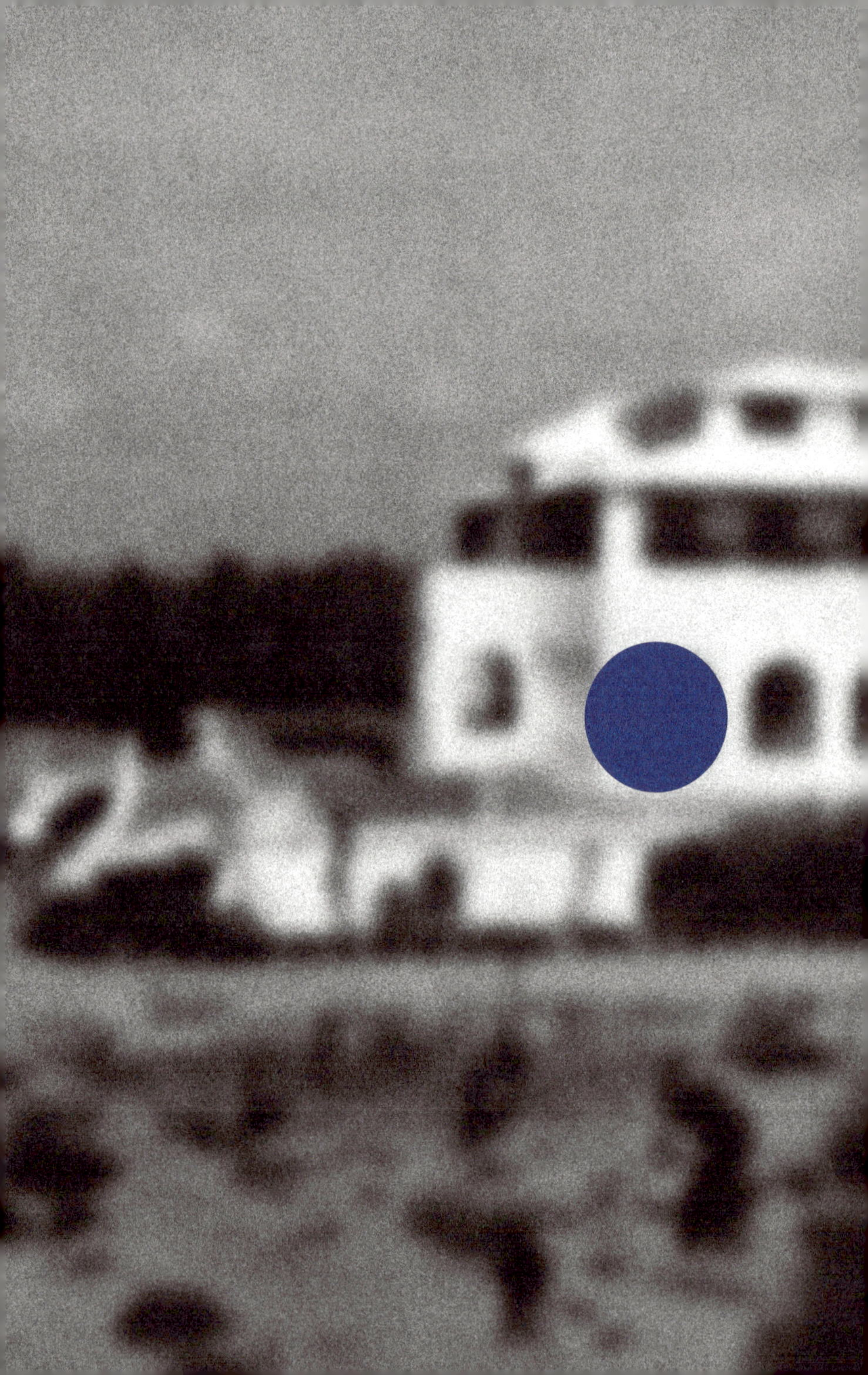

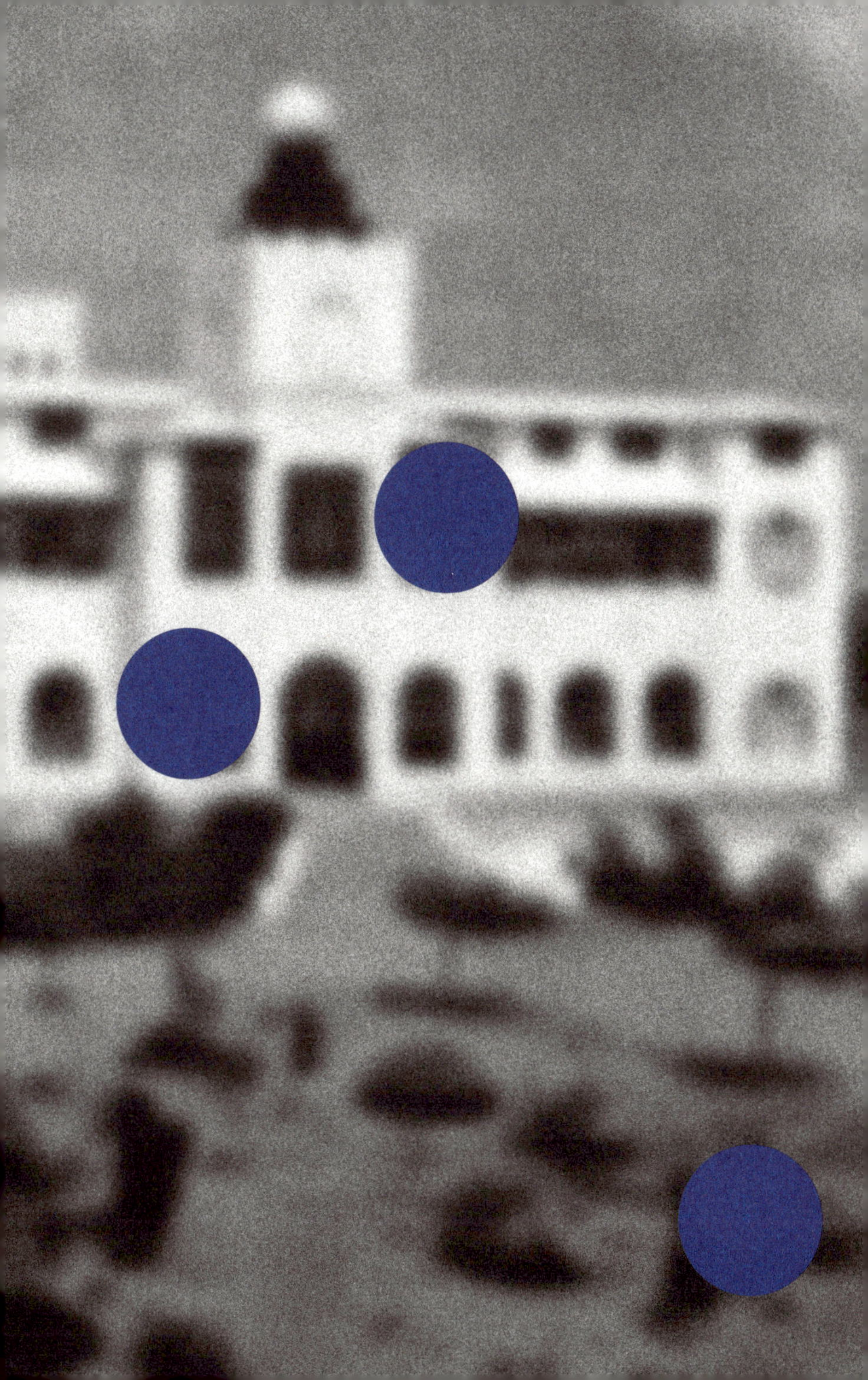

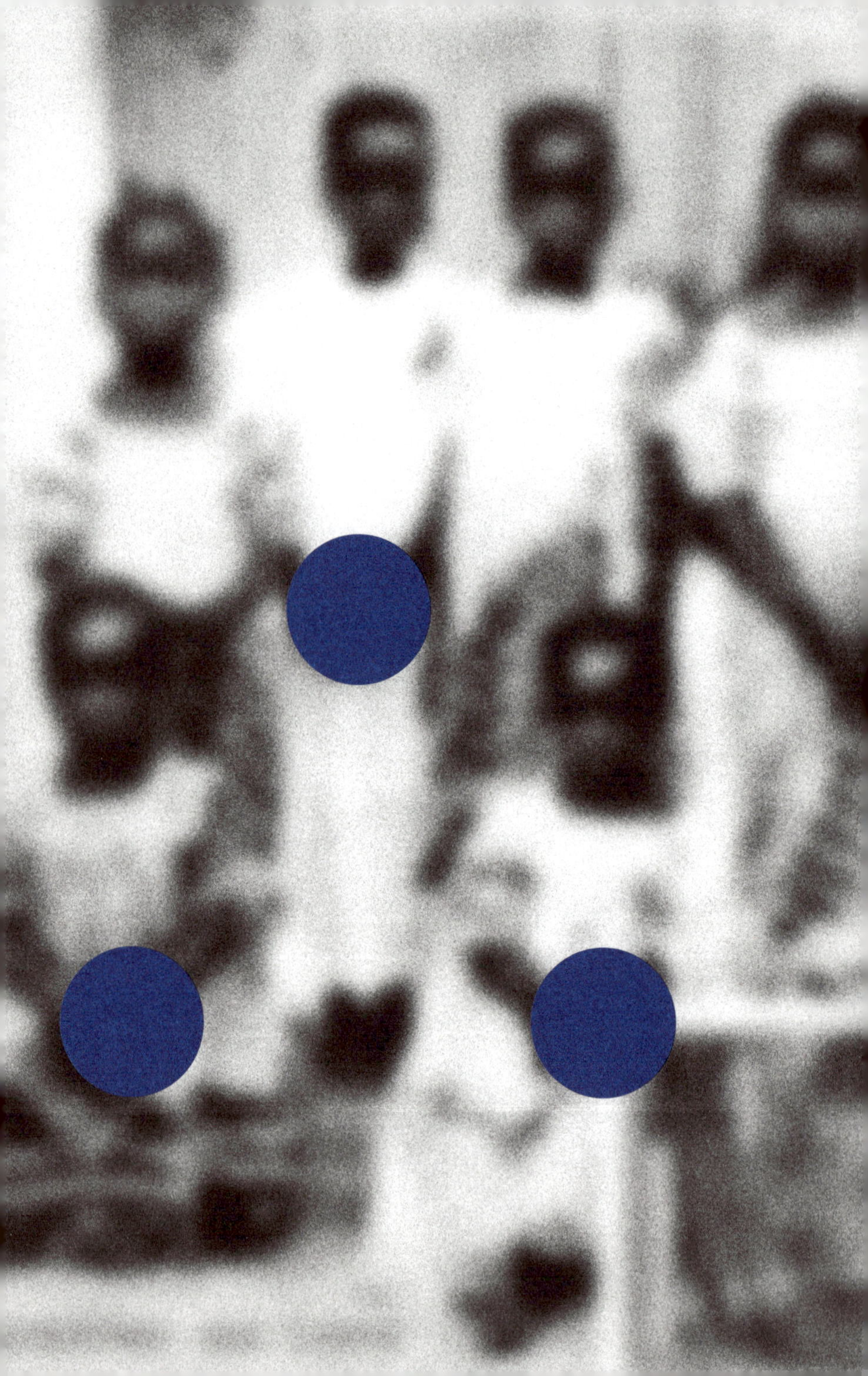

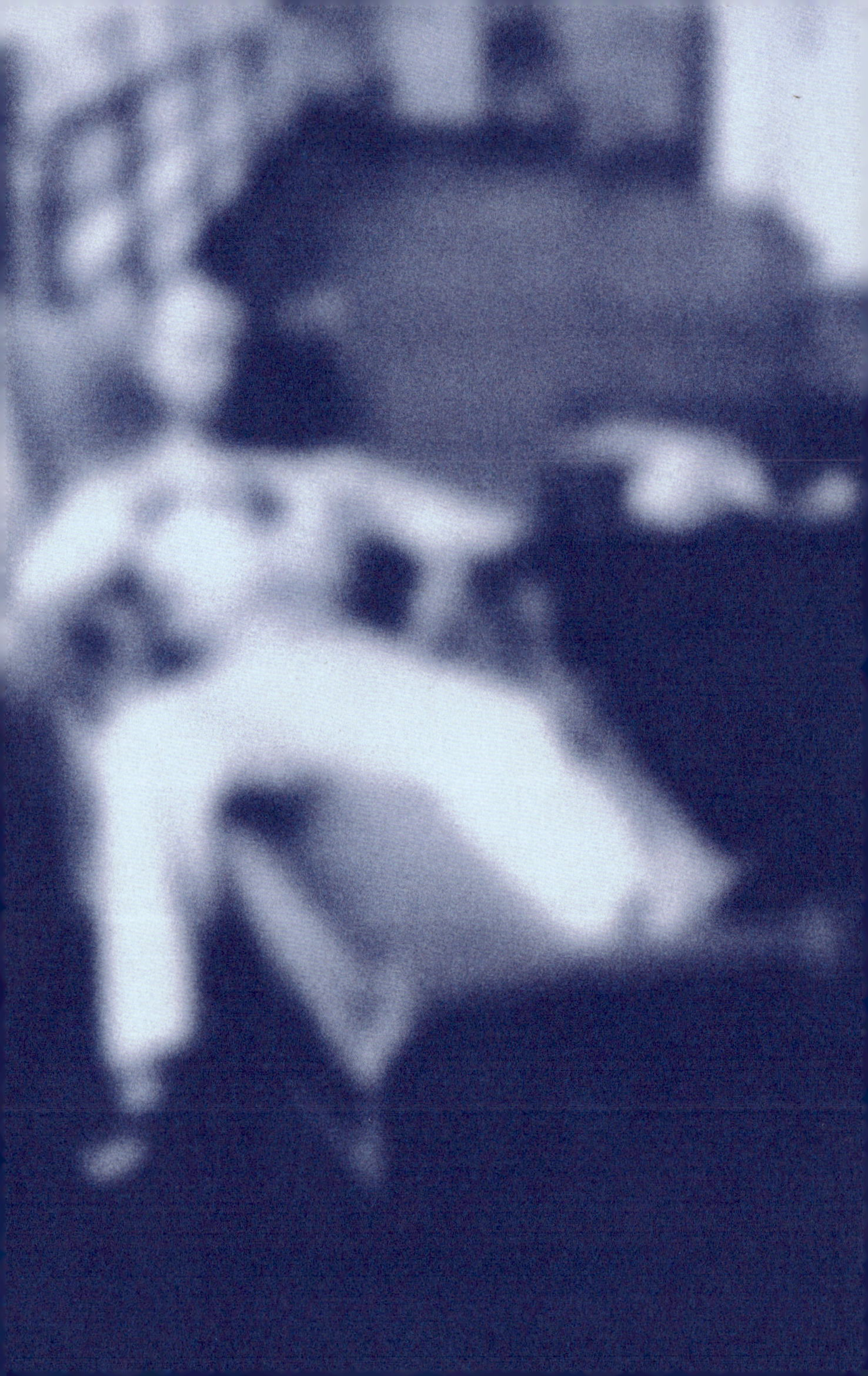

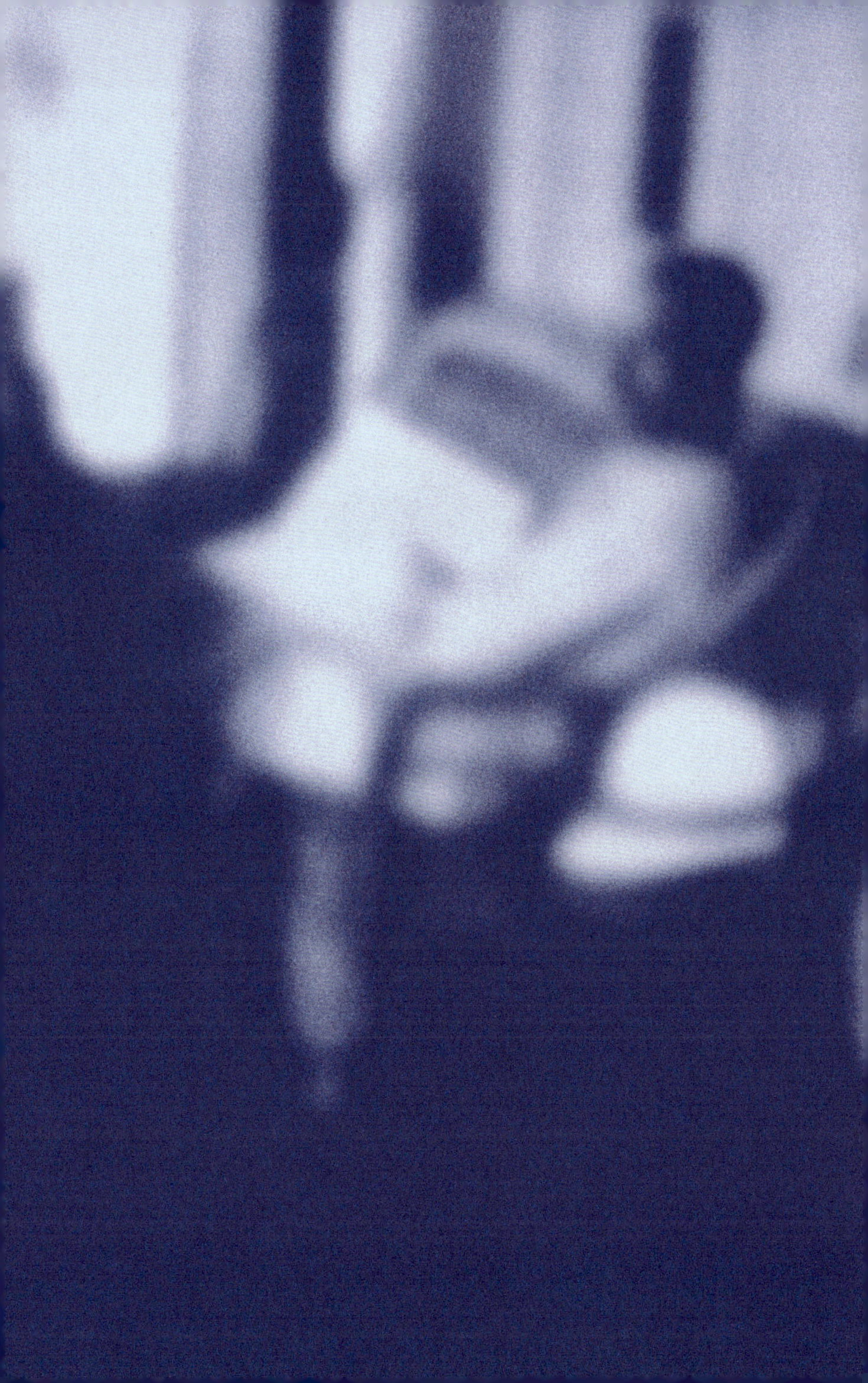

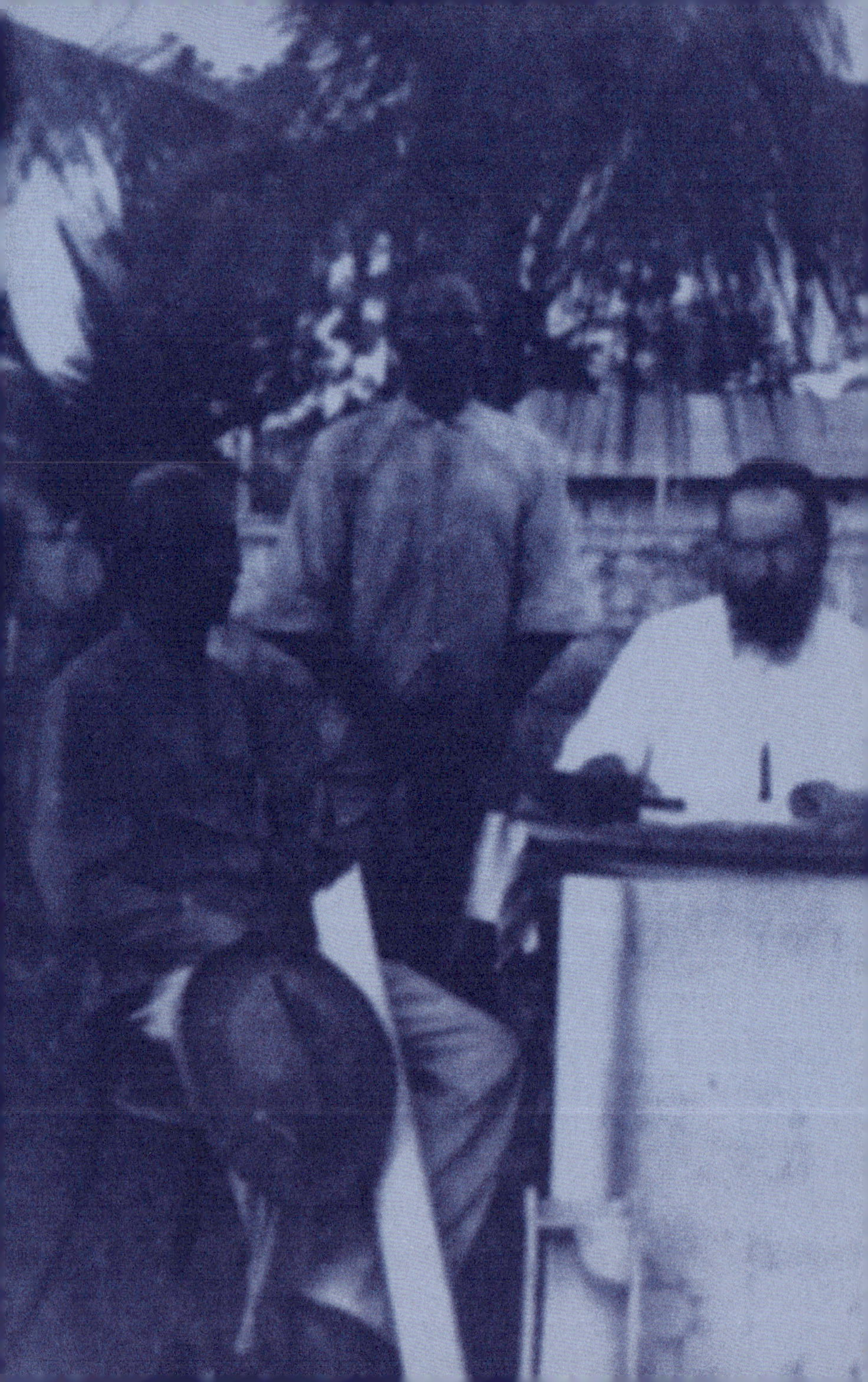

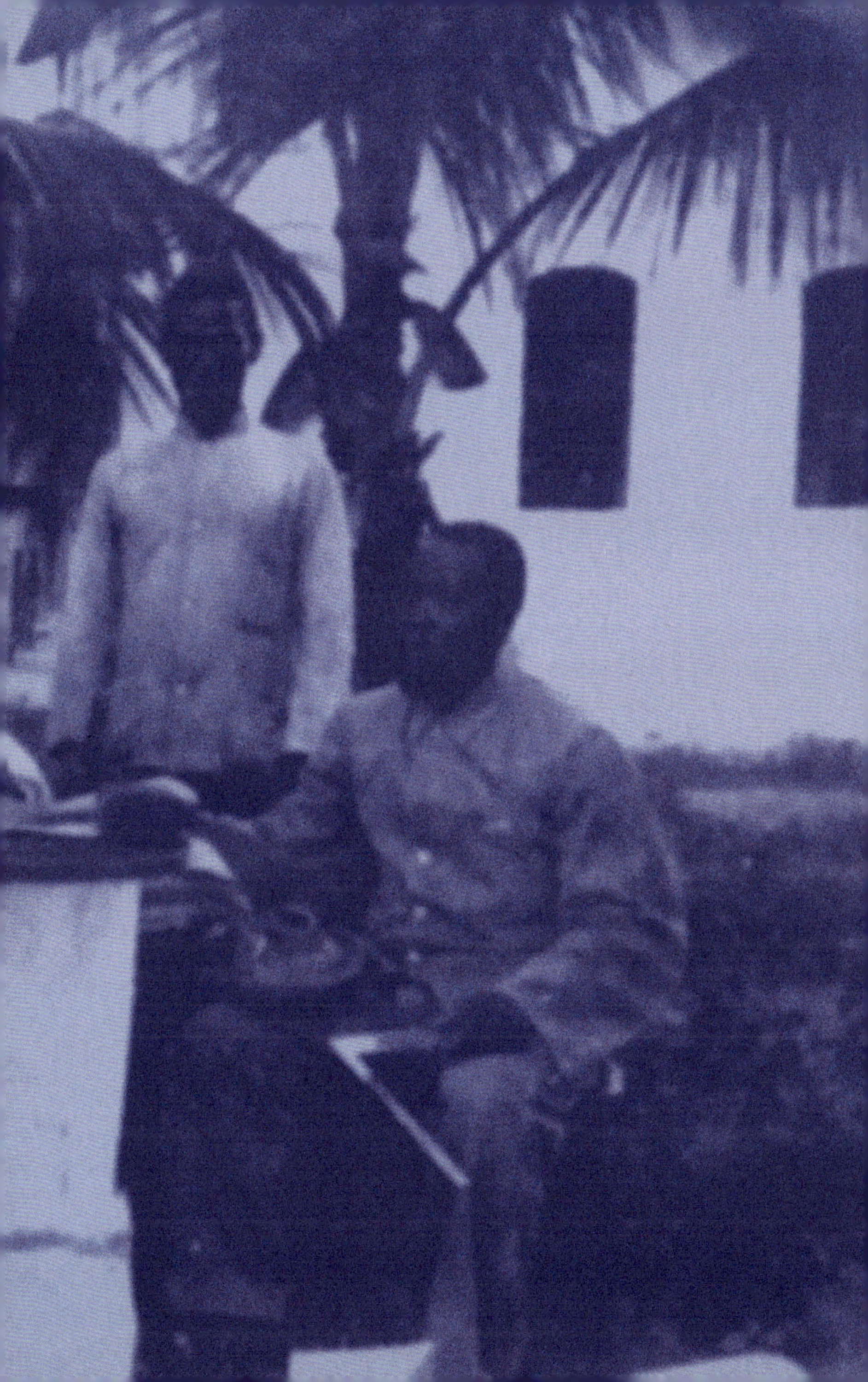

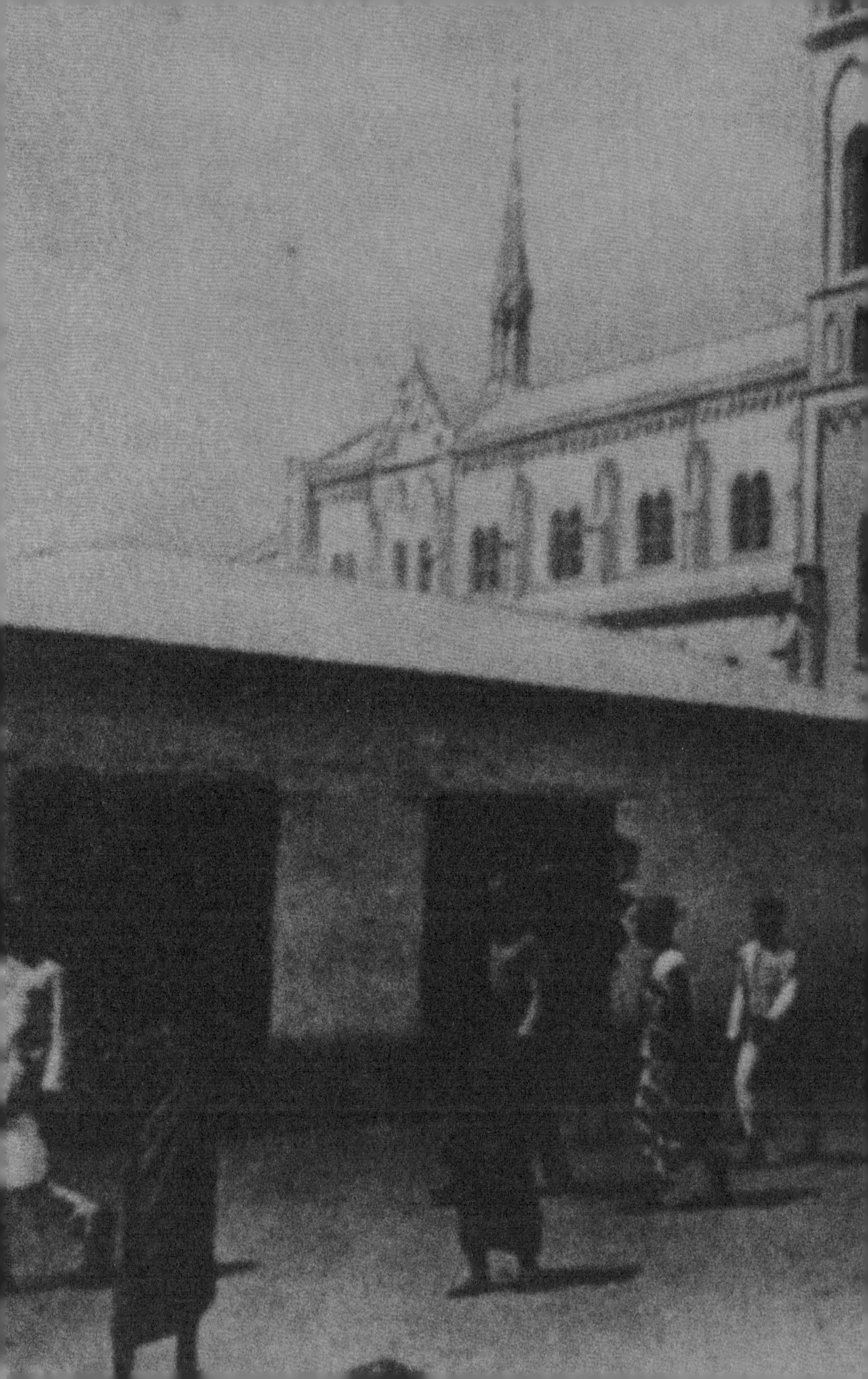

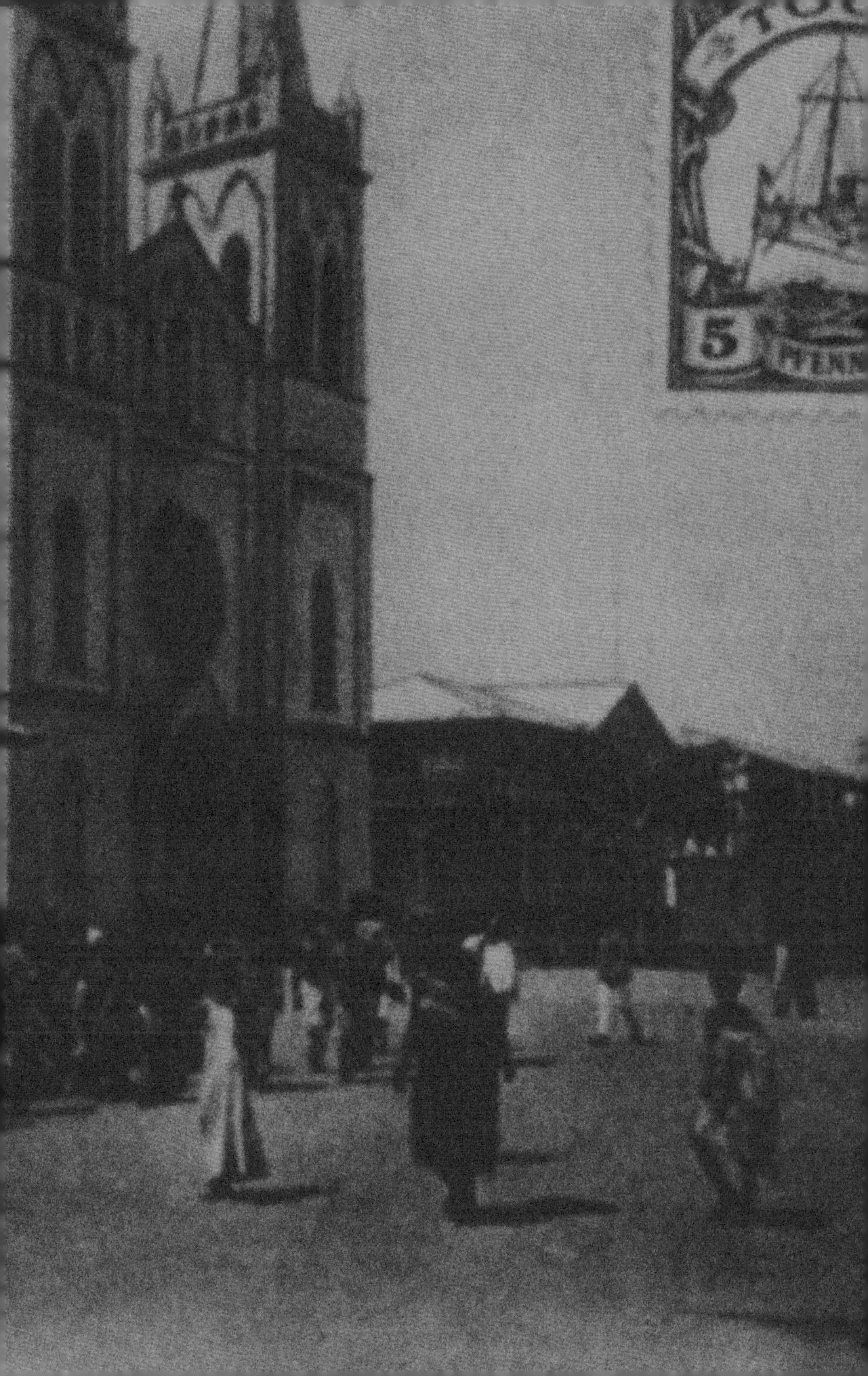

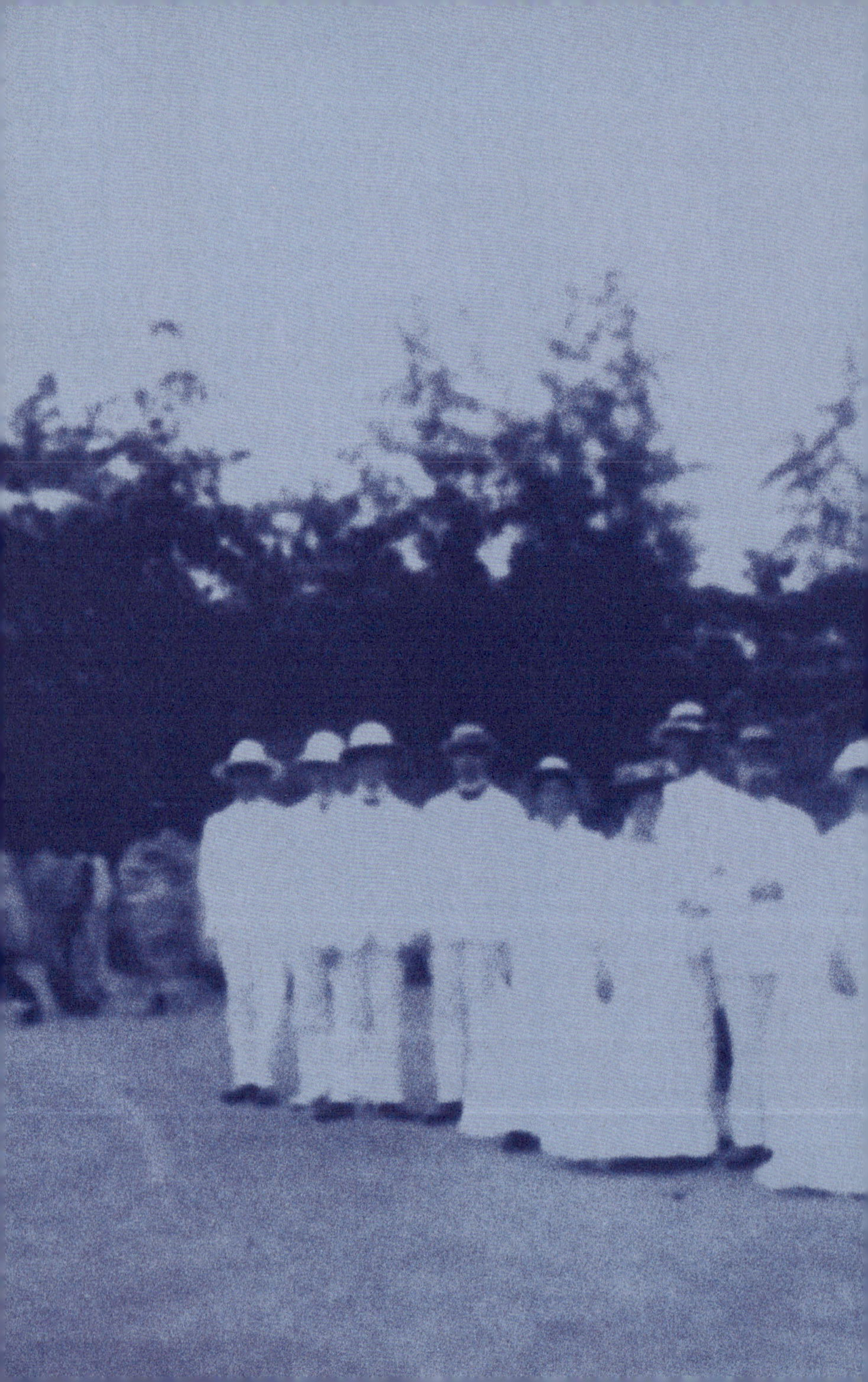

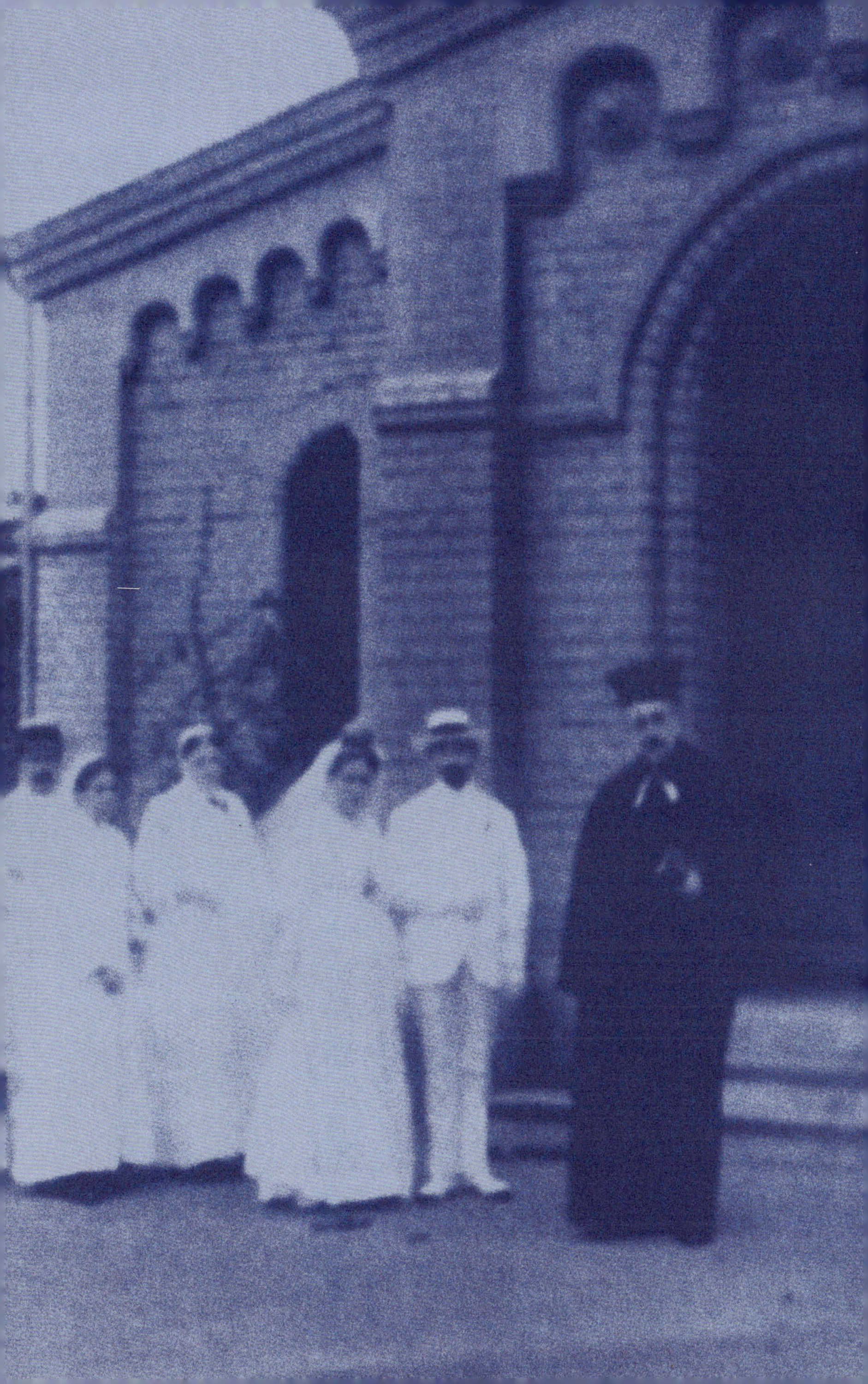

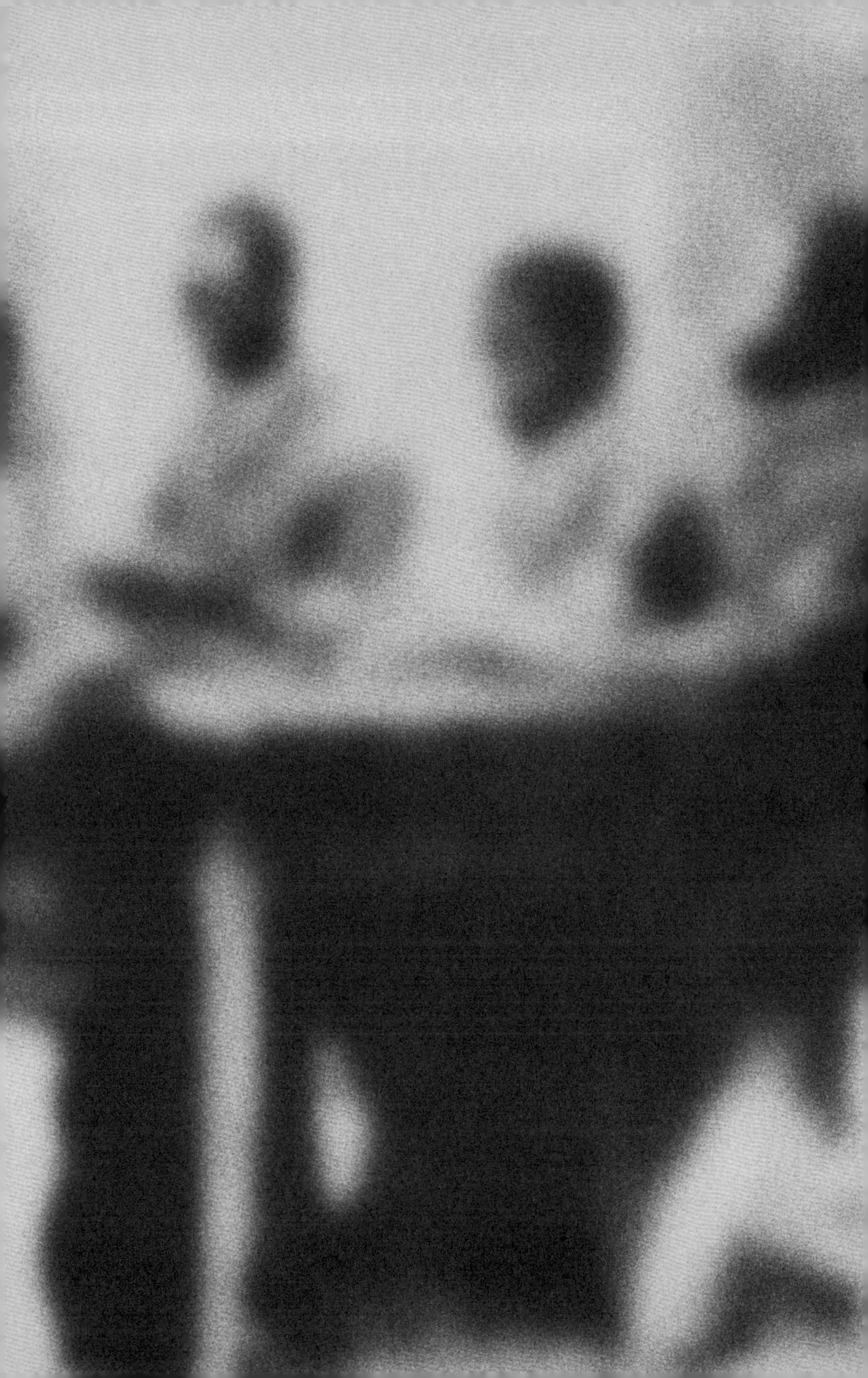

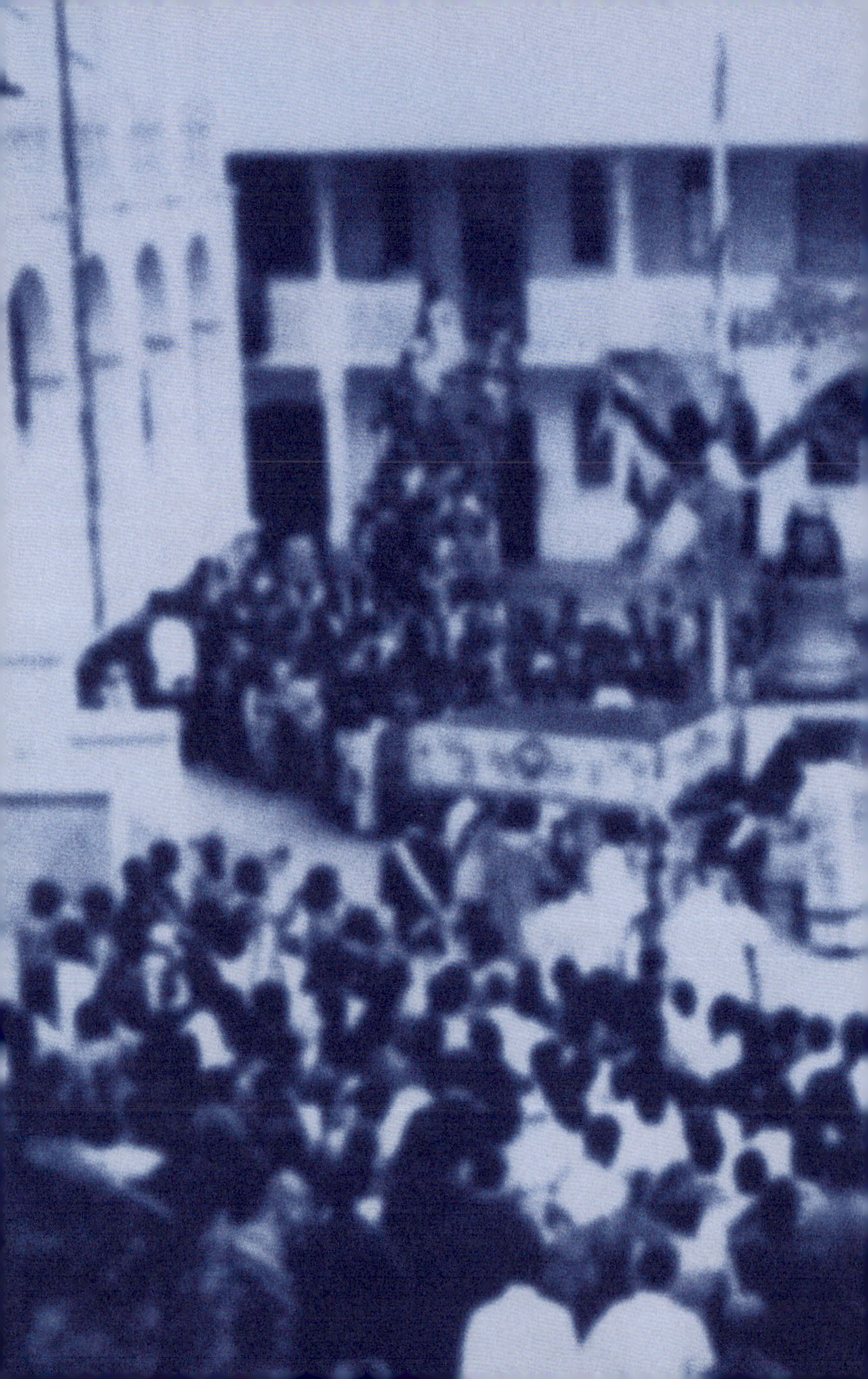

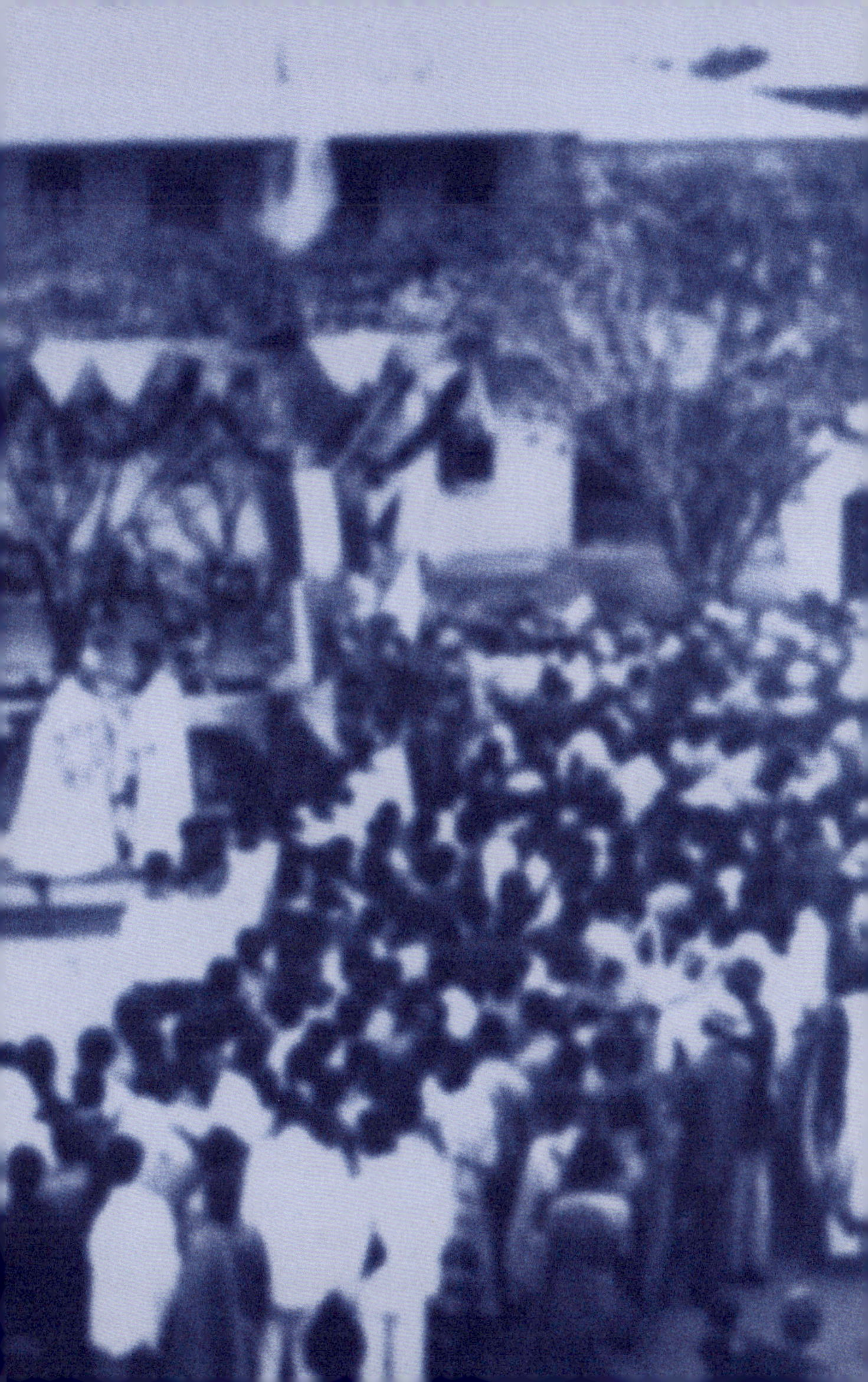

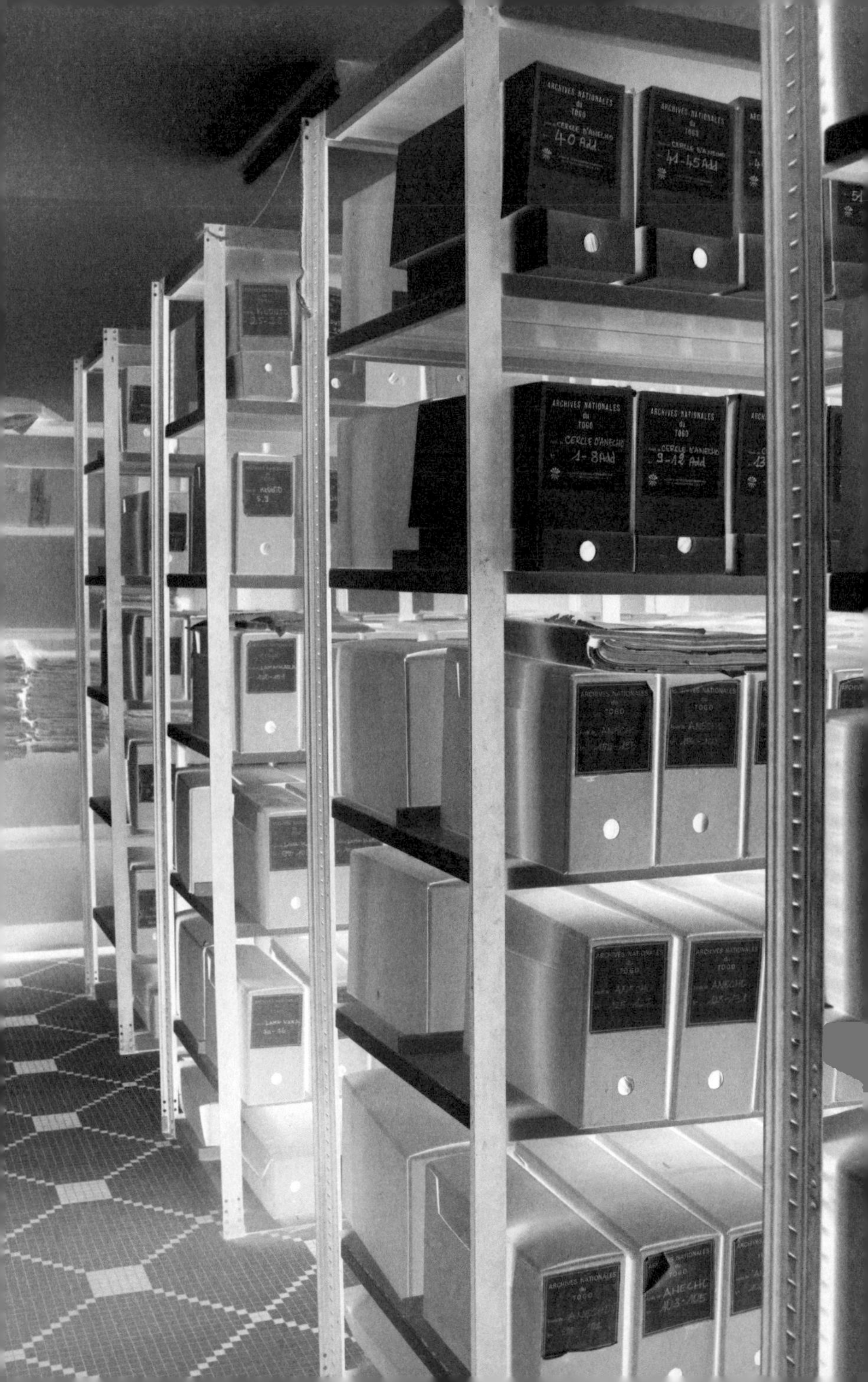

ARCHIVES NATIONALES
du
TOGO
CERCLE D'ANECHO
40 Add
ARCHIVES NATIONALES
du
TOGO
CERCLE D'ANECHO
41-45 Add
ARCHIVES NATIONALES
du
TOGO
pour CERCLE D'ANECHO
1-8 Add
ARCHIVES NATIONALES
du
TOGO
pour CERCLE D'ANECHO
9-12 Add
ARCHIVES NATIONALES
du
TOGO
ANECHO
ARCHIVES NATIONALES
du
TOGO
ANECHO
ARCHIVES NATIONALES
du
TOGO
ANECHO

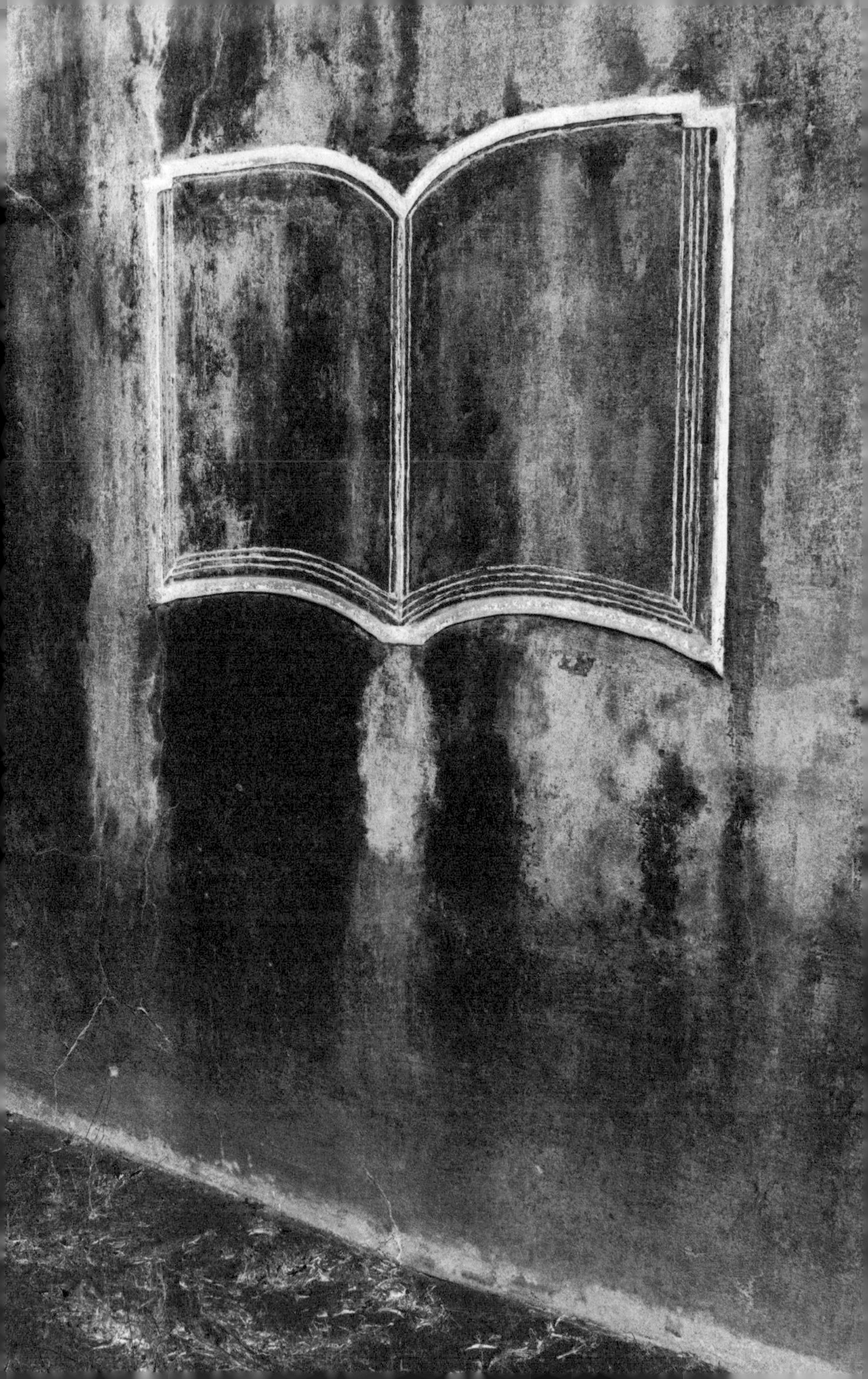

BERLIN

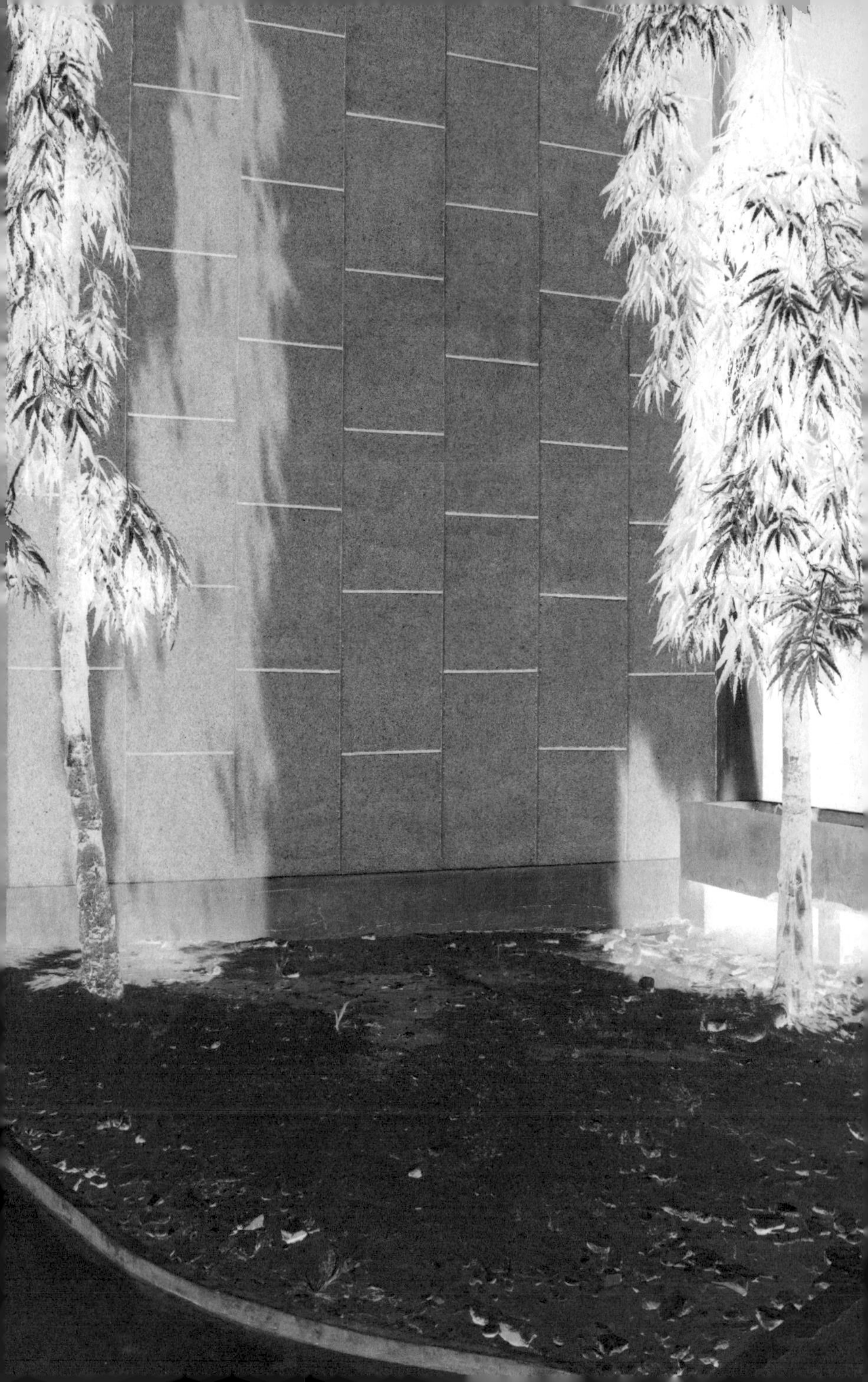

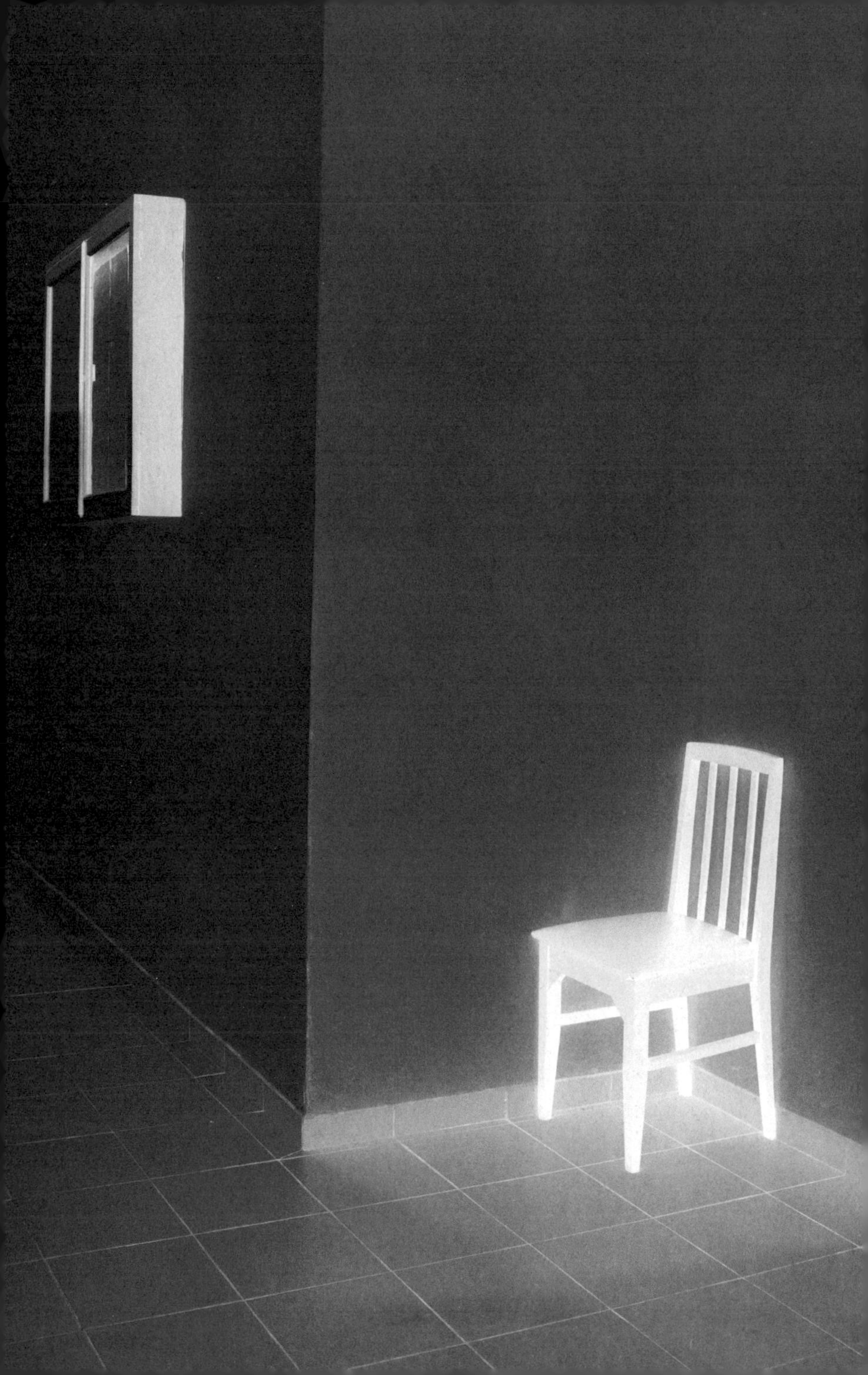

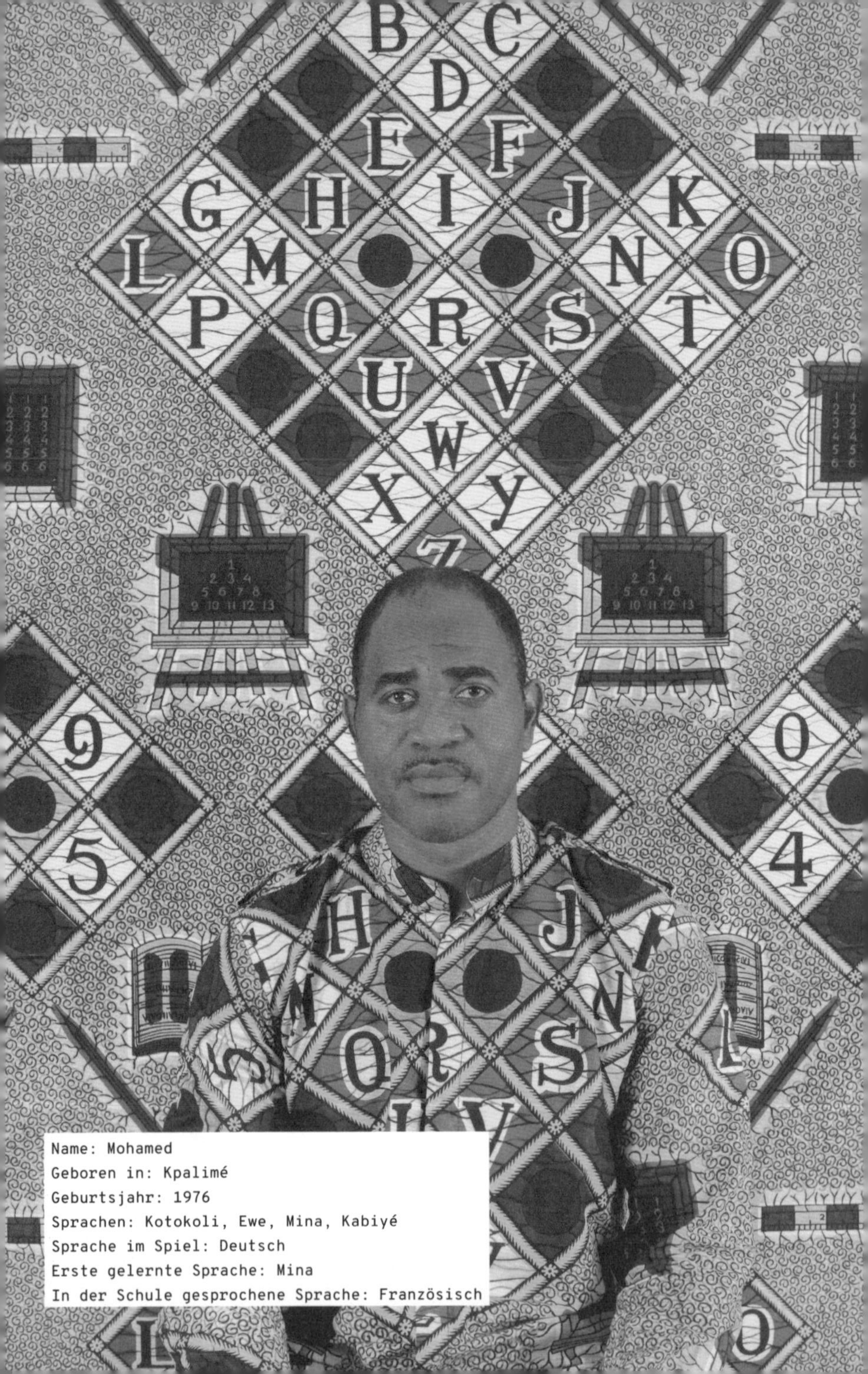

Name: Mohamed
Geboren in: Kpalimé
Geburtsjahr: 1976
Sprachen: Kotokoli, Ewe, Mina, Kabiyé
Sprache im Spiel: Deutsch
Erste gelernte Sprache: Mina
In der Schule gesprochene Sprache: Französisch

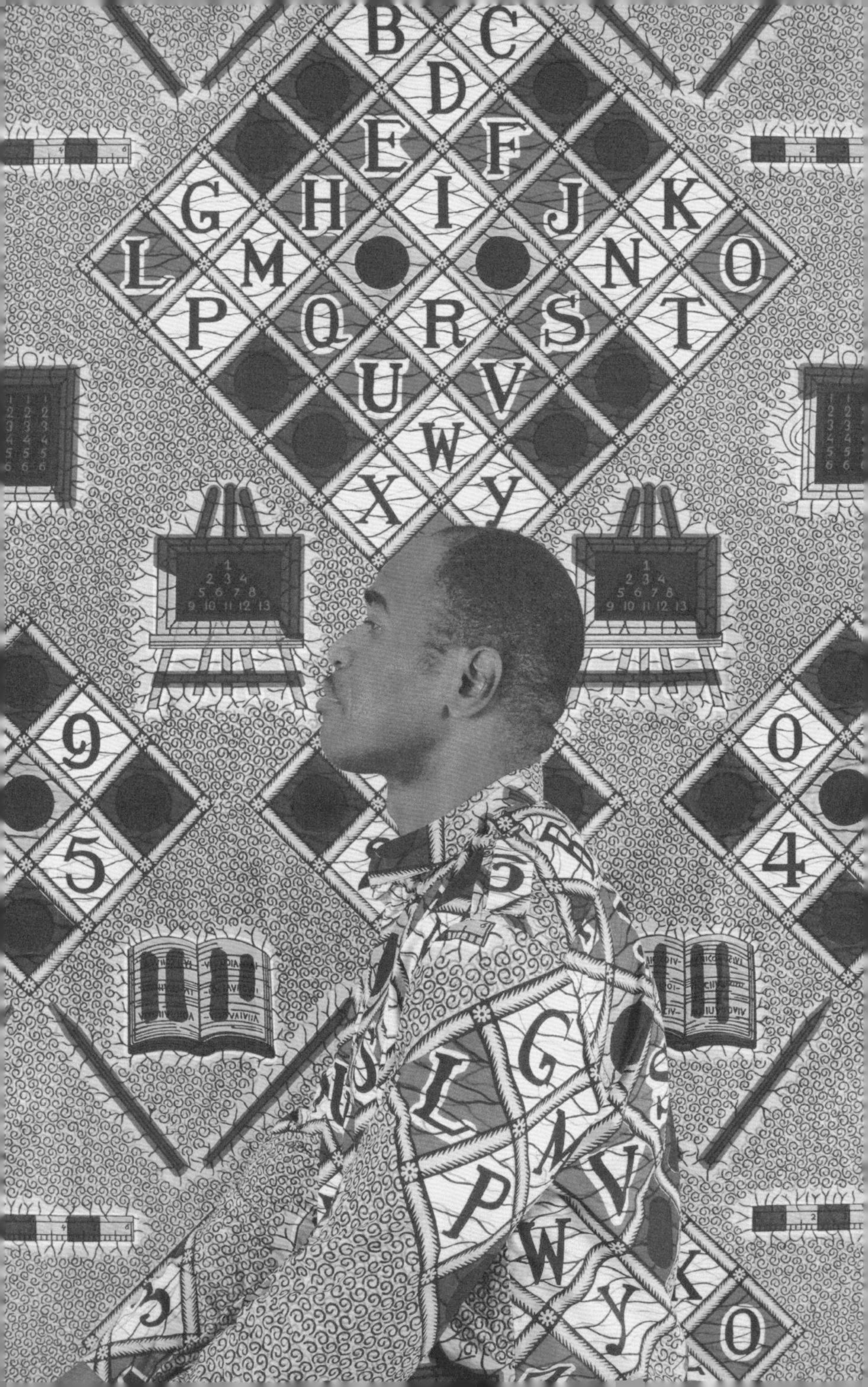

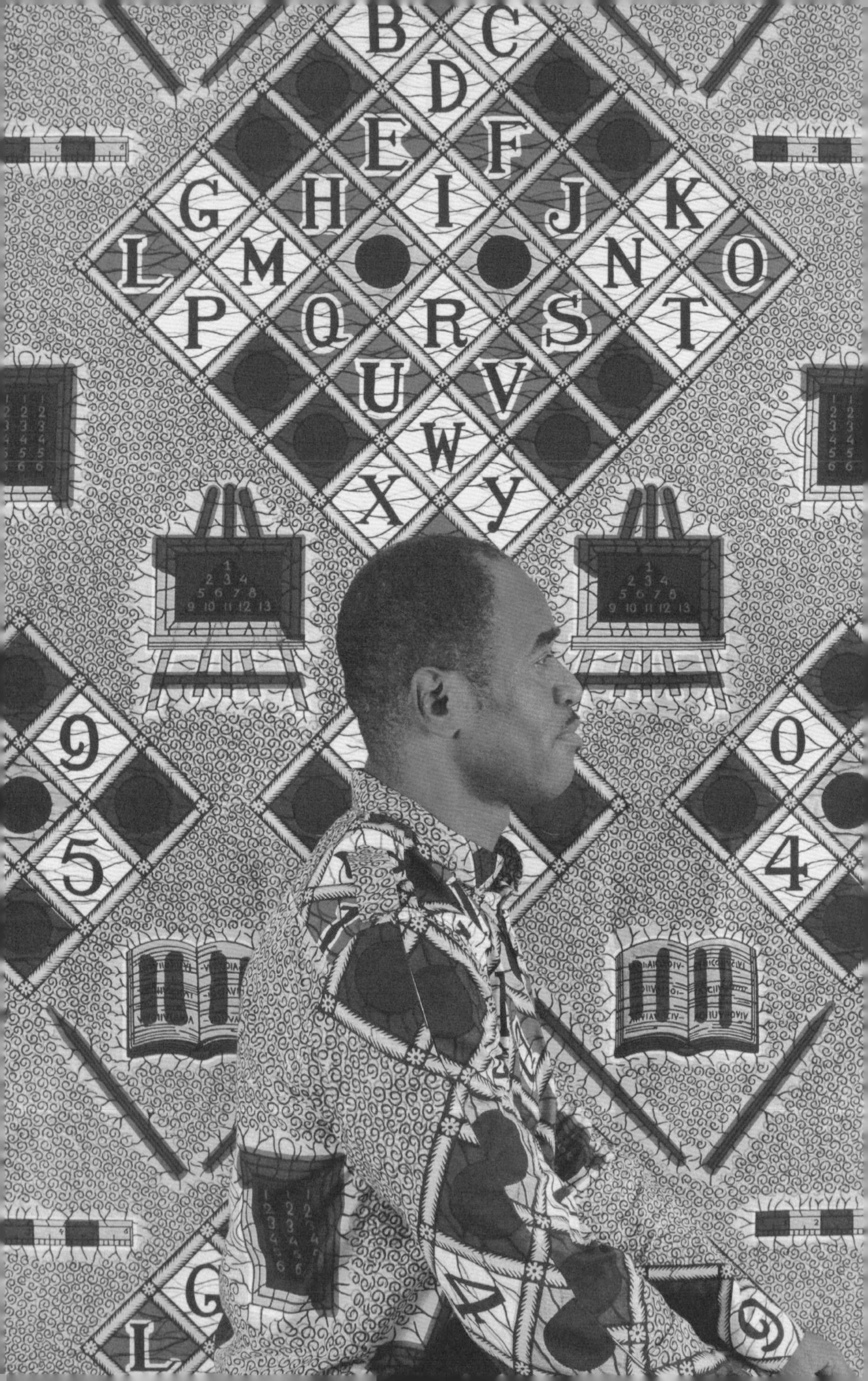

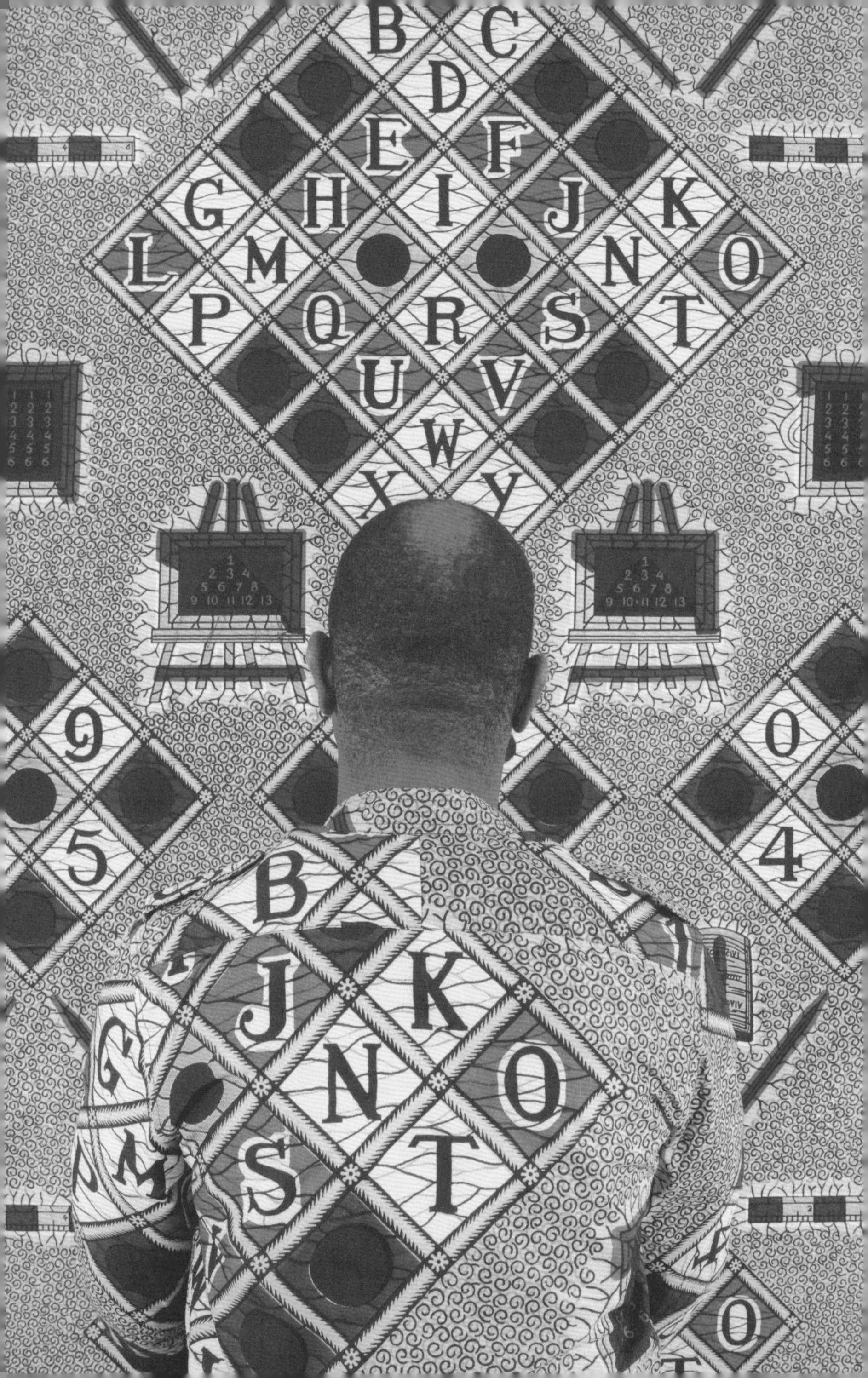

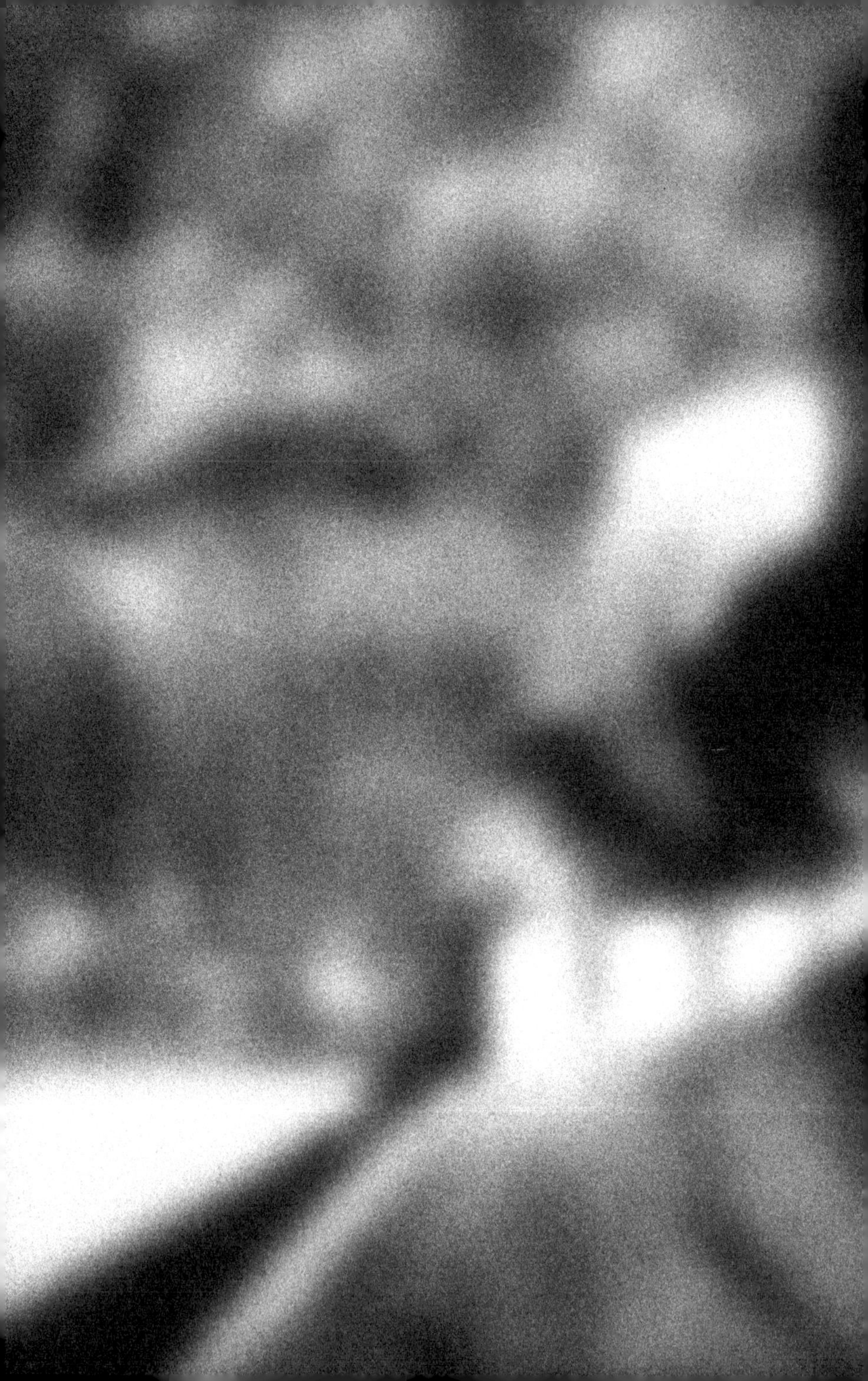

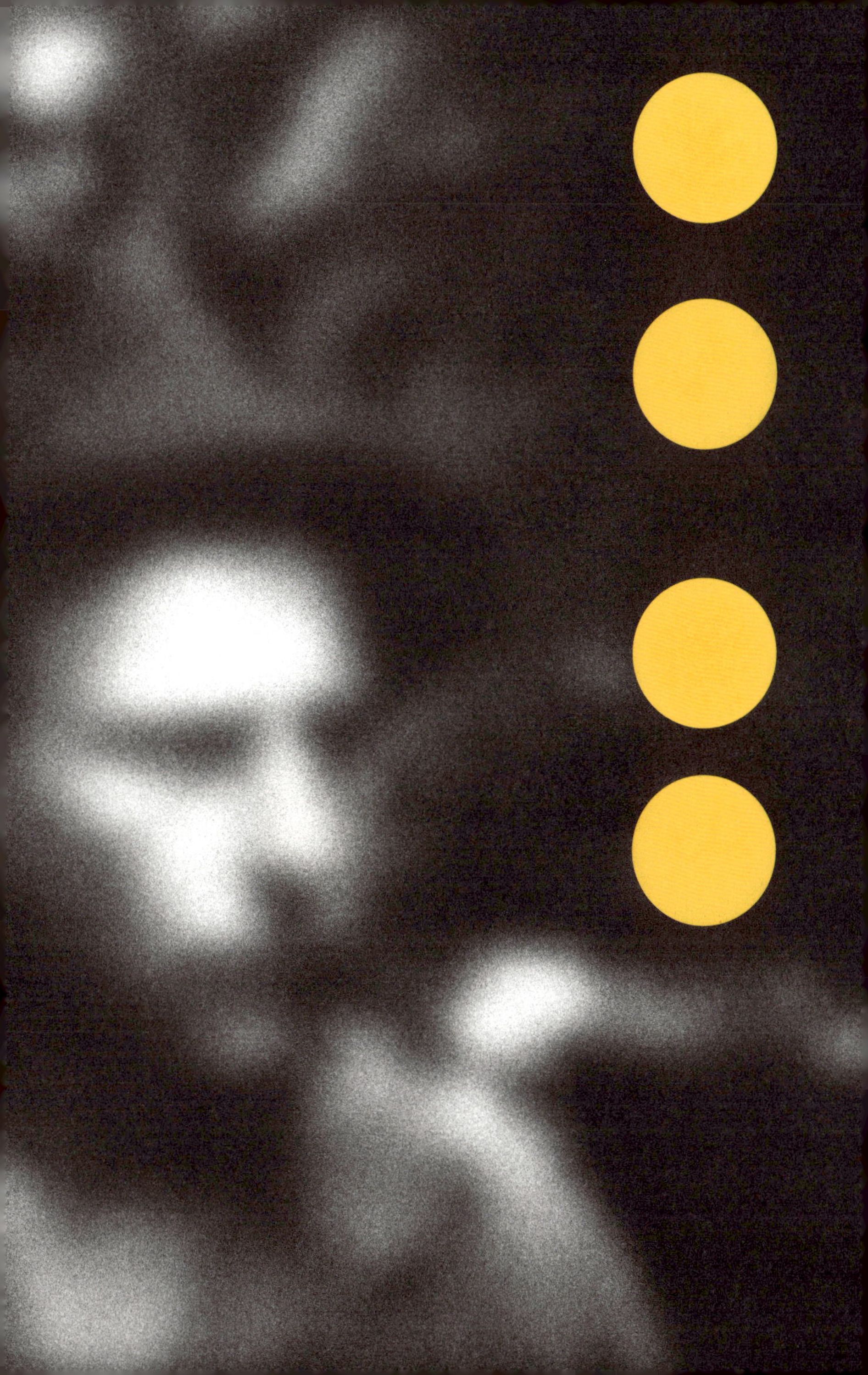

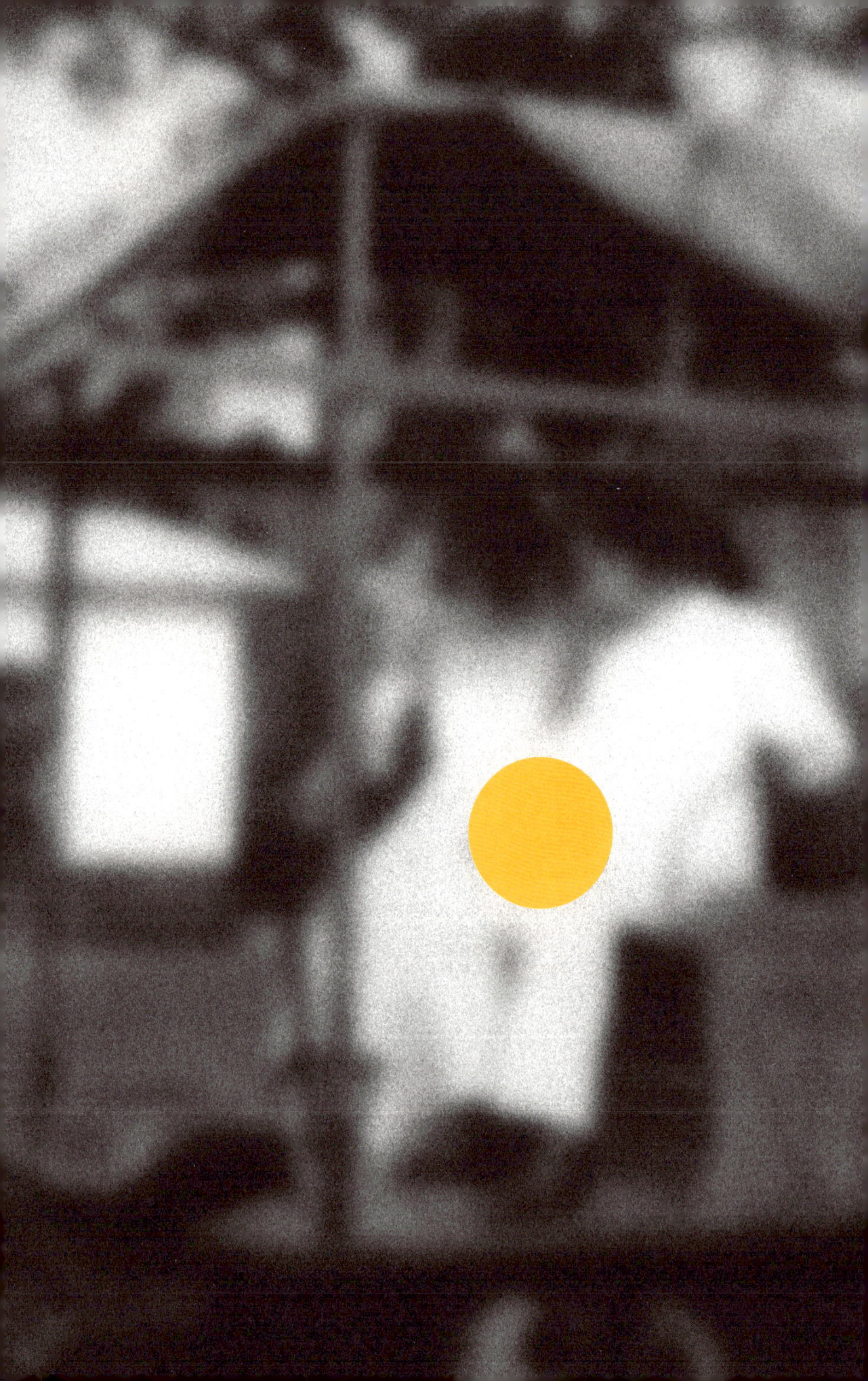

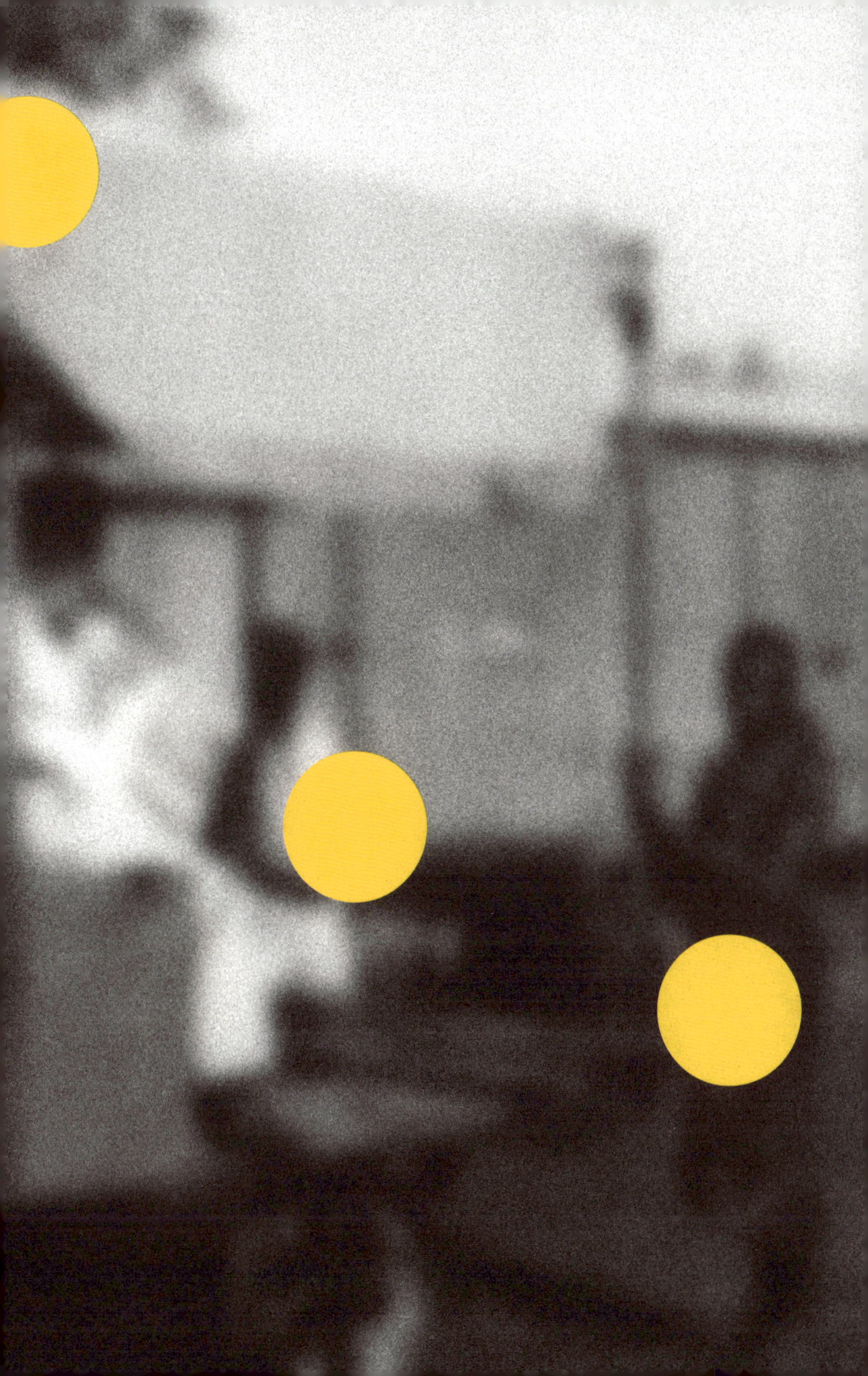

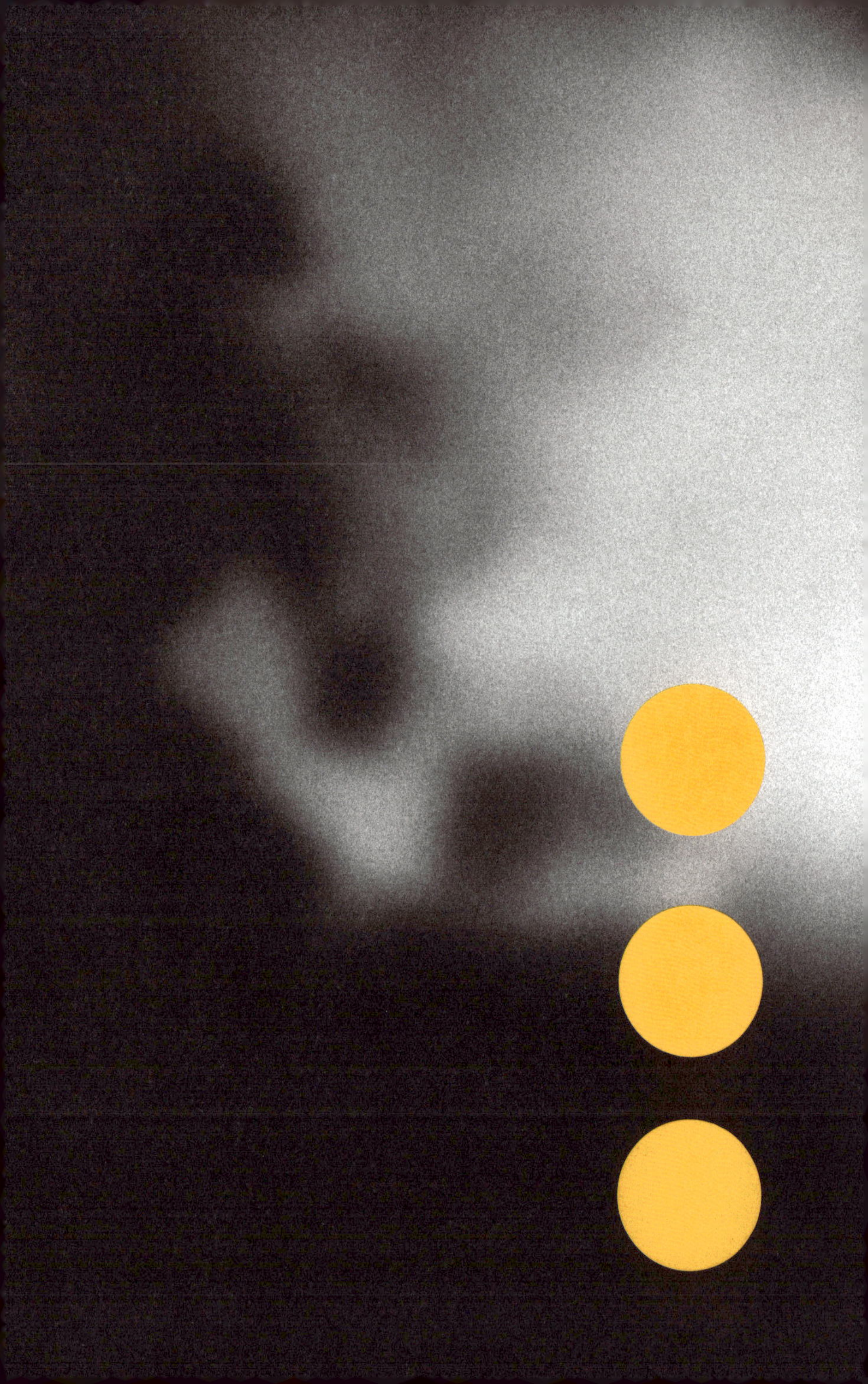

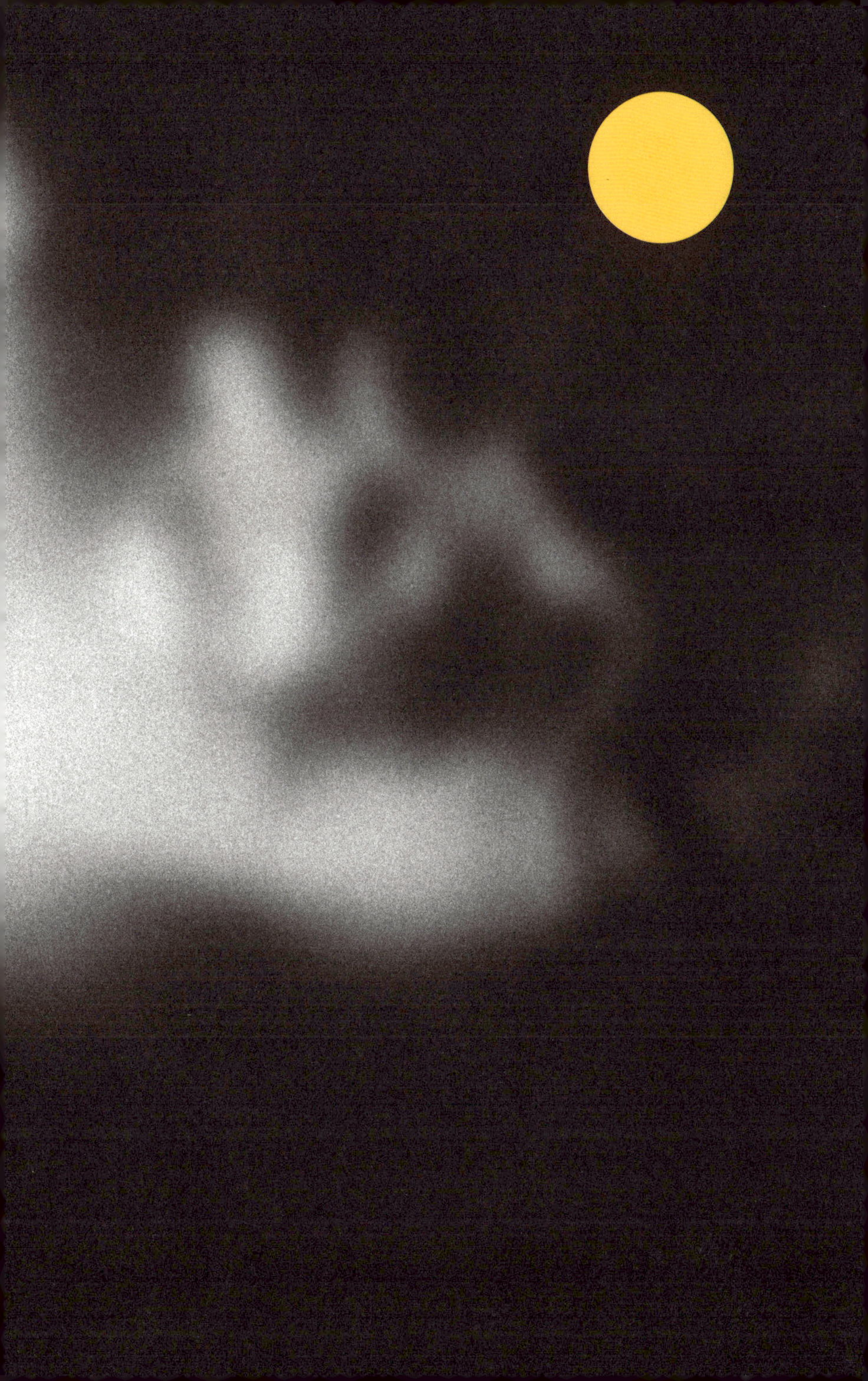

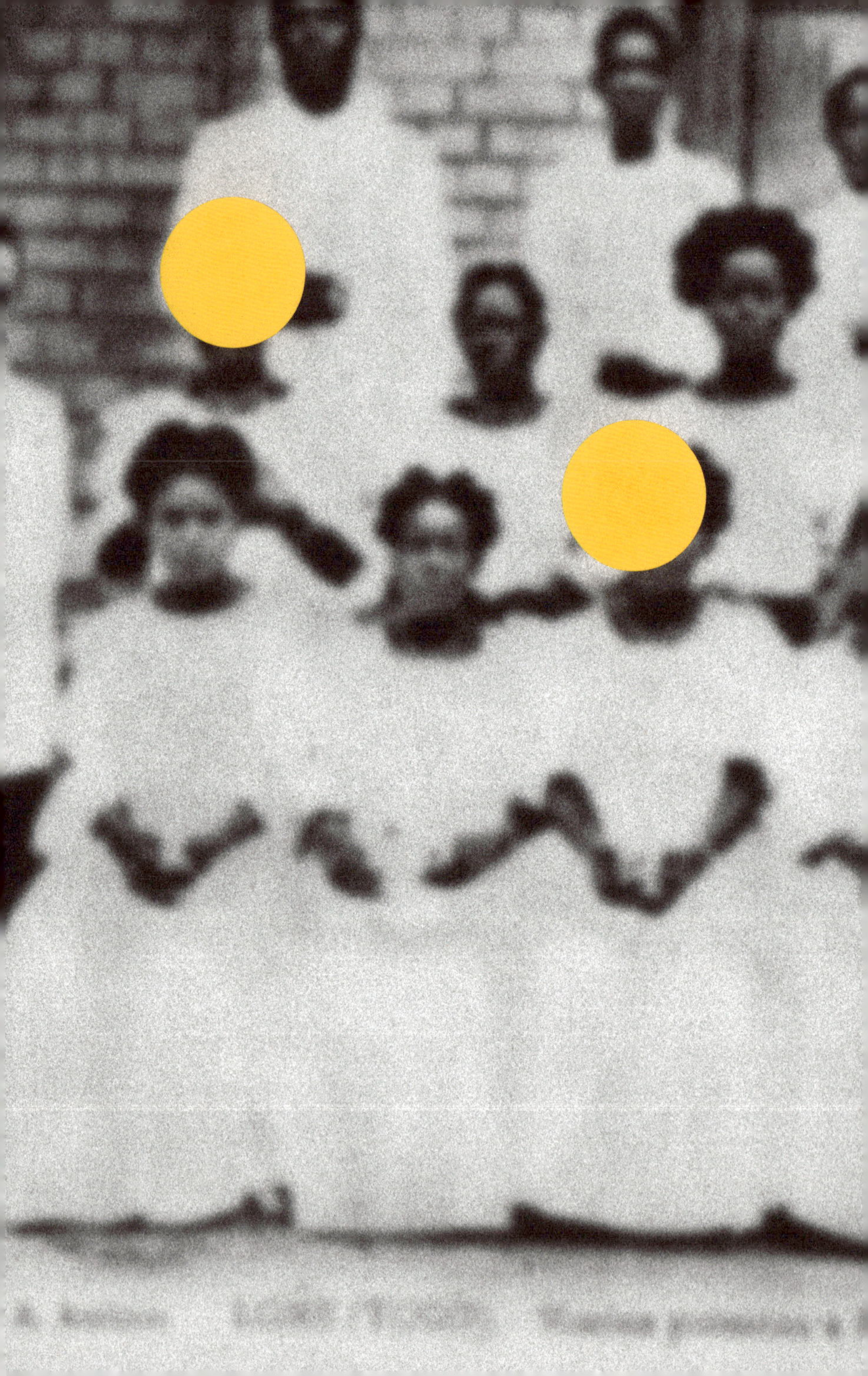

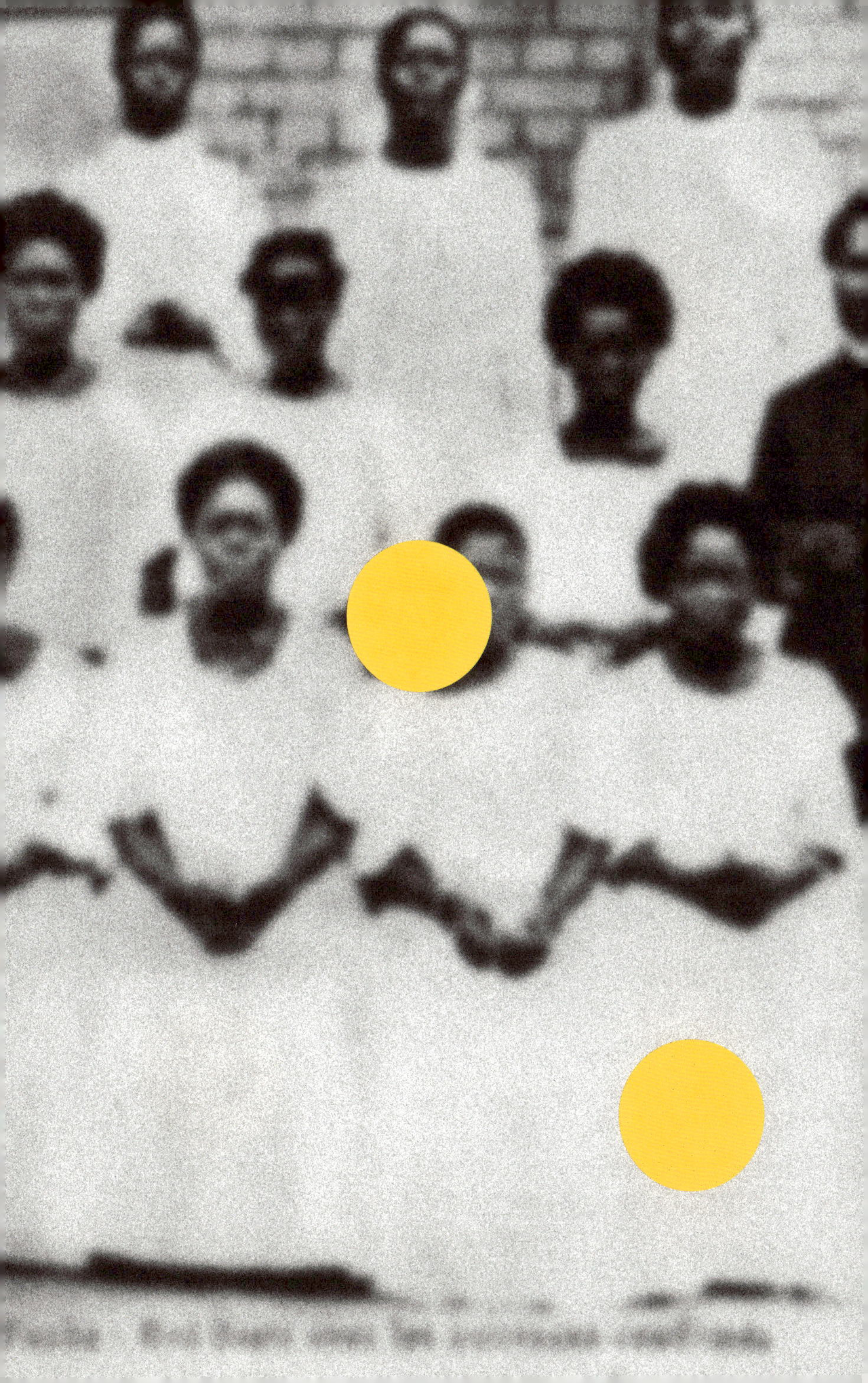

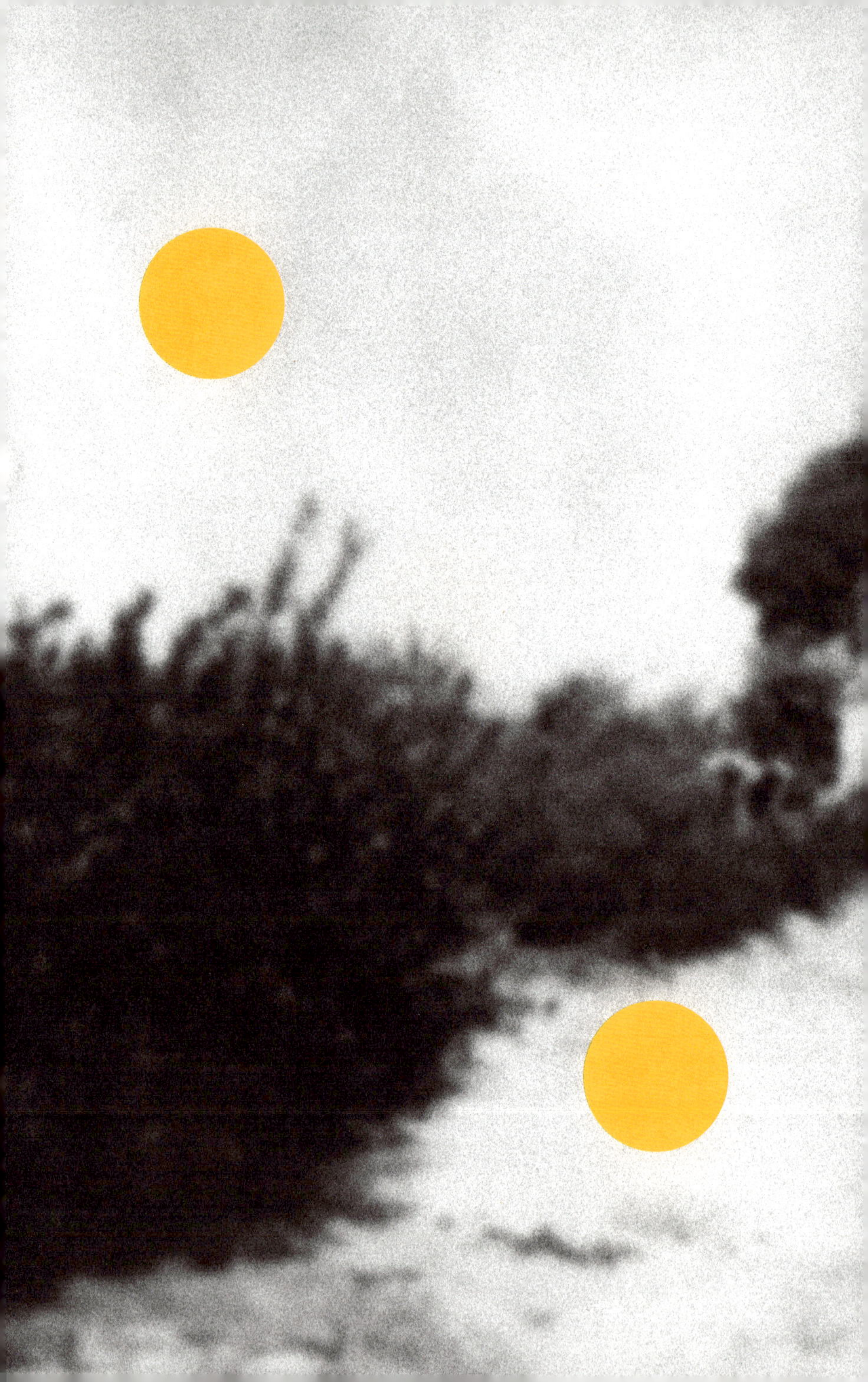

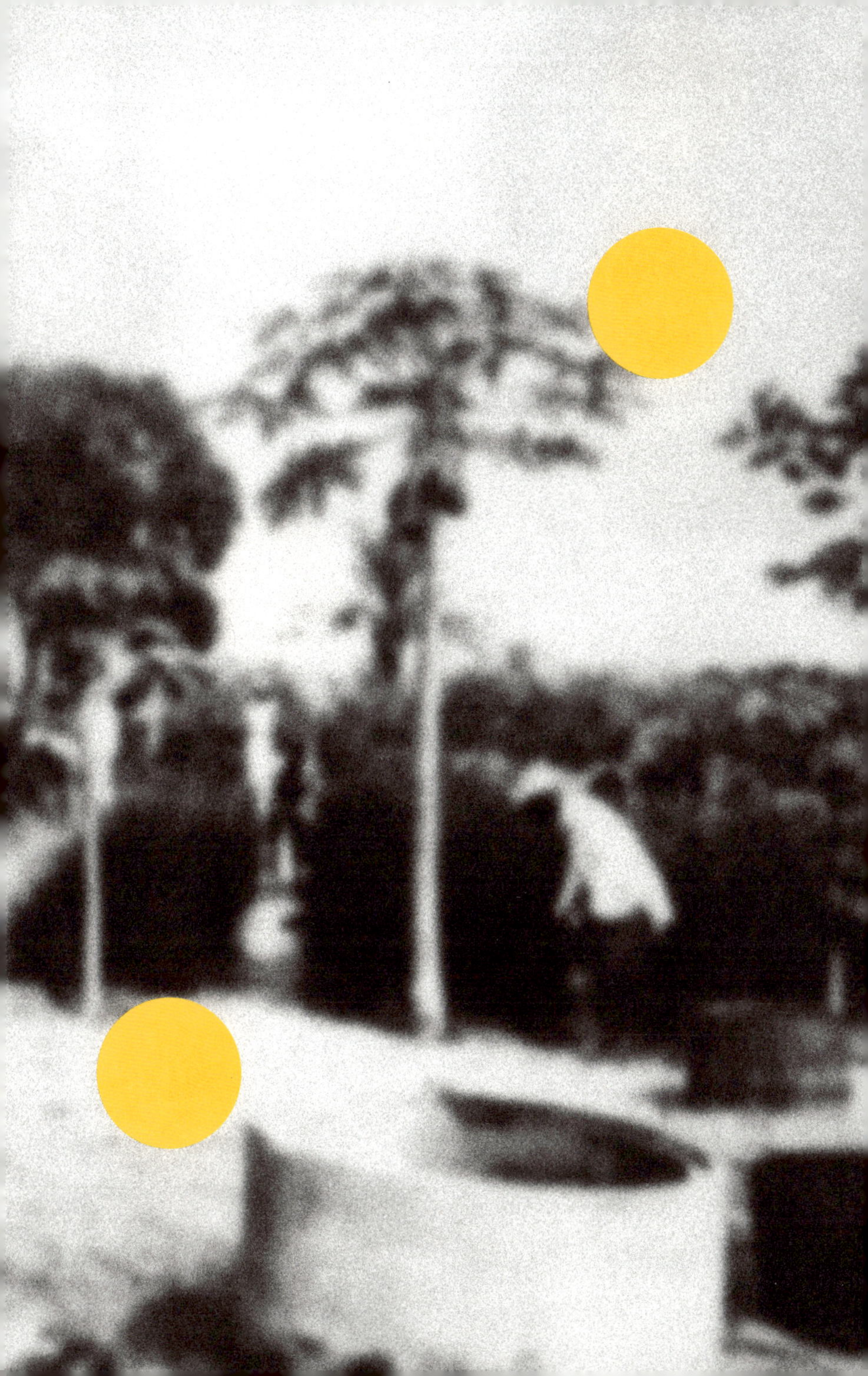

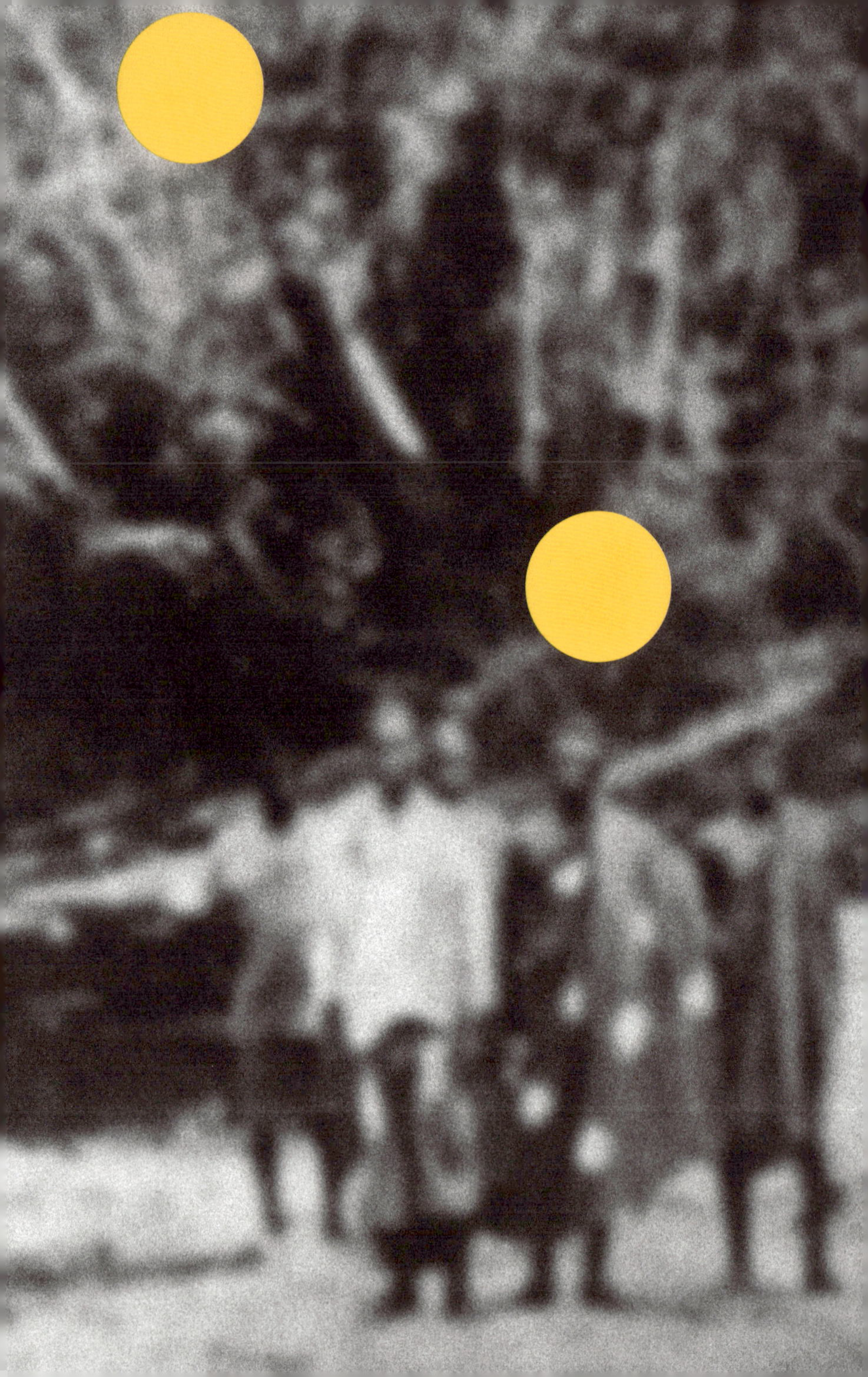

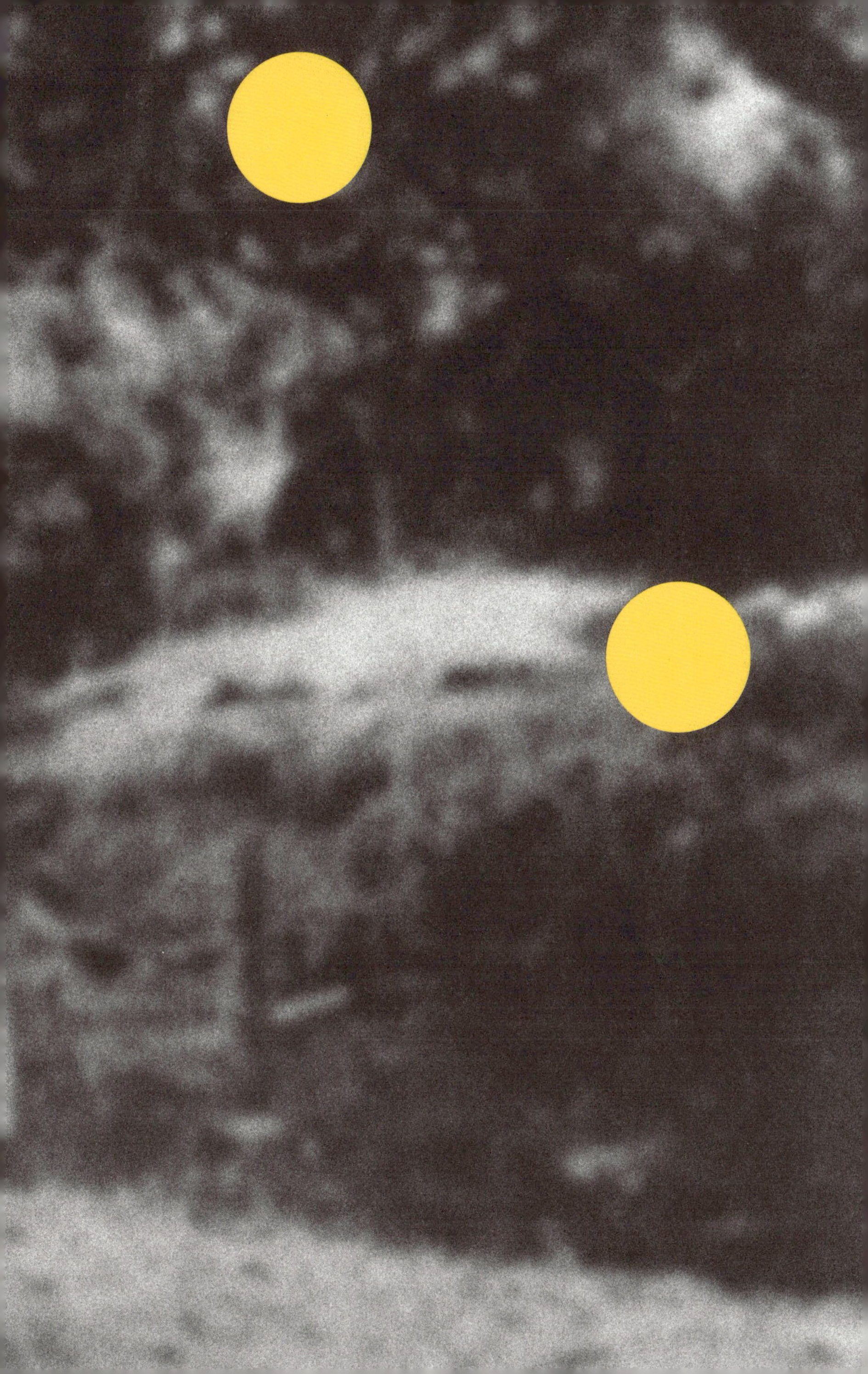

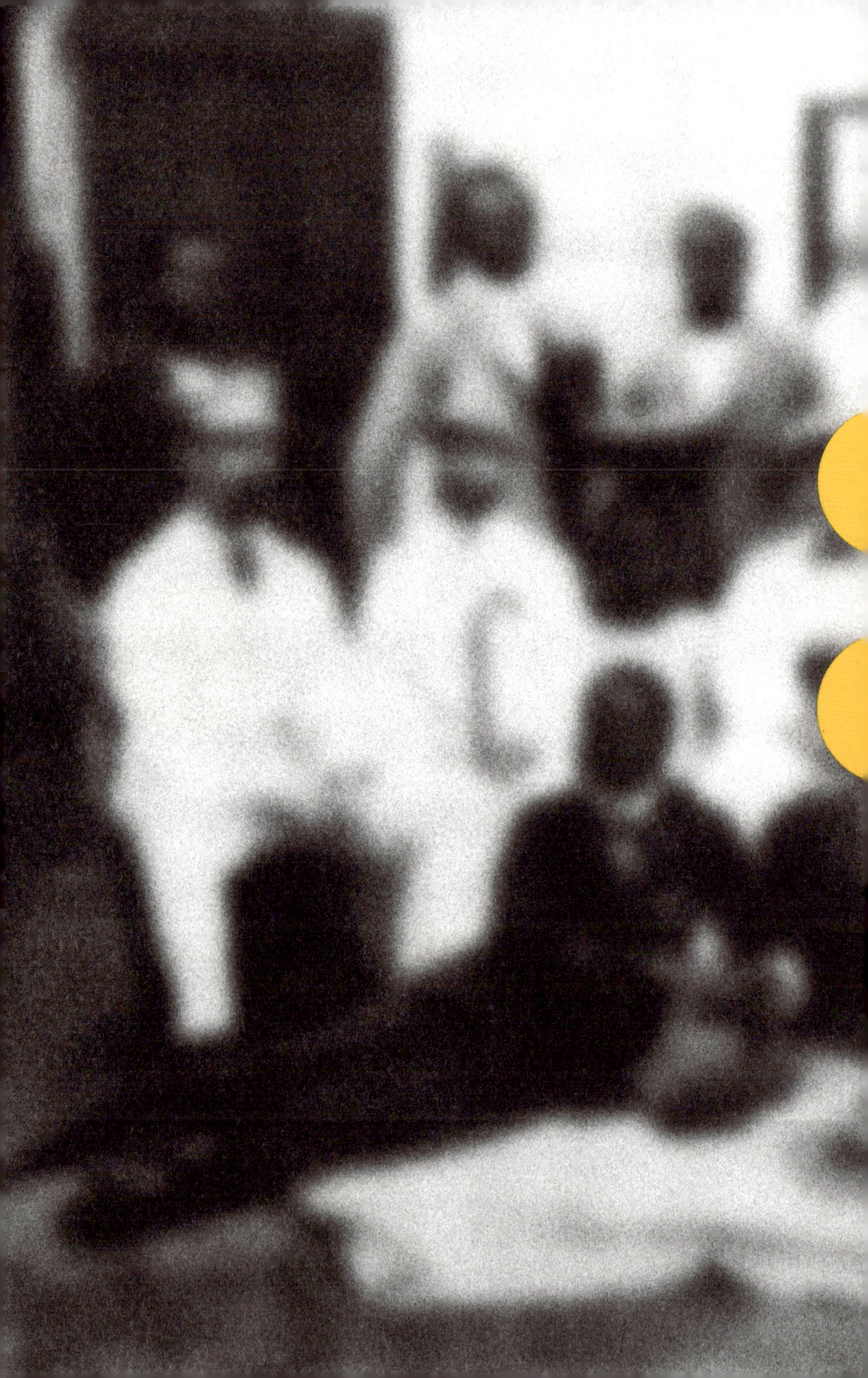

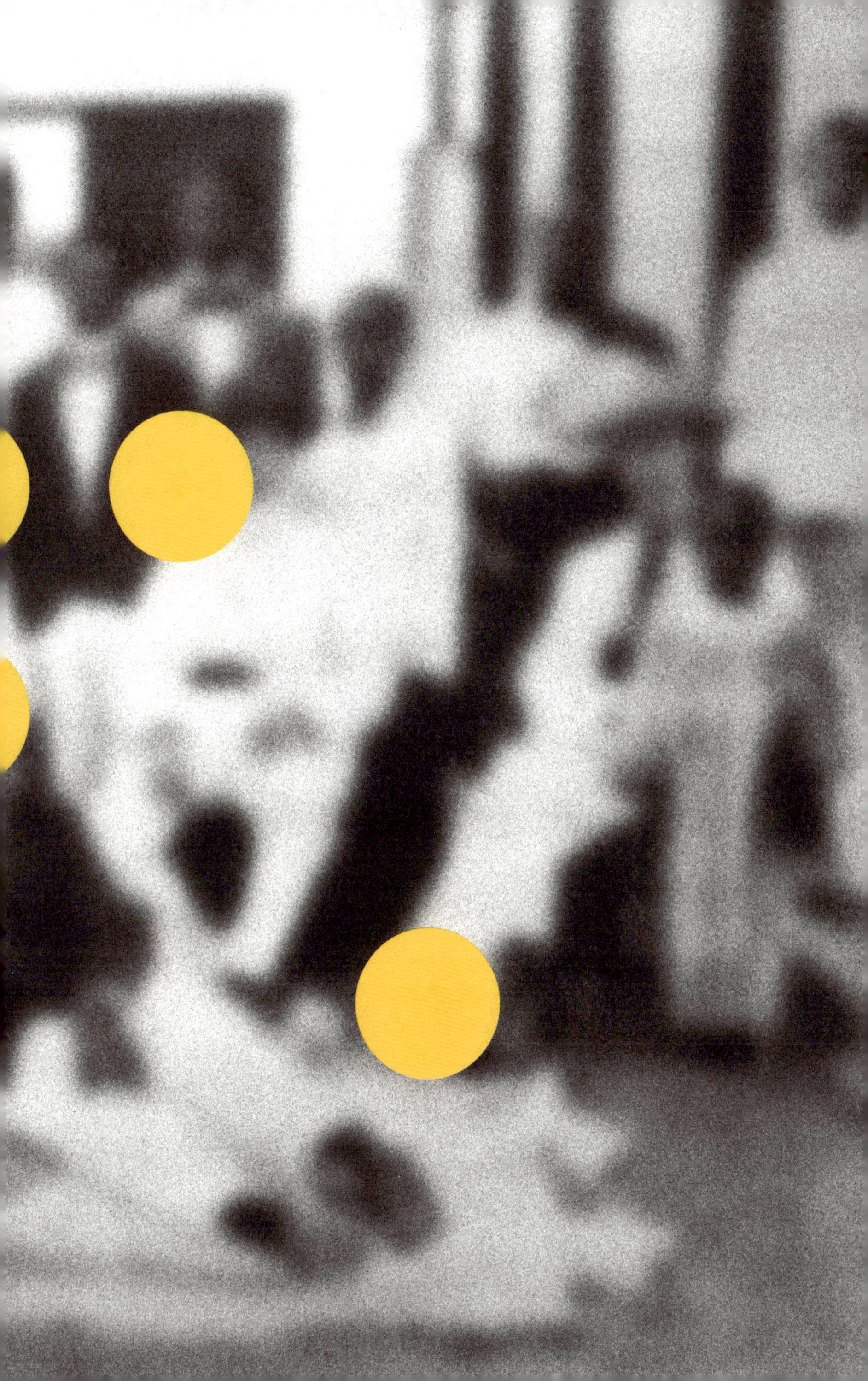

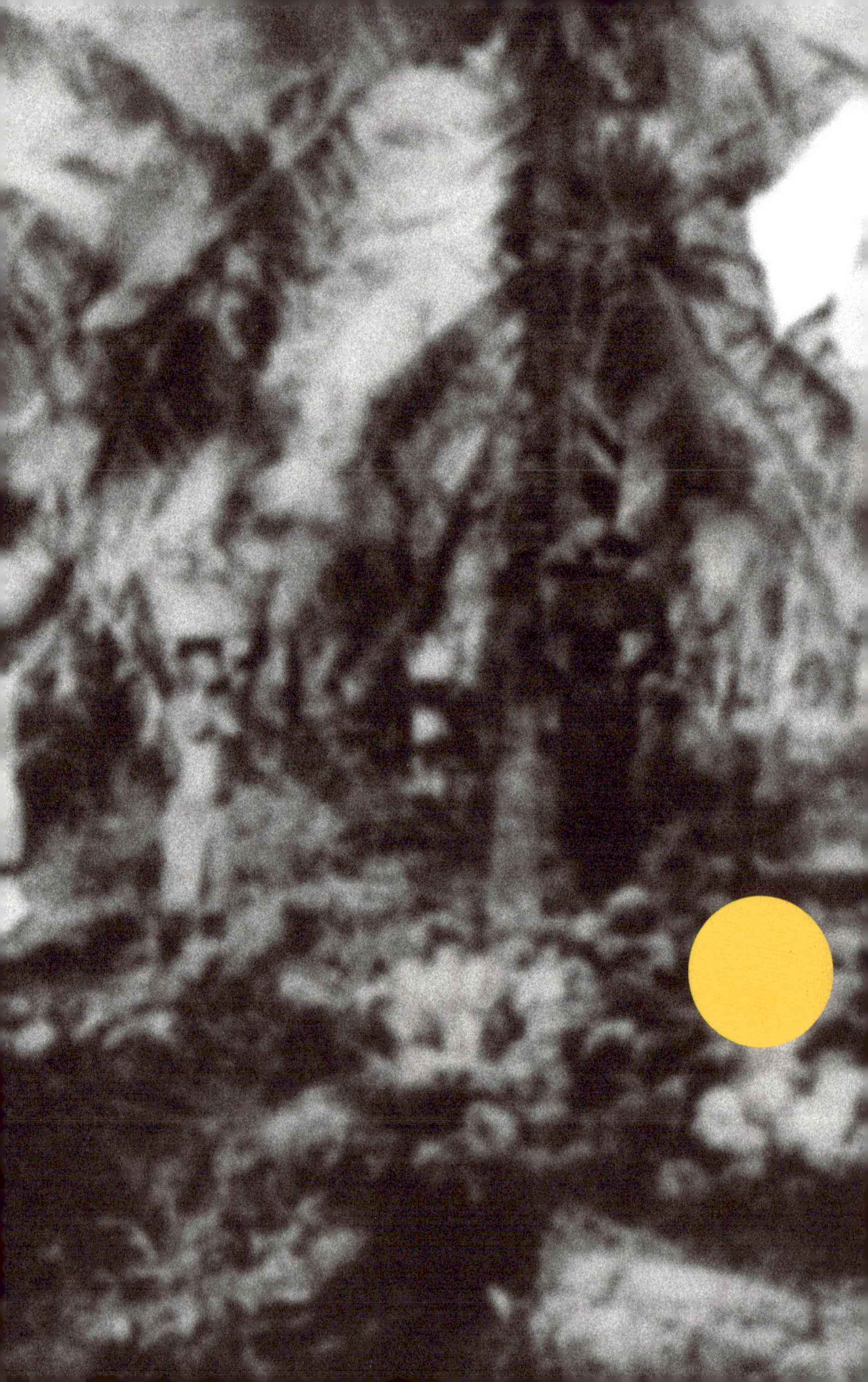

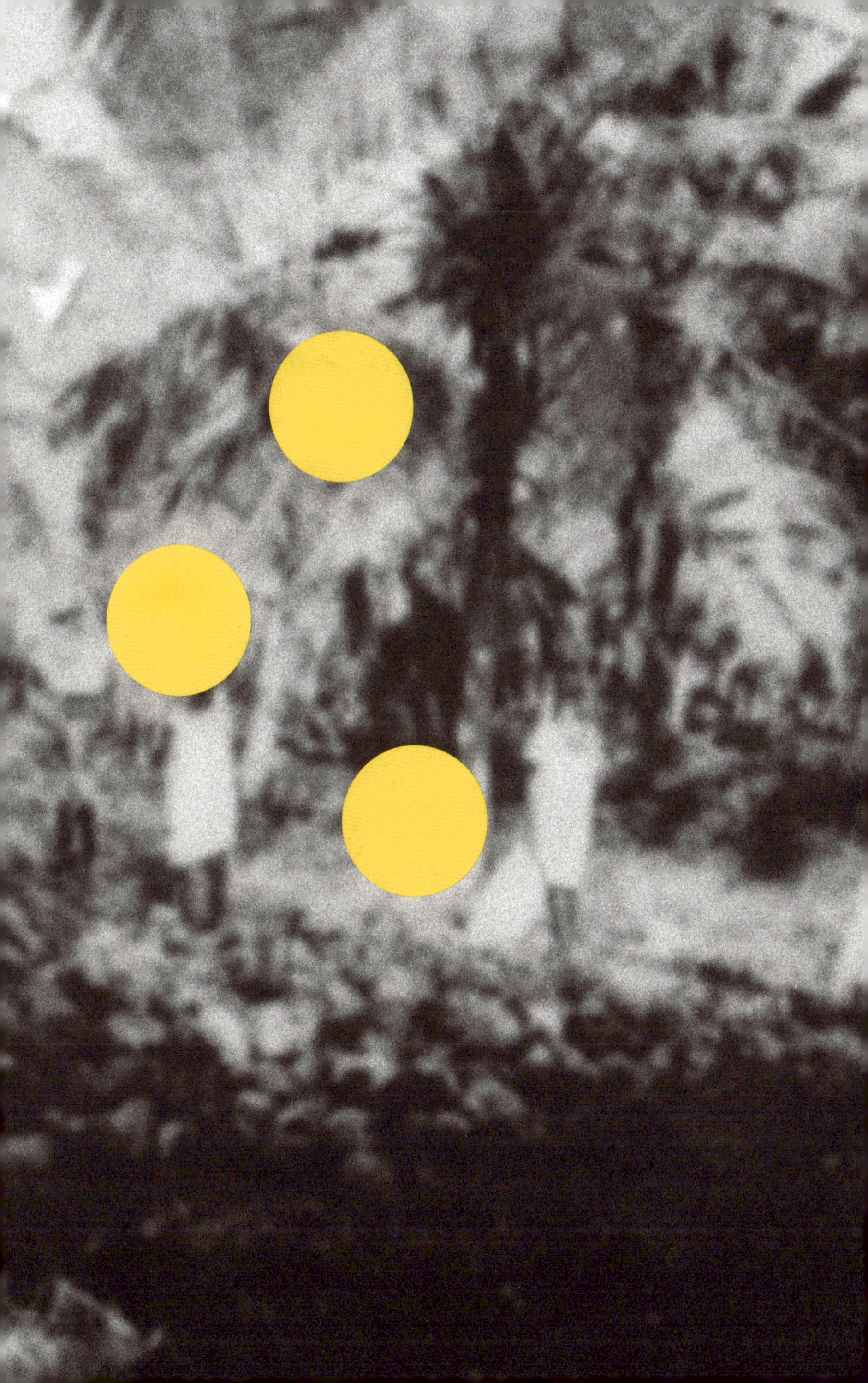

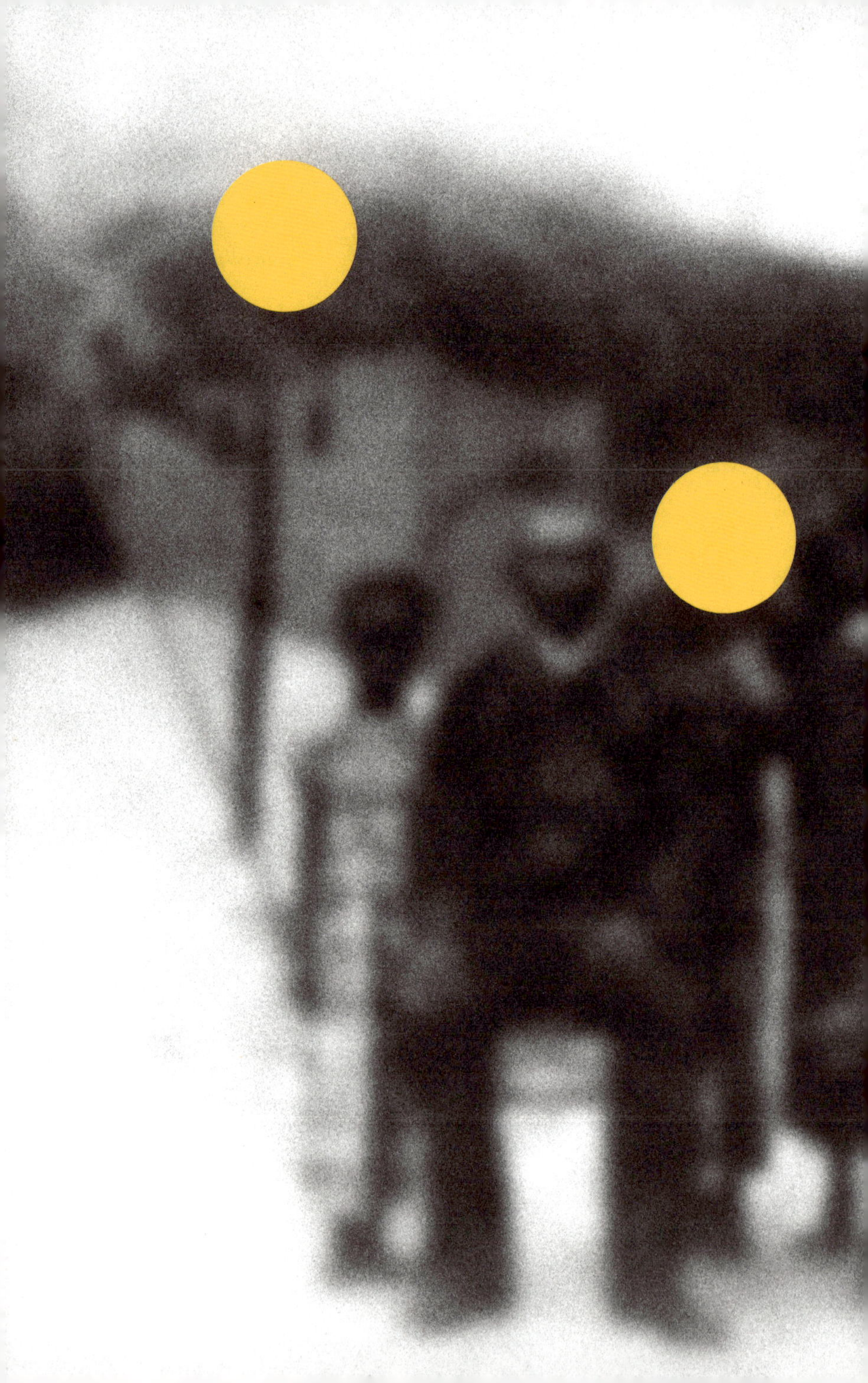

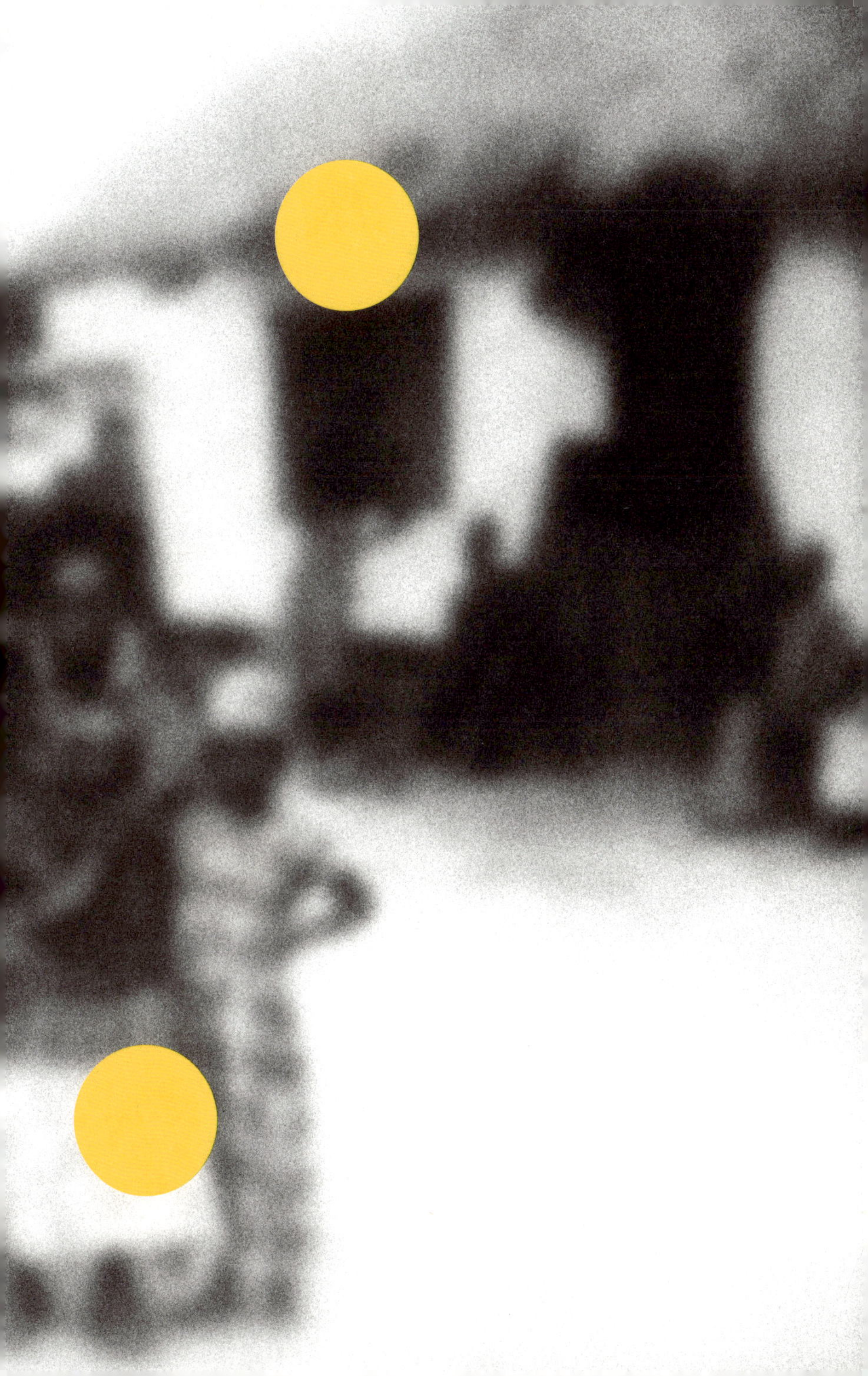

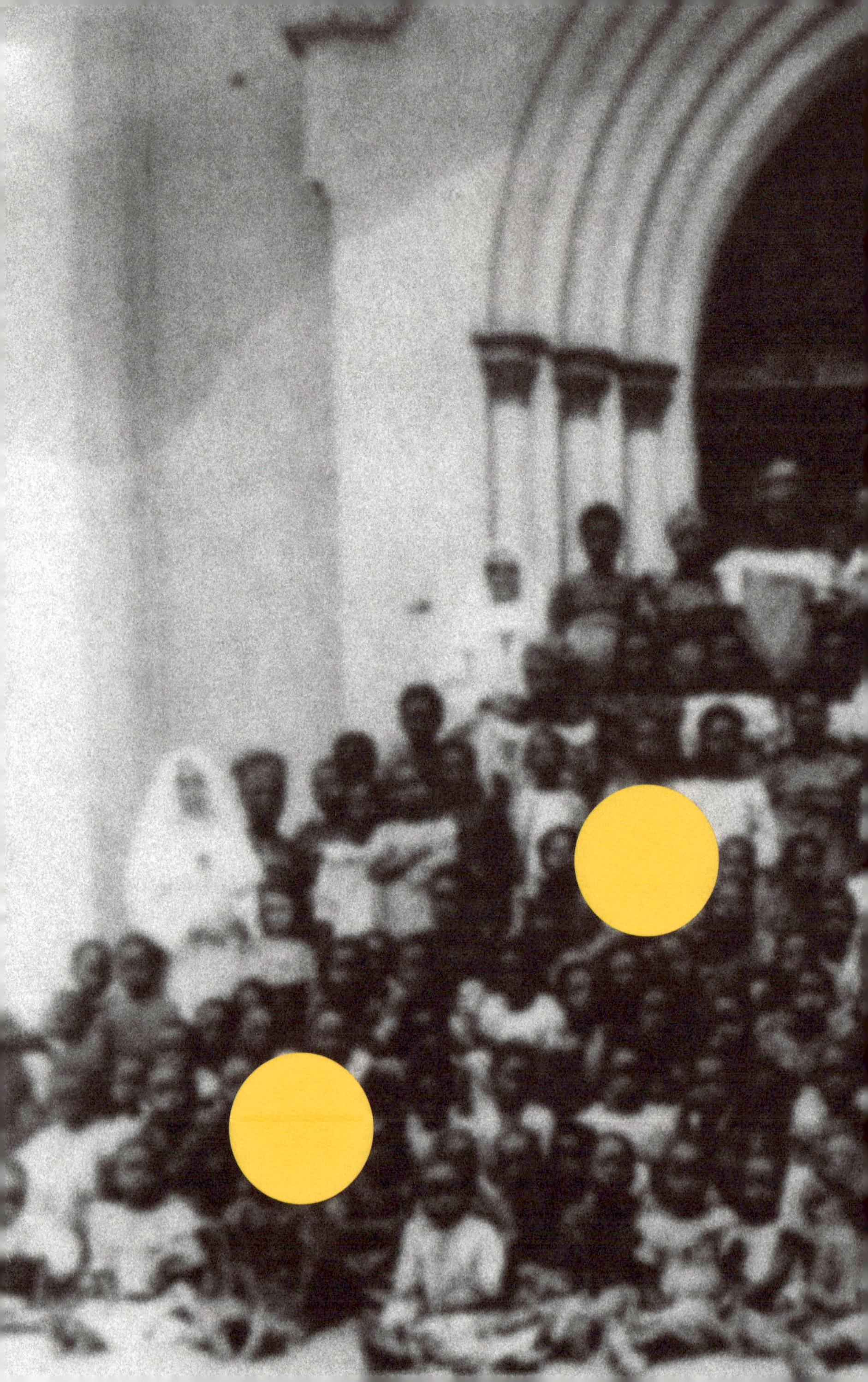

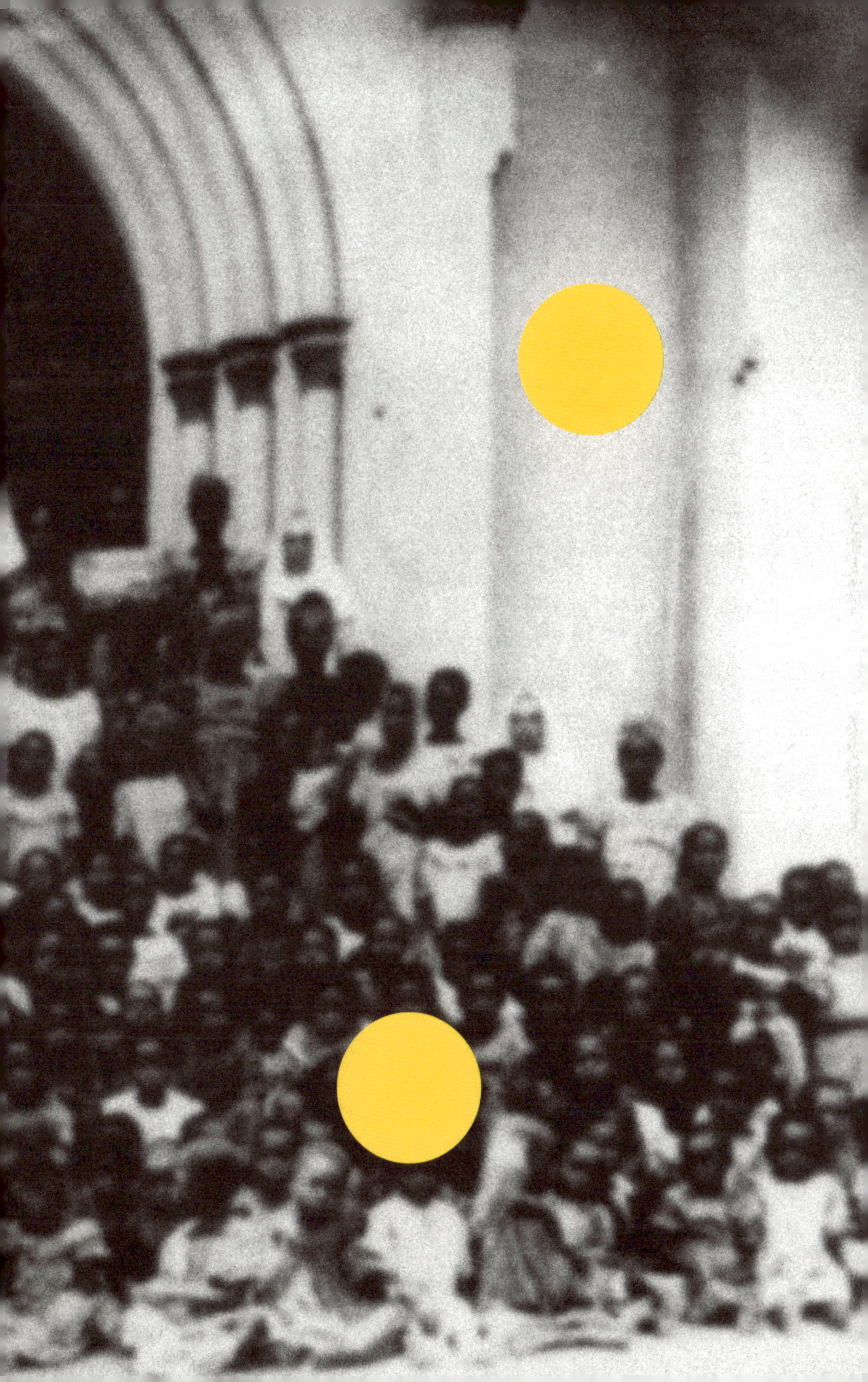

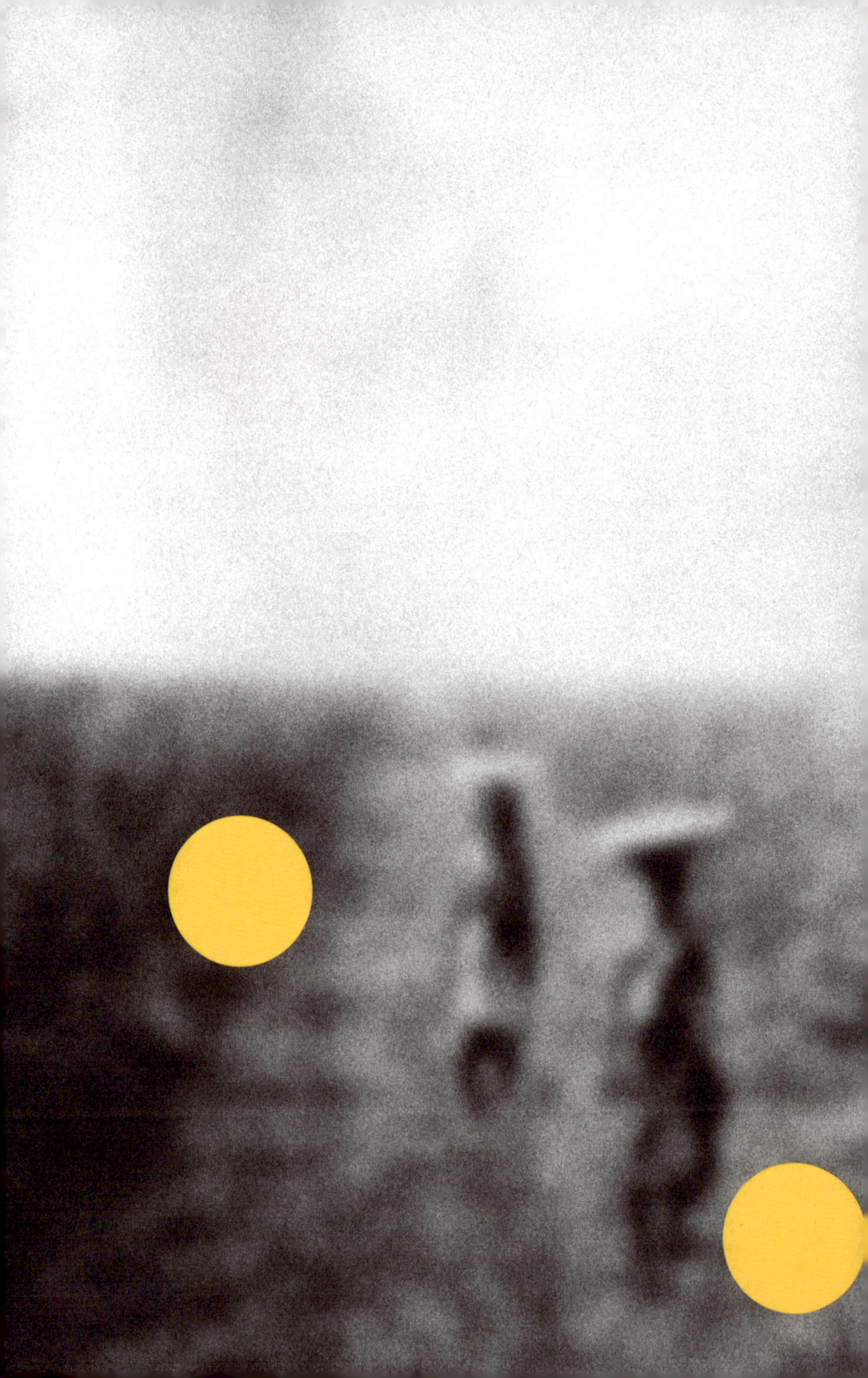

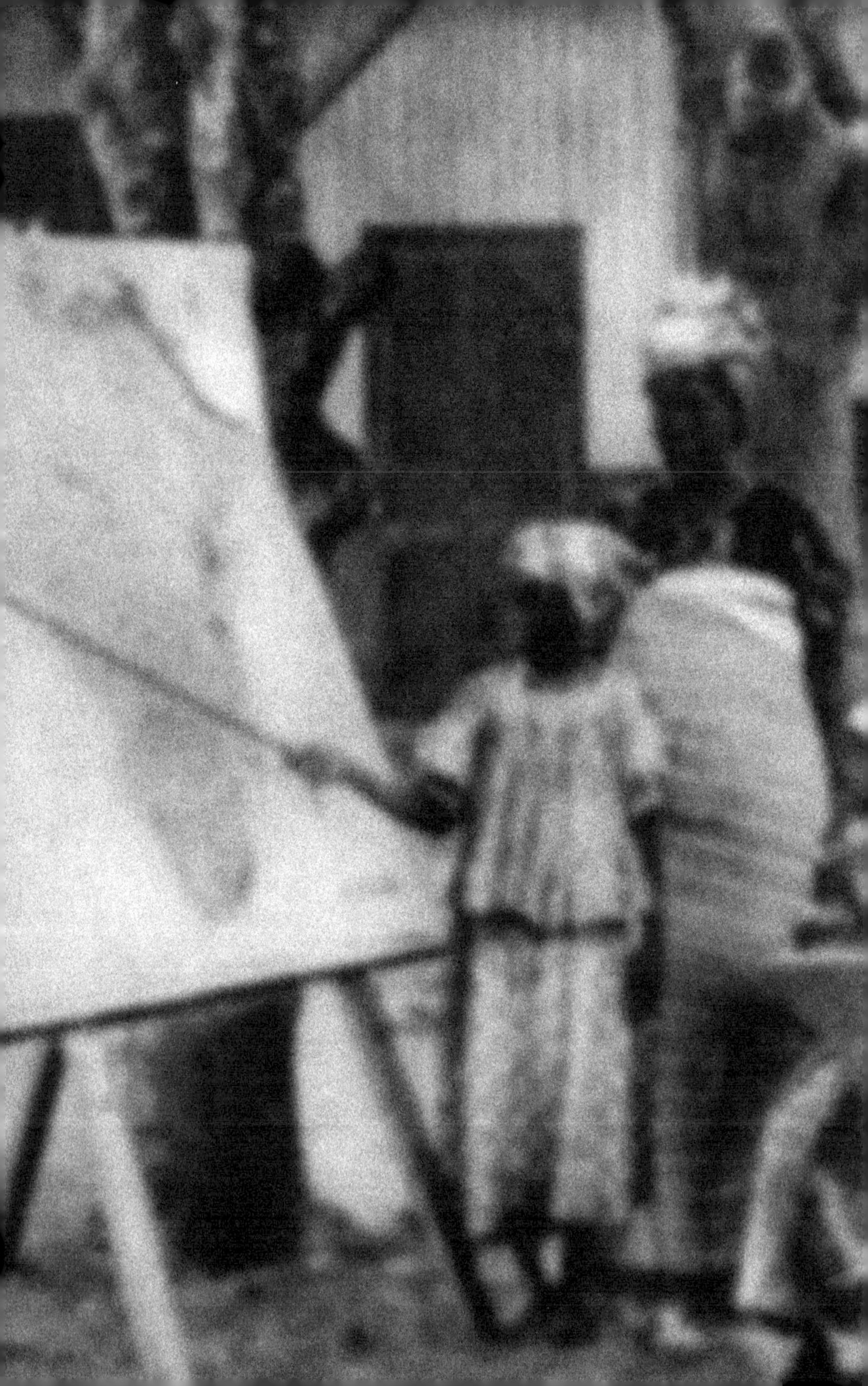

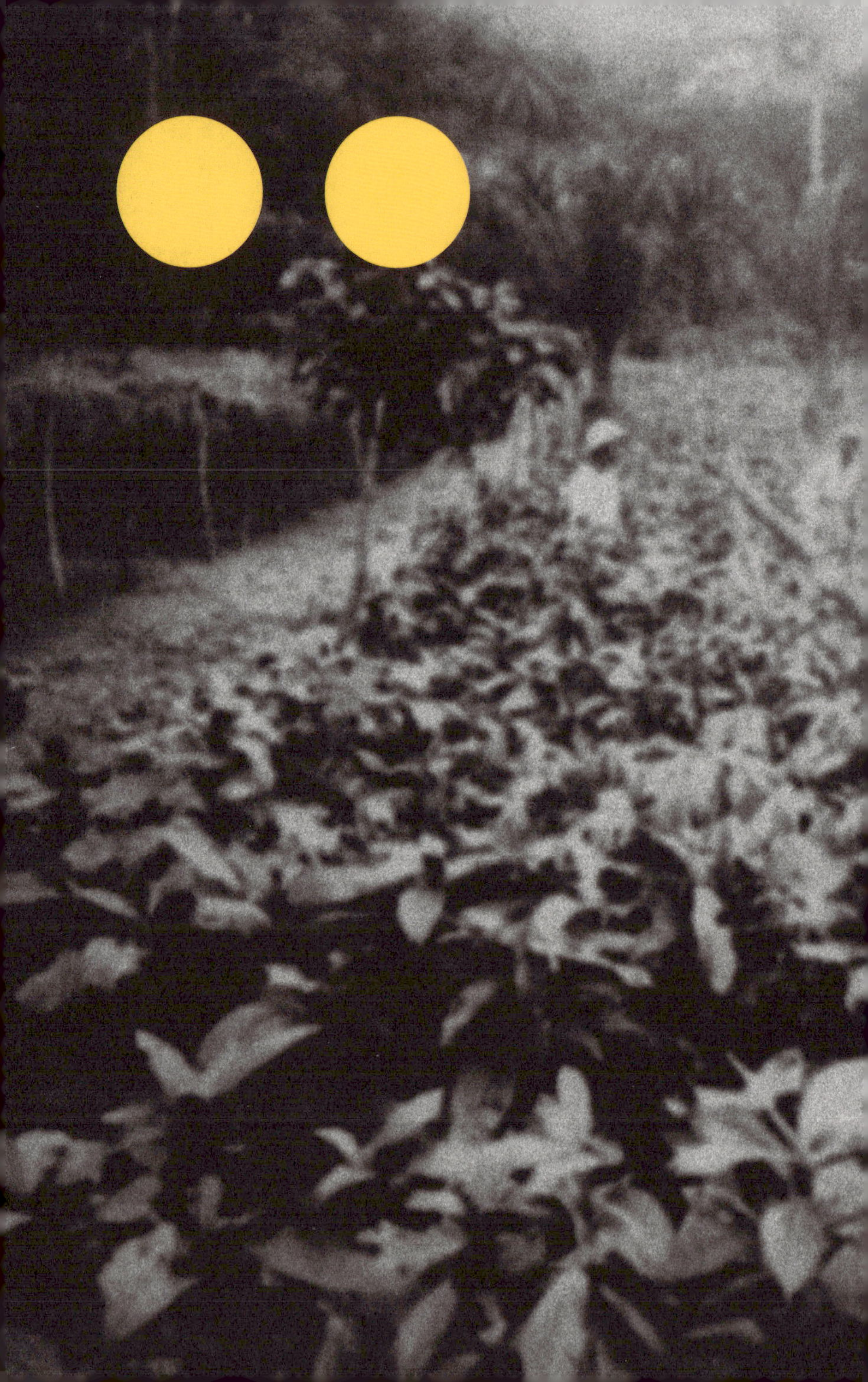

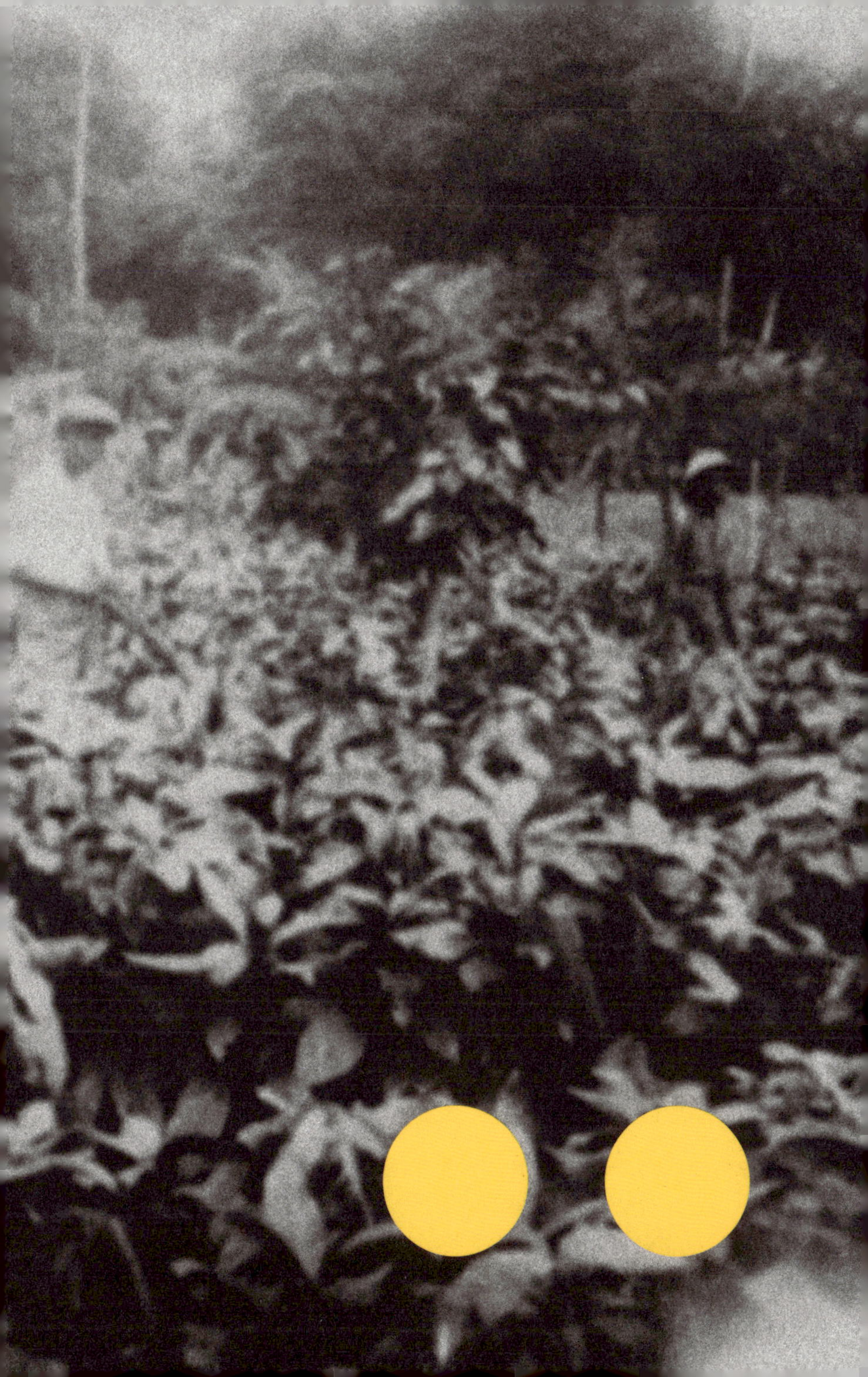

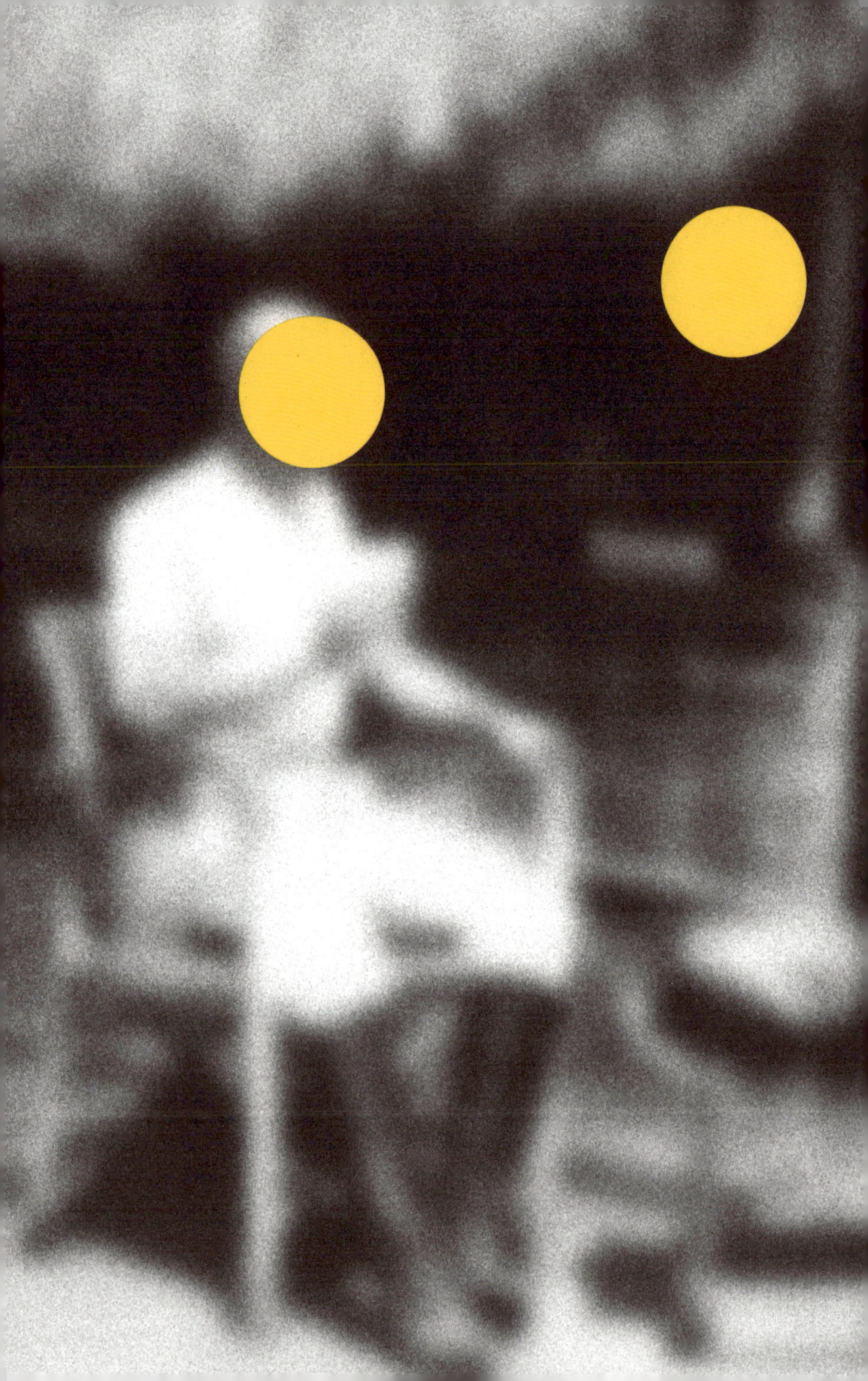

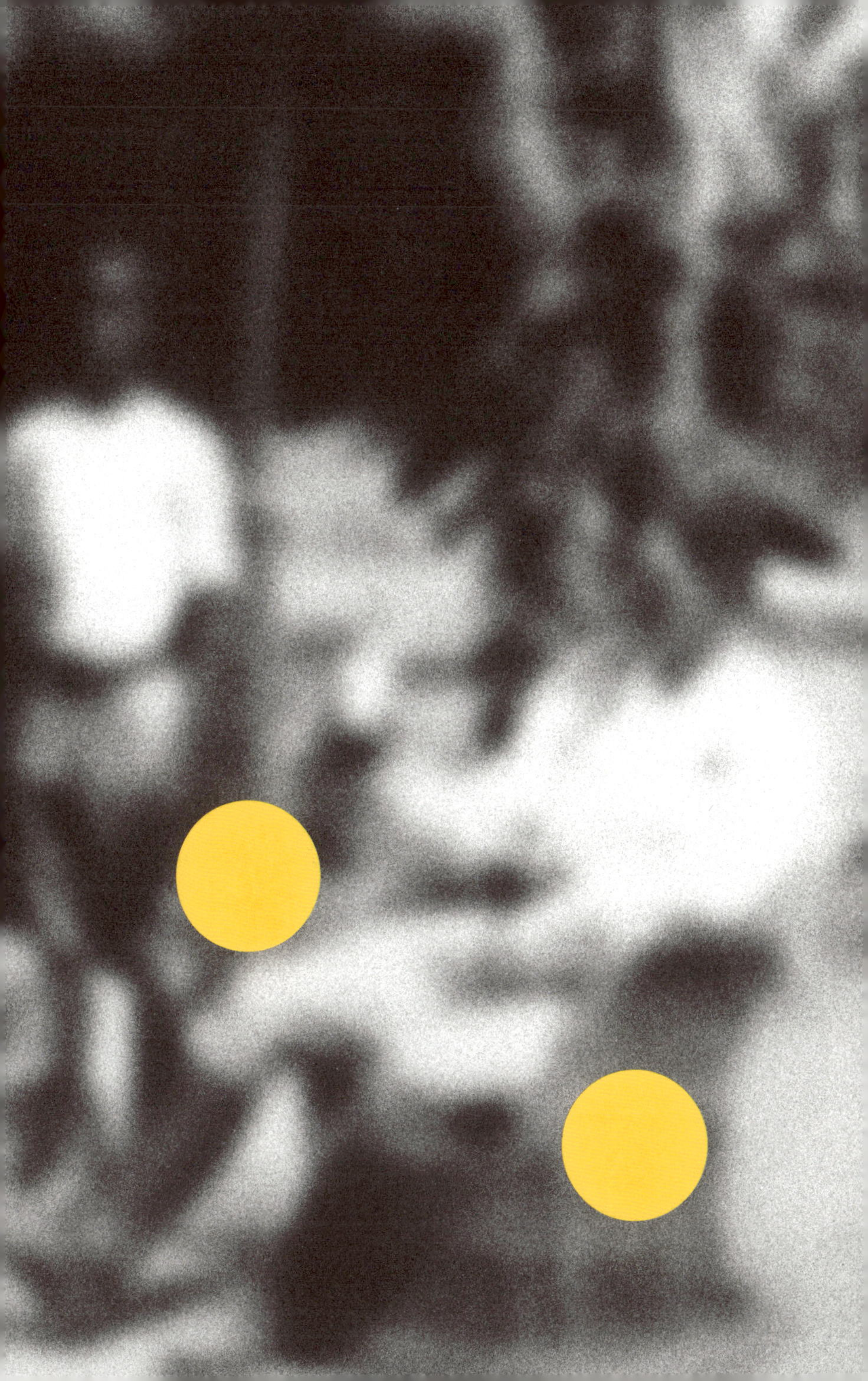

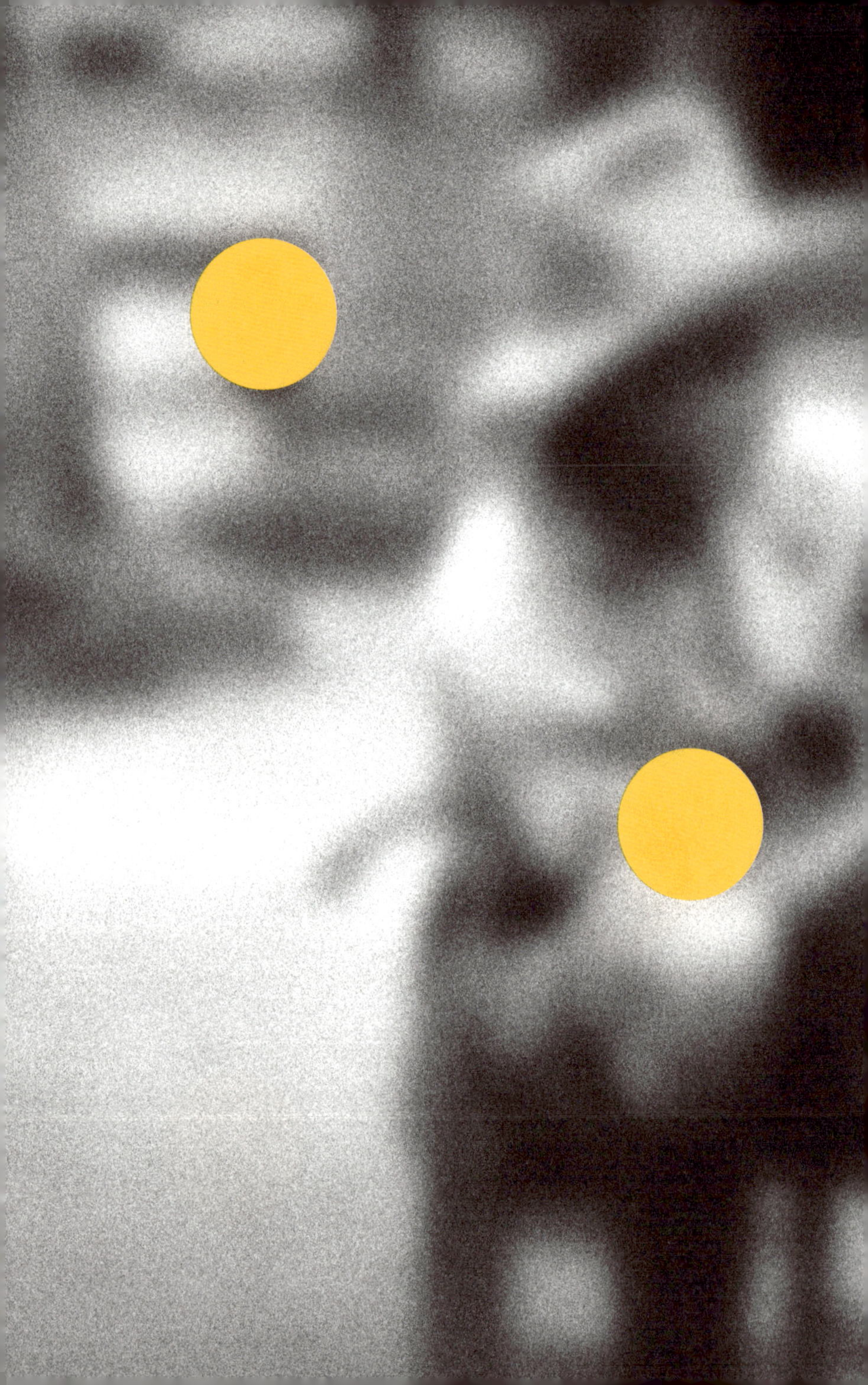

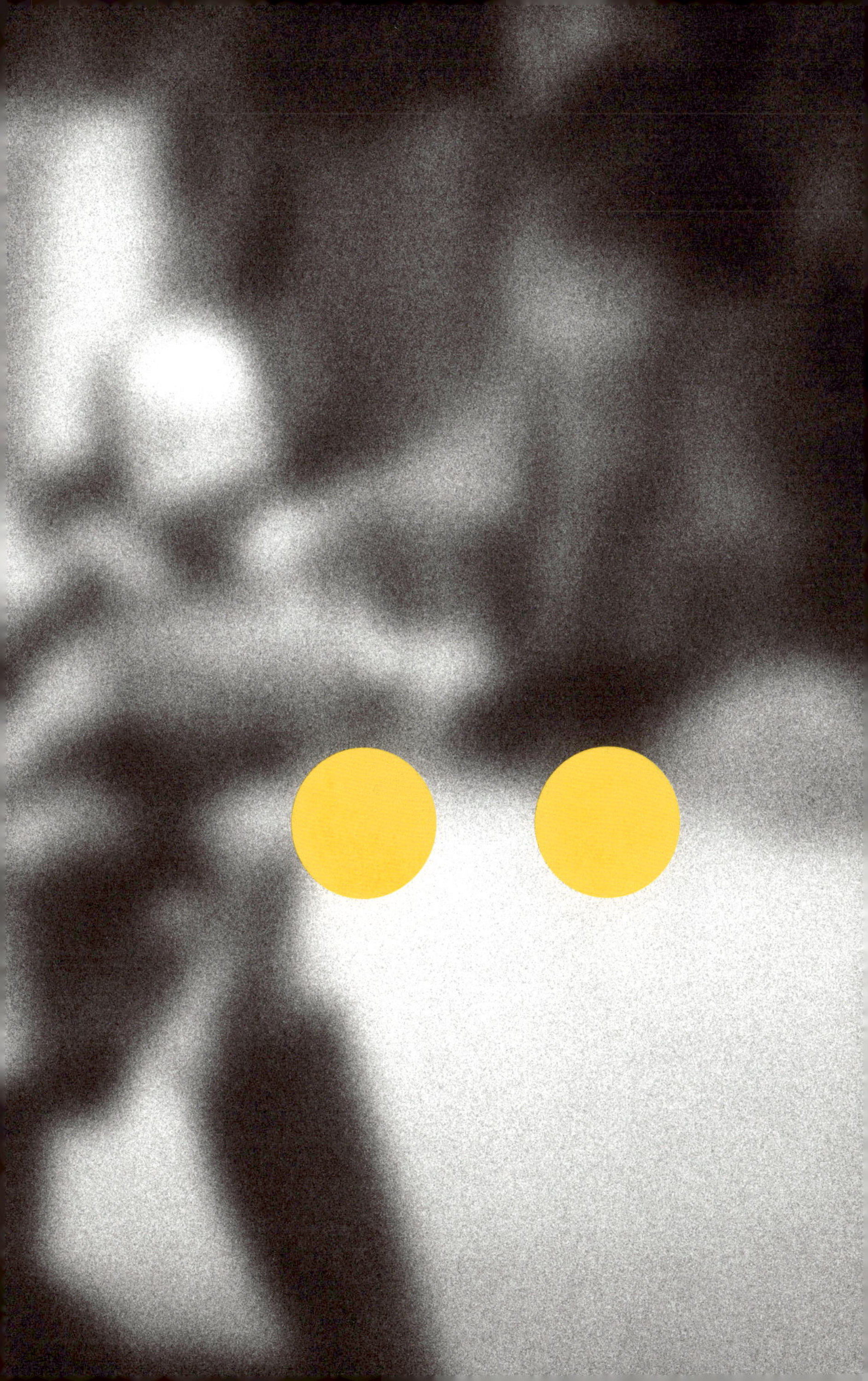

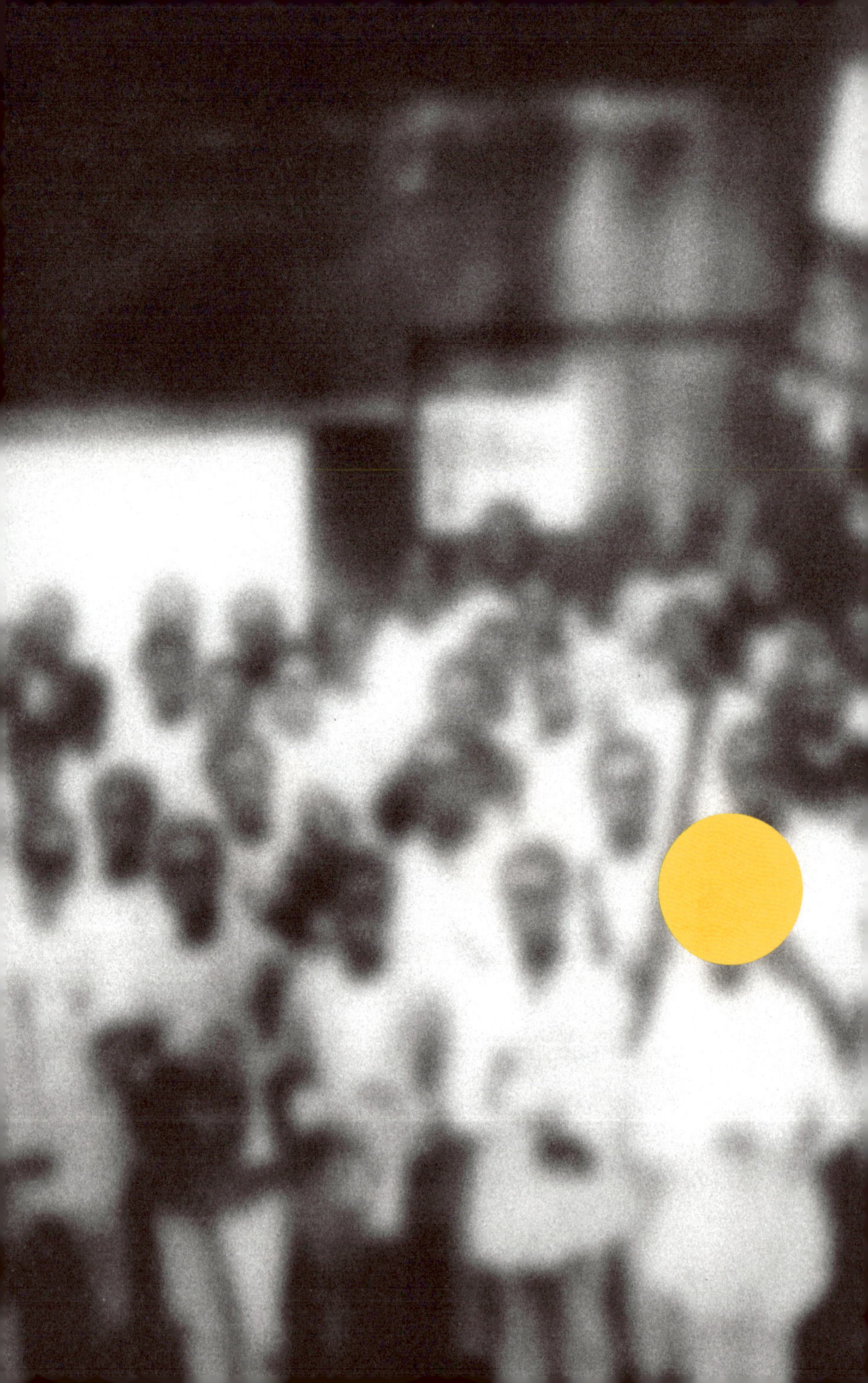

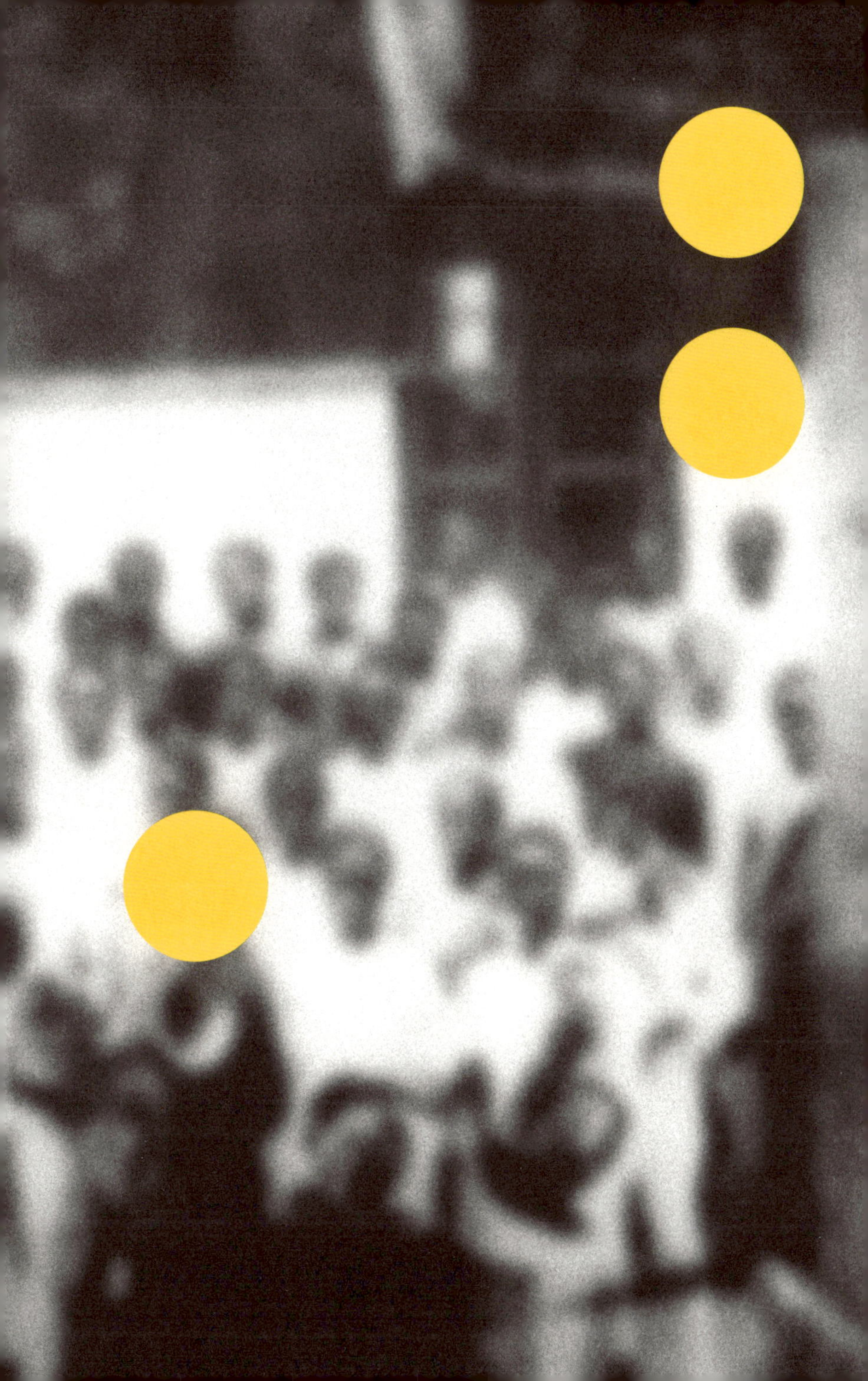

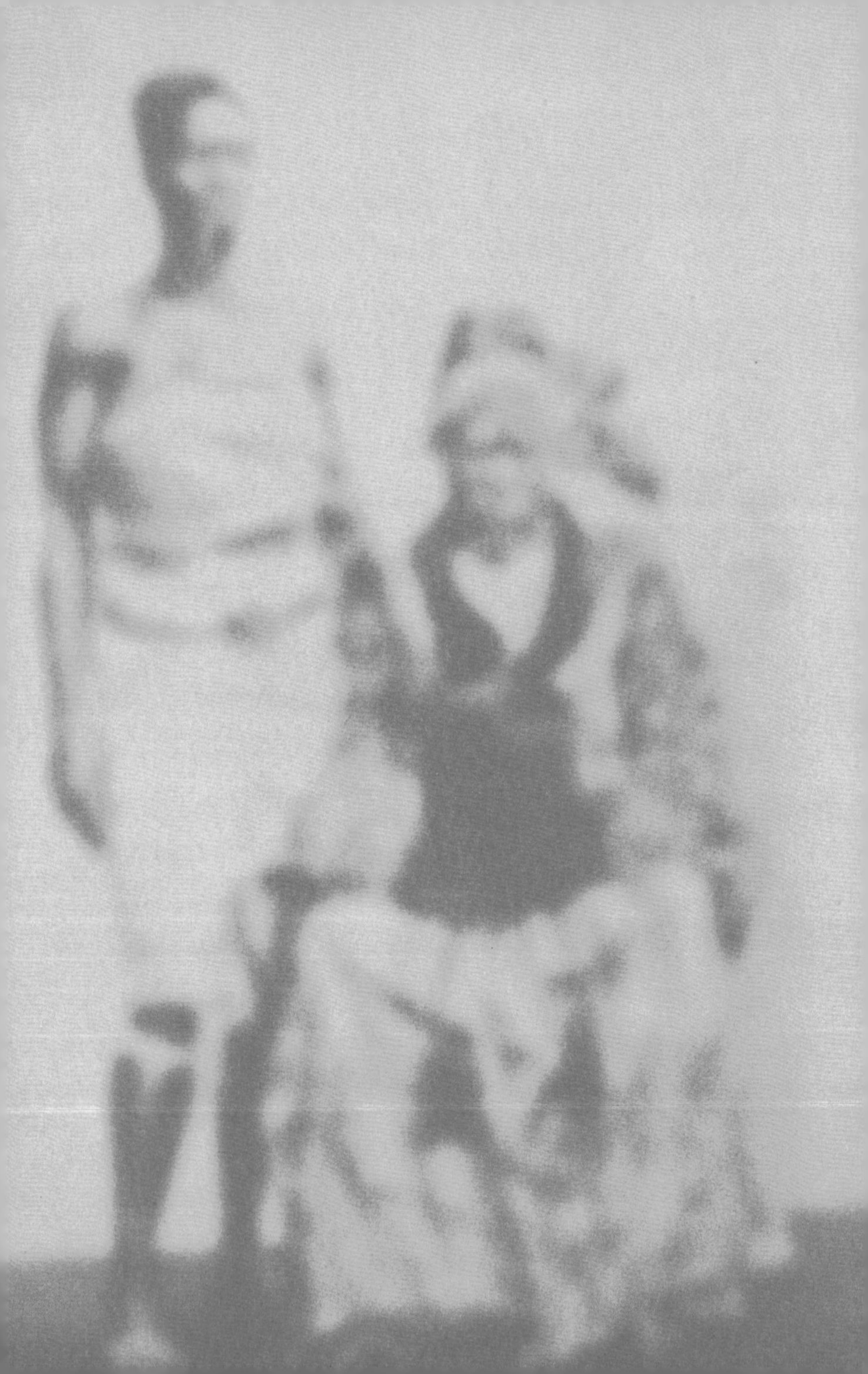

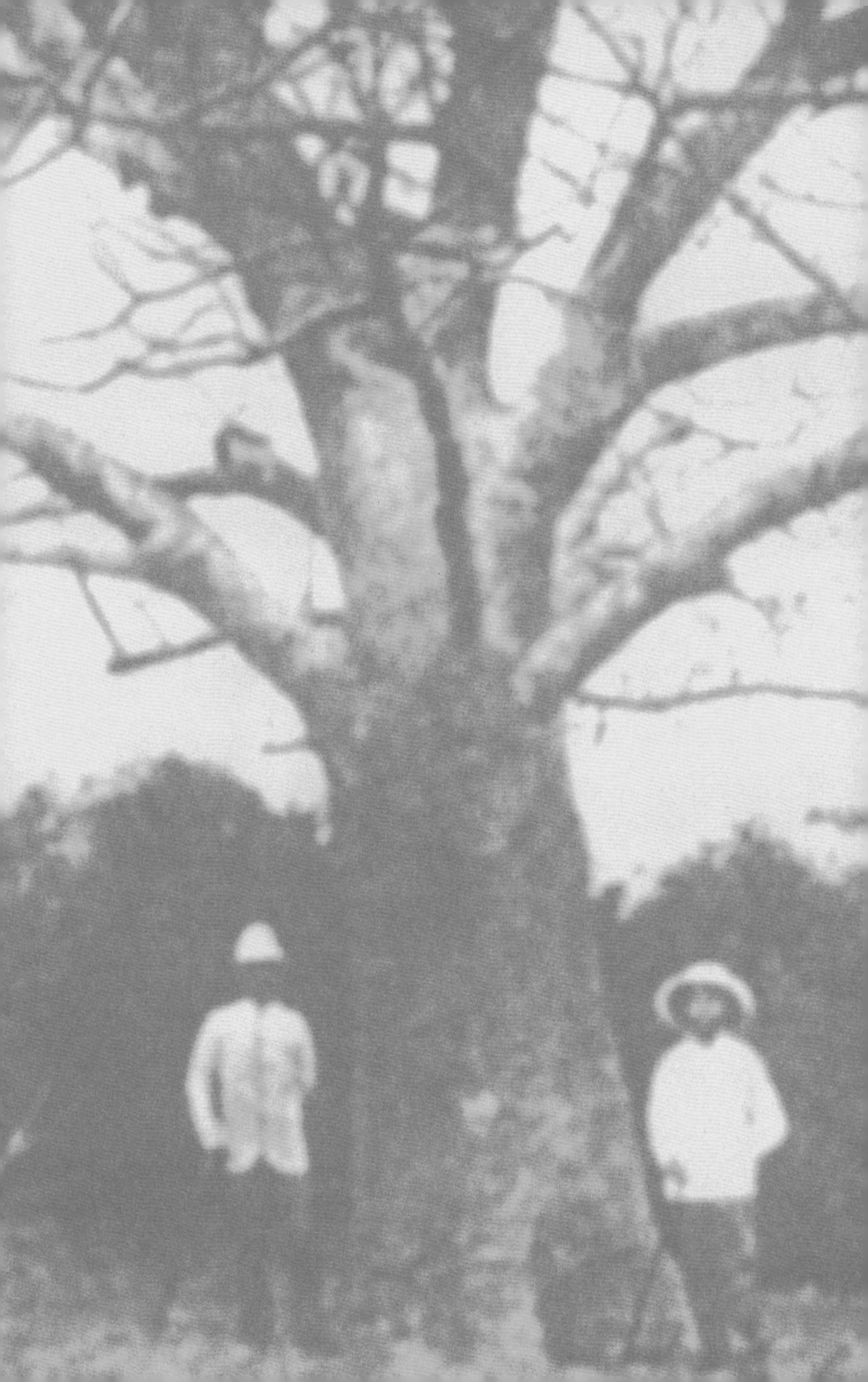

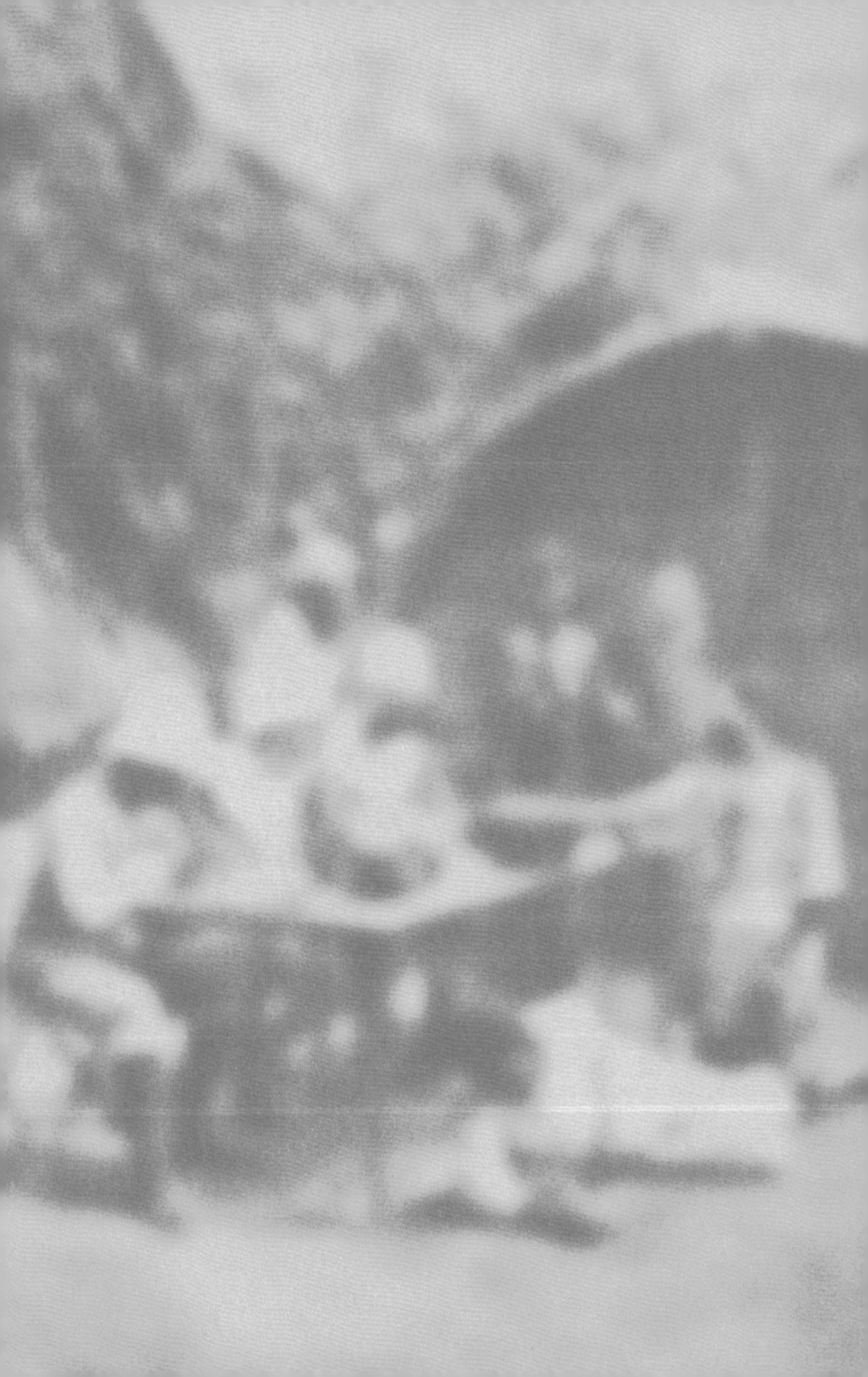

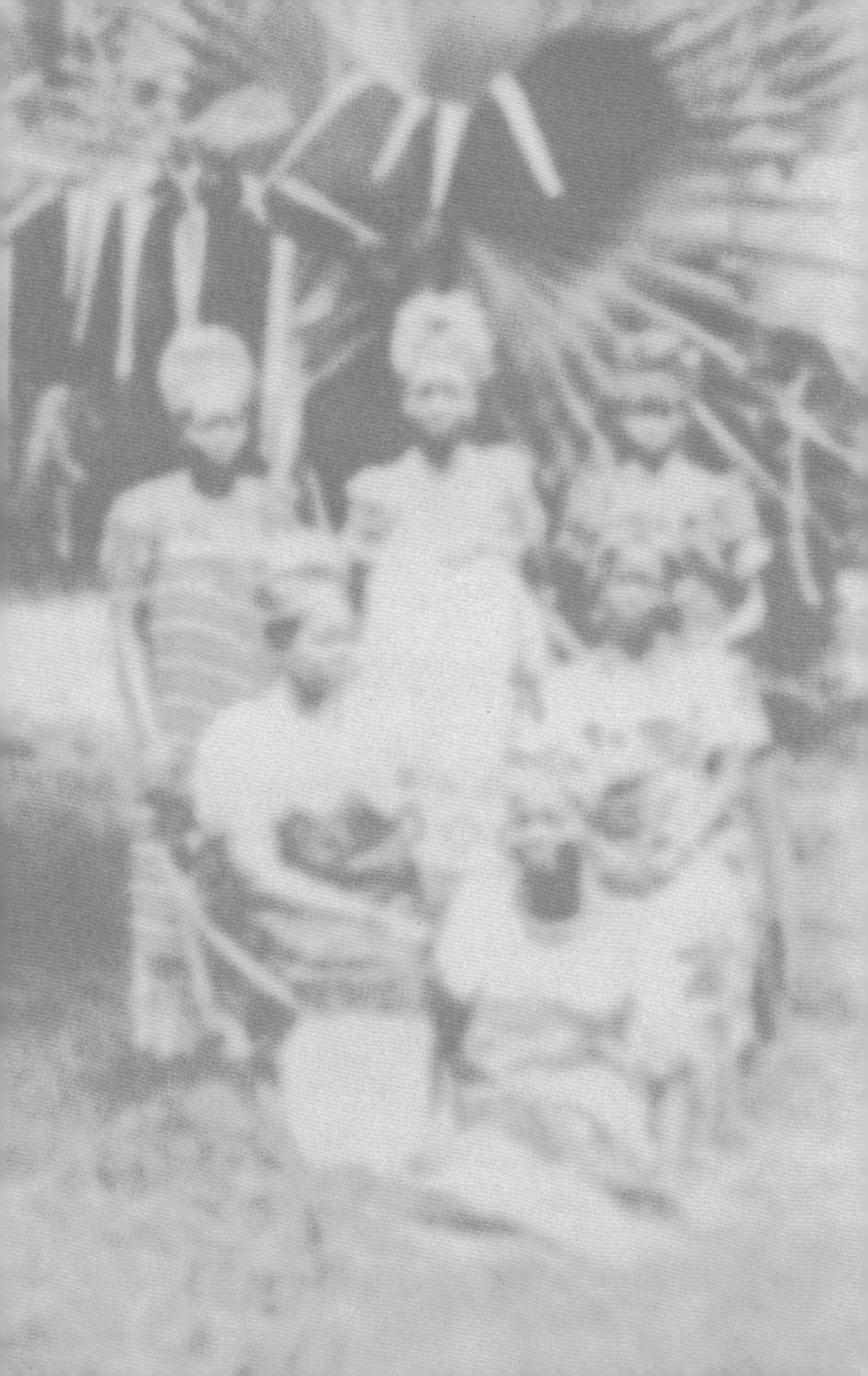

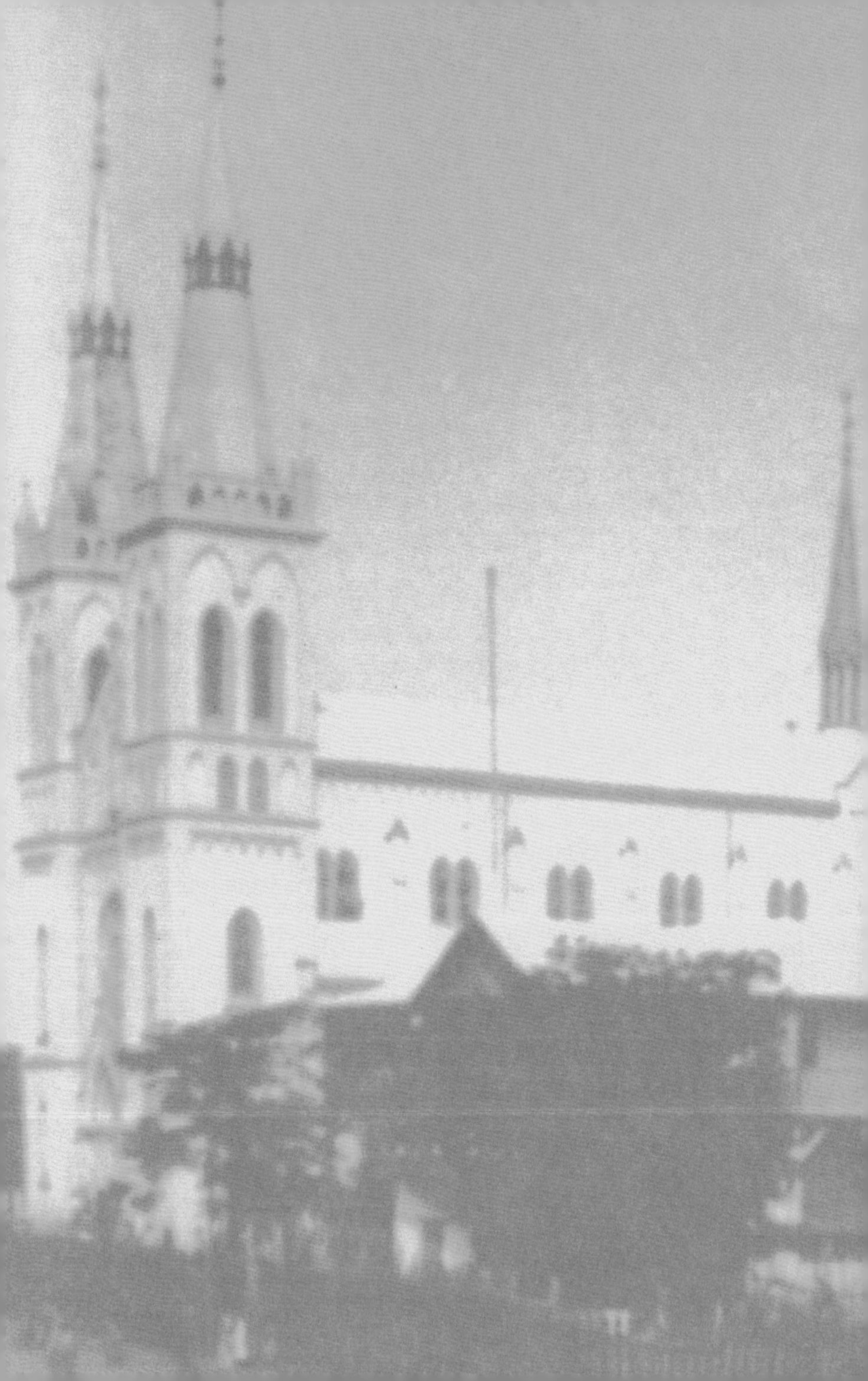

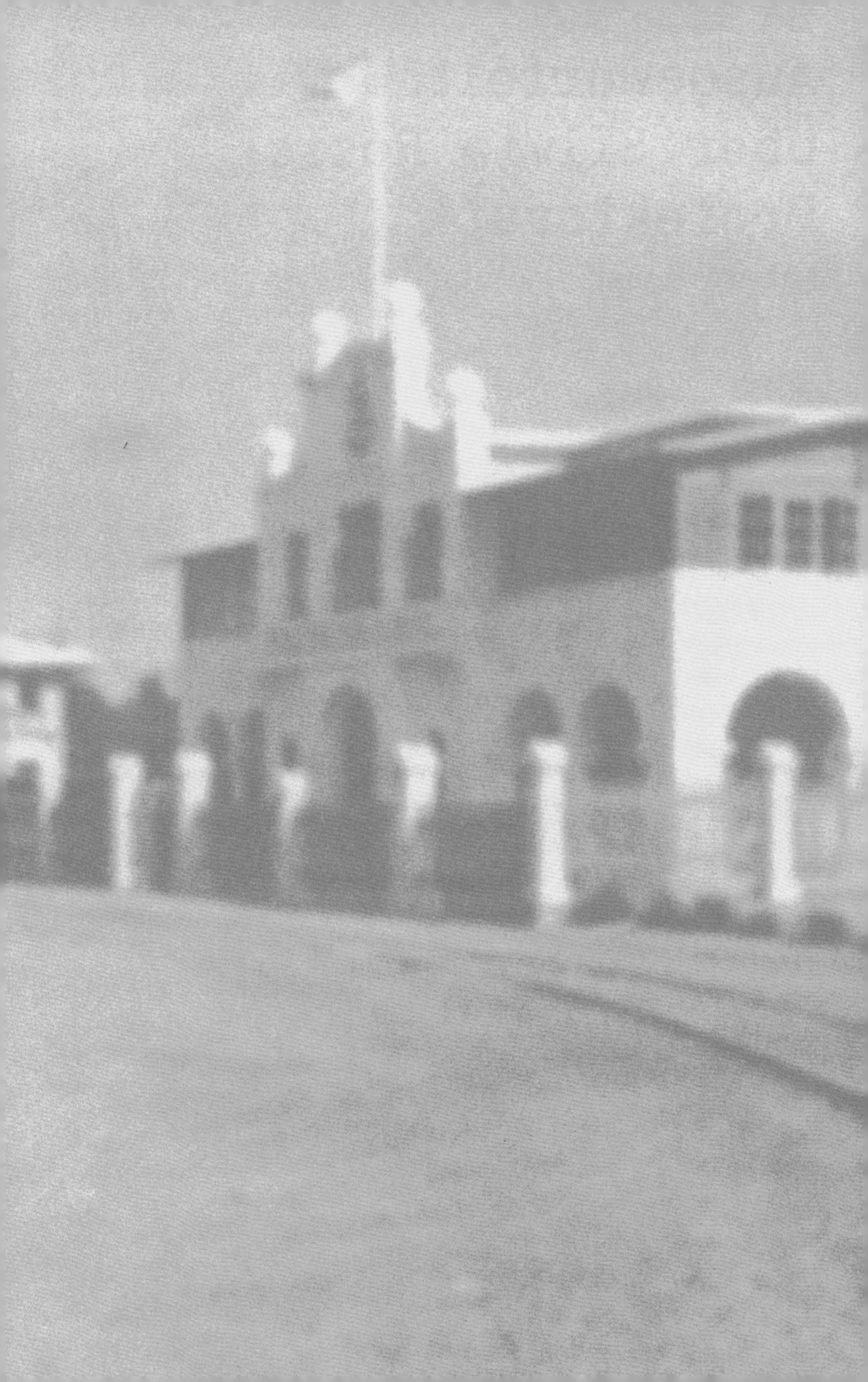

Ausgewürfelt: Über Silvia Rosis Protektorat

Katrin Bauer

Die Bühne ist vorbereitet, unterteilt in die Form eines Diptychons. Im Mittelpunkt steht eine Frau in einem geometrisch, fast kaleidoskopartig gemusterten Gewand mit demselben Dessin wie der sich hinter ihr aufspannende Hintergrund. Ihr offener Blick ist frontal auf die Kamera gerichtet und dominiert mit seiner ebenso kraftvollen wie selbstbewussten Präsenz die Szene. Im zweiten Bild ändert sich die Erzählung: Die Frau bedeckt ihr Gesicht nun mit einer Bibel, als versuche sie, sich vor dem observierenden Blick des Betrachtenden zu verstecken –– oder womöglich ein Interesse an den Glaubenssätzen der heiligen Schrift oder gar eine Verbundenheit mit ihnen zu bekunden.

––––

Ich begann zu verstehen [...], dass Erfahrung die Sprache prägt und Sprache die Erfahrung bestimmt.[1]

James Baldwin, „Why I Stopped Hating Shakespeare"

Ähnlich wie Baldwin darüber nachdenkt, inwiefern Worte sowohl
zum Verständnis der Welt beitragen als dieses auch einschrän-
ken können,[2] spielt Silvia Rosis Langzeitprojekt Protektorat[3]
(2022--2024) mit unserem Wissen über den komplexen Zusammenhang zwischen Identität und Sprache und verankert es in dessen
gegebenen Strukturen. Im Folgenden soll anhand von Literatur,
Gedichten und weiteren Quellen skizziert werden, wie Rosi
mit ihrem künstlerischen Ansatz die Schnittstelle von Oral
History und (Post-)Kolonialität aus der Perspektive der Diaspora neu interpretiert. Der Schwerpunkt liegt dabei auf
ihrer verwandtschaftlichen Verbindung mütterlicherseits zu
den beiden indigenen Sprachen Ewe und Mina, die im heutigen
Togo trotz der damaligen kolonialen Einschränkungsversuche
häufig gesprochen werden.

Rosi wurde in Scandiano, Italien, als Tochter togolesischer
Eltern geboren. Ihre Selbstporträts sind tief in der westafrikanischen Studiofotografie verwurzelt. Diese habe, wie sie
in einem unserer ersten Gespräche zwischen Lomé und München
bemerkt, „immer noch einen wesentlichen Einfluss auf meine Praxis". Es ist daher sinnvoll, Rosis Inszenierungen aus historischer Perspektive zu betrachten und mit der charakteristischen
Ästhetik westafrikanischer Studioporträts aus der Mitte des
20. Jahrhunderts zu vergleichen, die bei der Entwicklung eines
kollektiven Bildgedächtnisses in afrikanischen Gesellschaften
eine entscheidende Rolle gespielt haben. Mit den Studioporträts
„gingen die Fotograf:innen auf die Wünsche ihrer Kund:innen
ein und regten ihre Fantasie an"[4], wobei sie den Austausch
untereinander, Verbundenheit und Fürsorge in den Vordergrund
stellten, um „eine moderne Auffassung des Individuums"[5] zu vermitteln. Aufgrund enger Handelsbeziehungen zu Europa sowie zu
Nord- und Südamerika am Ende des 19. Jahrhunderts begannen
lokale Fotograf:innen an den Küsten West- und Zentralafrikas,

Fotostudios sowohl im Freien als auch in geschlossenen Räumen
einzurichten. Sie hielten nicht nur die zunehmende Urbanisie-
rung und Modernisierung ihrer jeweiligen Region fest, sondern
dokumentierten auch die Herkunft, den sozialen Status oder
neue Lebensabschnitte ihrer Kundschaft wie etwa den Eintritt
ins Erwachsenenalter. Die Porträtierten posierten normaler-
weise mit einer genauen Vorstellung davon, wie sie von einem
zukünftigen Publikum wahrgenommen werden wollten. Häufig kombi-
nierten die Fotograf:innen durch den Einsatz reich verzierter
Hintergründe Elemente westlicher Fototechniken mit lokaler
Ästhetik. Die so entstandenen Porträtfotografien wurden in der
Regel in privaten Räumen, etwa im Flur ausgestellt, vor allem,
um familiären Zusammenhalt zu präsentieren sowie das Andenken
an vergangene Generationen lebendig zu halten und weiterzuge-
ben. Diese inszenierten Abbilder der Realität zeigten Afrika-
ner:innen als selbstbewusste Protagonist:innen und ermöglichten
ihnen, ihre historische Darstellung aktiv neu zu definieren und
zu gestalten. Vom heutigen Standpunkt aus betrachtet sind diese
Fotografien zu Symbolen des kulturellen Stolzes der afrikanischen Gemeinschaften geworden und ermöglichen ein Gegennarra-
tiv zum westlichen Blick, der BIPoCs im Laufe der Geschichte
durch ein rassistisches Blickregime betrachtete -- eine Perspektive, die Unterwerfung und Gewalt begünstigte.

Um die Auswirkungen dieser schwierigen historischen Entwicklung der Fotografie zu verstehen, muss Folgendes vorausge-
schickt werden: Silvia Rosis sorgsam inszenierte Porträts, die
von Anfang an charakteristisch für ihre Arbeitsweise waren,
sollen ein ähnlich ermächtigendes Moment kreieren, in dem die
Künstlerin ihre togolesischen Wurzeln nach ihren eigenen Vorstellungen verhandeln kann. Indem sie sich selbst ins Bild
setzt und zugleich die Kamera bedient, ergreift Rosi aktiv
die Kontrolle über den Bildprozess, der die Grenzen zwischen

der fotografierten Person und der „Fotografin als Beobachterin"
verwischt und damit eine Reihe darunterliegender, noch zu ent-
ziffernder Narrative evoziert.

A -- B -- C,
immer wieder gewebt.
Logikstränge verknüpfen sich
und bestehen darauf: So geht das.
Lineare Fakten, fremd in meinem Mund,
wohlüberlegt.

Wie bereits erwähnt gehören zu den hochgradig performativen
Studiokulissen von Silvia Rosi Requisiten und Accessoires, die
sämtlich integrale Bestandteile ihrer Erzählkunst sind. Vor
Beginn des Projekts durchstreifte Rosi häufig die geschäftigen
Märkte von Lomé, die als Orte des lebendigen täglichen Aus-
tauschs bekannt sind und auf denen Tradition und Moderne naht-
los miteinander verschmelzen. Dort stieß sie das erste Mal auf
einen alphabet wax print, also auf ein bedrucktes Wachstuch aus
den 1920er Jahren, welches beispielsweise in ABC -- Grafton
G2651 (2022; S. 118) in Form einer textilen All-over-Kulisse
abgebildet ist. Der Begriff alphabet steht bei diesen Waxprint-
Stoffen für die buchstabenähnlichen Muster, mit denen sie häufig
bedruckt sind. Das unverwechselbare Dessin entsteht dadurch,
dass das Wachsmuster vor dem Einfärben auf den Stoff aufgetra-
gen wird. Rosi war von dem symbolischen Potenzial des Musters
so fasziniert, dass es bei der Vermittlung des zentralen Gedan-
kens von Protektorat nun eine entscheidende Rolle spielt.

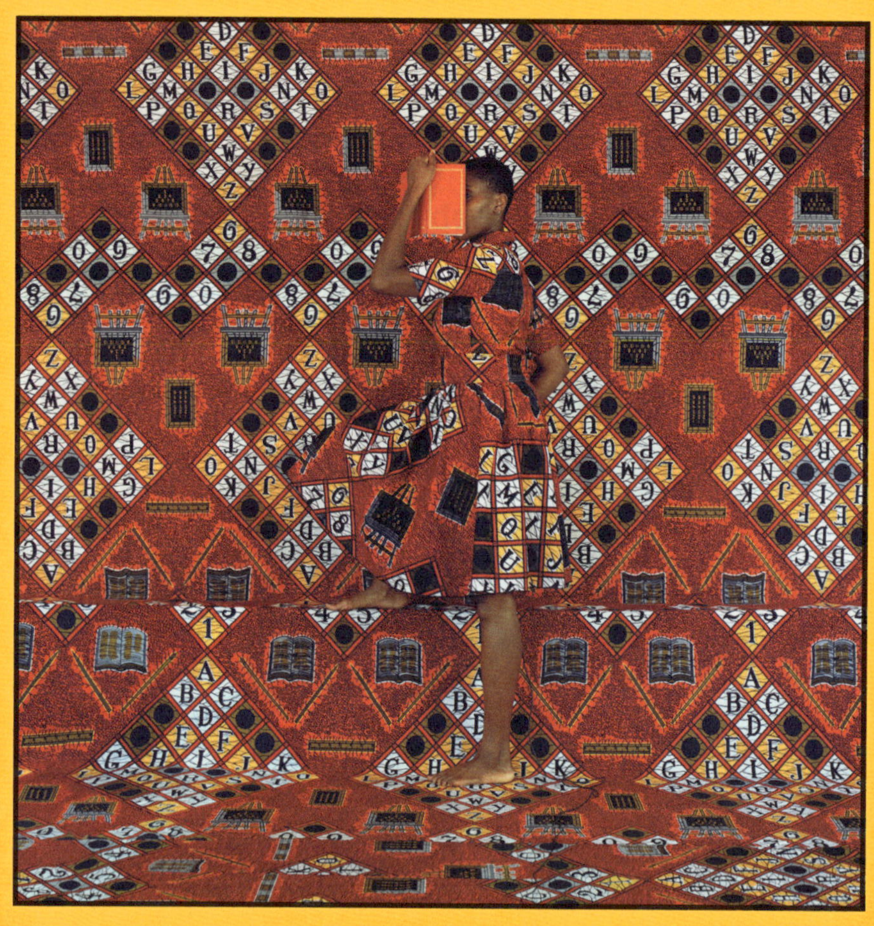

ABC -- Grafton G2651 (2022)

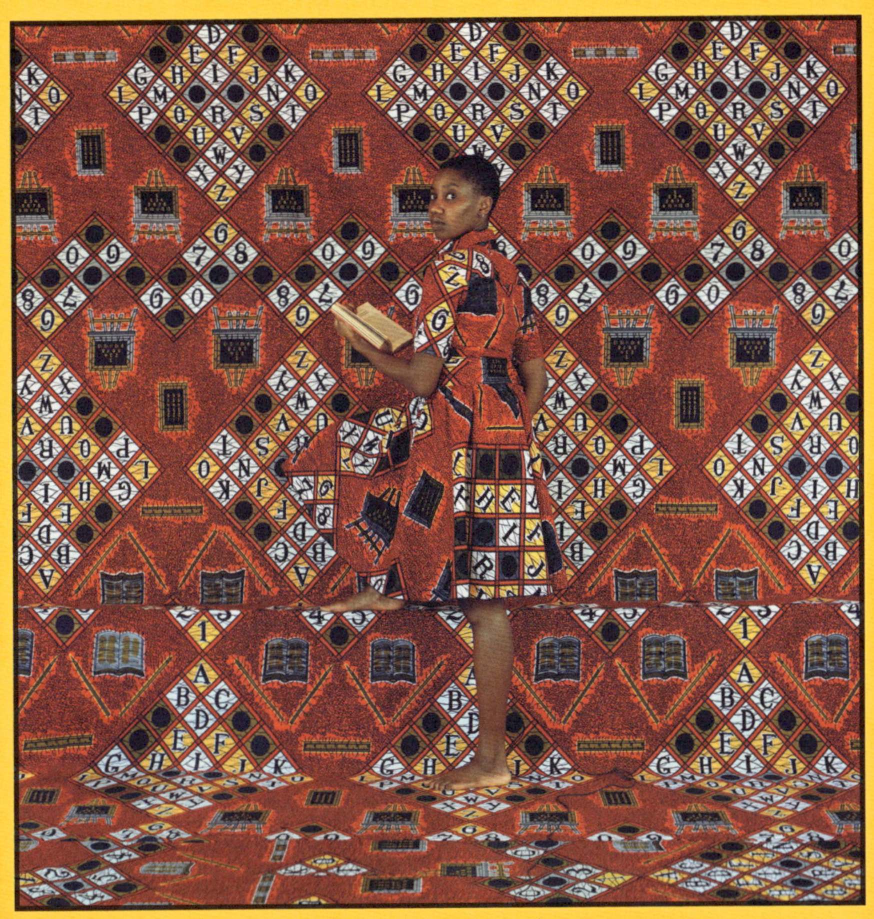

ABC 2 -- Grafton G2651 (2022)

Die Idee, das lateinische Alphabet als Batikmuster zu verwenden, geht auf einen christlichen Missionar um das Jahr 1904 zurück, als „Togoland" (welches das heutige Togo und einen Teil des heutigen Ghana umfasste) unter deutscher Kolonialherrschaft stand. Zu dieser Zeit beschloss die deutsche Verwaltung, die Schulpflicht für Togoles:innen einzuführen, und unternahm große Anstrengungen zur raschen Verbreitung der deutschen Sprache und Bräuche. Um diesen gesellschaftlichen Wandel sichtbar zu machen, wurden von den Schüler:innen der ersten Kolonialschulen in Togo üblicherweise mit Buchstaben versehene Waxprint-Kleidungsstücke getragen, die damit auch nonverbal die Akzeptanz des während der jahrzehntelangen Kolonialzeit in Togo eingeführten westlichen Schulsystems durch die Togoles:innen zum Ausdruck brachten.[6] Mit dem Tragen dieses speziellen Musters demonstrierten Menschen, die gerade erst Lesen und Schreiben gelernt hatten, ihren Stolz darauf, dass sie das lateinische Alphabet beherrschten. Daher wurden mit dem Alphabet bedruckte Wachsbatiken „seit jeher als Symbol des sozialen Aufstiegs" wahrgenommen.[7] Der mit verschiedenen, allegorisch zu verstehenden Motiven wie Stiften, Linealen, Tafeln, Zahlen und Buchstaben sowie Tintenfässern und Schulbüchern bedruckte Stoff bot die Möglichkeit, die soziale Identität öffentlich sichtbar zu machen. Die ornamentale Darstellung der lateinischen Buchstaben könnte auf den ersten Blick als Projektionsfläche für koloniale Ideologien wahrgenommen werden, die die Kultur Togos sozusagen an den Rand der Gesellschaft verdrängen. Die Togoles:innen verstanden diese Komposition jedoch vor allem als Ausdruck der Wertschätzung für die neue, von christlichen Missionar:innen eingeführte Lehre, was zur „Bedeutung der Bildung in afrikanischen Gesellschaften bis in die heutige Zeit" beitrug.[8] Der niederländische Hersteller Julius Holland hat sogar damit begonnen, zeitgenössische technische Symbole in die Muster zu integrieren und traditionelle Elemente wie etwa eine Schultafel

durch einen Computer zu ersetzen -- „eine Anspielung auf die
Weiterentwicklung der Wissensvermittlung"[9].

Zwar entsteht aus Rosis fotografischer Aneignung dieser sehr
besonderen Art von Kleidungsstück in Protektorat auf den
ersten Blick „ein flaches Bild ohne räumliche Tiefe". Doch
wird dies durch eine „semantische Tiefe"[10] ausgeglichen, die
das Augenmerk auf die allgemeine Geschichte der Waxprints
lenkt: Die transkulturelle Tradition dieser auffällig gemusterten Stoffe, die ihren Ursprung in der javanischen Batik
haben -- einer von den Europäer:innen übernommenen und für
den Einsatz in Westafrika adaptierten indonesischen Technik --,
reicht bis in die Mitte des 19. Jahrhunderts zurück, als Sol-
daten der niederländischen Armee, die von Java zurückkehrten,
wahrscheinlich von dort gebatikte Stoffe an die „Goldküste"
(das heutige Ghana) mitbrachten. Um 1895 führte der schotti-
sche Händler Ebenezer Brown Fleming „den Wachsdruck [in Ghana]
ein, um den Bedarf der zunehmend wohlhabenden lokalen Bevölkerung an hochwertigen Stoffen zu decken"[11].

Mit dem Ziel, diese profitablen Märkte zu erobern, begannen
europäische Textilhersteller wie Vlisco in den Niederlanden
und A. Brunnschweiler & Co. in der Schweiz (in Afrika unter
dem Namen ABC bekannt) im späten 19. Jahrhundert mit der
Massenproduktion von Batik-Imitationen. Ihre für den Export
bestimmten Motive -- „im Wesentlichen ein Amalgam aus javanischen, indischen, chinesischen, arabischen und europäischen
Bildwelten [...], die als ‚afrikanische Drucke' vermarktet
wurden"[12] -- waren auf den Geschmack ihrer stetig wachsenden
afrikanischen Kundschaft zugeschnitten, „wodurch sie eher
‚afropolitisch' als indigen waren"[13]. Diese Versuche der Euro-
päer:innen, „Afrikanität in das modifizierte indonesische
Modell zu integrieren"[14], stießen jedoch zunächst auf einige

Schwierigkeiten. Von den 1940er bis in die frühen 1990er Jahre übernahmen schließlich einflussreiche togolesische Marktfrauen, die gemeinhin als Nana Benz[15] bezeichnet wurden, die Kontrolle über den Gestaltungsprozess, indem sie den verschiedenen in Europa hergestellten Drucken unterschiedliche Namen und Bedeutungen zuwiesen, um sie für ihre Kundschaft attraktiver zu machen. Dadurch verschafften die Nana Benz den europäischen Großhändlern direktes Kundenfeedback, ein zuverlässiges Vertriebsnetz und eine wachsende lokale Expertise. Die Kunsthistorikerin Anne Grosfilley kommentiert diese Entwicklung wie folgt:

> Über Jahre hinweg spiegelten sich in den Mustern der
> Waxprints europäische Projektionen auf afrikanische
> Kulturen. Dank der Intuition und Beobachtungsgabe der
> Nana Benz erhielten einige dieser Muster eine afrikani-
> sche Dimension und wurden zur Stimme der Frauen, die
> sie trugen. Als damit begonnen wurde, in afrikanischen
> Ländern zu produzieren, war dies ein weiterer Schritt
> im Prozess ihrer Afrikanisierung.[16]

Bis zum heutigen Tag „stehen die Namen, die afrikanische Verbraucher diesen Stoffen zugewiesen haben, [nicht nur] für eine Form der Aneignung"[17], sondern sind insbesondere für togolesische Frauen auch eine Form des Ausdrucks, durch den sie versteckte Sprüche in ihrer Muttersprache, die etwa persönliche Ziele, wirtschaftliche Anliegen oder sogar ihren Familienstand betreffen, vermitteln können.

Diese Verschiebung der wirtschaftlichen Verhältnisse zeigt, „wie afrikanische Frauen die Verfügungsgewalt über etwas erlangten, das als Kolonialprodukt auf den Markt gekommen war, und es in etwas ganz Eigenes verwandelten"[18], so Rosi. Grosfilley beschreibt diesen Prozess folgendermaßen:

> Von den späten 1930er Jahren an lockten diese ungewöhn-
> lichen Drucke [...] junge togolesische Frauen jede Woche

nach Accra, wo sie [...] Stoffe erwarben, um sie in Lomé weiterzuverkaufen. [...] Diese Fähigkeit [mehrere lokale Sprachen zu sprechen] erwies sich als entscheidend für ihre [der Nana Benz] erfolgreiche Verwandlung des Wachsdrucks von einem einfachen Stück Stoff in ein Symbol für die Stimme der Frauen.[19]

Ebendiese Inbesitznahme der im Ausland hergestellten Textilien durch togolesische Frauen ist auch für die Entschlüsselung der Bildsprache einer der zentralen Videoinstallationen in Rosis Protektorat von großer Bedeutung. Darin begeben sich die Künstlerin und drei togolesische Darsteller:innen buchstäblich in den Diskurs des „Besitzergreifens": Im postkolonialen Diskurs über das Aufzwingen von Sprache sowie im Nachdenken über den anhaltenden Prozess der Afrikanisierung des Stoffes werden die von ihnen getragenen, mit Buchstaben bedruckten Waxprints zu visuellen Kommunikationsmitteln:

> Entscheidend ist das Wechselspiel von Sichtbarkeit und Unsichtbarkeit: Ich decke die historischen Narrative auf, die mit dem Stoff verbunden sind, und verschleiere sie zugleich. Das lateinische Alphabet in dem Stoffmuster hat daher große symbolische Bedeutung.[20]

Rosis Videoinstallation präsentiert alle Darsteller:innen neben einer Projektion des weit verbreiteten Brettspiels Ludo, das während der britischen Kolonialzeit in Indien entstand.[21] Das Spiel entscheidet, welcher der Bildschirme, die jeweils eine:n „Spieler:in" repräsentieren, eingeschaltet wird. In diesem Fall zitieren die betreffenden Spieler:innen aus Archivdokumenten, die aus der Zeit der deutschen Kolonisierung Togos stammen. Es sind Gespräche und Briefe zwischen christlichen Missionar:innen und der deutschen Verwaltung, die Rosi bei ihren Recherchen im Nationalarchiv von Togo in Lomé zusammengetragen hat. In einem dieser Missionarsbriefe heißt es: „Um eine Brücke zu den Herzen der Afrikaner zu schlagen, musste man nur Schulen

bauen, den Menschen Bildung und Disziplin beibringen und den
Schülern die deutsche Sprache eintrichtern."[22] Diese Haltung
sagt mehr über Europa aus als über das Thema, um das es geht.
Die vorgetragenen Briefe verweisen unmittelbar auf den „kon-
trollierenden Schutz", auf den sich Rosi in ihrem Projekt
Protektorat (Schutzgebiet) bezieht.

Koloniale Unterdrückungsstrategien wie jene, Menschen eine
Fremdsprache aufzuzwingen und ihnen zu verbieten, in ihrer
Muttersprache zu sprechen, können als „Glottophagie" bezeichnet werden. Dieser Ausdruck war mir noch nie begegnet, bis
mich Silvia Rosi auf die Publikation Linguistique et colonialisme. Petit traité de glottophagie des französischen Soziologen Louis-Jean Calvet aus dem Jahr 1974 aufmerksam machte,
die in Deutschland unter dem Titel Die Sprachenfresser. Ein
Versuch über Linguistik und Kolonialismus erschien.[23] Der von
Calvet eingeführte, selten verwendete Begriff Glottophagie
bedeutet „Sprachtod" oder „Sprachsterben" und beschreibt die
Absorption kleinerer, „schwächerer" Sprachen oder Dialekte
durch dominante, insbesondere innerhalb von Herrschaftsstruk-
turen wie Kolonialismus oder Globalisierung. Gerade diese
Metapher der Absorption -- Calvets Vorstellung, dass eine
Sprache regelrecht aufgefressen wird -- ließ mich nicht mehr
los, nachdem ich den „Spieler:innen" in Rosis polyfoner Videoinstallation zugehört hatte, die einem deutschen Publikum kol-
lektiv vorlesen, was ihre Vorfahren einst über Togoles:innen
geschrieben hatten. Indem sie auf Englisch, Deutsch und Französisch zum Publikum sprechen (die Spielerfigur, die auf Ewe
aus den Dokumenten zitieren soll, kommt während der gesamten
Dauer der Videoarbeit tatsächlich nicht zu Wort), enthüllen
die Spielenden die komplexe Geschichte der kolonialen Beherr-
schung Togos durch Sprache. Die Auswahl der Sprache ist an
das jeweilige Würfelergebnis gekoppelt: Während ein Würfel mit

den Ziffern eins bis sechs die Fortbewegung der Spielfiguren
bestimmt, gibt ein anderer die Sprache vor. Jeder Spielzug
legt daher nicht nur die Position eines Spielers oder einer
Spielerin auf dem Spielbrett fest, sondern auch die Sprache
des Vortrags in der Installation:

> Während die Spielenden ihre Figuren auf dem Spielbrett
> ziehen, lesen sie in der Sprache, die ihrem Zug im
> Spiel entspricht, aus Dokumenten des Nationalarchivs
> vor. Dieser Spielansatz macht die archivierten Texte
> zu einem aktiven Teil des Spielgeschehens und schafft
> eine dynamische Verbindung zwischen Strategie und his-
> torischer Dokumentation.[24]

Es lohnt sich in diesem Zusammenhang, die Mechanismen des
Ludo-Spiels mit denen des Kolonialismus in Beziehung zu set-
zen. Jede:r Spielende -- mit Ausnahme der Spielerin, die Ewe
spricht -- verkörpert einen kolonialen Akteur, der kalkulierte
Manöver ausführt und gleichzeitig versucht, die Schwächen der
Gegner:innen zu verstehen. Jede Aktion ruft eine Reaktion hervor, jeder Würfelwurf schafft einen Augenblick der Unvorher-
sehbarkeit. Indem sie sich diese Spielmechanismen zu eigen
macht, gelingt es Rosi in ihrer mehrsprachigen Videoinstallation, die „Stimmen der Autorität" kritisch zu hinterfragen
und ihr Publikum bisweilen absichtlich im Unklaren darüber
zu lassen, was gesagt wird. Auf diese Weise machen sich die
Spielenden die Mechanismen der Unterdrückung ihrer Vorfahren
zunutze und verweisen auf deren Entschlusskraft und den Über-
lebenswillen. Dadurch, dass Rosi mehrere Sprachen gleichzeitig
in den Blick nimmt, veranschaulicht sie auch die vielfältige
Sprachlandschaft, in der sich die Togoles:innen zurechtfinden
müssen, um die Geschichte ihres eigenen Heimatlandes zu verstehen. Anhand der mündlich vermittelten Briefwechsel regt die
Installation nicht nur dazu an, sich mit den eigenen Vorurtei-
len in Bezug auf die Missstände und Gefahren des Kolonialismus

auseinanderzusetzen, sondern konfrontiert das Publikum vor
allem mit der rassistischen Geschichte Deutschlands und hinterfragt die Verantwortung einer Gesellschaft, die sich mit ihrer
Vergangenheit schwertut.

Linda Martín Alcoffs Kritik an der oft dem Wunsch nach Herrschaft entspringenden Praxis des Für-andere-Sprechens[25] macht
deutlich, dass die Kluft zwischen den in den Dokumenten formu-
lierten Behauptungen (den Perspektiven der Kolonialist:innen
und Missionar:innen) und denen, in deren Namen sie vorgebracht
werden (das heißt den Unterdrückten), sich nachteilig auf die
Vorstellungen und Bedürfnisse der Togoles:innen auswirken. Die
zitierten deutschen Beamten sprechen auf Grundlage rassisti-
scher Denkweisen und halten es für selbstverständlich, sich im
Namen der Togoles:innen zu äußern. Dabei sprechen sie nicht
für sie, sondern über sie, indem sie ihre Existenz diskutieren,
als müssten sie von denen, die „sich selbst als diejenige [...]
privilegieren, die die Wahrheit über die Situation einer anderen Person besser [zu] versteh[en glauben] als diese selbst"[26],
geschützt werden. Losgelöst von ihrem jeweiligen Kontext macht
die Inszenierung der Sprachen ihrer Unterdrücker durch die
Togoles:innen deren groteske Weltanschauung lächerlich -- und
parodiert sie zuweilen sogar. Indem ihre Arbeit die kolonialen
Denkweisen hörbar macht, untergräbt Rosi zutiefst hegemoniale
Ideale, die den Togoles:innen einst in strategischer Absicht
aufgezwungen wurden.

Ein Blick auf die aktuelle Kunst zeigt, dass Künstler:innen
den Begriff des Archivs zunehmend weiter fassen, indem sie
ihren kulturellen Wurzeln nachgehen, um generations- und län-
derübergreifende Zusammenhänge herzustellen. Künstlerische
Strategien wie Rosis Selbstporträts, die „auf die [eigene]
Beziehung zu ererbten kulturellen [...] Traumata antworten

und diese nachvollziehbar machen"[27], wurden von zahlreichen
Wissenschaftler:innen wie der Soziologin Nirmal Puwar ausgie-
big untersucht. Ausgehend von ihrem Begriff eines „autoethno-
grafischen Projekts"[28] definiert Puwar diese zeitgenössischen
künstlerischen Ansätze als Methoden, „dem Körper als Archiv
zuzuhören"[29], welches „durch Zeiten und Räume geistert"[30].
In unterschiedlichen Ausprägungen findet sich diese Vorgehens-
weise auch in Rosis Studioarbeit. Ihr Körper fungiert dort als
Medium der Auseinandersetzung mit dem allgemeinen Problem der
epistemischen Ungerechtigkeit, die auch in den von ihr verwendeten Archivdokumenten zum Ausdruck kommt. Dadurch verwandelt
Rosi ihren Körper in einen Gedächtnisspeicher oder –– um es
mit einer Formulierung des Sozialanthropologen Paul Connerton
zu sagen –– in einen „aktiv am Prozess des Erinnerns und Ver-
gessens Beteiligten"[31].

Im weiteren Sinne ist Rosis körperliche Nachstellung der Vergangenheit ebenso wie das Aufbegehren der Spieler:innen gegen
die hegemonialen Epistemologien des Archivs eng mit dem Begriff
des „lebendigen Archivs" verknüpft. Dieser wurde von dem britischen Soziologen Stuart Hall geprägt, der in seinen Schriften
auch der Frage nach der Bildlichkeit im Zusammenhang mit der
Fotografie als kolonialer Technik nachgeht:

> ‚Lebendig" bedeutet gegenwärtig, fortlaufend, andauernd,
> unabgeschlossen, mit offenem Ende. [...] Dieser Begriff
> des ‚Lebendigen' steht in scharfem Gegensatz zur her-
> kömmlichen Bedeutung von ‚Tradition' als Gefängnis
> der Vergangenheit.[32]

Betrachtet man Rosis Arbeit vor dem Hintergrund von Halls Über-
legungen, drängt sich der Gedanke auf, dass ein „lebendiges
Archiv" weder begrenzt noch ein statischer Aufbewahrungsort
für die Vergangenheit ist, sondern vielmehr ein dynamischer,
unabgeschlossener Raum, in dem historisches Material im Hinblick

auf das aktuelle kulturelle und politische Leben immer wieder
neu interpretiert wird.

Um das Entstehen von Rosis spezifischer Bildsprache nachvollzie-
hen zu können, hat die Künstlerin mir Benjamin N. Lawrances
Aufsatz „Most Obedient Servants. The Politics of Language"
(2000) zukommen lassen. Darin geht Lawrance der komplexen
Dynamik zwischen kolonialisierten Afrikaner:innen und europäischen Kolonialmächten im späten 19. und frühen 20. Jahrhundert nach und erkundet, wie der sprachliche Kolonialismus
unter deutscher Herrschaft schließlich den Weg „zur Geburt des
Nationalbewusstseins der Ewe"[33] als indigene Widerstandsform
ebnete. Bevor er zu diesem Schluss kommt, hebt Lawrance nicht
nur das Ausmaß hervor, in dem „Englisch von protestantischen
Missionar:innen gelehrt wurde [...], um das Christentum zu verbreiten"[34], sondern weist auch darauf hin, dass die deutsche
Sprache „eingeführt wurde, um Togo zu germanisieren und die
Afrikaner:innen zu ‚zivilisieren', damit sie ihren europäischen
Herren effektiv dienen konnten"[35]. Dies hatte letztlich zur
Folge, dass sich die lokale Bevölkerung in Verhandlungen über
ihre Autonomie durch die Verwendung der Ewe-Sprache gegen die
Kolonialbehörden auflehnte. Mit der Zeit wurde den Deutschen
jedoch klar, dass es für eine wirksame Kontrolle der nichteuro-
päischen Bevölkerung erforderlich war, die indigenen Sprachen
systematisch zu erforschen, was schließlich zu einer „standar-
disierten und grammatisch systematisierten Ewe-Sprache"[36]
führte sowie im Jahr 1913 zu einer vollständigen Übersetzung
der Bibel ins Ewe durch Missionar:innen. Dies wiederum stellte
sicher, „daß die ‚Eingeborenen' [...] ihre eigenen, einheimi-
schen Kulturen nur mehr auf dem Umweg über die europäische
Gelehrsamkeit kennenlernen konnten"[37], wodurch sie von westlichen Interpretationen abhängig wurden und ihre mündlichen
Überlieferungen verloren gingen.

In diesem Zusammenhang kommen Lawrances Untersuchungen zu folgendem Ergebnis: „Sie [die Sprache der Ewe] war gleichzeitig ein Instrument kolonialer Übergriffe und eine Möglichkeit für die Afrikaner:innen, sich den kolonialen Zwängen zu entziehen. Sie ermöglichte ihnen sowohl Kooperation als auch Widerstand."[38] Allerdings muss hinzugefügt werden, dass Ewe als eine von vielen Sprachen, die von mehreren Millionen Menschen gesprochen werden, auch nach der Ankunft christlicher Missionare in Togo (die überwiegend auf Englisch oder Ewe unterrichteten) weiterhin ein hohes Maß an Autonomie[39] bewahrte. Die deutsche Sprache begann im Alltag ab 1904 nach und nach die Oberhand zu gewinnen, was „teilweise auf die Wünsche und Erwartungen der Afrikaner an eine europäische Bildung zurückzuführen"[40] war, die im zweiten Jahrzehnt der deutschen Herrschaft geäußert wurden:

> Sprache wurde von den Missionaren benutzt, um die Afrikaner:innen zu kontrollieren, und von den Afrikaner:innen, um ihre Ziele in den Bereichen Handel, Bildung und Politik zu verwirklichen. [...] Die englische Sprache nahmen die Deutschen als Bedrohung wahr und bedienten sich einer offiziellen Sprachpolitik, um ihre Bedeutung in allen Lebensbereichen zu schmälern. Die Sprache Ewe hingegen betrachteten dieselben Herrscher nicht als ernsthafte Bedrohung für ihre weiteren Germanisierungspläne.[41]

Darüber hinaus führte die weit verbreitete Schwächung oder vielmehr Delegitimierung der indigenen afrikanischen Sprachen dazu, dass Lehrer:innen die Ausübung ihrer beruflichen Tätigkeit untersagt wurde, wenn sie Unterricht in einer nicht genehmigten Sprache abhielten.[42]

Letztlich scheiterten alle diese Maßnahmen zur Durchsetzung der deutschen Sprache in Togo.[43] Dass Sprache sowohl als Medium der Macht als auch des Widerstands dienen kann, bringt insbesondere der Titel von Lawrances Aufsatz zum Ausdruck, der

darauf verweist, dass afrikanische Gemeinschaften versuchten,
ihre Rechte geltend zu machen, indem sie das Kolonialsystem
mit seinen eigenen Mitteln untergruben, vor allem durch Ein-
reichung von Petitionen. Diese Petitionen waren gewöhnlich
offene, höfliche, an die Kolonialbehörden gerichtete Anfragen,
häufig auf Englisch oder Französisch verfasst, und in einer
sehr ehrerbietigen Sprache formuliert, zum Beispiel indem sie
mit „Most Obedient Servants" (dt. „Gehorsamste Diener") unter-
zeichnet wurden, was -- zwischen den Zeilen -- als „höfliche
Missachtung der [kolonialen] Behörden und als Zeichen dafür,
dass die Menschen ‚ihre Lektion gelernt' hatten, interpretiert
werden kann"[44].

Wenn sie sprechen,
ist es wissenschaftlich,
wenn wir sprechen,
ist es unwissenschaftlich;
universell/spezifisch;
objektiv/subjektiv;
neutral/persönlich;
rational/emotional;
unparteiisch/parteiisch;
sie haben Fakten,
wir haben Meinungen;
sie haben Wissen,
wir haben Erfahrungen.[45]

Grada Kilomba, Plantation Memories. Episodes of Everyday Racism

Es ist keine Überraschung, dass die erzwungene Verwendung einer fremden Sprache in einem kolonialen Kontext zwangsläufig die Identität des Individuums beeinflusst. Das zitierte Gedicht der Künstlerin Grada Kilomba, das an dieses „Verlangen, Gehör zu finden"[46], erinnert, hinterfragt nicht nur genau diese Machtdynamiken, sondern dient innerhalb dieses Essays auch als zweiter Einstieg in die Beschäftigung mit der Frage, wie Protektorat mit der Schwierigkeit umgeht, für andere zu sprechen.

Rosis Archivrecherchen zur Geschichte Togos waren oft mit interpretatorischen Herausforderungen und unvollständigen Quellen verbunden -- und die brutalen Bildwelten eines Archivs zu durchforsten, kann manchmal noch ernüchternder sein. Rosi hatte schließlich genug von diesem zwiespältigen Blick und ließ sich durch die visuellen Begegnungen in den Archiven dazu inspirieren, ebendiese Irritationen produktiv zu machen: Bei der Auseinandersetzung mit der Frage der Darstellbarkeit beschloss die Künstlerin, bei mehreren historischen Fotografien, die sie aus Büchern und Archiven zusammengetragen hatte, die Bildschärfe zu verändern und auf diese Weise kaum zu erkennende, verschwommene Bilder zu konstruieren. Formaler Hauptbestandteil der daraus entstandenen Serie, die in dieser Publikation präsentiert wird, sind vier monochrome Punkte, die in unterschiedlichen Variationen in den Farben Blau, Grün, Rot und Gelb auftreten -- eine Anspielung auf die Spielsteine auf dem Ludo-Spielbrett.

Indem Rosi bestimmte Elemente kolonialer Fotografien durch Unschärfe unkenntlich macht, thematisiert sie die Korrektur historischer Ungerechtigkeiten sowie die Rolle der Fotografie bei der Aufrechterhaltung einer westlichen Perspektive und fordert das Publikum sprichwörtlich dazu auf, „die Punkte zu verbinden" („connect the dots"), also Zusammenhänge herzustellen:

Die Punkte selbst ähneln denen im Ludo-Spiel, wodurch
eine Verbindung zwischen dem Archivmaterial und dem
Spielthema hergestellt wird. Diese Bildstrategie verwandelt den Archivinhalt in ein interaktives Brettspiel, bei
dem bewusst eine Auseinandersetzung der Betrachtenden
mit den Bildern herbeigeführt wird. Durch das Verdecken
einiger Bereiche fügt diese Werkserie [...] der Erkundung
historischer Narrative einen spielerischen Aspekt hinzu.[47]
Indem die Punkte bestimmte Bereiche der Bilder gleichzeitig
verdecken und betonen, stellen sie die Frage, wie aus Opazität
Bedeutung gewonnen werden kann. Dadurch, dass sich das Bild
einer einfachen Lesbarkeit versperrt, lenkt Rosi das Augenmerk
auf die komplexen Wahrnehmungsweisen Schwarzer Körper als
bloße Objekte des westlichen Blicks.

Wer darf also sprechen? Wessen Stimmen sind legitimiert? Wer
ist die angesprochene Zielgruppe? Mithilfe eines komplexen
-- verbalen und nonverbalen -- Zeichensystems artikuliert
Silvia Rosis Protektorat auf mehreren Ebenen postkoloniale
Kritik. Ähnlich wie James Baldwin zunächst die Art und Weise
der Kanonbildung kritisiert, führt Protektorat die Betrach-
ter:innen durch eine Reihe gezielt variierender Sprachen und
ruft dabei bewusst verschiedene Modi des (An-)Alphabetismus
und der (Selbst-)Zensur hervor, die auch Rosis eigene Erfahrungen als Künstlerin in der Diaspora widerspiegeln. Dies führt
zu der Frage, ob ein Archiv grundsätzlich als „kollektiver
Erinnerungsspeicher“[48] betrachtet werden sollte. Protektorat
ist keine bloße Nacherzählung einer Unterdrückungsgeschichte;
es kann als visuelles Wechselspiel verstanden werden, das darauf aufmerksam macht, wie Kolonisator:innen versuchten, die
Erinnerungen indigener Gemeinschaften auszulöschen, indem
sie deren sprachliche Verbindungen kappten und ihre Mutter-
sprachen marginalisierten. Daher ist Silvia Rosis Protektorat

kein Projekt mit vorgegebenem Ende, sondern muss von seinem Publikum fortgesetzt werden, indem es den Eurozentrismus kontinuierlich hinterfragt, als wolle es sinngemäß sagen: „Ich habe meine Hausaufgaben gemacht; ich habe eure Kunstgeschichte gelesen. Und das hier möchte ich mit diesem Wissen tun: Ich möchte es auf den Kopf stellen, untergraben und mir aneignen, um es an meine eigenen Belange und Erfahrungen anzupassen."[49]

1 James Baldwin, „Why I Stopped Hating Shakespeare" (1964), in: James Baldwin, The Cross of Redemption. Uncollected Writings, hg. v. Randall Kenan, New York: Pantheon Books, 2010, S. 69—72, hier: S. 71 (Übersetzung: Sylvia Zirden). 2 In dem Essay „Why I Stopped Hating Shakespeare" (Warum ich aufgehört habe, Shakespeare zu hassen) beschreibt Baldwin seine anfängliche Aversion gegen den englischen Dichter, die auf einem Gefühl der Entfremdung von der überwiegend weißen literarischen Tradition beruhte, und macht deutlich, wie Literatur sowohl ausgrenzen als auch einschließen kann. Später lernte Baldwin die Universalität von Shakespeares Werken zu schätzen. 3 Der Begriff „Protektorat" leitet sich etymologisch von dem lateinischen Wort „protector" ab, was so viel wie Wächter, Verteidiger oder Vormund bedeutet. Alternativ kann der Begriff im kolonialen oder imperialen Kontext als ein unabhängiges Gebiet, das unter dem „Schutz" eines mächtigeren Staates steht, verstanden werden. 4 C. Angelo Micheli, „Doubles and Twins. A New Approach to Contemporary Studio Photography in West Africa", in: African Arts 41, Nr. 1, Frühjahr 2008, S. 66—85, hier: S. 72 (Übersetzung: Sylvia Zirden). 5 Ebd., S. 85 (Übersetzung: Sylvia Zirden). 6 Obwohl der mit dem Alphabet bedruckte Waxprint-Stoff aus dem frühen 20. Jahrhundert stammt, hat er bei den Togoles:innen bis heute einen zeitlosen Status erlangt und gilt als eines ihrer traditionellsten Motive. 7 Anne Grosfilley, African Wax Print Textiles, München: Prestel, 2018, S. 51 (Übersetzung: Sylvia Zirden). 8 Ebd. (Übersetzung: Sylvia Zirden). 9 Ebd. (Übersetzung: Sylvia Zirden). 10 Micheli 2008 (wie Anm. 4), S. 72 (Übersetzung: Sylvia Zirden). 11 Willem Ankersmit, „The Waxprint. Its Origin and Its Introduction on the Gold Coast", Phil.-Diss., Universität Leiden, 2010, S. 3—80, hier: S. 3 (Übersetzung: Sylvia Zirden). 12 Tunde Akinwumi, „The ‚African Prints'. Africa and Aesthetics in the Textile World", in: A. Afolayan, O. Yacob-Haliso und S. O. Oloruntoba (Hg.), Pathways to Alternative Epistemologies in Africa, Cham: Palgrave Macmillan, 2021, S. 123—140, hier: S. 124 (Übersetzung: Sylvia Zirden). 13 Ebd. (Übersetzung: Sylvia Zirden). 14 Ebd., S. 127 (Übersetzung: Sylvia Zirden). 15 Die Nana Benz waren vermögende und kulturell einflussreiche Unternehmerinnen in Togo, die sich auf den Handel mit aus Europa importieren Wachsdruckstoffen

spezialisiert hatten. Mitte des 20. Jahrhunderts konnten sie sich dank ihres Erfolgs Mercedes-Benz-Autos und Immobilien in Europa kaufen, was ihre wirtschaftliche Unabhängigkeit zusätzlich unterstrich. Der Begriff „Nana" bedeutet auf Mina „Mutter" oder „Großmutter", während „Benz" ihre gesellschaftliche Stellung und die Verbindung zu den Luxusautos zum Ausdruck bringt. **16** Anne Grosfilley, „The Global Trade of the Wax Fabric", in: Véronique Pouillard, Vincent Dubé-Senécal (Hg.), The Routledge History of Fashion and Dress, 1800 to the Present, New York: Routledge, 2023, S. 81–98, hier: S. 89 (Übersetzung: Sylvia Zirden). **17** William Kynan-Wilson, „Stories and Storytellers. The Naming of Textiles in West Africa", in: From Traditional to Contemporary Aesthetic Practices in West Africa, Benin and Togo, Berlin: Forum Transregionale Studien, 2016, https://www.medium.com/from-traditional-to-contemporary-aesthetic/stories-and-story-tellers-the-naming-of-textiles-in-west-africa-d9a089fe8b19/ (Übersetzung: Sylvia Zirden) [Zugriff am 14.11.2024]. **18** Silvia Rosi im Gespräch mit der Autorin, 9. August 2024. **19** Anne Grosfilley, „Girl Boss", in: Selvedge 117 (2024), S. 38–41 (Übersetzung: Sylvia Zirden). **20** Silvia Rosi im Gespräch mit der Autorin, 9. August 2024. **21** Ludo gilt als die ursprüngliche Version von „Mensch ärgere Dich nicht", dem in deutschsprachigen Ländern weit verbreiteten vergleichbaren Spiel. **22** Auszug aus einem der Briefe, die im Jahr 2025 in Silvia Rosis Videoinstallation bei C/O Berlin zu hören sind (Übersetzung: Sylvia Zirden). **23** Siehe Louis Jean Calvet, Die Sprachenfresser. Ein Versuch über Linguistik und Kolonialismus, übers. v. Peter Hagemeister, Berlin: Das Arsenal, Verlag für Kultur u. Politik, 1978. **24** Silvia Rosi im Gespräch mit der Autorin, 9. August 2024. **25** Linda Martín Alcoff, Das Problem, für andere zu sprechen, Stuttgart: Reclam Verlag, 2023, S. 49. **26** Ebd. **27** Nirmal Puwar, „Carrying as Method. Listening to Bodies as Archives", in: Body & Society 27, Nr. 1 (2021), S. 3–26, hier: S. 10 (Übersetzung: Sylvia Zirden). **28** Ebd. (Übersetzung: Sylvia Zirden). **29** Ebd., S. 4 (Übersetzung: Sylvia Zirden). **30** Ebd., S. 10 (Übersetzung: Sylvia Zirden). **31** Paul Connerton, How Societies Remember, New York: Cambridge University Press, 1989, S. 27 (Übersetzung: Sylvia Zirden). **32** Stuart Hall, „Constituting an Archive", in: Third Text. Critical Perspectives on Contemporary Art and Culture 15, Nr. 54, Frühjahr 2001, S. 89–92, hier S. 89 (Übersetzung: Sylvia Zirden). **33** Benjamin Nicholas Lawrance, „Most Obedient Servants. The Politics of Language in German Colonial Togo", in: Cahiers d'études africaines 40, Nr. 159 (2000), S. 489–524, hier S. 489 (Übersetzung: Sylvia Zirden). **34** Ebd., S. 490 (Übersetzung: Sylvia Zirden). **35** Ebd. (Übersetzung: Sylvia Zirden). **36** Ebd., S. 494 (Übersetzung: Sylvia Zirden). **37** Martin Bernal, Schwarze Athene. Die afroasiatischen Wurzeln der griechischen Antike. Wie das klassische Griechenland „erfunden" wurde, übers. v. Joachim Rehork, München/Leipzig: List Verlag, 1992, S. 359. **38** Lawrance 2000 (wie Anm. 33), S. 490 (Übersetzung: Sylvia Zirden). **39** So in einem der Briefe, die im Jahr 2025 in Silvia Rosis Videoinstallation bei C/O Berlin zu hören sind. **40** Lawrance 2000 (wie Anm. 33), S. 489 (Übersetzung: Sylvia

Zirden). **41** Ebd., S. 492f. (Übersetzung: Sylvia Zirden). **42** So in einem der Briefe, die im Jahr 2025 in Silvia Rosis Videoinstallation bei C/O Berlin zu hören sind. **43** Silvia Rosi im Gespräch mit der Autorin, 9. August 2024. **44** Lawrance 2000 (wie Anm. 33), S. 491 (Übersetzung: Sylvia Zirden). **45** Grada Kilomba, Plantation Memories. Episodes of Everyday Racism (2008), 7. Aufl., Münster: Unrast Verlag, 2023, S. 28 (Übersetzung: Sylvia Zirden). **46** Kilomba, Plantation Memories, S. 12 (Übersetzung: Sylvia Zirden). **47** Silvia Rosi im Gespräch mit der Autorin, 9. August 2024. **48** Ngũgĩ wa Thiong'o, „The Language of African Literature", in: Decolonising the Mind. The Politics of Language in African Literature, London: John Currey, 1987, S. 4–33, hier: S. 15 (Übersetzung: Sylvia Zirden). **49** Mark Sealy, „A Note from Outside", in: Photography. Race, Rights and Representation, London: Lawrence Wishart, 2022, S. 87 (Übersetzung: Sylvia Zirden).

Gespräch zwischen Silvia Rosi und Katrin Bauer

(Katrin Bauer) Lass uns zunächst über den Titel deiner Ausstellung bei C/O Berlin sprechen: Der Begriff „Protektorat" ist direkt mit dem Wort „Schutzgebiet" verwandt, das im deutschen Kolonialreich zwischen 1884 und 1919 für die Überseegebiete in Afrika verwendet wurde. Wörtlich genommen suggeriert er, dass ein Staat durch einen anderen vor Angriffen und weiteren Rechtsverletzungen geschützt wird. Inwiefern findet sich dieser Gedanke in deinem Ausstellungskonzept wieder?

(Silvia Rosi) Den Titel Protektorat habe ich bereits in einer frühen Phase meiner Recherche verwendet, als ich mich mit der Zeit befasste, in der Togo unter deutschem Protektorat stand. Der Begriff spielt bewusst auf den angeblichen Schutz Togos durch Deutschland an, der etwas anderes sein sollte als reiner Kolonialismus, eher eine Art Vormundschaft als unmittelbare Herrschaft. Als die Deutschen nach Togo kamen, befand sich das Land noch nicht offiziell unter britischer oder französischer Kontrolle, sodass Deutschland als „Schutzmacht" gegen potenzielle ausländische Bedrohungen auftreten konnte. Tatsächlich verwischte das System der Protektorate jedoch die Grenze zwischen Autonomie und Kolonialherrschaft. In der Kontrolle der lokalen Bevölkerung durch die Deutschen spiegelten sich typische koloniale Machtstrukturen wider, sodass die „geschützte

Souveränität" Togos stark eingeschränkt war. Diese Überle-
gungen spielen in meiner Arbeit eine große Rolle: von den
in diesem Buch reproduzierten Archivbildern bis hin zu dem
Ausstellungskonzept, das Machtdynamiken auf unterschiedliche Weise präsentiert.

(KB) Anhand deiner jüngsten Recherchen im Nationalarchiv von
Togo in Lomé hast du inszenierte Fotografien und Videoinstallationen, die einen Einblick in die anhaltenden Auswirkungen
des Kolonialismus auf das moderne Togo bieten, für die Ausstellung produziert. Auf welche Weise hat deine Archivreche-
che den konzeptionellen Rahmen deiner Kunstwerke beeinflusst?

(SR) Bei meiner Arbeit im Archiv habe ich mich auf die Frage
konzentriert, inwiefern das Konzept eines Protektorats
über die wirtschaftliche Nutzung der Rohstoffe und Lände-
reien Togos hinausging. Dabei interessierten mich vor allem
die kulturellen und sprachlichen Aspekte dieser Art von
Herrschaft, insbesondere die von der deutschen Verwaltung
aufgezwungene Sprachpolitik. Bei der Durchsicht der Dokumente -- hauptsächlich Briefe zwischen Verwaltungsbeamten
und Missionar:innen -- stieß ich auf Texte in mehreren
Sprachen. Ich wusste nie, was ich am nächsten Tag im Archiv
finden und in welcher Sprache es verfasst sein würde. Diese
Unsicherheit spiegelte den sprachlichen Machtkampf während
der Kolonialzeit, mit der ich mich beschäftigte, wider, und
allmählich kam es mir wie ein Glücksspiel vor -- als würde
die Sprache, in der meine Fragen beantwortet werden, aus-
gewürfelt. Diese Erfahrung hatte großen Einfluss auf die
Konzeption meines Projekts, weil sie mich dazu brachte,
darüber nachzudenken, dass im heutigen Togo die Beherr-
schung mehrerer Sprachen nach wie vor unabdingbar ist,
um Zugang zur eigenen Geschichte zu erhalten.

(KB) Um welche kulturellen und sprachlichen Aspekte geht es dabei?

(SR) Aus dem von mir untersuchten Archivmaterial geht hervor, dass die deutschen Missionar:innen durchaus Maßnahmen zum Erhalt des Ewe, der Sprache der gleichnamigen Ethnie, unternommen haben, allerdings mit kolonialen Absichten. Dies zeigt sich besonders deutlich an ihrer Bibelübersetzung ins Ewe, damals eine der wichtigsten Sprachen in Togo. Die Übersetzung der christlichen Missionar:innen trug zwar dazu bei, die Sprache zu erhalten, führte jedoch auch zu einer machtpolitischen Einflussnahme, die auf die Evangelisierung und Kontrolle des Gebiets ausgerichtet war. Dieses koloniale Erbe lässt sich auch heute noch daran ablesen, wie Togoles:innen mit ihren kulturellen Narrativen umgehen. In institutionellen Kontexten werden sie häufig ermutigt, Französisch zu schreiben und zu sprechen, anstatt ihre Muttersprache zu verwenden, was die Möglichkeiten der schriftlichen Darstellung persönlicher und kultureller Erfahrungen begrenzt.Diese sprachliche Vorherrschaft begann während des deutschen Protektorats und verstärkte sich unter der französischen Kolonialherrschaft, als indigene Sprachen in Schulen verboten wurden. Schüler:innen, die ihre Muttersprache verwendeten, wurden bestraft. Meine Mutter erinnert sich zum Beispiel daran, dass während ihrer Schulzeit in den 1970er Jahren Schüler:innen, die dabei erwischt wurden, wie sie Mina[1] sprachen, ein Zeichen tragen mussten -- ein „Halsband der Schande" aus Schneckenhäusern, kleinen Tierschädeln und Federn. Diese Kette habe furchtbar gerochen, und die Schulkinder hätten sie auf dem Nachhauseweg von der Schule tragen müssen, sodass ihre eigene Sprache mit Scham und Ekel in Verbindung gebracht wurde -- eine weitere nachhaltige Auswirkung der kolonialen Sprachpolitik.Obwohl die Menschen in Lomé Gespräche heute in der Regel auf Mina

oder Ewe beginnen, haben sie oft Schwierigkeiten, sich
in offiziellen Kontexten in diesen Sprachen auszudrücken.
Deshalb schreiben die meisten Autor:innen zum Beispiel
lieber auf Französisch als auf Ewe. Da Französisch jedoch
nicht ihre Muttersprache ist, kann das zu einem Gefühl der
Fremdheit gegenüber ihrer eigenen Ausdrucksweise führen.
Das erinnert mich an Jacques Lacans Konzept des Spiegelstadiums[2] und –– im Hinblick auf meine Forschungsarbeit ––
daran, wie Identität durch die Sicht der Kolonisator:innen
geformt wird, was beim einzelnen Menschen zu einem frag-
mentierten Selbstbild führen kann.

(KB) Auf welche Weise werden diese sprachlichen Restriktionen
für das Publikum im Ausstellungsraum erfahrbar?

(SR) Die Ausstellung widmet sich sowohl den sprachlichen Restriktionen als auch der kolonialen Grundhaltung, die sich
in den Archivdokumenten widerspiegelt. Sie präsentiert
Auszüge von Briefen aus dem Nationalarchiv von Togo, die
bis in die Zeit des deutschen Protektorats zurückreichen.
Diese Briefe zeigen, wie die Sprachpolitik strategisch zur
Herrschaft über die Bevölkerung Togos eingesetzt wurde.
Eine meiner Videoinstallationen versetzt das Publikum
akustisch und optisch direkt in diese komplexe Geschichte
und hebt die Unbeständigkeit der Sprachen in der Kolonial-
geschichte Togos hervor. Indem sie sich durch verschiedene
Sprachen bewegen, erleben die Zuschauer:innen eine frag-
mentierte Verständigung, welche die Herausforderungen
reflektiert, mit denen Togoles:innen immerzu konfrontiert
sind, wenn sie sich ihre Geschichte über ein mehrsprachi-
ges Archiv erschließen wollen. Bei der Auseinandersetzung
mit diesen komplexen Fragestellungen spielt Humor eine
entscheidende Rolle. Durch die Integration von spielerischen Elementen und begehbaren Installationen möchte ich

koloniale Denkweisen weniger konventionell vermitteln.
Dabei geht es mir nicht darum, fertige Lösungen zu
präsentieren, sondern eine differenzierte Perspektive
darauf zu bieten, wie sprachliche Bevormundung auch
heute noch die Realität prägt.

(KB) Ein zentrales Element deiner künstlerischen Praxis ist
die Studiofotografie, mit der du an die Ästhetik des westafrikanischen Studioporträts aus der Mitte des 20. Jahrhunderts
anknüpfst. In deinem Diptychon ABC -- Grafton G2651 (2022;
S. 118) scheint sich dein Körper in dem farbenfrohen Mustermix
des Textilhintergrunds geradezu aufzulösen. Kannst du genauer
erklären, wie es zu dieser Inszenierung kam? Und aus welcher
Perspektive hast du dich den historischen Gegebenheiten genä-
hert, die mit diesen Textilien verbunden sind?

(SR) Der Einfluss des westafrikanischen Studioporträts zeigt
sich in meiner Arbeit nicht nur in der Art und Weise, wie
ich fotografiere, sondern auch in den Geschichten und dem
kulturellen Hintergrund, die in die von mir verwendeten
Materialien eingewoben sind, insbesondere in dem Batik-
stoff: Er verweist ebenso auf die Geschichte der europä-
isch-westafrikanischen Verbindungen wie auf das Erbe des
von Frauen betriebenen Handels und die Stärkung der Rolle
der Frau auf den togolesischen Märkten. Das in meiner
Arbeit verwendete Buchstabendesign hat eine bewegte
Geschichte, die insbesondere während der letzten Phase
des deutschen Protektorats von Bedeutung war. Von Missio-
nar:innen entworfen, stand es für den Stolz, der mit der
kolonialen Bildung verbunden war, und wurde häufig von
denjenigen getragen, die Kolonialschulen besuchten. Auch
heute noch sieht man diesen Stoff auf den Straßen, aber
die Leute tragen ihn, ohne seine ursprüngliche historische
Bedeutung zu kennen.

(KB) Bist Du auf dieses spezielle Textildesign auch im Zuge
deiner Archivrecherchen gestoßen?

(SR) Ja, ich habe Archivfotografien von Frauen in Missionssta-
    tionen gefunden, die Kleidung aus diesem besonderen Stoff
    tragen. Sie veranschaulichen, wie sich die Designs im Zuge
    gesellschaftspolitischer Veränderungen während und nach
    der Kolonialzeit weiterentwickelt haben. In ABC VLISCO
    14/0017 (2022; S. 142) trage ich eine Uniform, die von
    den Schuluniformen im heutigen Togo inspiriert ist und
    aus demselben Material gefertigt wurde wie der Hinter-
    grund. Die auf Mina verfasste Bibel, die ich in der Hand
    halte, macht die Beziehung zwischen dem Motiv, der Studio-
    kulisse und der Kolonialgeschichte, die das Werk durch-
    dringt, noch komplizierter. Dadurch positioniere ich mich
    bewusst innerhalb des Diskurses über Kolonialismus und
    Sprache und spiele gleichzeitig mit der Idee des Verber-
    gens. Indem ich diesen Stoff als Hintergrund in meine
    Arbeit einbeziehe, setze ich mich mit dem Erbe des Kolo-
    nialismus auseinander und thematisiere zudem, wie dieser
    sich sowohl auf die Sprache als auch auf die materielle
    Kultur ausgewirkt hat. Der Stoff ist und bleibt Teil
    der mündlich überlieferten Textilgeschichte -- einer
    Geschichte, die häufig übersehen oder unterschätzt wird.

(KB) Das Medium der Fotografie wurde von den Kolonialist:innen
an so unterschiedlichen Orten wie Klassenzimmern und Kirchen,
Häfen und Verwaltungsgebäuden intensiv genutzt, nicht nur um
den christlichen Glauben zu verbreiten, sondern auch um die
von ihnen erwünschten Narrative zu festigen. Die historischen
Fotografien, die du aus Büchern und Archiven zusammengetragen
hast, zeigen ebenfalls Transiträume als eindringliche Beispiele
dafür, wie die Infrastrukturplanung unter der deutschen Kolonialherrschaft eingesetzt wurde, um das Stadtbild von Lomé zu

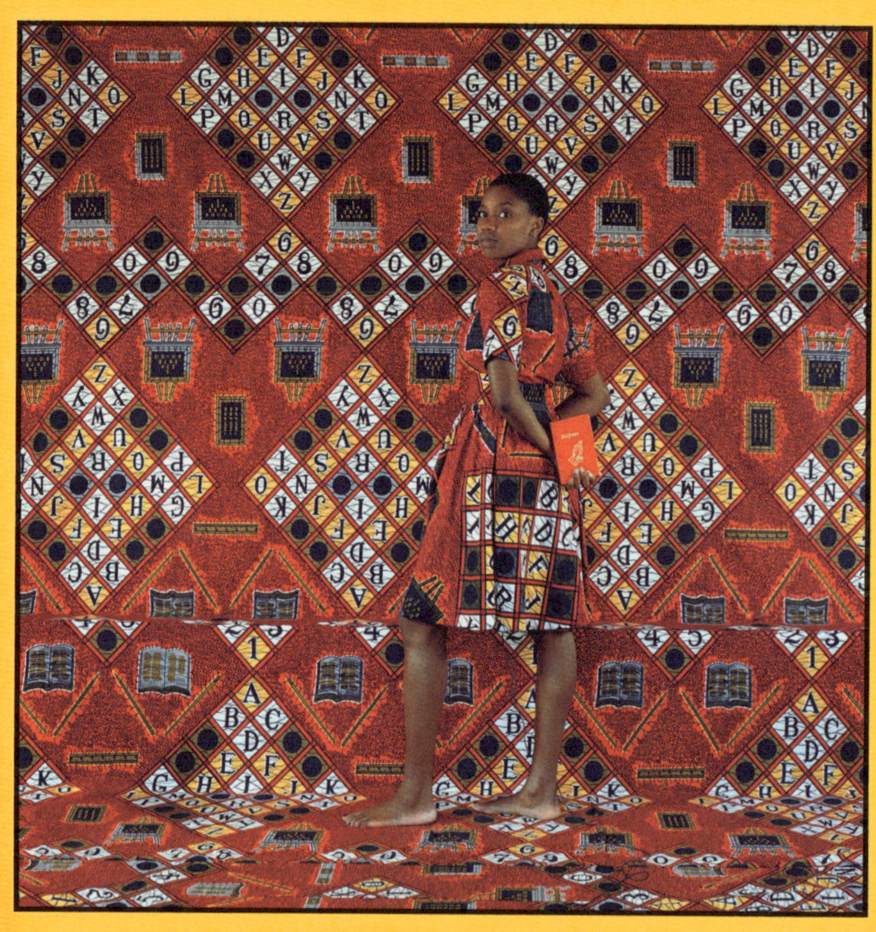

ABC VLISCO 14/0017 (2022)

vereinnahmen. Kannst du uns sagen, warum du genau dieses Archivmaterial in die Publikation mitaufgenommen hast?

(SR) Die Bilder sind frappierend, weil sie einerseits Momente des Alltagslebens im deutschen Protektorat zeigen und andererseits einen visuellen Eindruck davon vermitteln, wie die Kolonialmächte ihre Identität mithilfe der Architektur auf das Stadtbild von Lomé übertrugen. Die Bebauung von ungenutztem Land mit religiösen und urbanen Infrastrukturobjekten offenbart beispielsweise eine weitreichende Strategie, die nicht nur auf die Umgestaltung physischer Räume abzielte, sondern auch die soziokulturelle und spirituelle Landschaft der Region neu zu definieren suchte. Diese Maßnahmen unterstreichen die Bedeutung von Architektur als Instrument von Herrschaft und Kontrolle. Traditionelle afrikanische Religionen werden häufig in offenen Gemeinschaftsräumen praktiziert, die eine Verbindung zur natürlichen Umgebung haben. Im Gegensatz dazu zwingt die Kolonialarchitektur, insbesondere Kirchen, die Menschen in starre physische und ideologische Strukturen und verstärkt damit die Machtdynamik des Kolonialstaates.

(KB) Da die fotografierten Togoles:innen kaum selbst aktiv werden konnten, sind diese Abbildungen des damaligen Alltags wohl von Fotograf:innen aufgenommen worden, die für die deutsche Kolonialverwaltung tätig waren, um deren Propaganda zu unterstützen. Ich finde es auffällig, dass einige dieser Archivfotos sterile, fast leere und somit geordnet und kontrolliert scheinende Umgebungen zeigen, in denen kaum lokale Gemeinschaften, genauer gesagt BIPoCs, abgebildet wurden. Was waren die größten Herausforderungen bei deiner Suche nach Quellen, die Perspektiven jenseits des westlichen Narrativs vermitteln?

(SR) Du hast vollkommen recht damit, dass auf einigen Bildern
kaum Menschen aus der lokalen Community zu sehen sind. Das
entspricht übrigens auch der Nutzung des Archivs, das von
den Togoles:innen kaum besucht wird -- nur wenige For-
schende finden ihren Weg dorthin. Die größte Schwierigkeit
bei der Arbeit mit dem Fotomaterial bestand darin, mit den
beschränkten Möglichkeiten des Archivs in Lomé umzugehen.
Letztes Jahr stieß ich dort auf erhebliche Hindernisse,
insbesondere was die Zugänglichkeit und die Erhaltung
der aufbewahrten Originaldokumente betrifft. Ein großer
Teil der Unterlagen ist inzwischen wegen nicht sachgerech-
ter Lagerung in schlechtem Zustand. Viele Fotografien sind
weder katalogisiert noch kontextualisiert; sie werden ohne
eindeutige Kennzeichnung in Kisten aufbewahrt, was bedeutet, dass ein Großteil meiner Arbeit darin bestand, ihren
historischen Hintergrund herauszufinden. Trotzdem habe ich
festgestellt, dass es eine starke Verbindung zwischen dem
Archivmaterial und dem, was mir erzählt wurde, gibt. Die
mündliche Überlieferung ist ein wichtiger Teil der togolesischen Kultur. Diese Beobachtung hat mich veranlasst,
über die Schnittstellen zwischen dokumentierter Geschichte
und Oral History nachzudenken, und mir ist klar geworden,
dass die mündliche Überlieferung bei der Weitergabe von
Wissen über Generationen hinweg häufig eine wichtigere
Rolle spielt.

(KB) Inwiefern hat dies deinen künstlerischen Zugang beeinflusst?
(SR) Diese Erkenntnis hat meine Herangehensweise an die Ausstellung insofern stark geprägt, als ich mit dem Spiel
Ludo[3] symbolisch das Element des Spielerischen eingeführt
habe und auch Videoarbeiten zeige, in denen die Informationen durch die Stimmen von Menschen, die die Dokumente
vorlesen, vermittelt werden. Dieser Ansatz erlaubte mir,

mich auf eine Weise mit dem Material auseinanderzusetzen,
die weniger starr ist und stärker der Dynamik der Oral
History entspricht. Durch die Einbeziehung eines spielerischen Elements wollte ich eine flexiblere Interaktion
mit dem Archiv ermöglichen, die dessen Beschränkungen
anerkennt und zugleich Raum für eine Neuinterpretation
und Rekontextualisierung der in ihm enthaltenen historischen Narrative bietet.

(KB) Ludo -- das klassische Brettspiel, das im englischsprachi-
gen Raum gemeinhin als „Sorry!" bekannt ist -- spielt in der
Ausstellung eine wichtige konzeptionelle Rolle. Um das Spiel
zu gewinnen, müssen die Spielenden alle vier Spielfiguren vom
Start ins Ziel bringen und dabei günstige Würfelergebnisse
nutzen, um die eigenen Figuren so schnell wie möglich voranzu-
bringen. Bei Ludo kommt es auch auf strategische Züge an, die
kolonialen Manövern ähneln. Das Zurückschicken einer gegneri-
schen Spielfigur an den Start erinnert in gewisser Weise daran,
wie die Kolonialmächte den Vormarsch rivalisierender Kräfte
zurückdrängten, um selbst die Kontrolle zu behalten. Wie hast
Du dieses Spielprinzip in die Ausstellung übersetzt?
(SR) Mit der Einführung von Ludo habe ich einen Weg gefunden,
die strategischen Aspekte des Kolonialismus zu erkunden.
In der Ausstellung wird Ludo mithilfe einer Videoarbeit
vorgestellt, welche die Interaktionen zwischen vier Spielenden zeigt, die unterschiedliche Sprachen repräsentieren: Ewe, Deutsch, Französisch und Englisch. Während die
Spielenden ihre Figuren auf dem Spielbrett fortbewegen,
lesen sie aus Dokumenten des Nationalarchivs vor. Es gibt
zwei Würfel; das Resultat des einen bestimmt die Sprache,
in der die Dokumente vorgelesen werden, das des anderen
die Bewegung der Spieler:innen auf dem Spielbrett, was den
Eindruck von Zufall und Orientierungslosigkeit vermittelt.

Dieses Prinzip ähnelt meinen eigenen Erfahrungen in den
Archiven, wo sich die Verständigung oft schwierig gestaltete
und Informationen über mehrere Sprachkanäle vermittelt
wurden. Meine Recherchen konzentrierten sich auf die Strategien, mittels derer die deutsche Sprache in Togo durch-
gesetzt werden sollte -- ein Vorhaben, das letztlich
scheiterte. In diesem Zusammenhang ist der strategische
Charakter von Ludo besonders relevant, weil das Spiel die
kolonialen Vorgehensweisen und das Aufzwingen von Sprachen
in der Geschichte Togos widerspiegelt. Drei der vier in
der Videoarbeit am Spiel Beteiligten stehen für verschiedene Kolonialmächte -- Deutschland, Frankreich und das
Vereinigte Königreich -- und spiegeln so den Konkurrenz-
kampf bei den kolonialen Expansions- und Herrschaftsbe-
strebungen wider. Das Ziel besteht nicht nur darin, das
Spiel zu gewinnen, sondern sich aktiv an dem strategischen
Einsatz von Sprachen zu beteiligen. Mit der Integration
von Ludo knüpfe ich auch an dessen historischen Hintergrund an: Es hat sich aus dem uralten indischen Spiel
Pachisi entwickelt, das bis auf das 6. Jahrhundert zurück-
geht. Als die Briten Indien kolonisierten, entdeckten sie
Pachisi für sich und machten daraus das Spiel, das wir
heute kennen, indem sie es vereinfachten, in eine trans-
portable Form brachten und 1896 unter dem Namen Ludo,
lateinisch für „Ich spiele", patentierten. Ludo verbreitete
sich nicht nur im Vereinigten Königreich, sondern durch
das britische Militär und die britischen Verwaltungsbe-
hörden auch in dessen Kolonien.

(KB) Mehrere der in dieser Publikation gezeigten Motive, die
durch vier markante monochrome Punkte auf jeder Schwarz-
Weiß-Fotografie gekennzeichnet sind, scheinen den Blick der
Rezipient:innen gezielt zu lenken und erinnern an Formen

der Zensur -- insbesondere wenn das Gesicht einer Person
unscharf oder verdeckt ist. Das führt zu einem anhaltenden
Gefühl der Unsicherheit. Dient die Platzierung dieser Punkte
als bestimmte Metapher?

(SR) Der Unschärfeeffekt ist zusammen mit der Platzierung dieser
Punkte -- die der Bewegung von Spielfiguren im Ludo-Spiel
ähneln -- eine Möglichkeit, bestimmte Teile der Bilder
unkenntlich zu machen, insbesondere diejenigen, in denen
dem Kolonialismus inhärente Gewalt gezeigt wird. Die
Unschärfe kaschiert diese Gewalt nicht nur, sondern symbo-
lisiert auch, wie frustrierend und schwierig es ist, sich
dieses Material in Gänze anzusehen. Indem ich die Bilder
nicht vollständig sichtbar mache, lade ich die Betrachtenden dazu ein, sich mit dem Material auf eine Weise auseinanderzusetzen, die dem mündlichen und fragmentarischen
Wesen der historischen Überlieferung und dem umfassenderen
Kontext der kolonialen Dynamik entspricht.

(KB) Auf theoretischer Ebene erinnert mich dieses Verfahren,
den Zugang zu visuellen Informationen durch das Verwischen
von kolonialen Bildwelten bewusst zu verweigern, an Jean-Paul
Sartres Essay „Schwarzer Orpheus", in dem er beschreibt, dass
die Kolonisierten unter dem ständigen Blick der Weißen lebten.
Der weiße Kolonist dagegen genoss „das Privileg [...], zu
sehen, ohne daß man ihn selbst sieht"⁴. Kannst du eine Paral-
lele zu Sartres Beobachtungen entdecken, und würdest du diese
als mögliche Perspektive auf die koloniale Subjekt-Objekt-
Dynamik betrachten?

(SR) Bis zu einem gewissen Grad kann ich dem Gedanken, dass der
Kolonialist das Privileg genoss, „zu sehen, ohne daß man
ihn selbst sieht", zustimmen, aber zugleich bin ich nicht
vollständig davon überzeugt, dass die Kolonialist:innen
tatsächlich hinsahen. Man spricht häufig von dem kolonialen

Blick, aber etwas zu betrachten und dabei tatsächlich wahrzunehmen ist etwas ganz anderes als es einfach nur zu sehen.
Und die deutsche koloniale Erfahrung in Togo ist ein Beispiel für diese Diskrepanz. Anders als die Missionar:innen,
die gedanklich auf den Widerstand der Togoles:innen eingestellt waren und verstanden, dass die Beschäftigung
mit indigenen Sprachen von entscheidender Bedeutung für
die Machtausübung war, ignorierten die deutschen Kolonialist:innen die Komplexität und den Widerstand der
Bevölkerung Togos völlig. Sie merkten nicht, dass ihre
Bemühungen, die deutsche Sprache durchzusetzen, überwiegend auf Ablehnung stießen. Ich denke, dass die mangelnde
Auseinandersetzung der Kolonialist:innen mit der Perspektive der Indigenen ihre mangelnde Reflexion über den Akt
des „Anschauens" offenbart.

August 2024

1 Mina ist eine umgangssprachliche Variante des Standard-Ewe und wird in der Hauptstadt Lomé häufig gesprochen. 2 Der französische Psychoanalytiker Jacques Lacan
(1901--1981) verwendete 1936 erstmals den psychoanalytischen Begriff des „Spiegelstadiums", mit dem er den entscheidenden Moment bezeichnete, in dem ein Kind zum
ersten Mal sein Spiegelbild erkennt und die Bildung des „Ichs" oder der Selbstidentität beginnt. Dieses Erkennen ist ermächtigend und entfremdend zugleich, da sich
das Kind mit einem idealisierten Bild identifiziert, das sich von seiner tatsächlichen
physischen Erscheinung unterscheidet. Das „Spiegelstadium" kennzeichnet insofern den
Beginn der Ich-Entwicklung und das Entstehen einer stabilen Subjektivitätsstruktur,
als in ihm das Individuum beginnt, seine Identität in Relation zu anderen zu formen. 3 Das klassische Brettspiel Ludo ist eine Abwandlung des alten indischen Spiels
Pachisi, das zu den kreuz- und kreisförmigen Spielen zählt. Ludo gilt als komplexere
Version von Mensch ärgere Dich nicht, dem üblicherweise in den deutschsprachigen
Ländern gespielten Pendant. Ludo ist in der togolesischen Kultur überaus beliebt,
denn es gibt den Menschen die Gelegenheit zum geselligen Beisammensein und trägt auf
diese Weise zur gesellschaftlichen Integration bei. Jede:r Spielende sucht sich eine
der vier Farben (Blau, Grün, Rot oder Gelb) aus und versucht, die eigenen Spielsteine

so schnell wie möglich über das Spielfeld zu bewegen und als Erste:r eine komplette Runde zu schaffen. Je nach gewürfelter Augenzahl können Spielende den Fortschritt anderer wieder zunichtemachen. 4 Jean-Paul Sartre, „Schwarzer Orpheus", in: ders., Schwarze und weiße Literatur. Aufsätze zur Literatur 1946--1960, Reinbek bei Hamburg: Rowohlt, 1984, S. 39--85, hier: S. 39. Vgl. hierzu Ananya Ravishankar, "Linguistic Imperialism: Colonial Violence through Language", in: The Trinity Papers (2020), Trinity College Digital Repository, Hartford, CT, S. 5, online unter: https://digital-repository.trincoll.edu/trinitypapers/87 [Zugriff am 14.11.2024].

Neue dokumentarische Strategien
Der C/O Berlin Talent Award

Auch wenn der sachlich klingende Begriff es nahelegt: Dokumentieren kann niemals völlig neutral sein -- und damit auch nicht die Dokumentarfotografie. Besonders relevant wird dies, wenn Bilder aus der Vergangenheit nach ihrer Wahrhaftigkeit befragt werden sollen. Jede fotografische Praxis wird von einer anderen Perspektive geprägt. Welche Strategien also gibt es, um dokumentarische Bilder zu deuten? Welche Machtstrukturen können in ihnen eingeschrieben sein? Und welche neuen Ansätze muss die Reflexion über dokumentarische Fotografie im 21. Jahrhundert entwickeln?

Der C/O Berlin Talent Award, der seit 2018 unter dem Thema Neue dokumentarische Strategien steht, bietet eine Plattform, um ebendiesen Fragen aus vielfältigen und oft unerwarteten Blickwinkeln nachzugehen. Das Förderprogramm richtet sich an aufstrebende Talente in der Kunstfotografie und in der Theorie, die bereit sind, dokumentarische Traditionen, Narrative und Ästhetiken kritisch zu hinterfragen und neue, innovative Bildstrategien zu entwickeln bzw. zu reflektieren.

Jedes Jahr werden in den Kategorien Artist und Theorist zwei
Preisträger:innen ausgezeichnet. Beide Gewinner:innen erhalten
ein Preisgeld. Außerdem wird das künstlerische Projekt in einer
eigens konzipierten Einzelausstellung bei C/O Berlin präsentiert.

Die künstlerische Arbeit und der wissenschaftliche Beitrag des
Theorist, der oder die sich kritisch mit dem künstlerischen
Projekt auseinandersetzt, werden zudem in einer begleitenden
Monografie veröffentlicht, womit Theorie und Praxis auf ein-
zigartige Weise verbunden sind. Bereits seit 2006 stellt der
C/O Berlin Talent Award damit Nachwuchs-Fotograf:innen und
Theoretiker:innen einem internationalen Publikum vor. Mehr
als 90 junge Talente wurden auf diesem Weg bereits begleitet
und gefördert -- und wir freuen uns, dass Silvia Rosi und
Katrin Bauer diese Tradition fortsetzen.

Veronika Epple
Junior-Kuratorin
C/O Berlin

Die Alexander Tutsek-Stiftung gratuliert!

Die dokumentarische Fotografie steht im Vergleich zu anderen
Genres der Kunstfotografie besonders intensiv vor der Aufgabe,
den Begriff der Realität stets neu in Frage zu stellen: Was
bedeutet es heute, durch Bilder zu dokumentieren?
Dabei geht es nicht nur darum, innovative praktische Ansätze zu
entwickeln, sondern auch, historische (insbesondere westliche)
Traditionen und Mechanismen der Dokumentarfotografie zu durch-
leuchten und kritisch zu hinterfragen. Eine junge Generation
von Fotograf:innen und Wissenschaftler:innen beschäftigt sich
intensiv mit diesem Erbe und damit auch mit den Perspektiven
von abgebildetem Subjekt und fotografierender Person -- vor
allem, wenn ergründet werden soll, wessen Geschichte erzählt
und im Bild festgehalten wird.

Diese Themen und Fragestellungen spiegeln sich auch in den
Arbeiten der italienischen Künstlerin Silvia Rosi wider, die
den C/O Berlin Talent Award 2024 in der Kategorie Artist
erhält. Vor dem Hintergrund der Geschichte Togos in der Zeit
der Kolonialisierung sowie ihrer eigenen togolesischen Wurzeln
thematisiert Rosi über das fotografische Standbild und das
Bewegtbild, wie Sprache sowohl die eigene als auch kollektive
Identitäten prägen kann.

Wir freuen uns außerordentlich, dass die Jury neben Silvia Rosis
Projekt auch Katrin Bauer in der Kategorie Theorist auszeichnet.
Bauer ist als Kuratorin und Autorin in München tätig und hat
sich in der Vergangenheit nicht nur mit kamerabasierten Medien
auseinandergesetzt, sondern sich auch schwerpunktmäßig postkolonialen Themen innerhalb der Fotografie gewidmet.

Die Alexander Tutsek-Stiftung ermöglicht mit dem C/O Berlin
Talent Award 2024 nun zum fünften Mal dieses spezielle Förderprogramm für junge Fotograf:innen und Theoretiker:innen und
fördert auf diese Weise Ausstellungen und Publikationen zu
gesellschaftlich wichtigen Themen sowie neuen Entwicklungen
in der dokumentarischen Fotografie.

Im Namen der Alexander Tutsek-Stiftung gratuliere ich Silvia
Rosi und Katrin Bauer herzlich zu ihren Auszeichnungen und
freue mich sehr auf die weitere Entwicklung und Umsetzung
dieser spannenden Projekte.

Dr. Eva-Maria Fahrner-Tutsek
Vorstandsvorsitzende der Alexander Tutsek-Stiftung, München

C/O BERLIN
TALENT
AWARD
2024

Dieses Buch basiert auf Materialien aus dem Nationalarchiv in Lomé (Togo), darunter Originaldokumente, Ausdrucke von gescannten Bildern und Reproduktionen von Materialien, die in einigen Fällen nicht mehr in ihrer ursprünglichen Form im Archiv vorhanden sind. Ich möchte dem Archivar und dem Bibliothekar des Nationalarchivs für die Unterstützung bei meinen Recherchen danken sowie Kokou Nouwavi im Besonderen, der mir bei der Beschaffung einiger der in diesem Werk enthaltenen Bilder geholfen hat. -- Silvia Rosi

Diese Publikation erscheint im Rahmen des C/O Berlin Talent Award 2024 anlässlich der Ausstellung.

Silvia Rosi . Protektorat
1. Februar bis 7. Mai 2025

Der C/O Berlin Talent Award zeichnet jährlich ein Tandem aus Artist und Theorist aus. 2024 ging der Award an Silvia Rosi und Katrin Bauer.

C/O Berlin Foundation
Amerika Haus
Hardenbergstraße 22 -- 24 . 10623 Berlin
www.co-berlin.org

Herausgeberin
Veronika Epple für C/O Berlin Foundation

Kuratorin
Veronika Epple

Leihgaben- & Ausstellungsmanagement
Carolin Bollig

Art Direction
Marc Naroska

Gestaltung
Marc Naroska . Max Schürmann

Übersetzungen
Sylee Gore (englisch)
Dr. Sylvia Zirden (deutsch)

Lektorat
Dr. Tas Skorupa (englisch)
H von G –– Katrin und Hans Georg Hiller von Gaertringen (deutsch)

Limitierte Auflage
800 Exemplare

Erschienen bei
Spector Books
Harkortstraße 10 . 04107 Leipzig
www.spectorbooks.com

Vertrieb
Deutschland, Österreich : GVA, Gemeinsame Verlagsauslieferung Göttingen GmbH & Co. KG, www.gva-verlage.de
Schweiz: AVA Verlagsauslieferung AG, www.ava.ch
Frankreich, Belgien: Interart Paris, www.interart.fr
Vereinigtes Königreich: Central Books Ltd, www.centralbooks.com
USA, Kanada, Mittel- und Südamerika, Afrika : ARTBOOK/D.A.P., www.artbook.com
Südkorea: The Book Society, www.thebooksociety.org
Japan: twelvebooks, https://twelve-books.com
Australien, Neuseeland: Perimeter Distribution, www.perimeterdistribution.com

1. Auflage
Gedruckt in Deutschland
ISBN 978-3-95905-899-5

Ermöglicht durch

**ALEXANDER
TUTSEK––
––STIFTUNG**

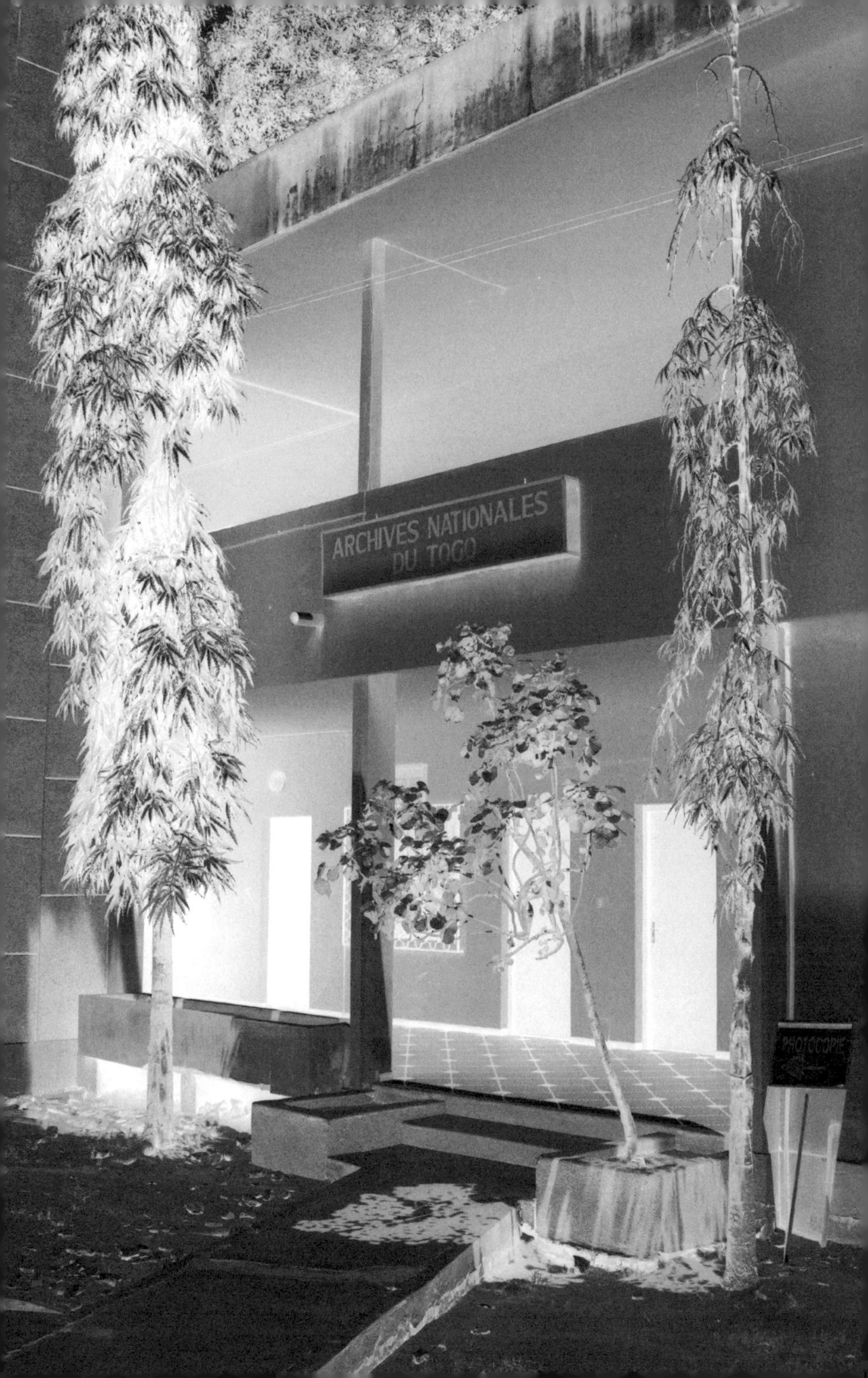

ARCHIVES NATIONALES
DU TOGO

To [His Excellency] the Imperial Commissioner for Togo etc.

As the representative of the Wesleyan Missionary Society's Mission in this part of the German Protectorate, I have the honour to address you, and to ask for permission to continue our work as we have been enabled to do in the past.

As you are doubtless aware, our Mission has been established here for a number of years, but now that [it] with its dependencies has been placed under the German Protectorate, it is only right and proper that we should recognise its authority. It is one of our "Standing Orders" that no Missionary shall meddle with political matters, and as we are permitted to remain here, we shall endeavour to live peaceably & quietly.

Will you therefore grant us the required permission to continue our work, as heretofore. I shall be very glad, if you can inform me, at your convenience, of any instructions or requisitions that there may be, which will receive favourable consideration.

Trusting that our request will receive favourable consideration,

I have the honour to remain,
Your obedient Servant,
Edmund Tomlin
Superintendent of the Wesleyan Mission

und Vorder[...]

[...]bbe den 12 Oktober 1899

120
1831
1983

J. No 1124

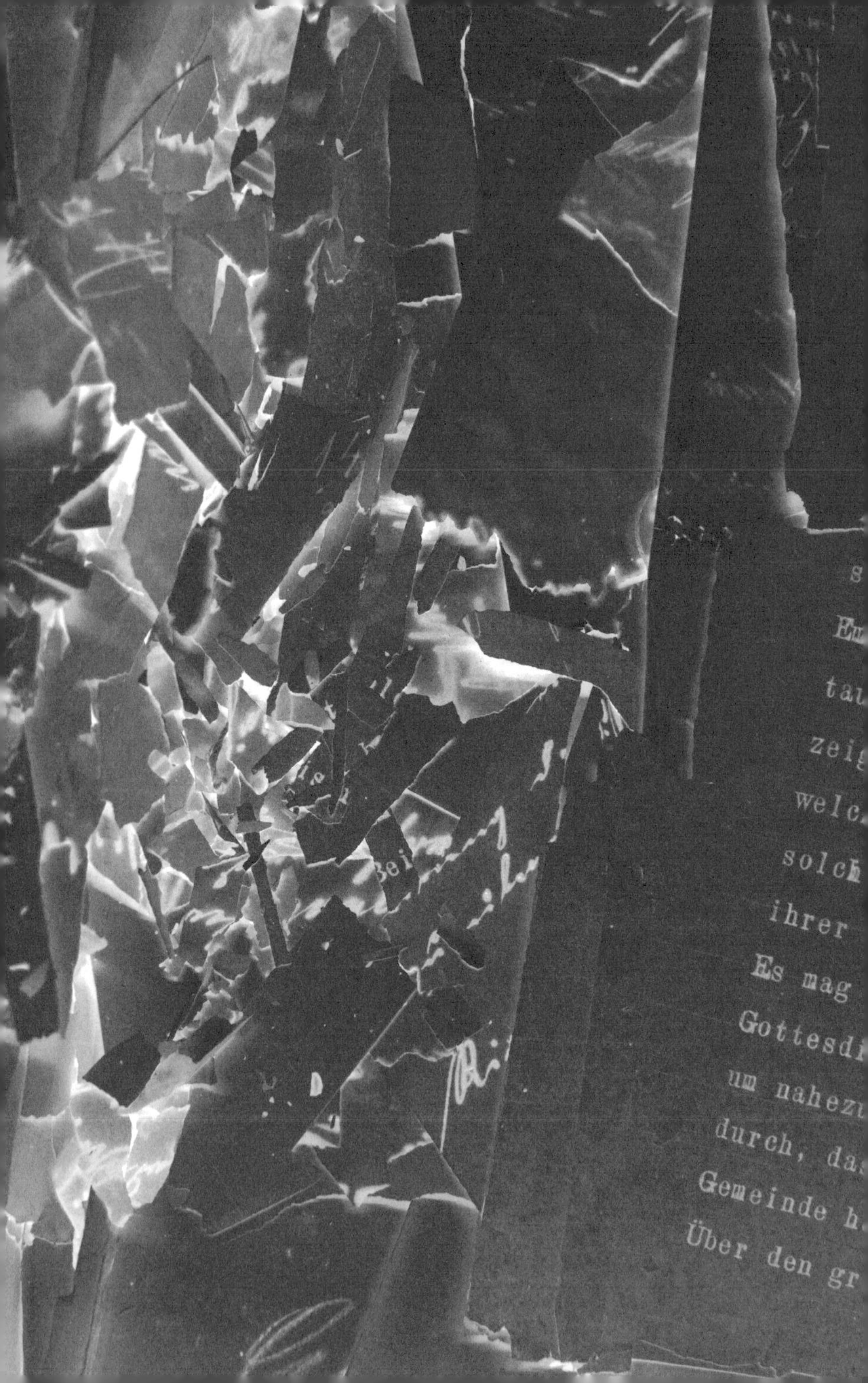
s
Eu
tau
zeig
welc
solch
ihrer
Es mag
Gottesd
um nahezu
durch, das
Gemeinde b
Über den gr

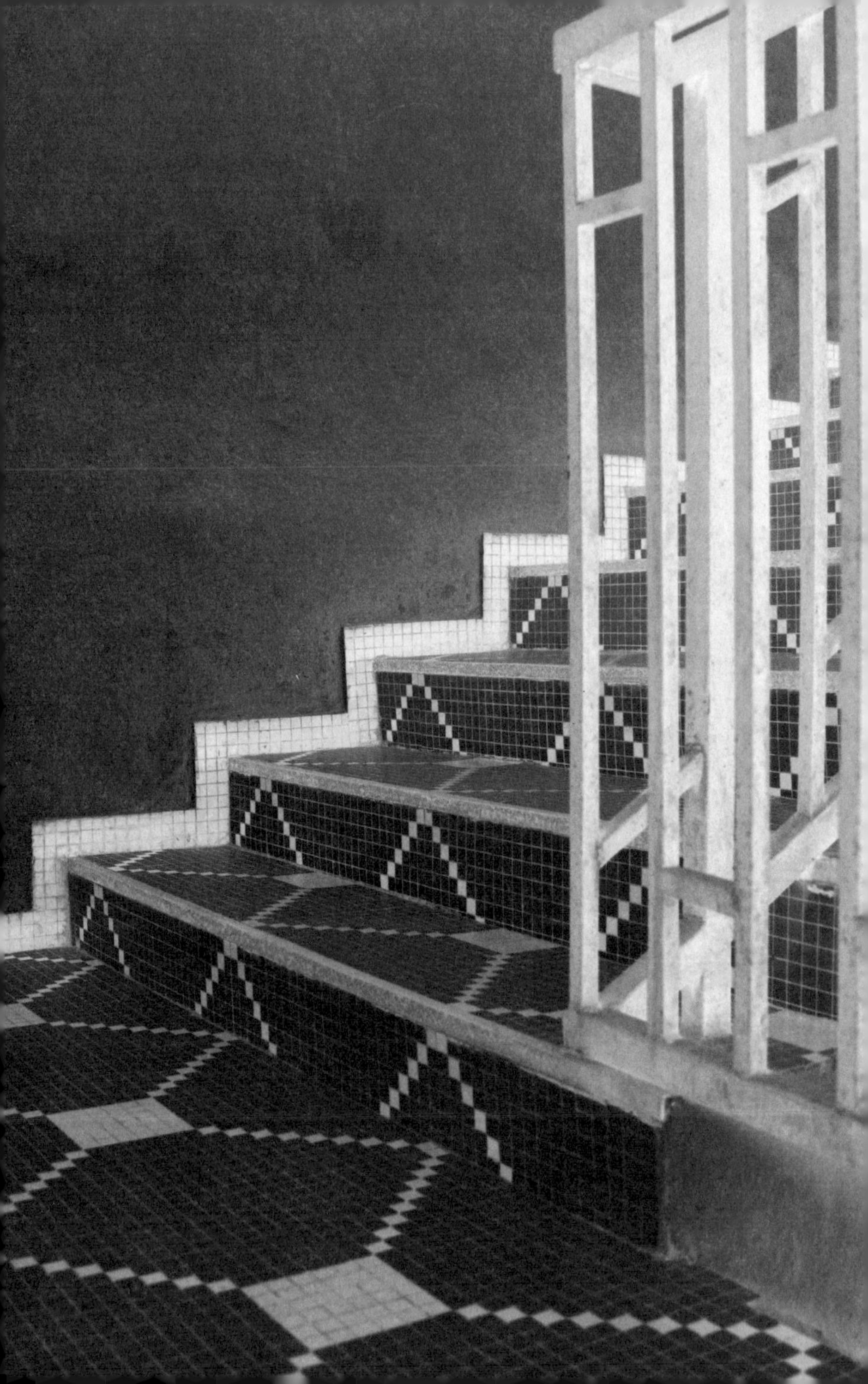

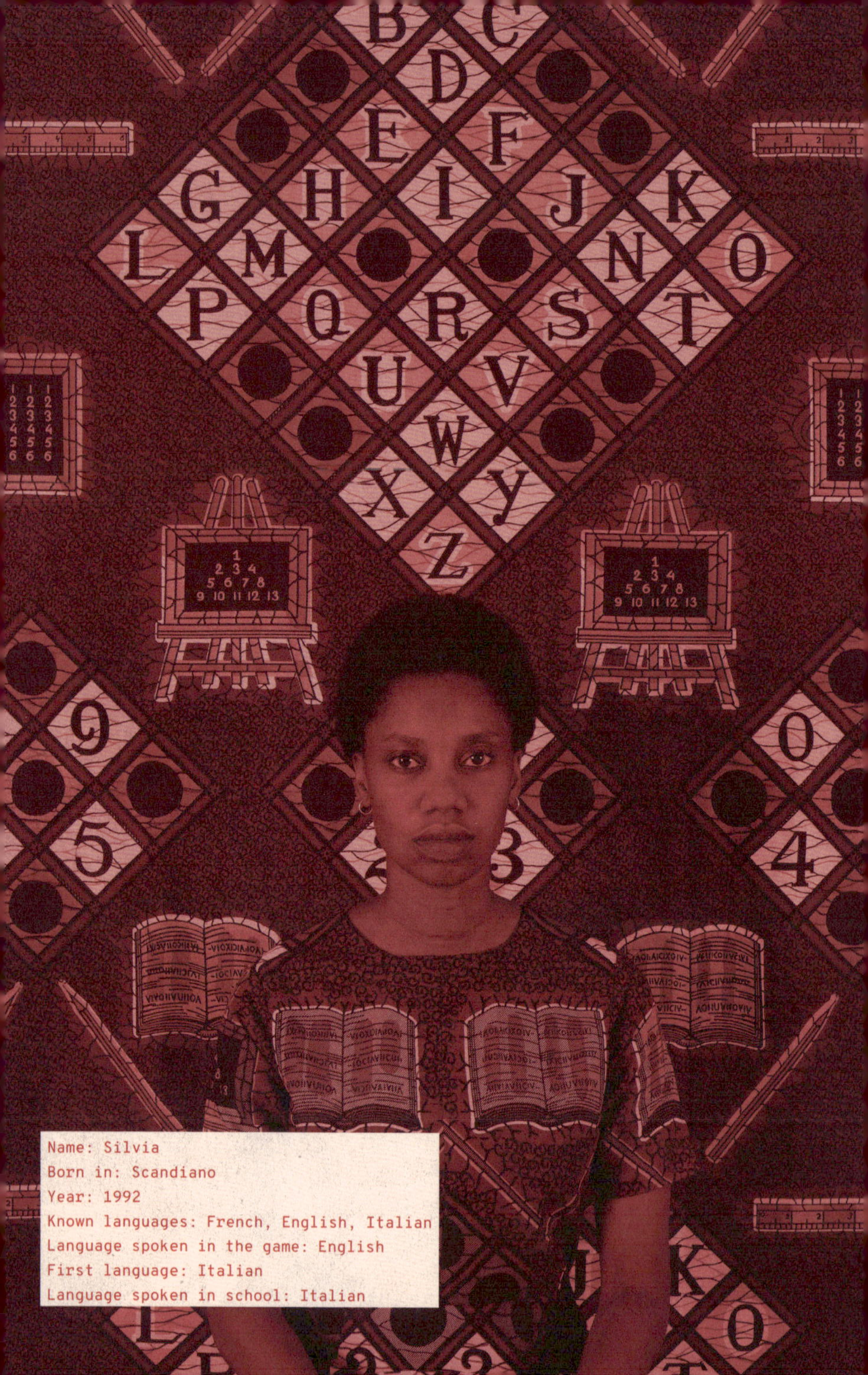

Name: Silvia
Born in: Scandiano
Year: 1992
Known languages: French, English, Italian
Language spoken in the game: English
First language: Italian
Language spoken in school: Italian

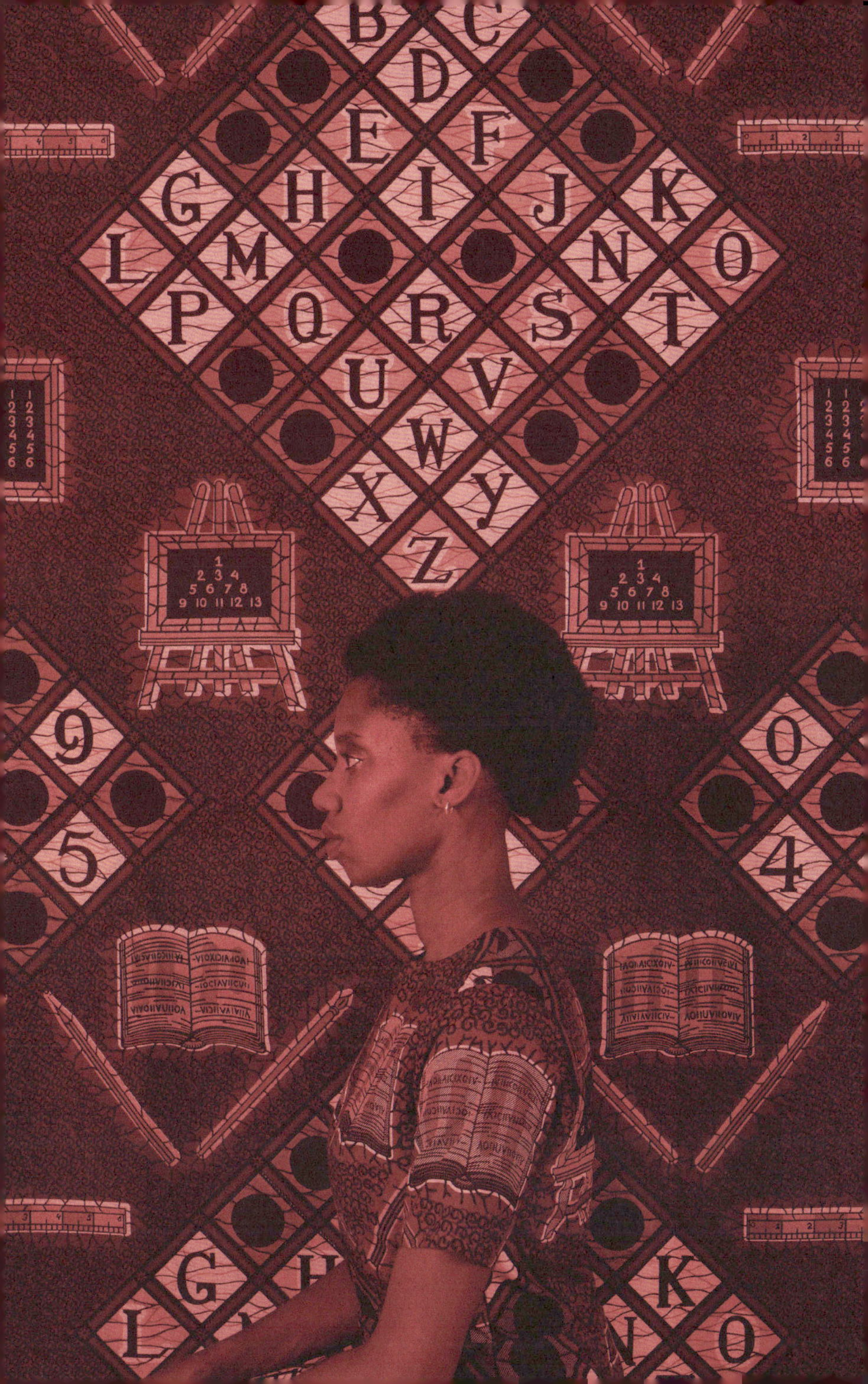

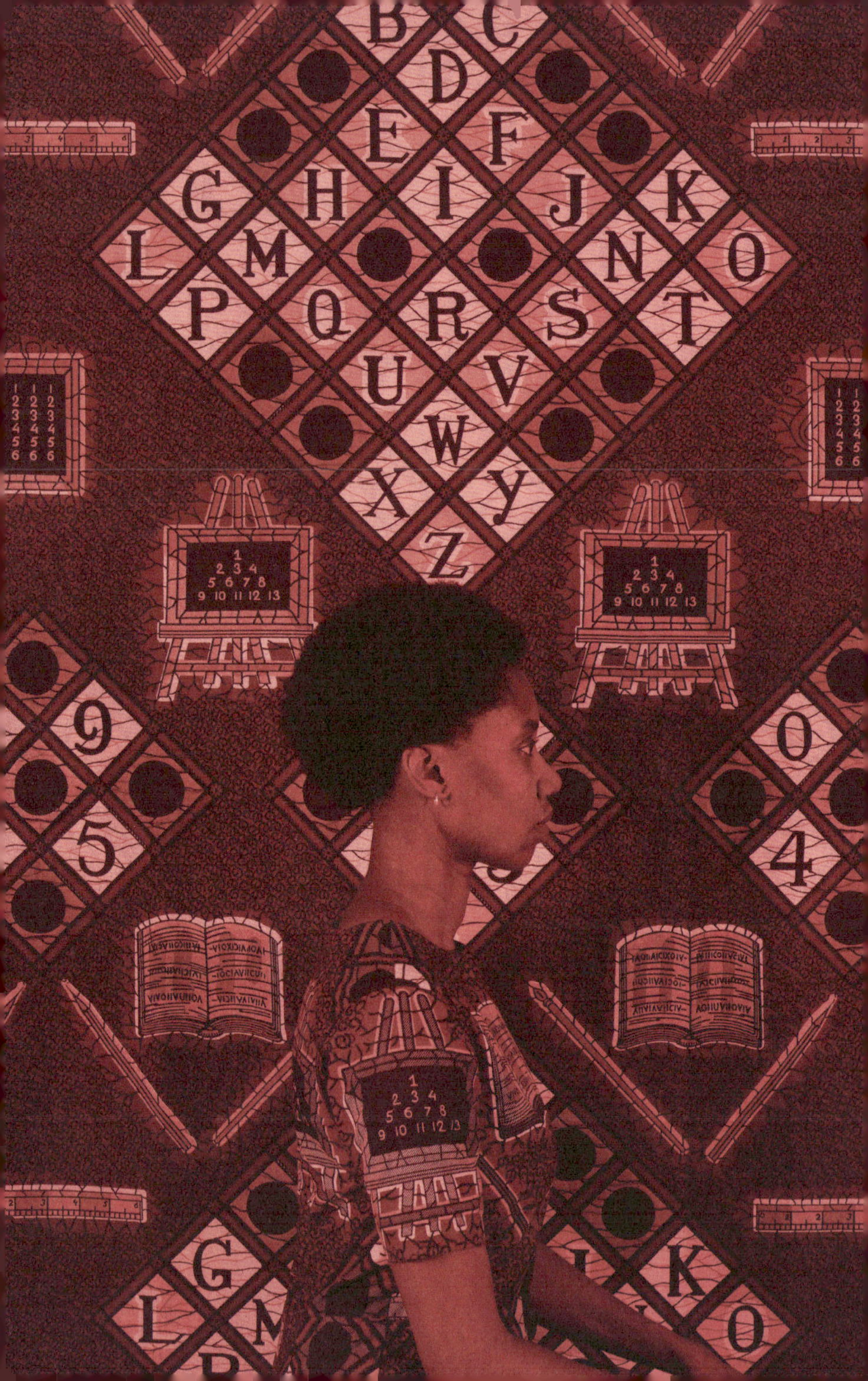

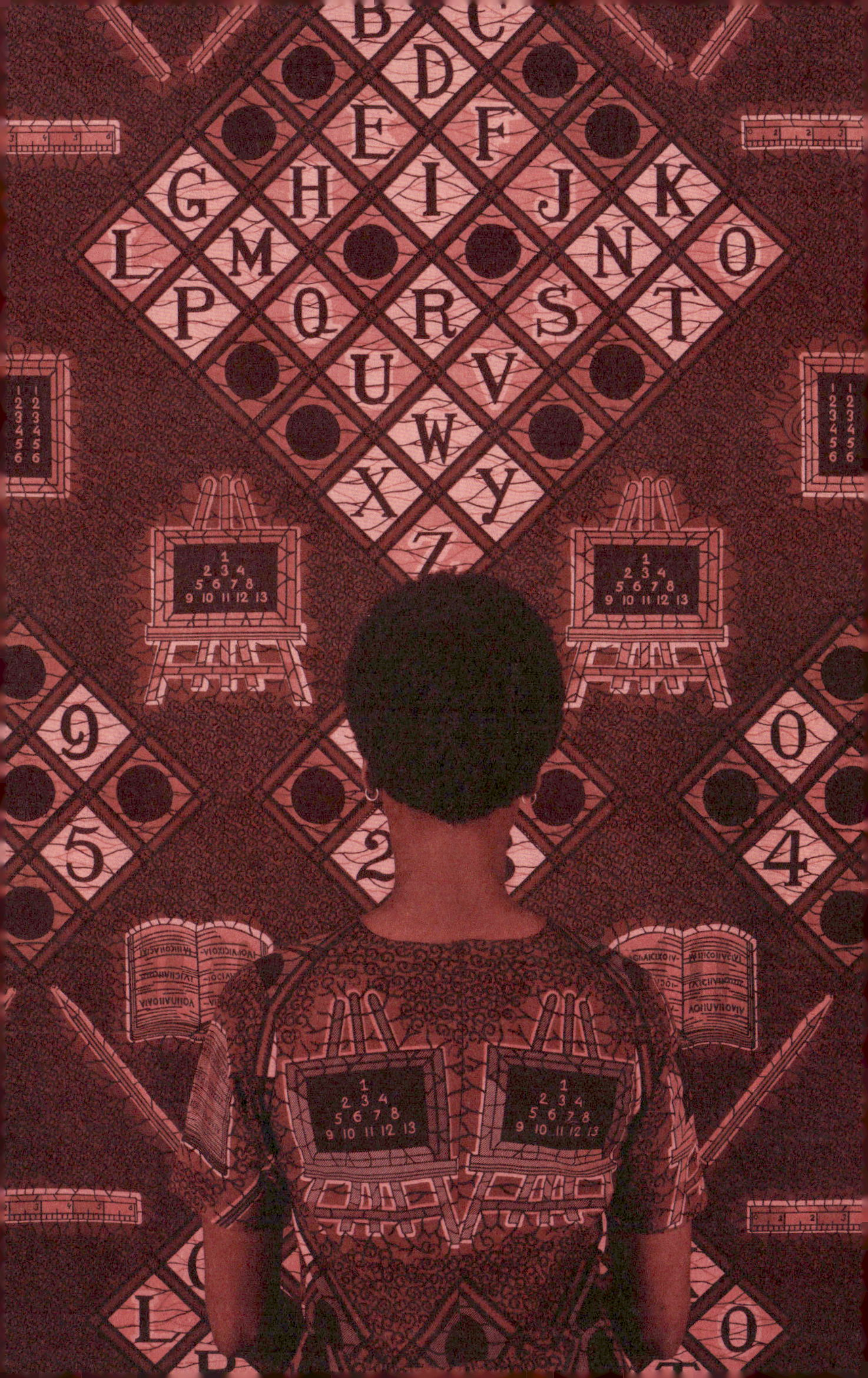

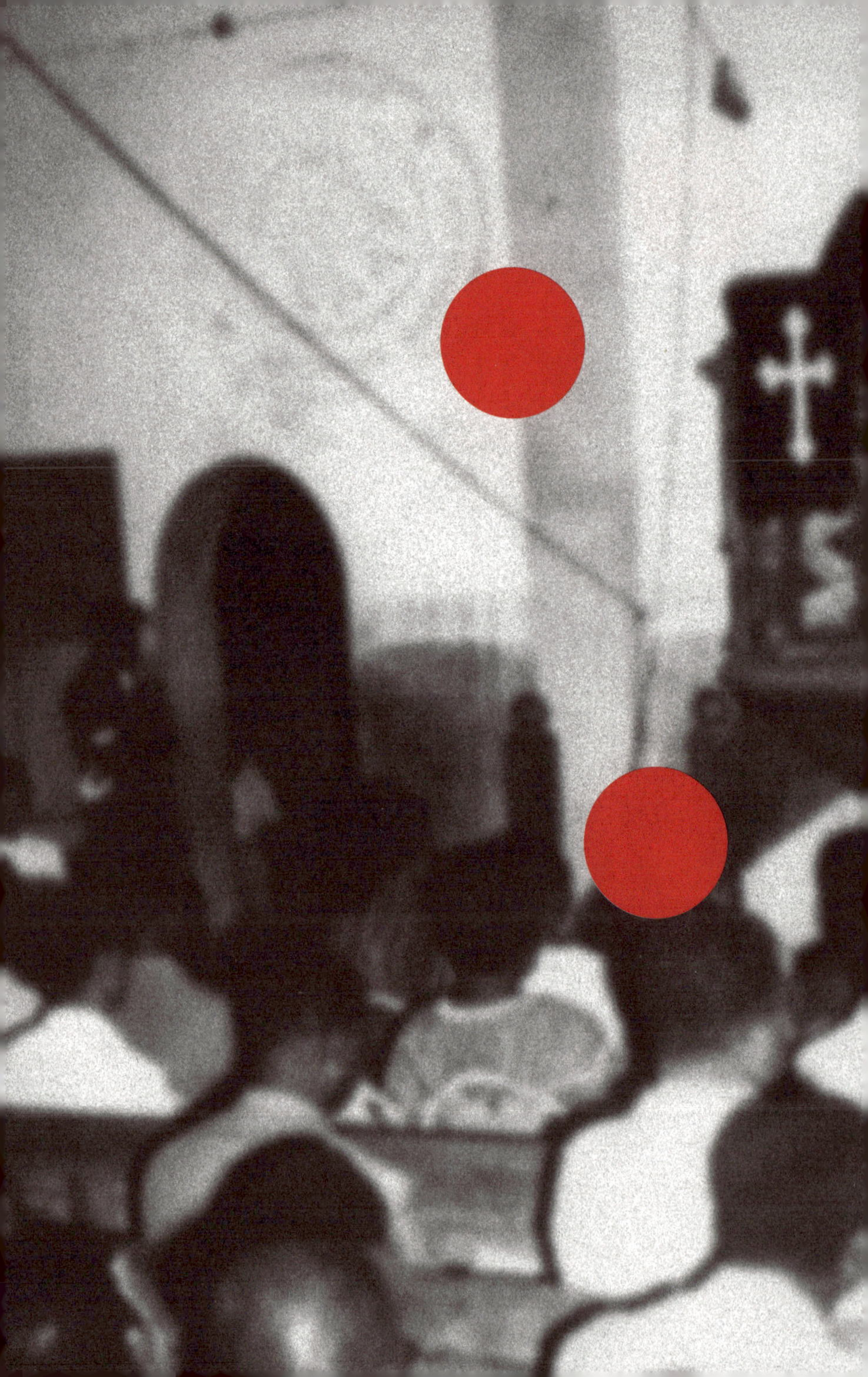

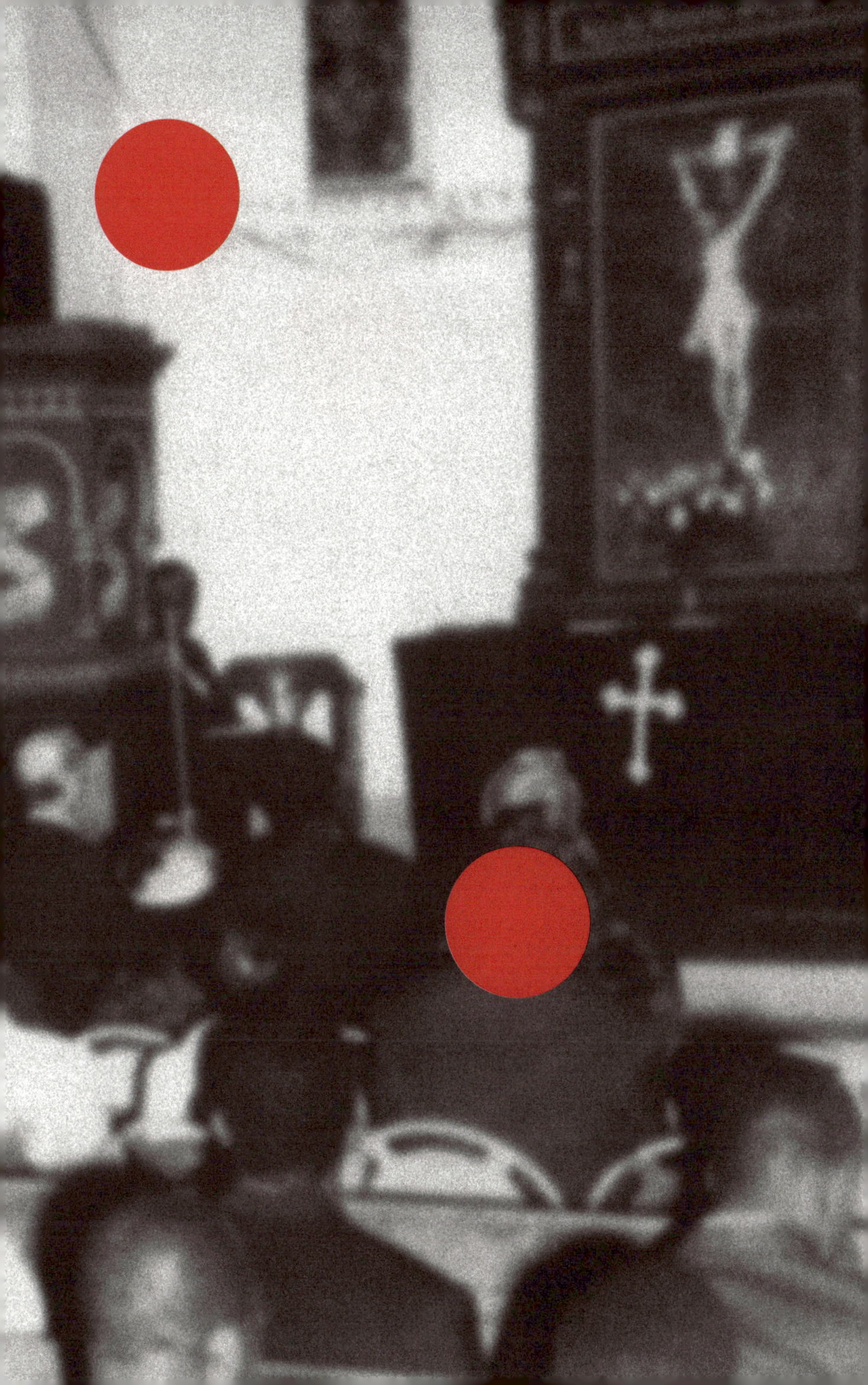

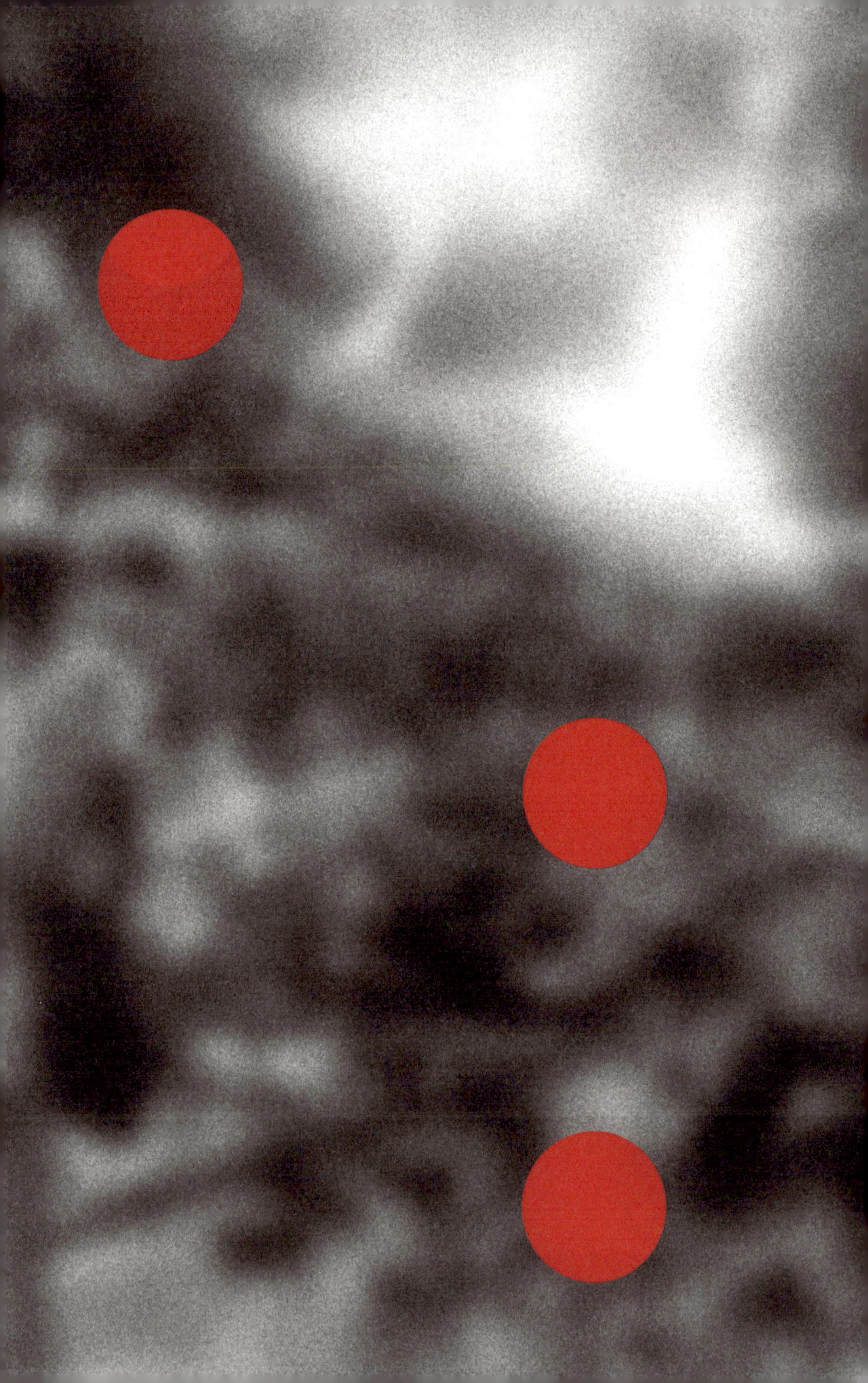

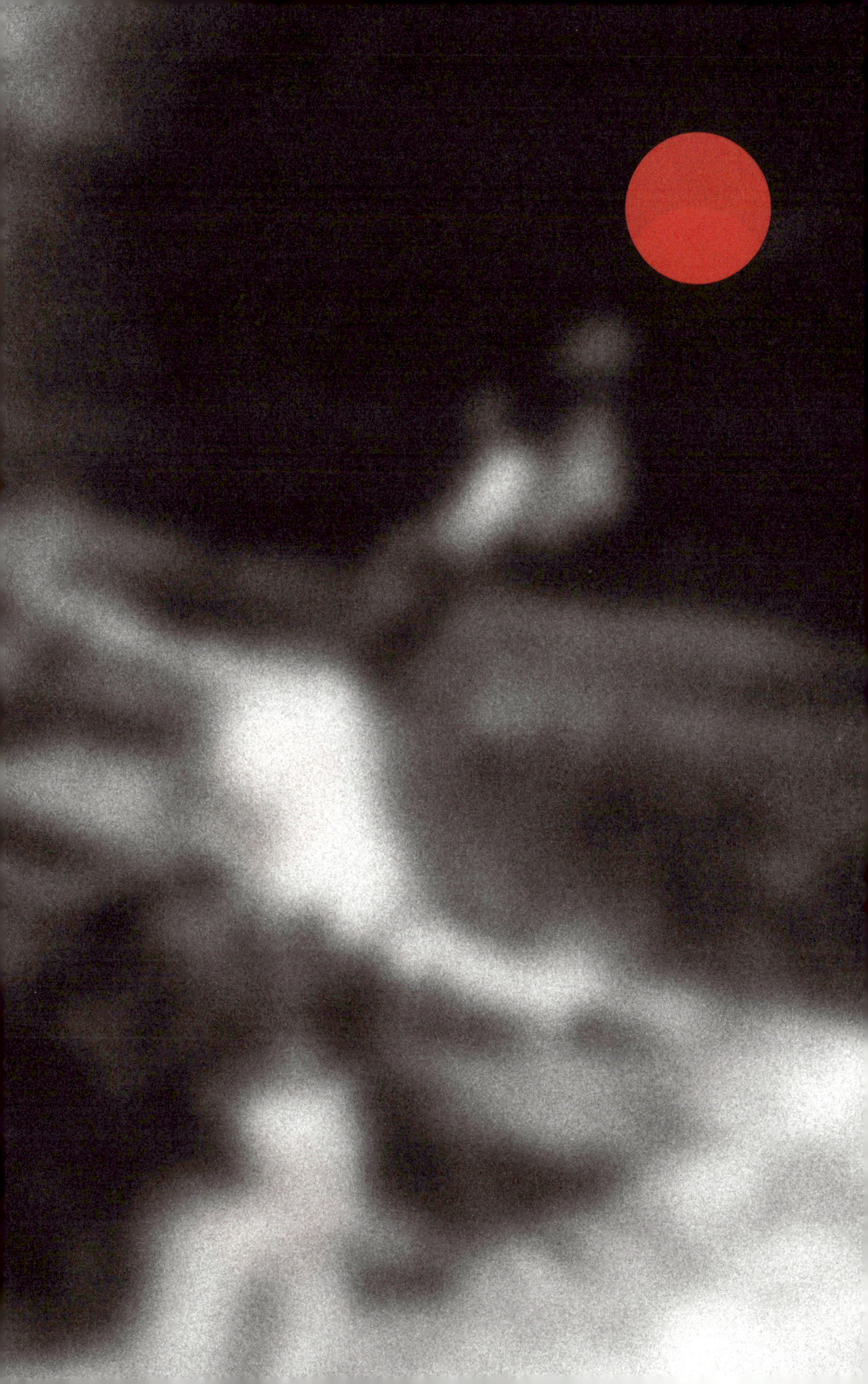

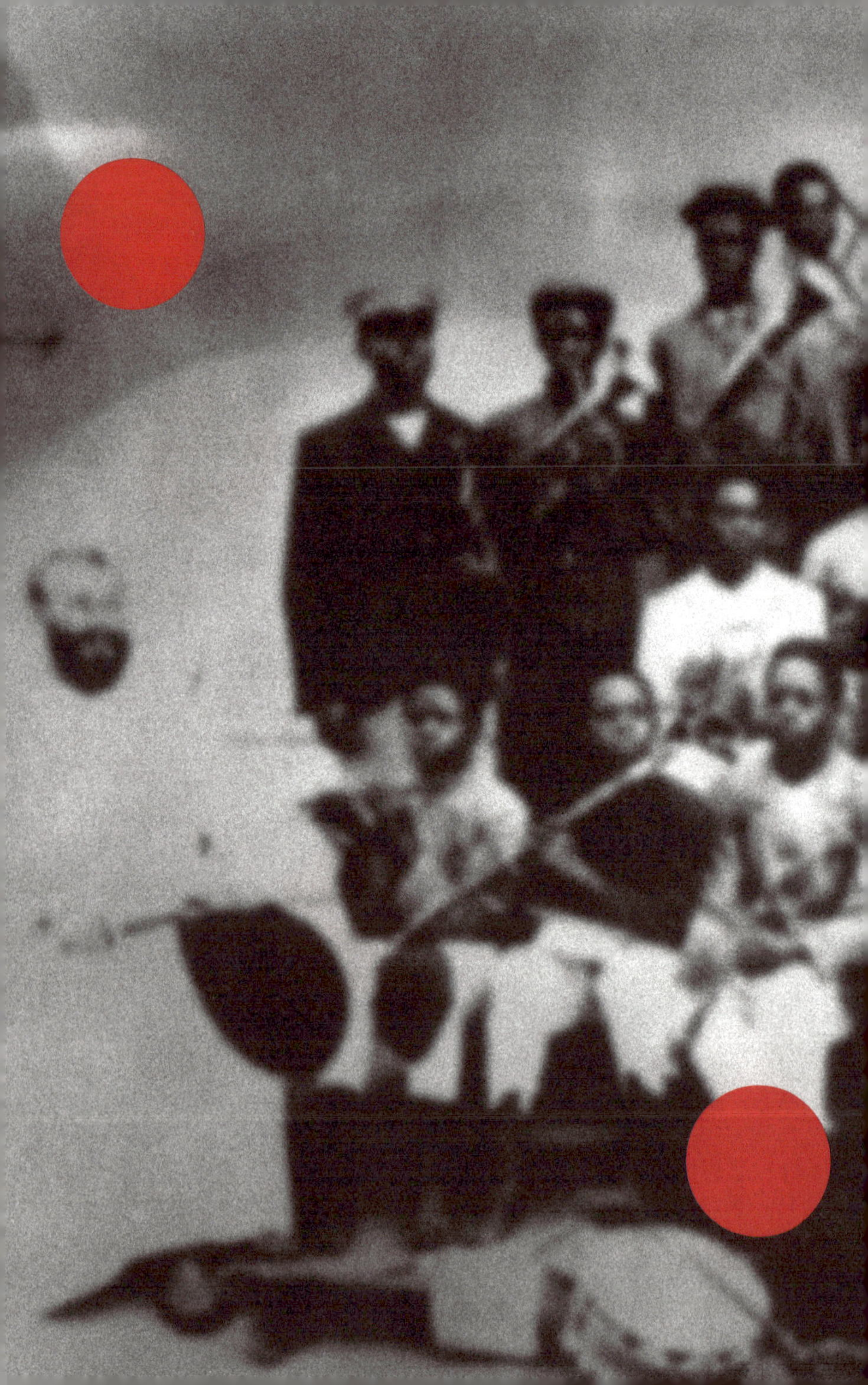

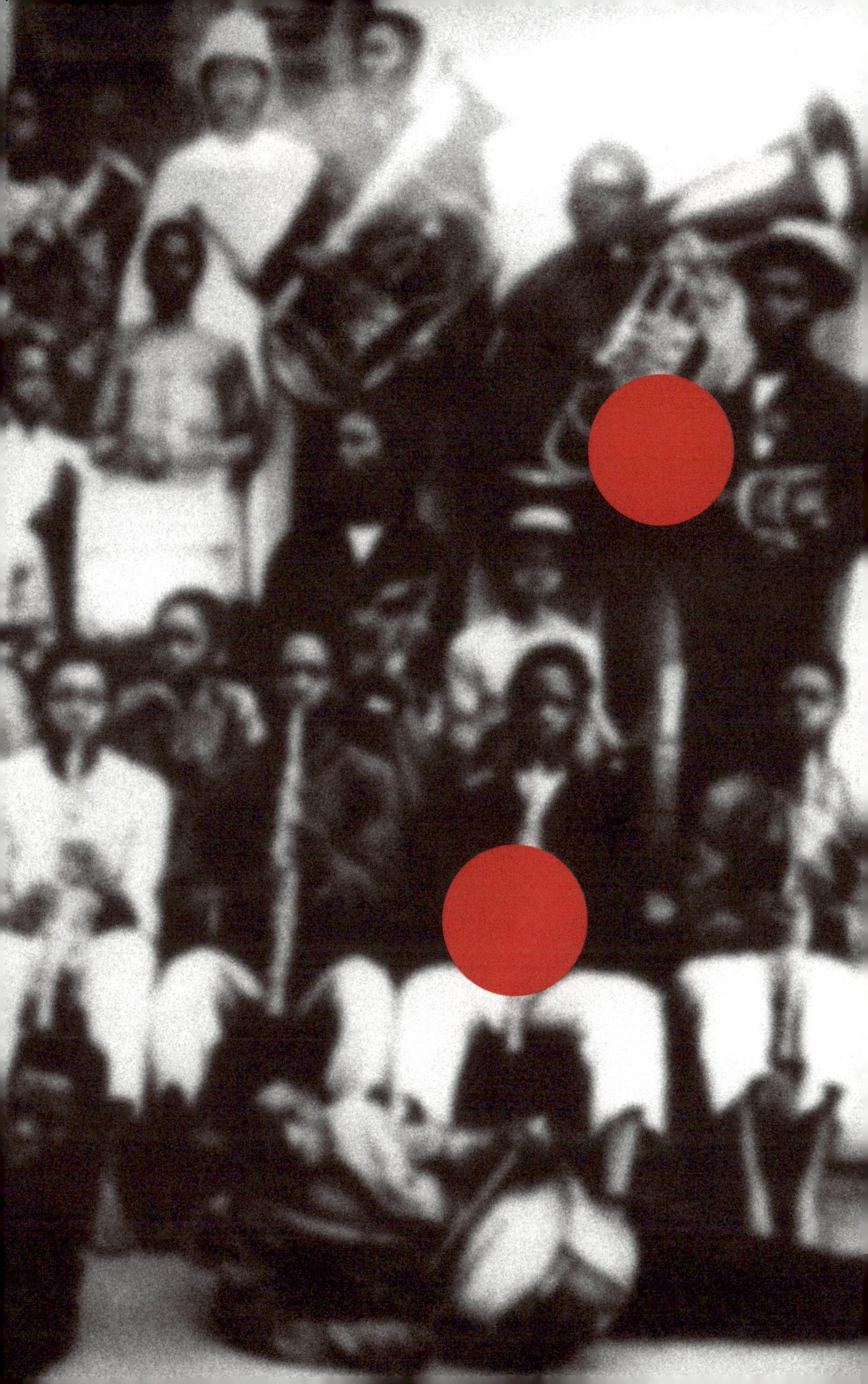

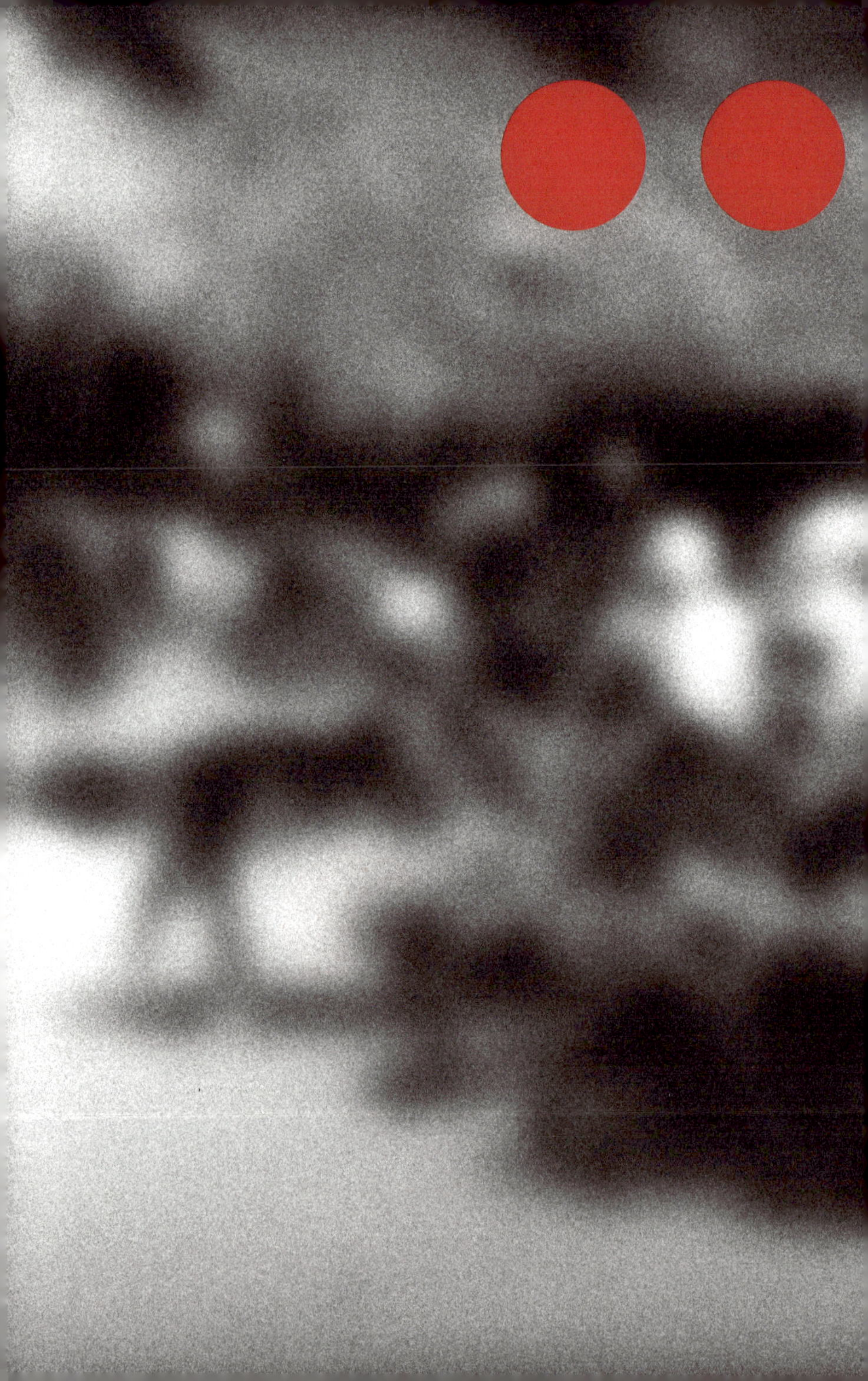

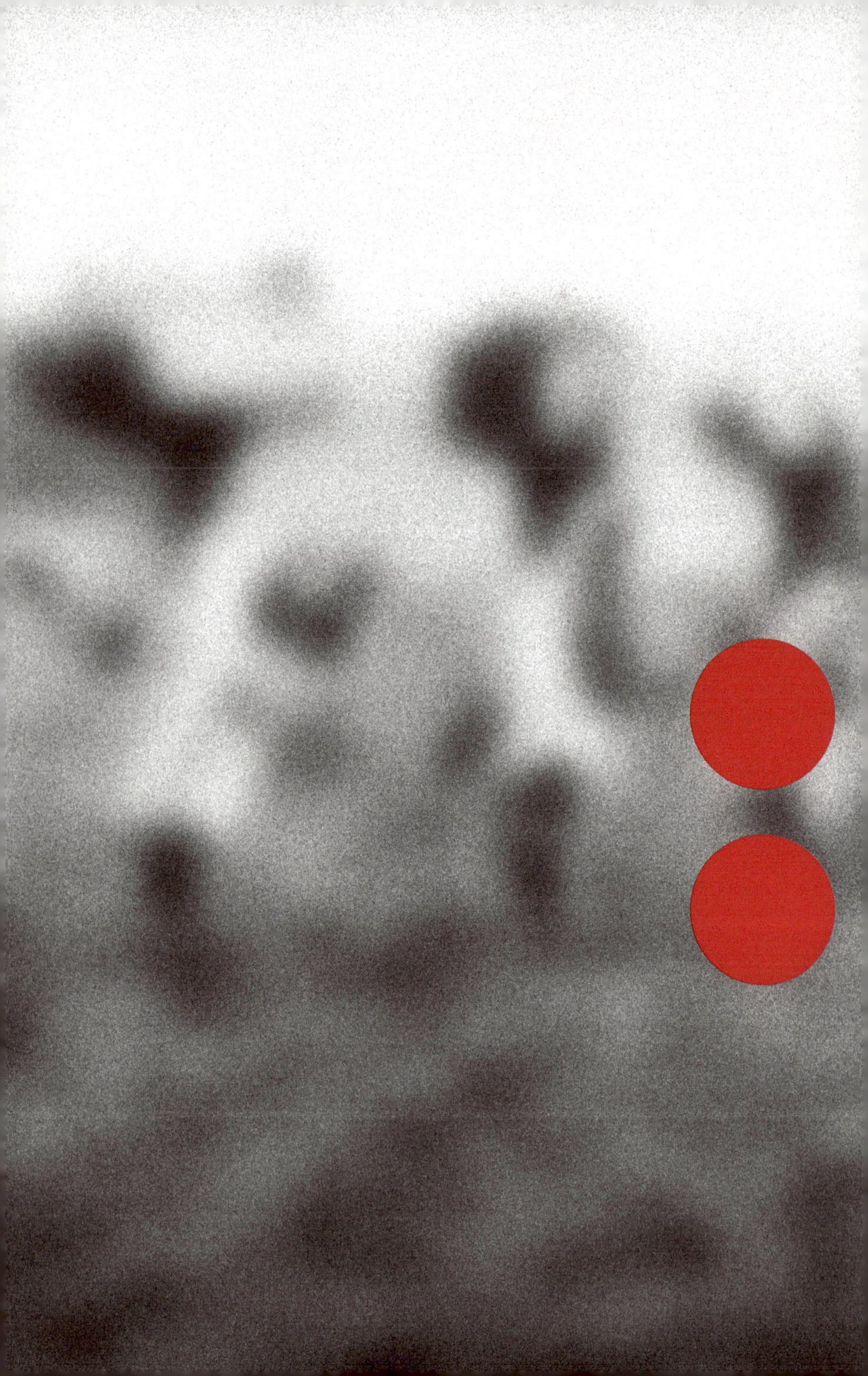

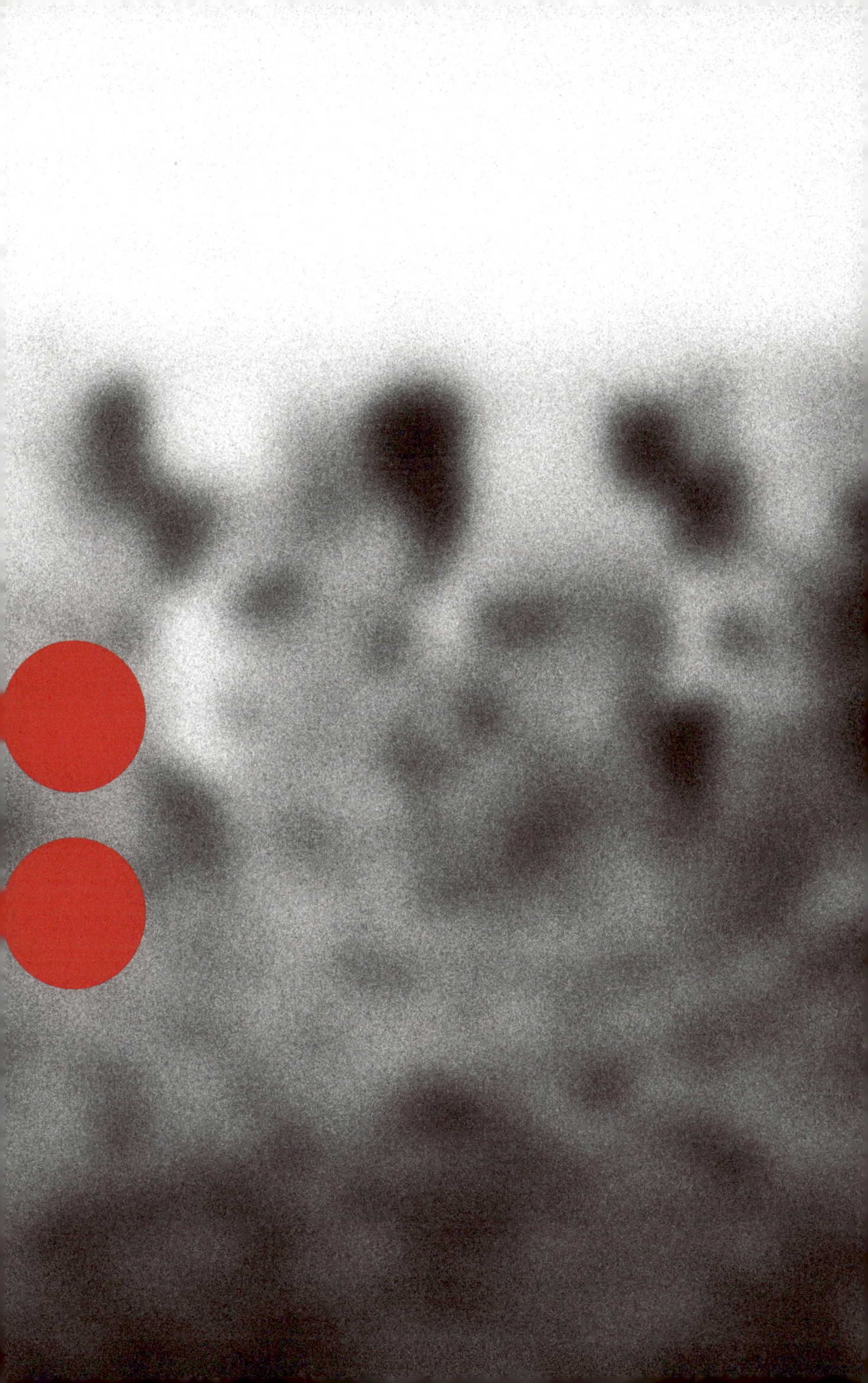

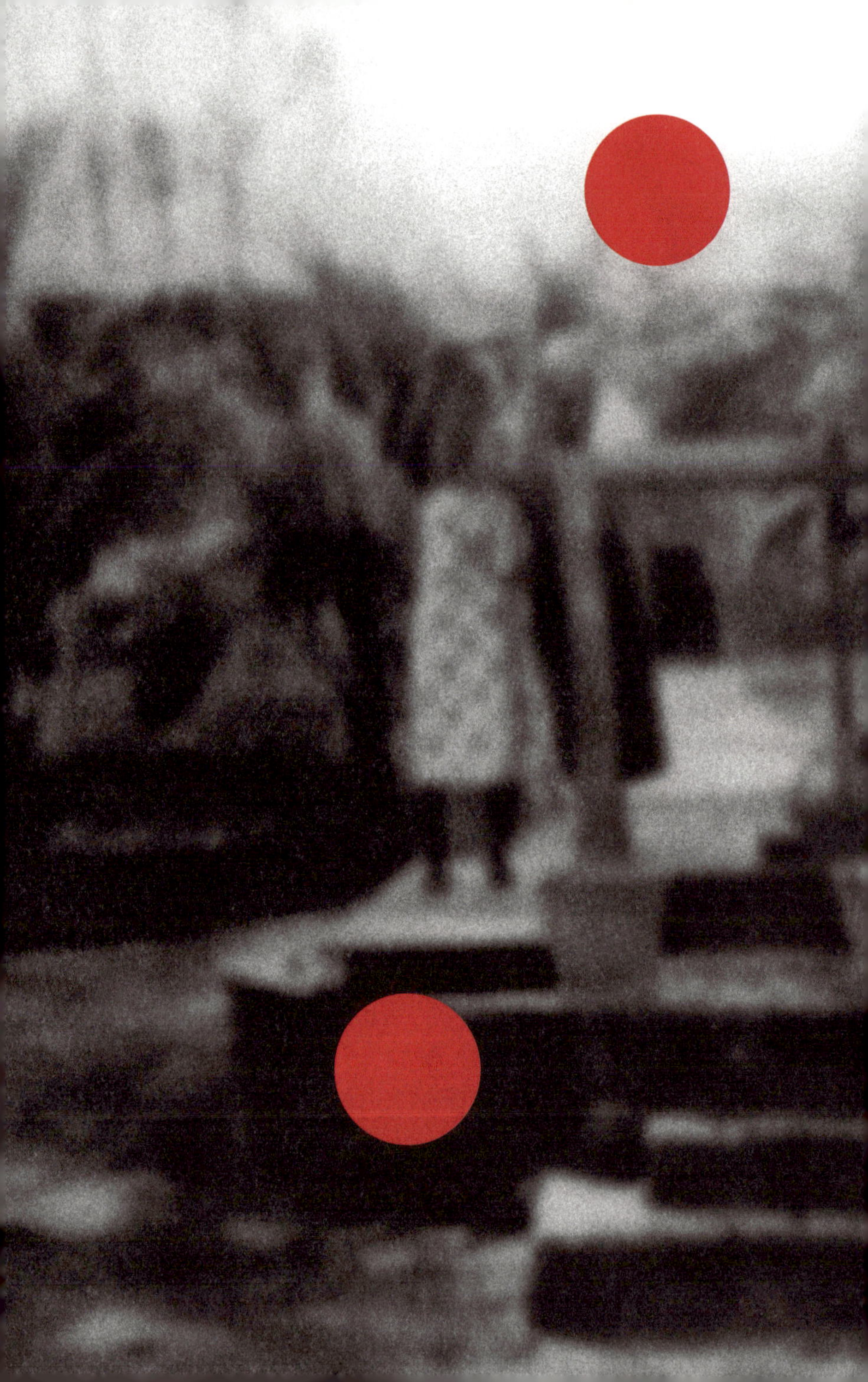

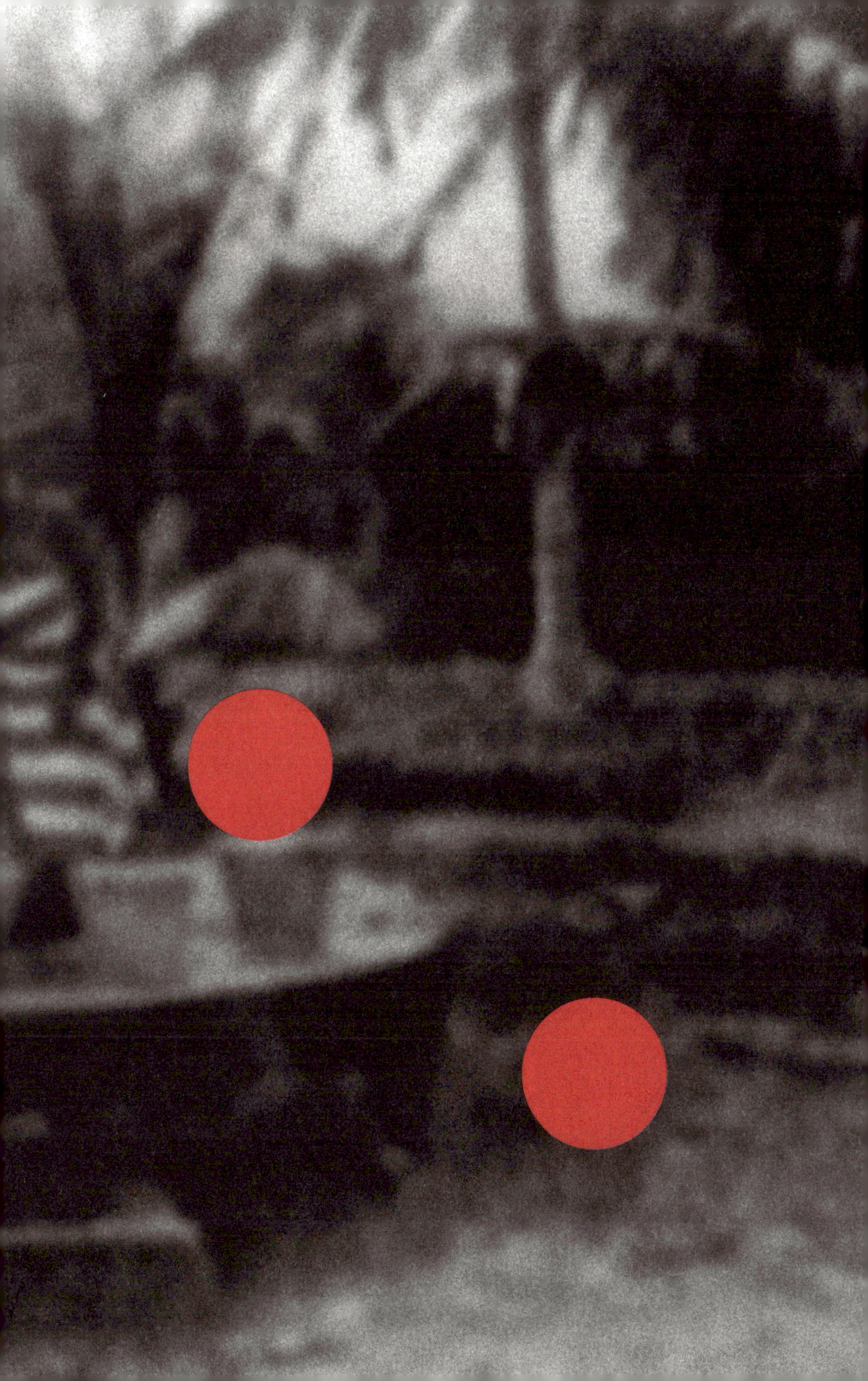

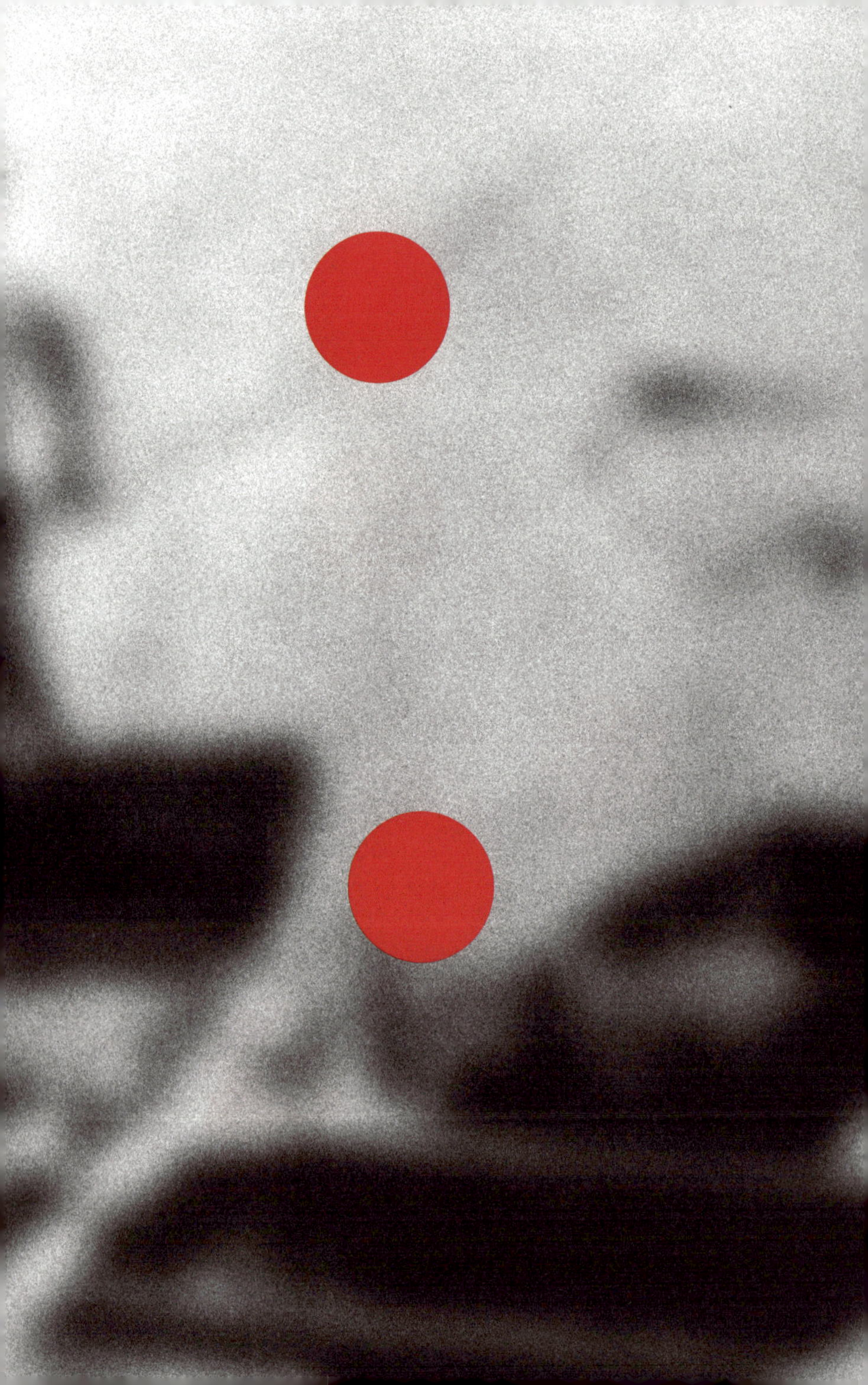

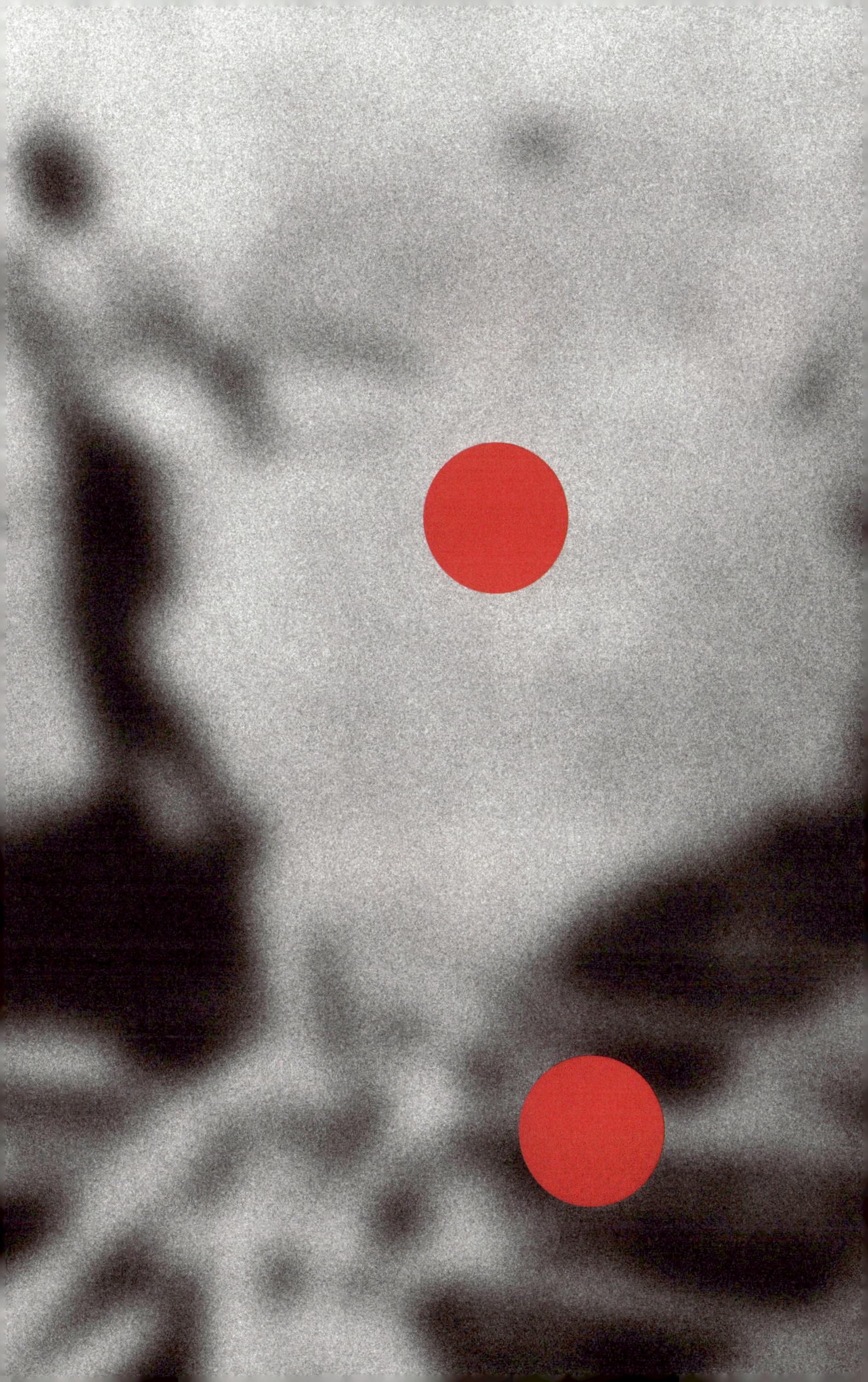

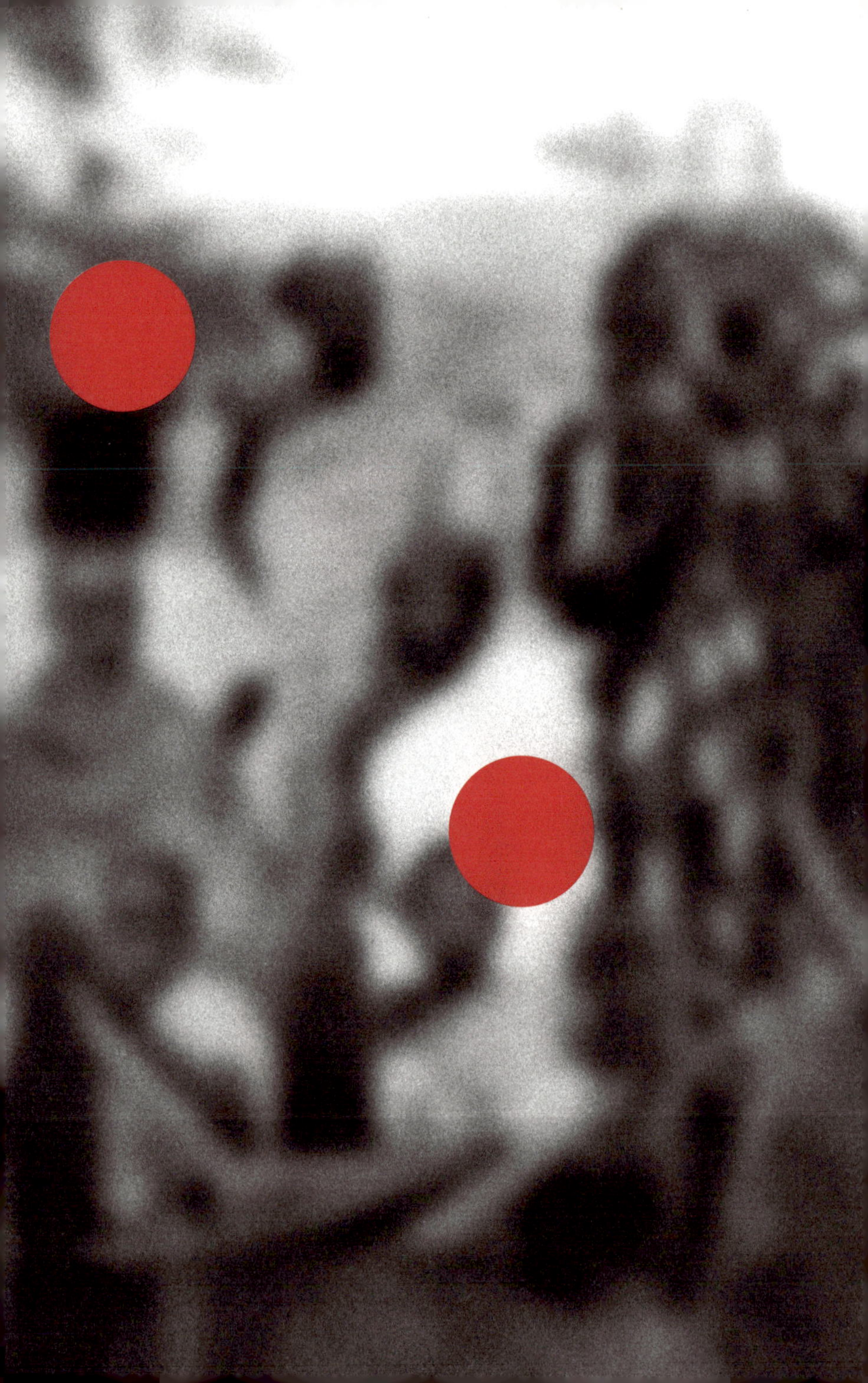

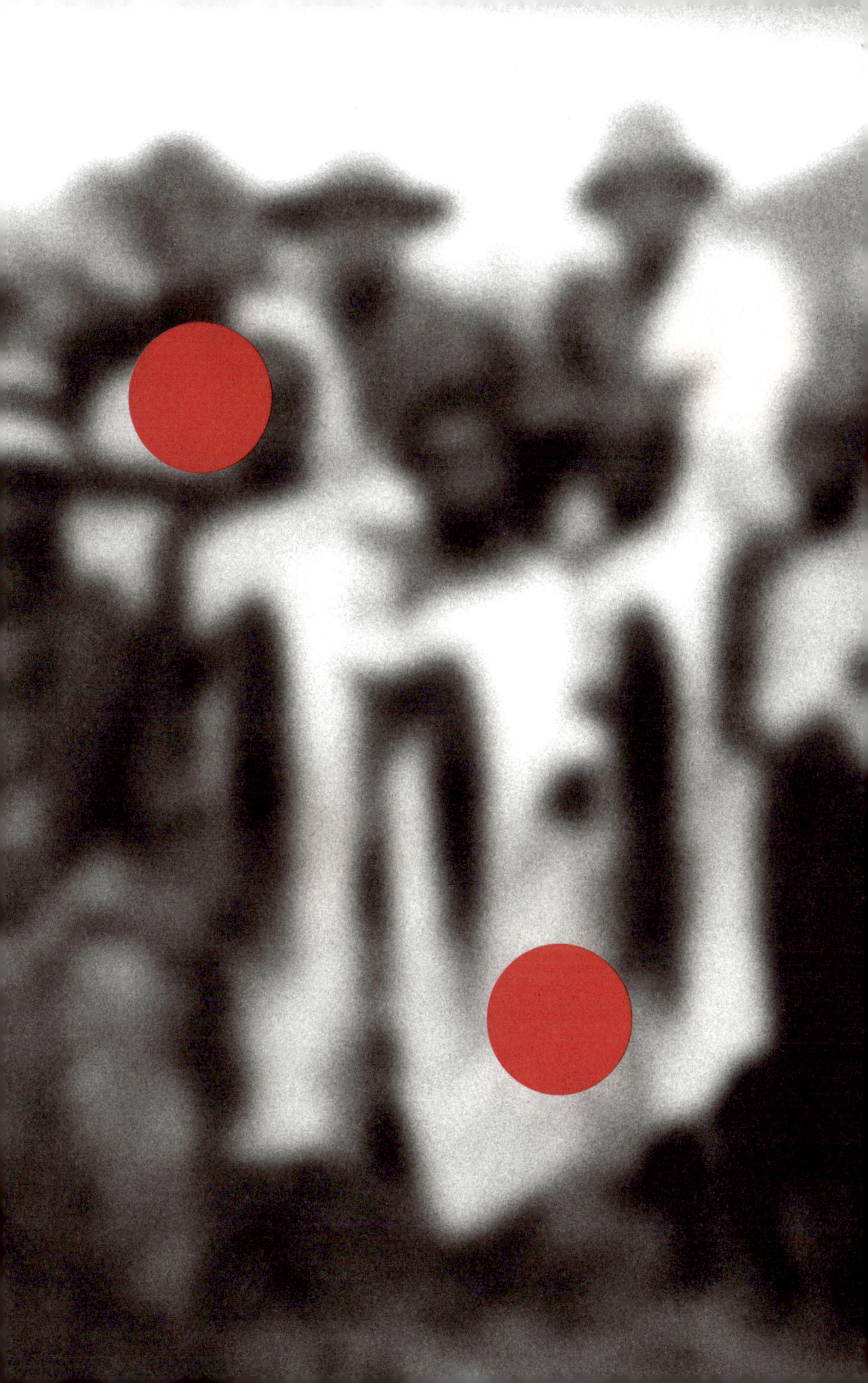

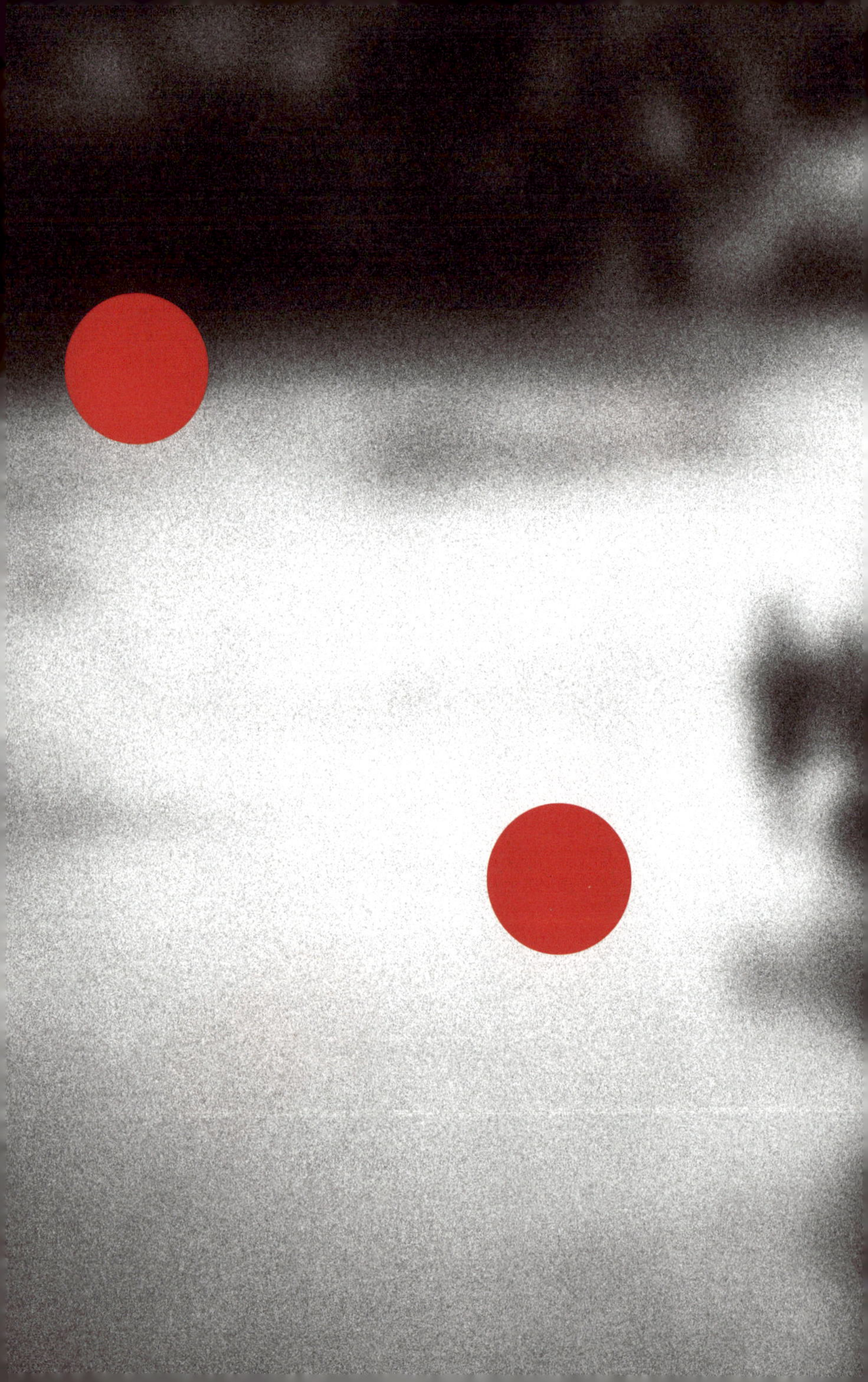

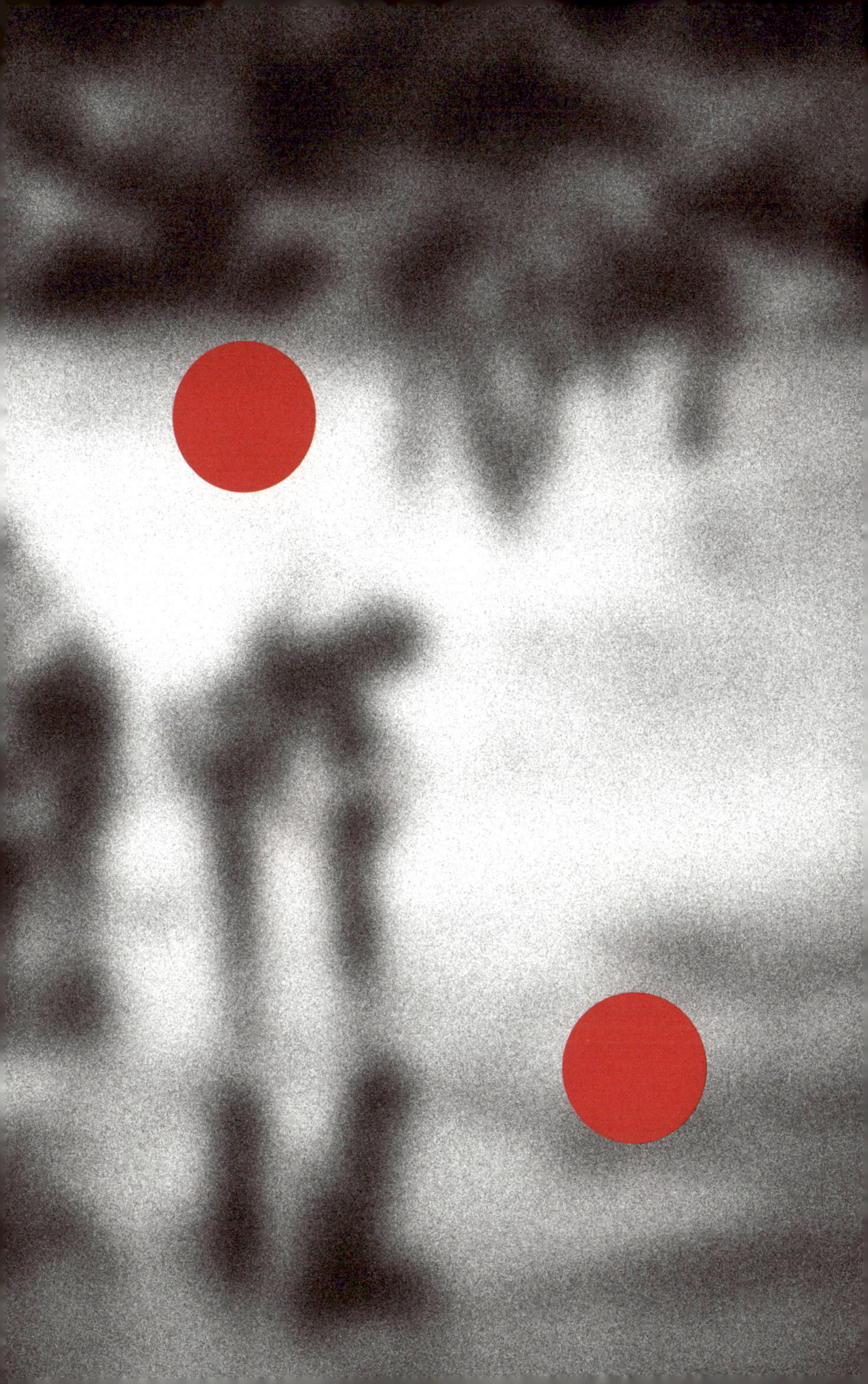

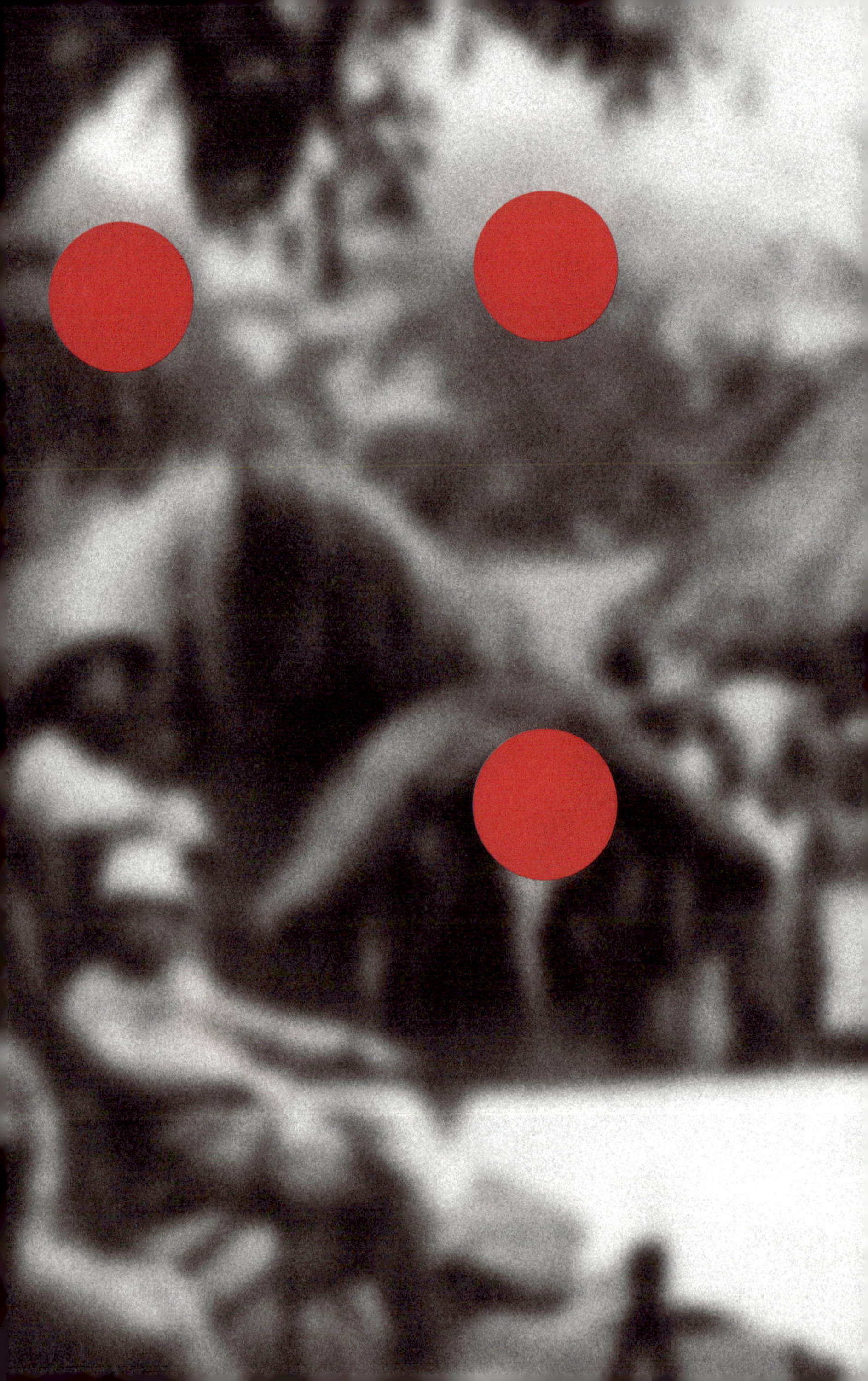

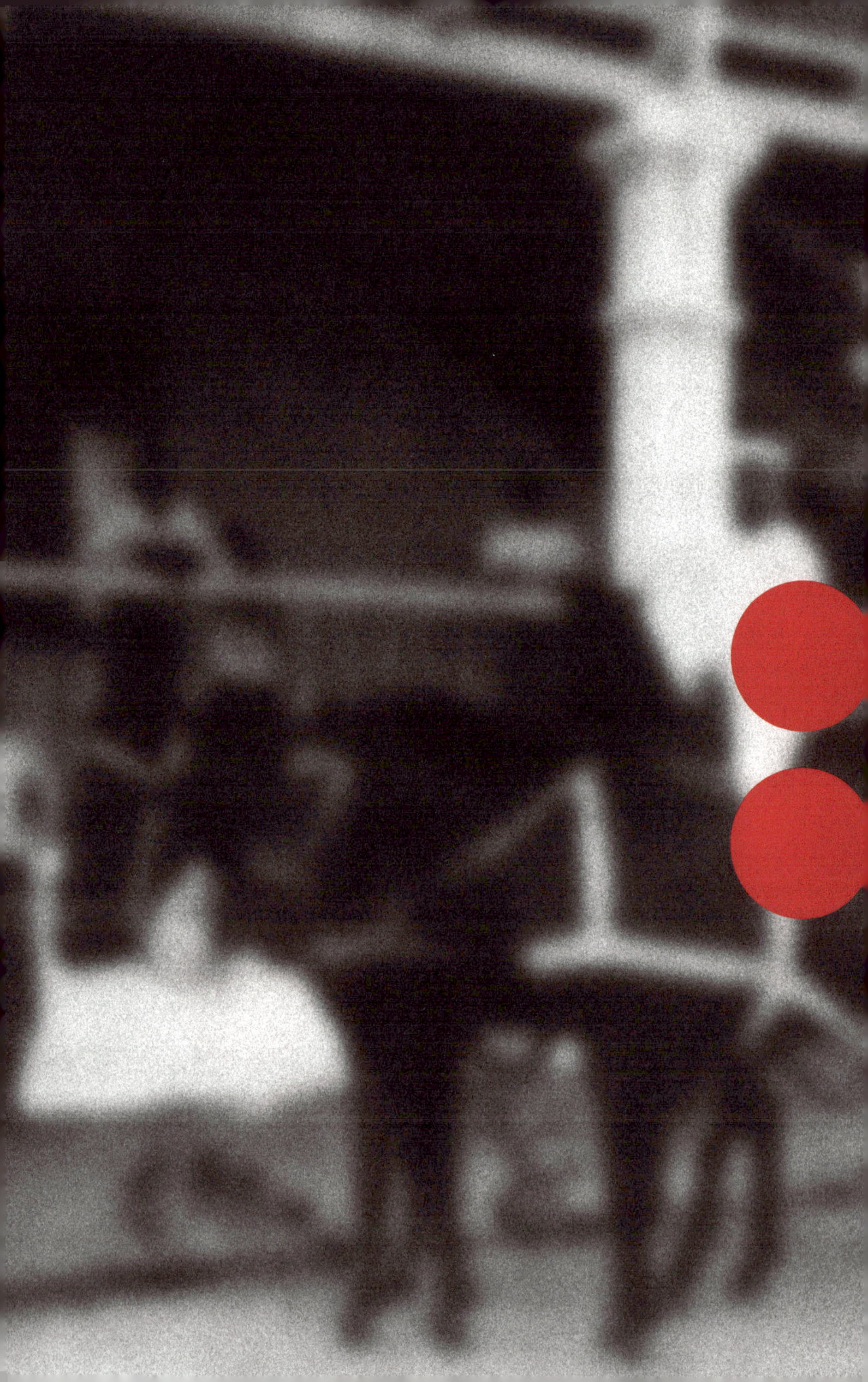

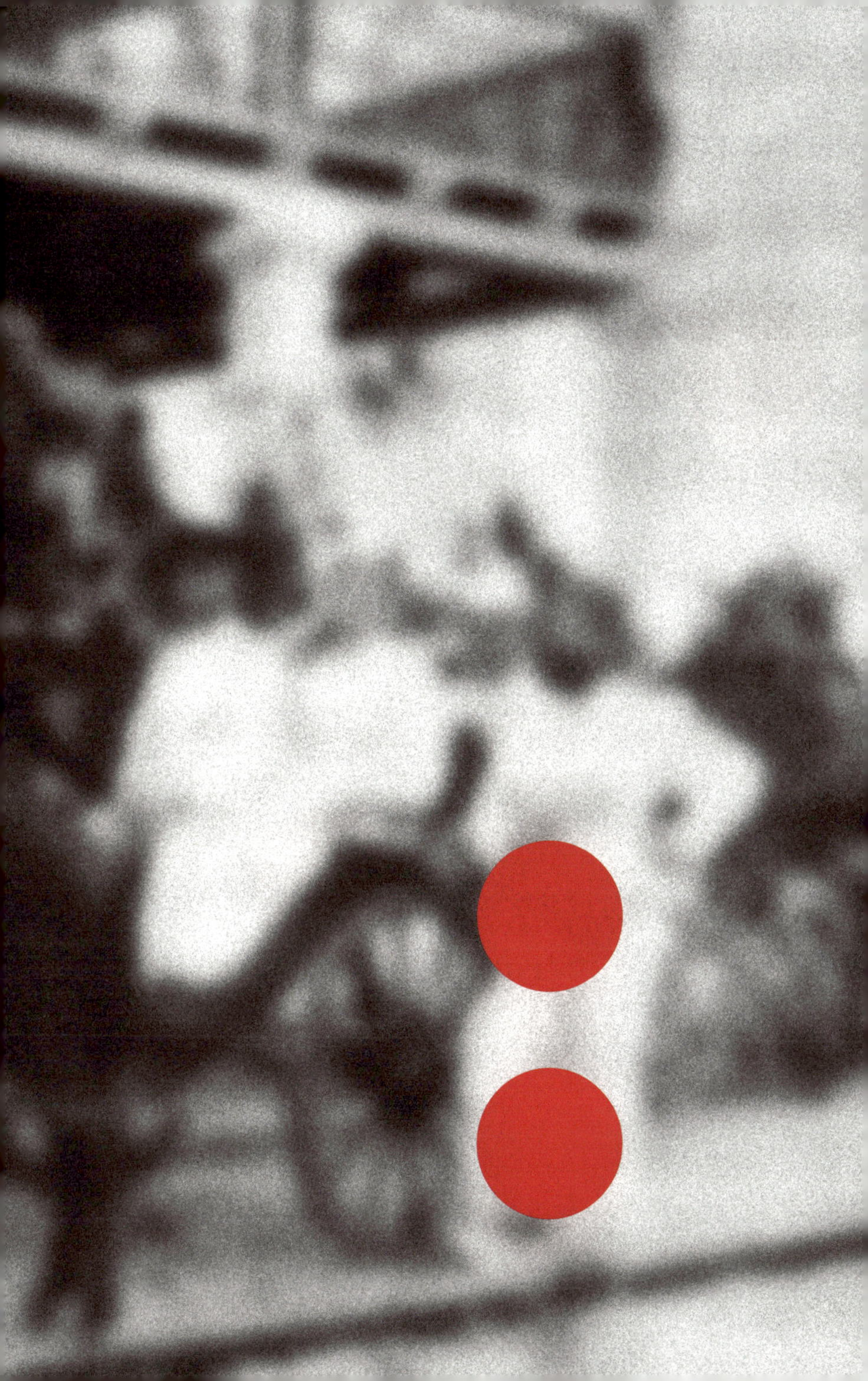

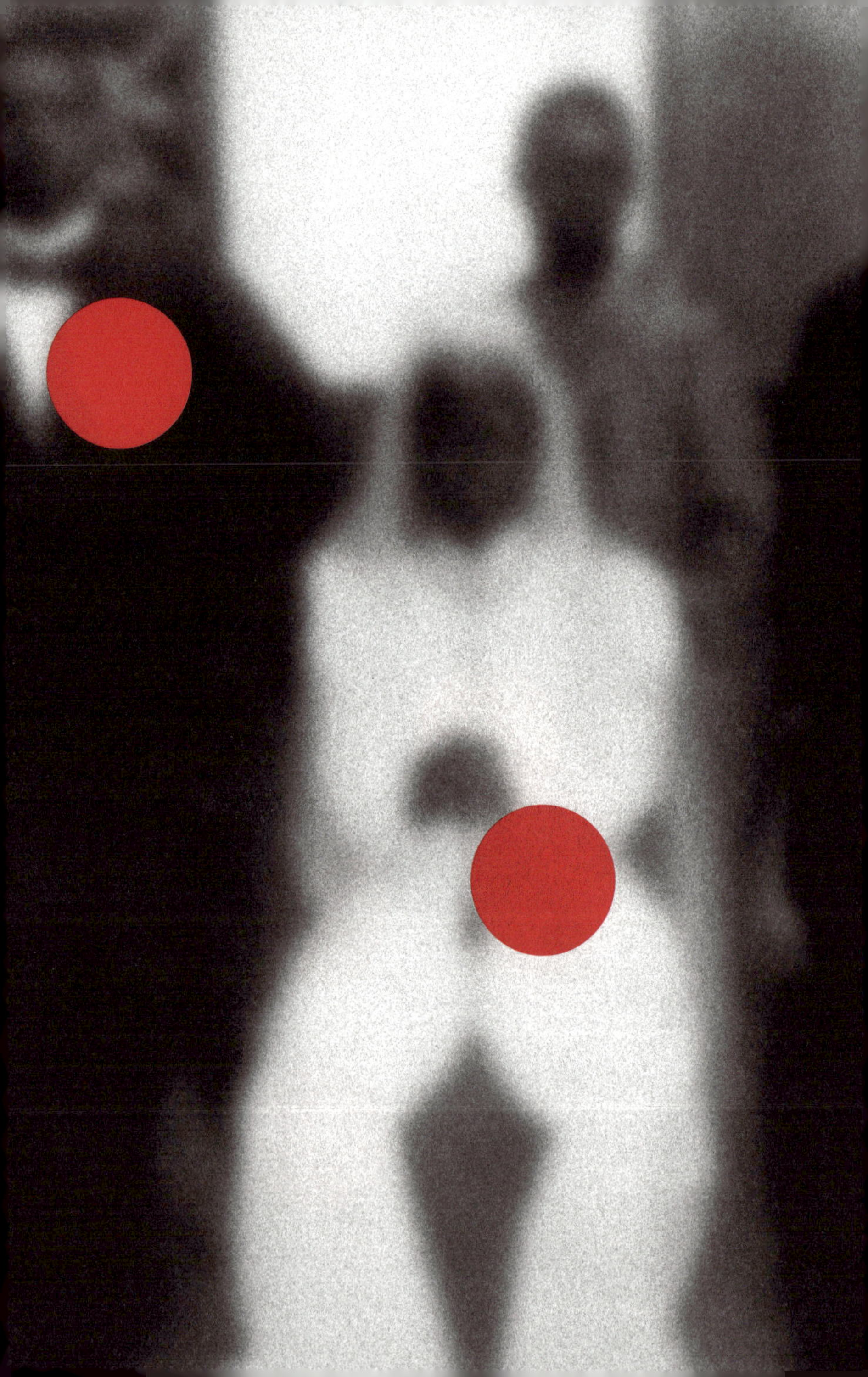

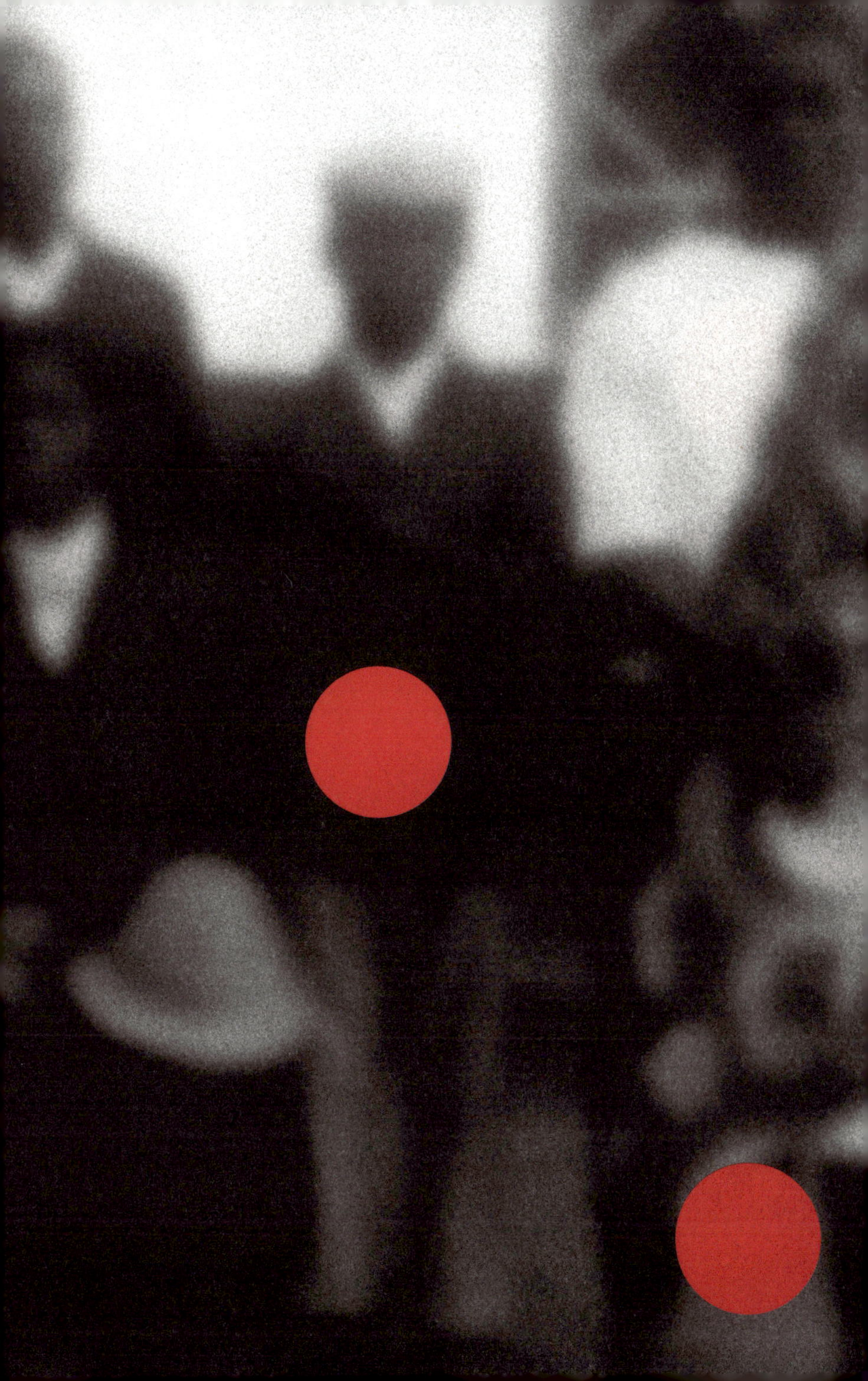

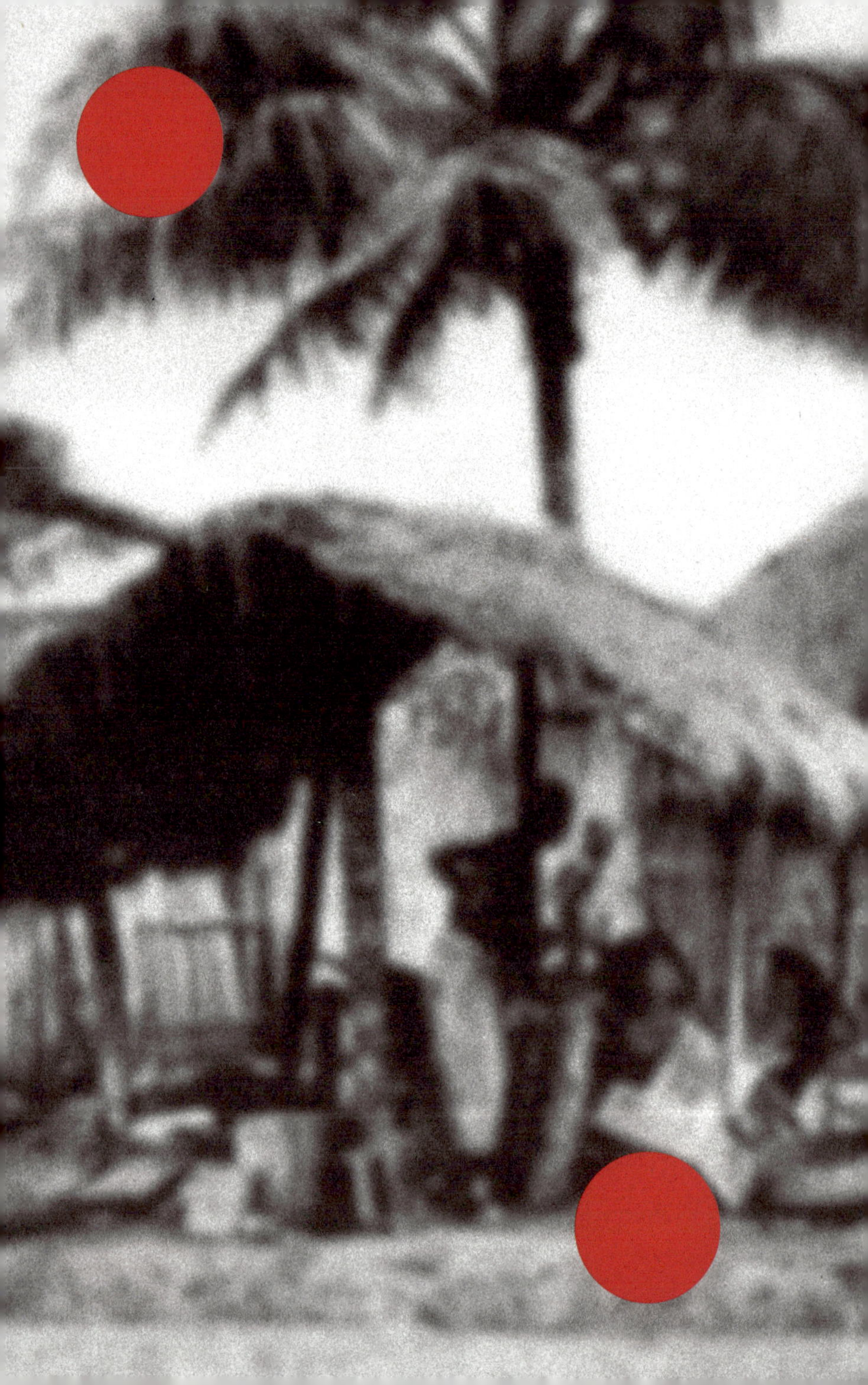

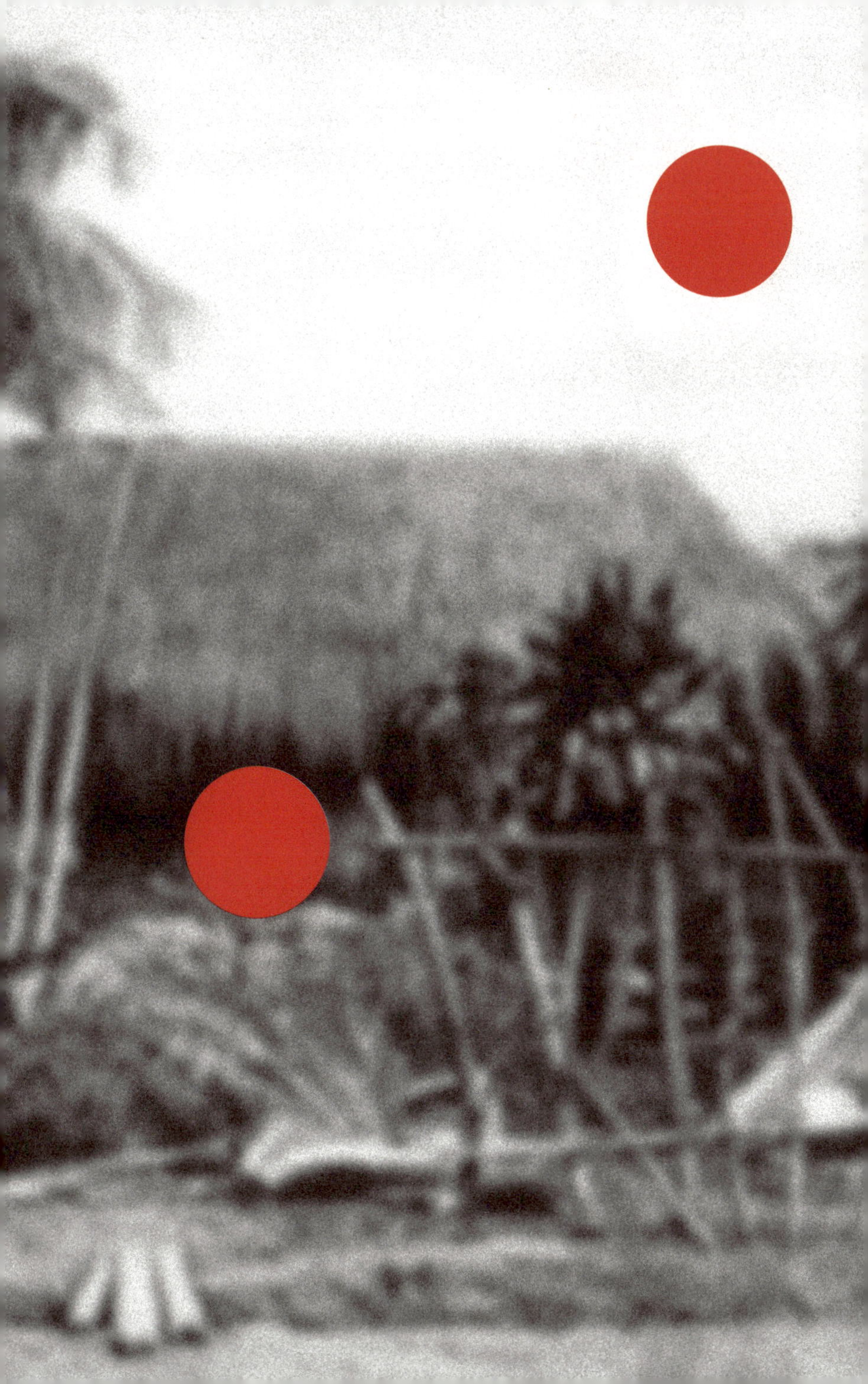

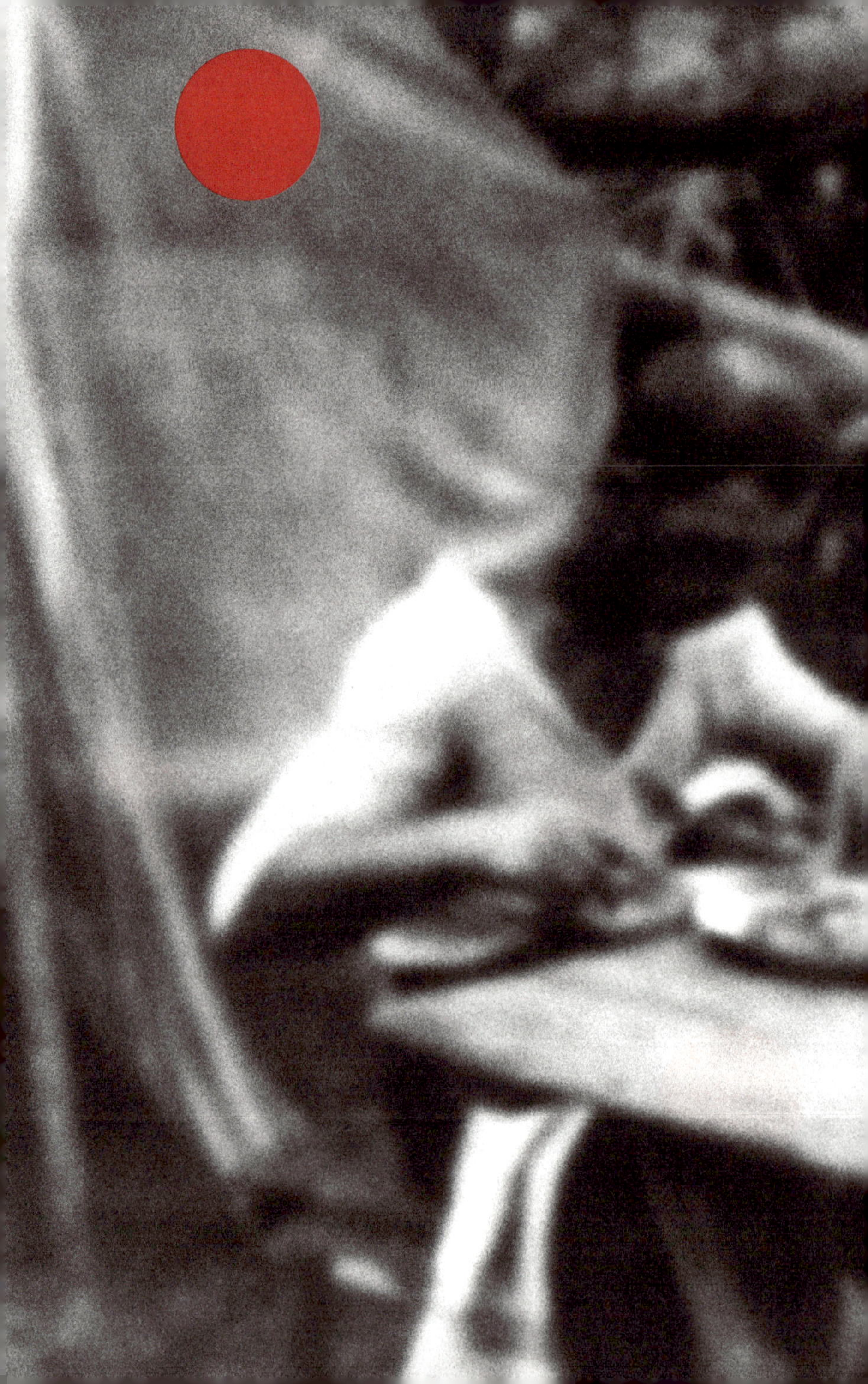

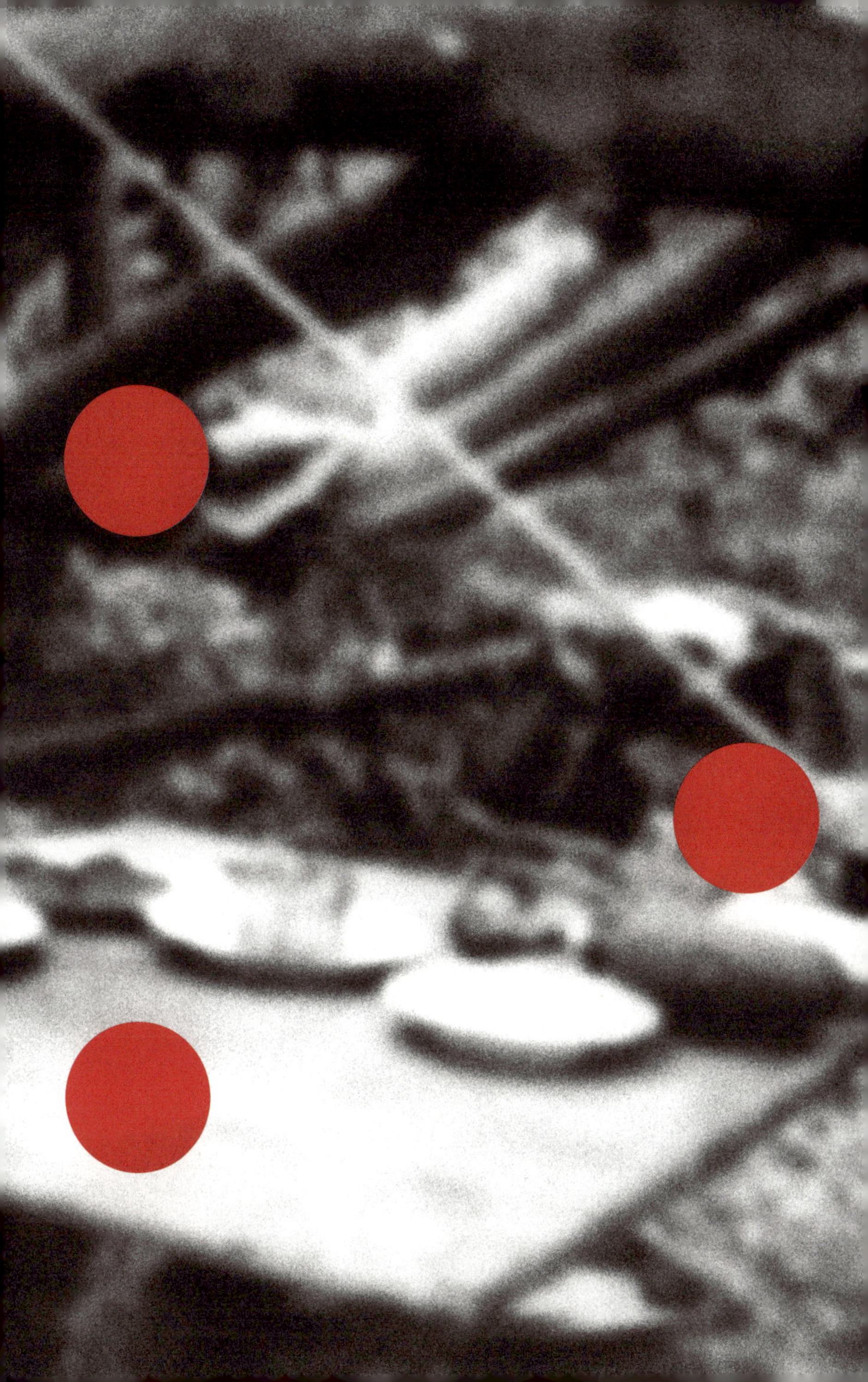

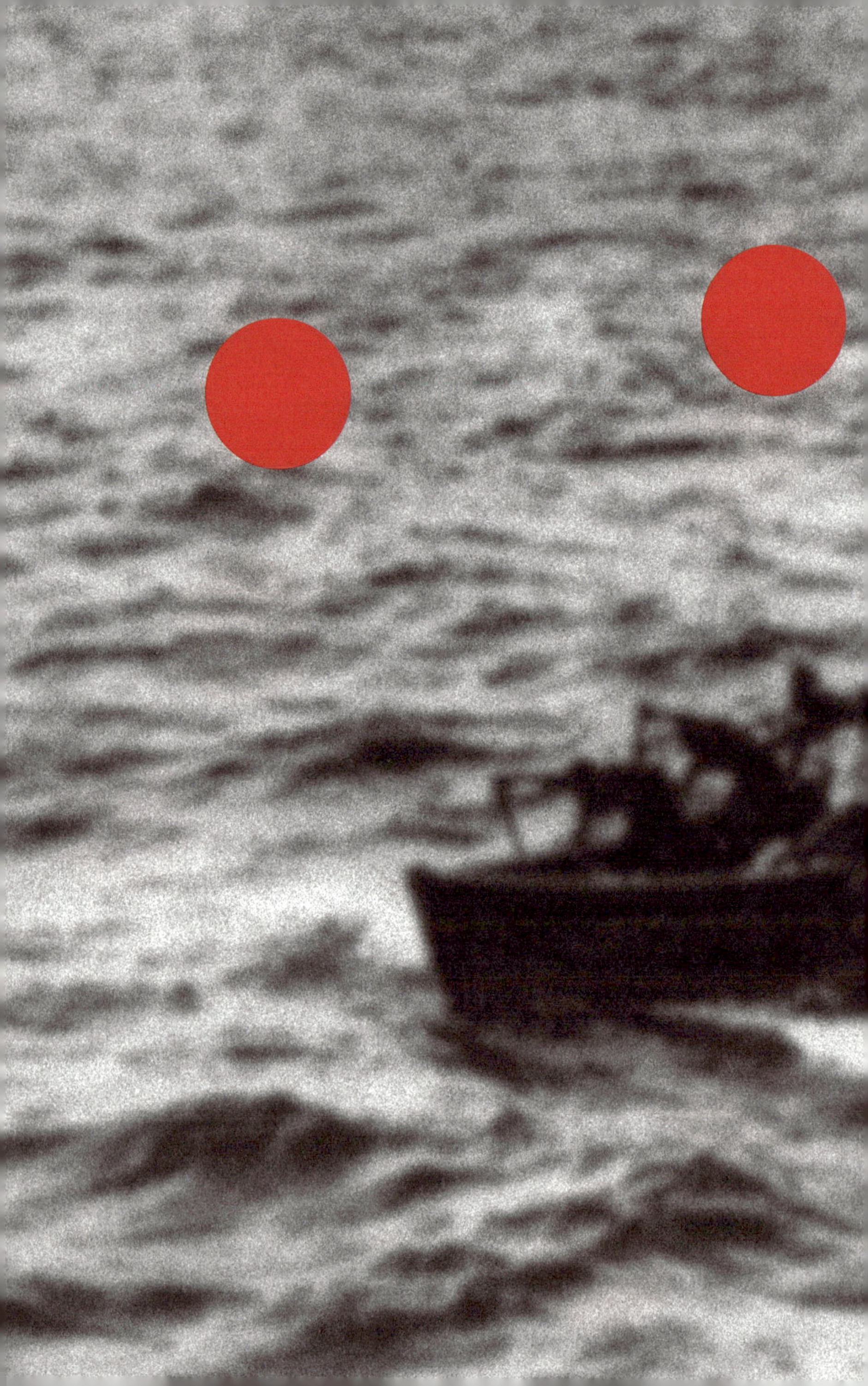

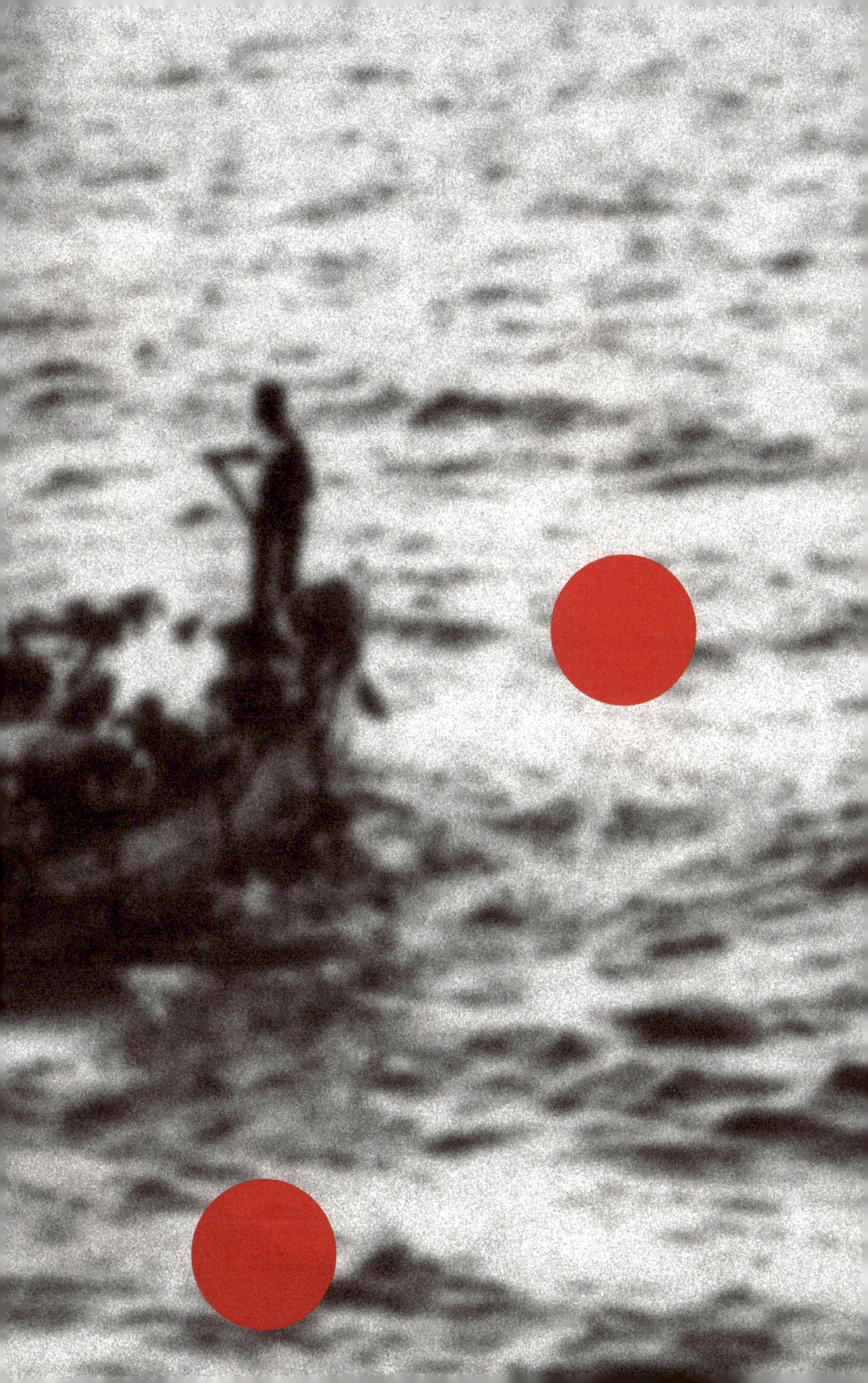

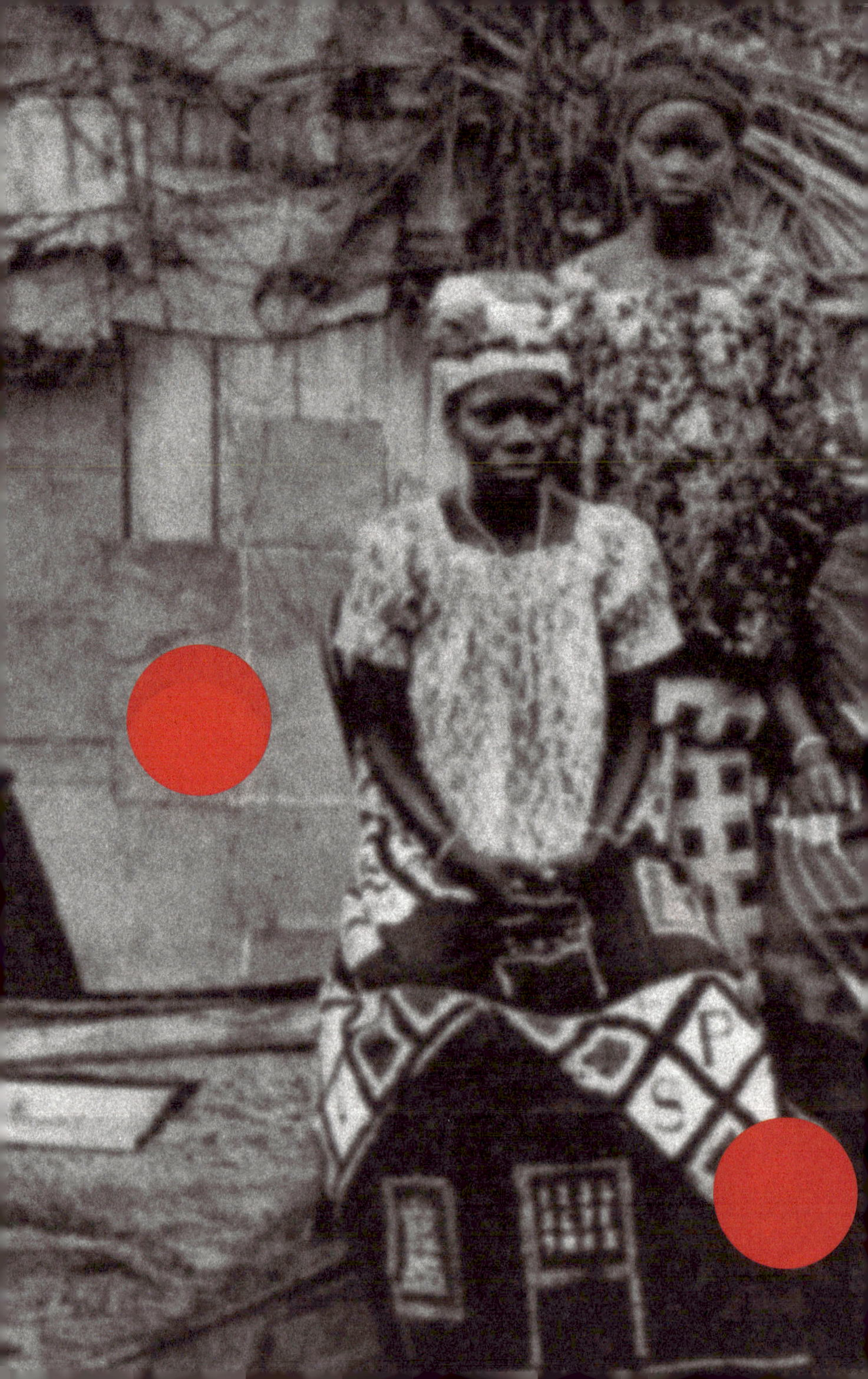

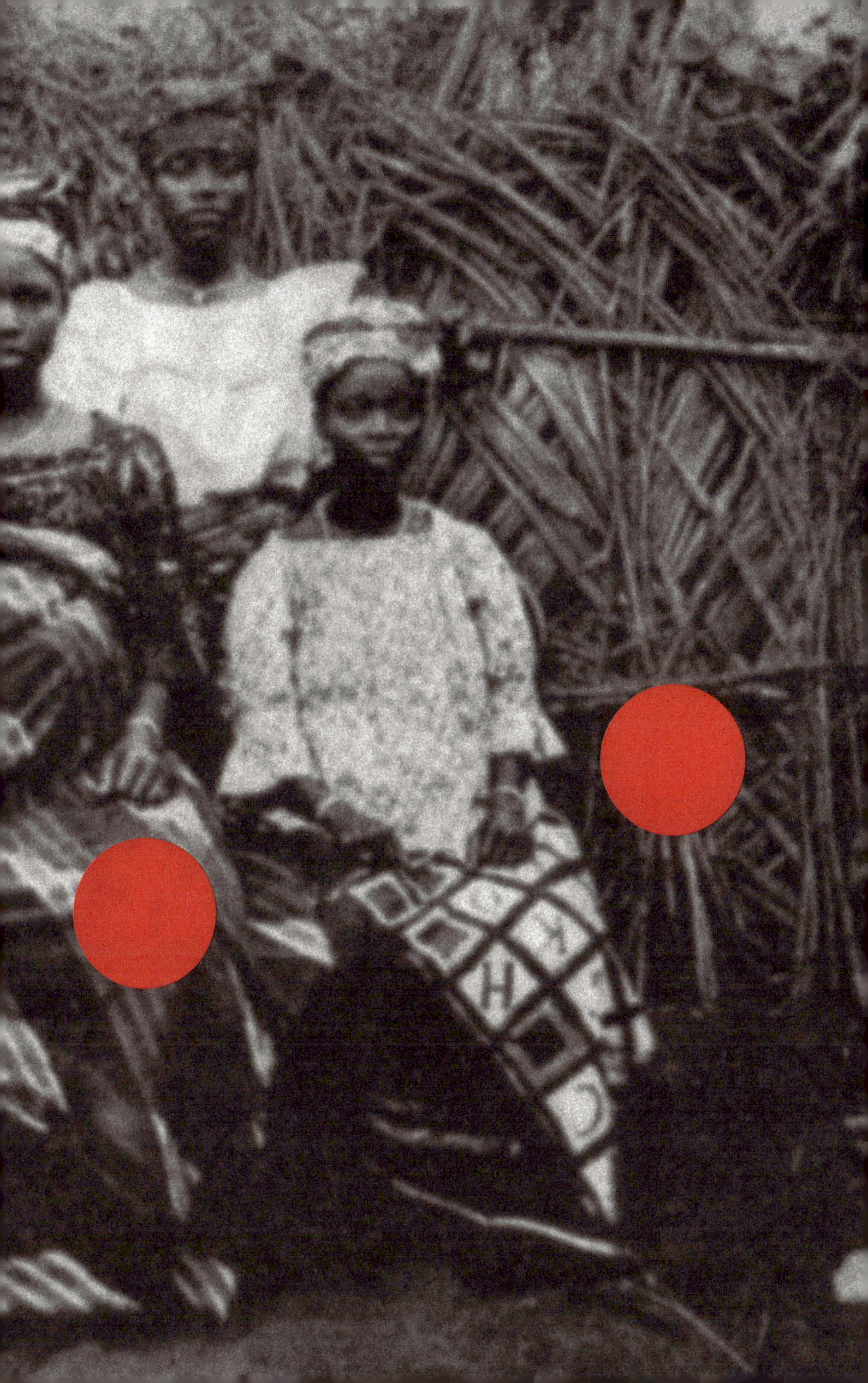

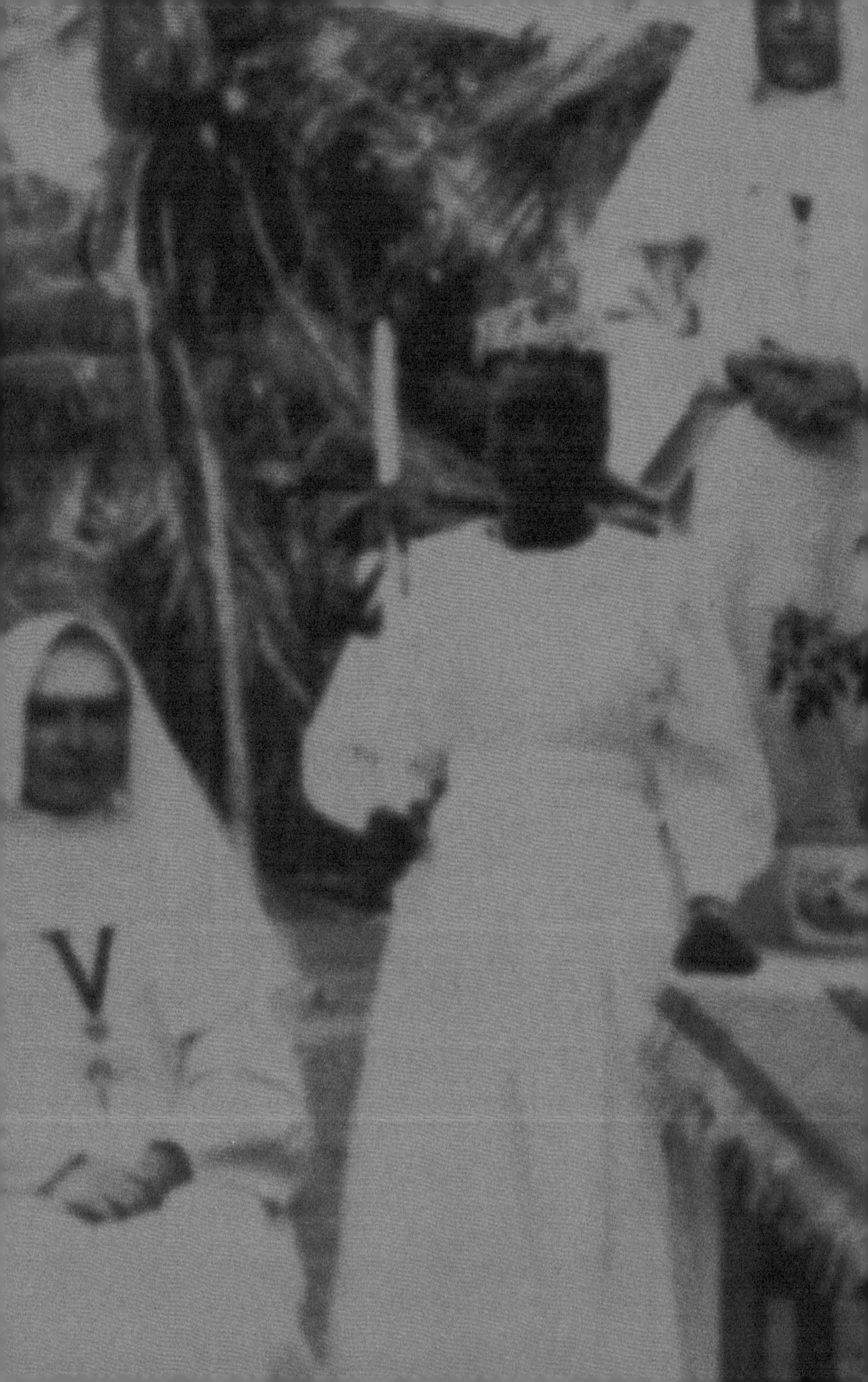

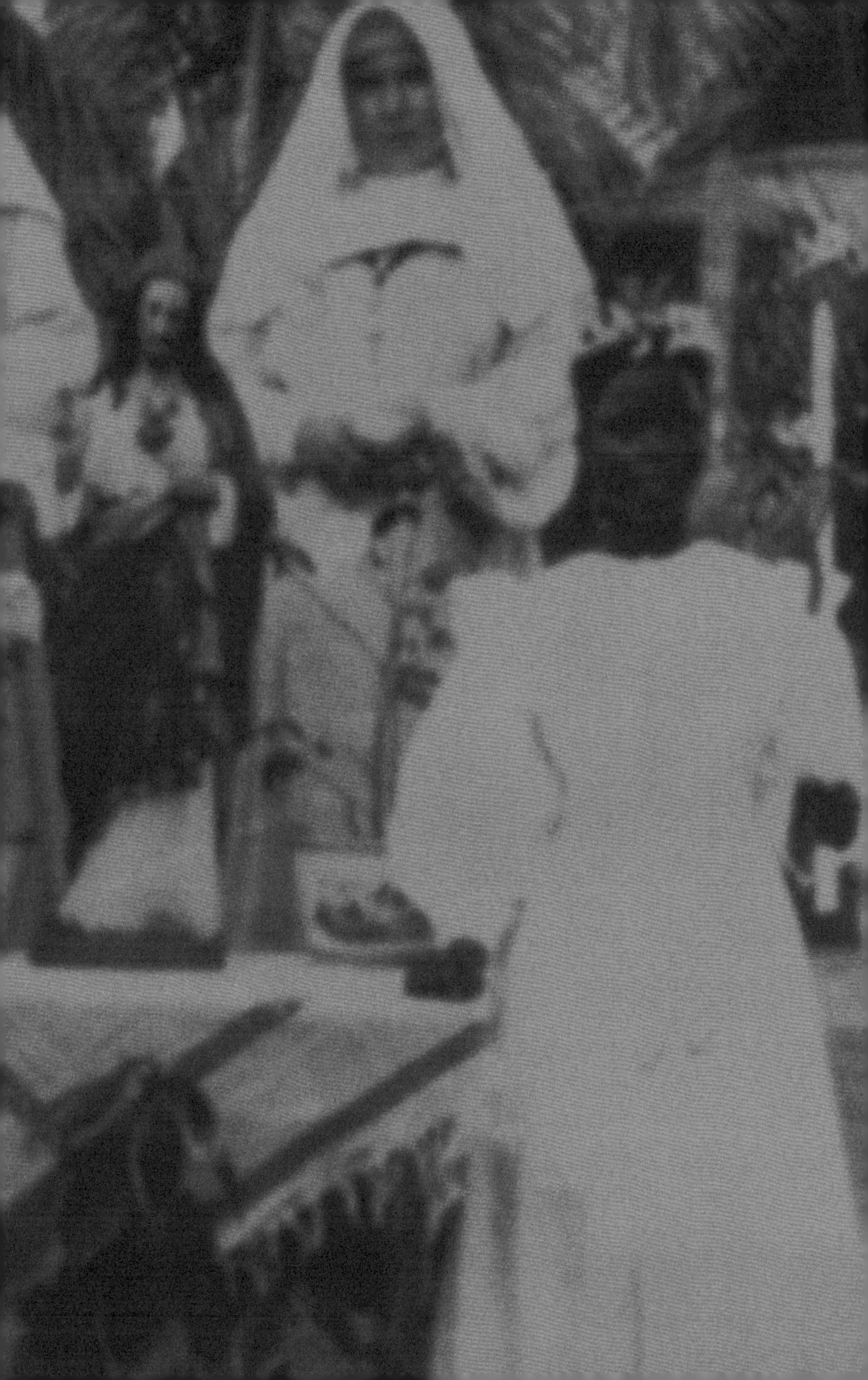

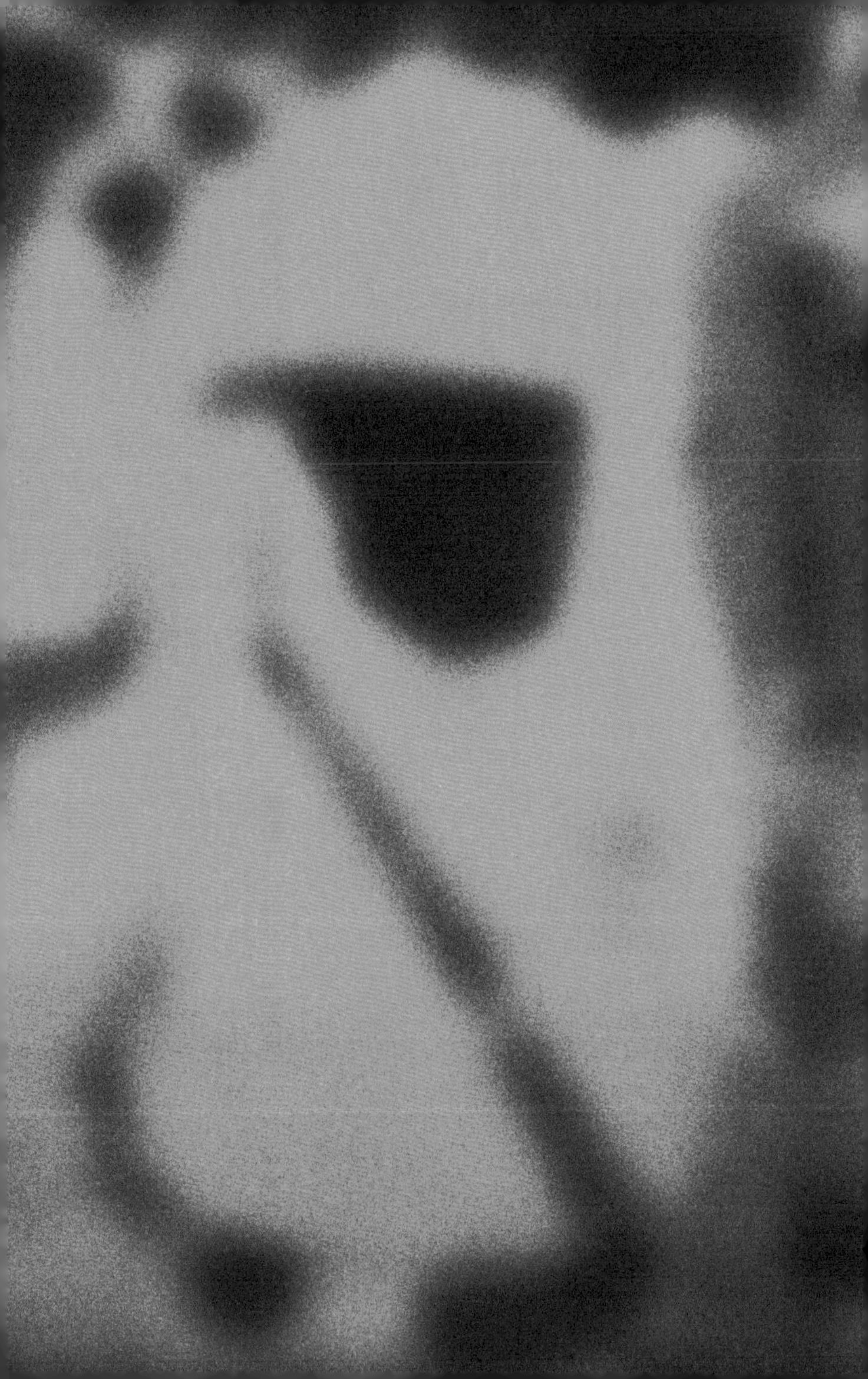

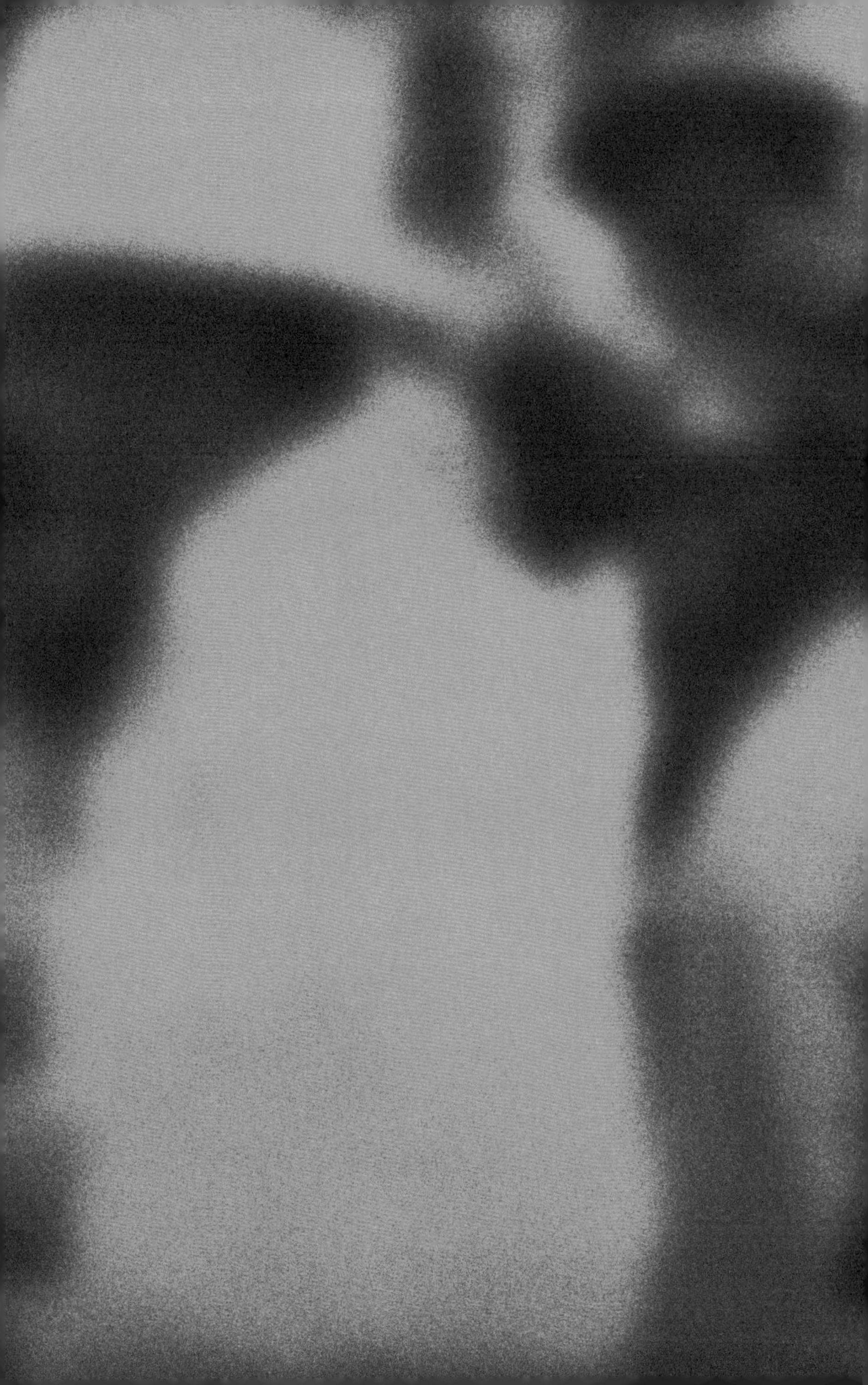

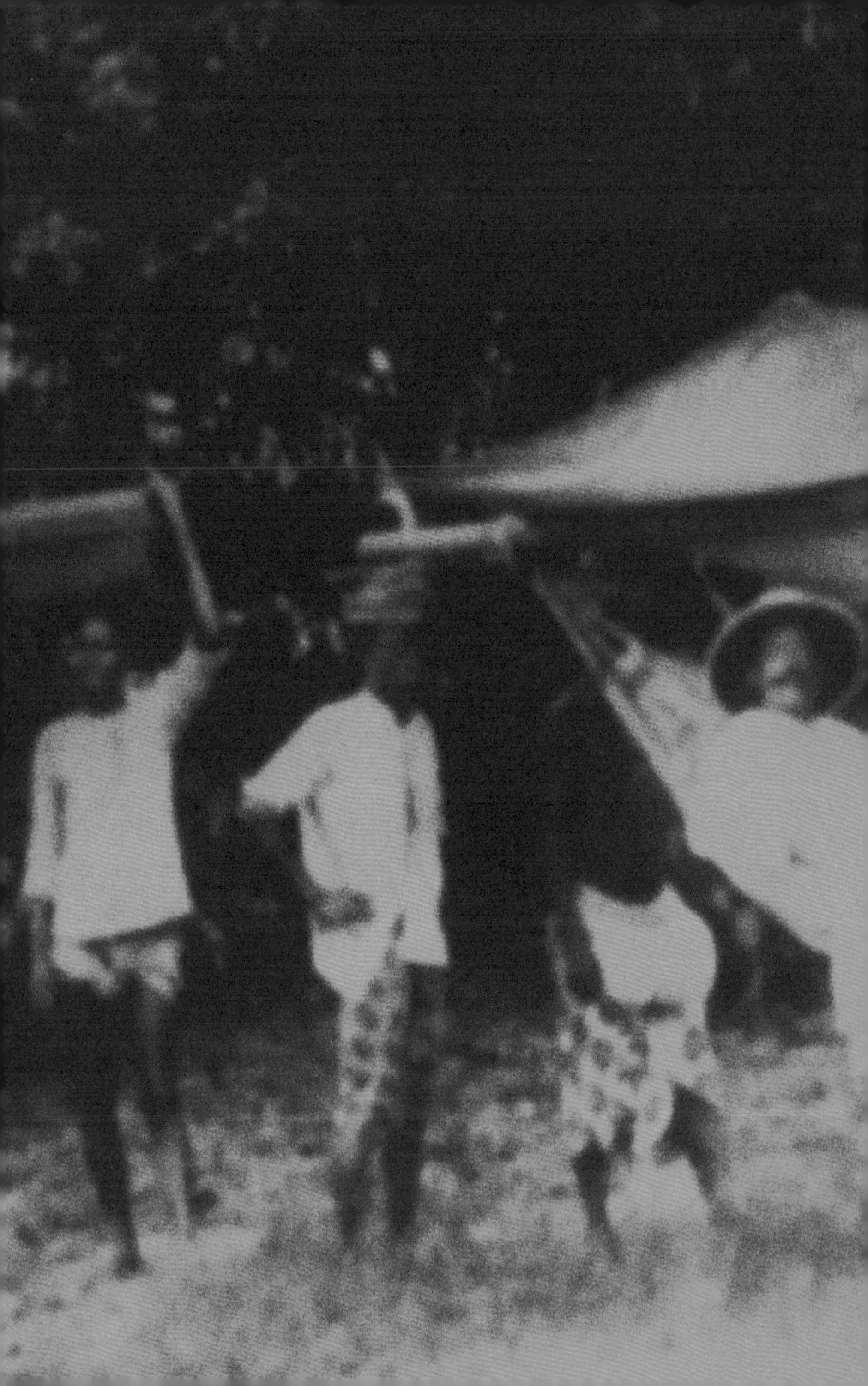

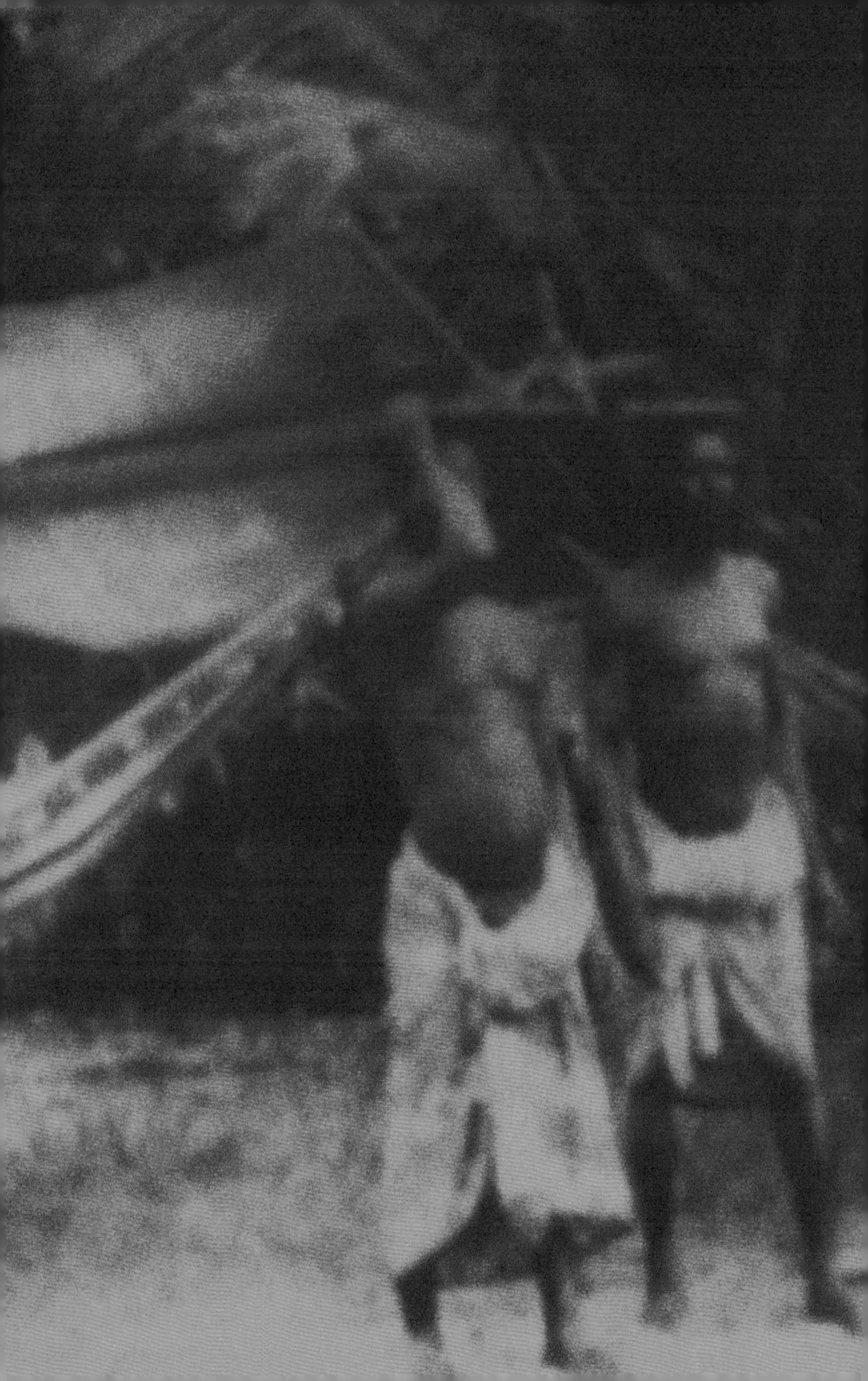

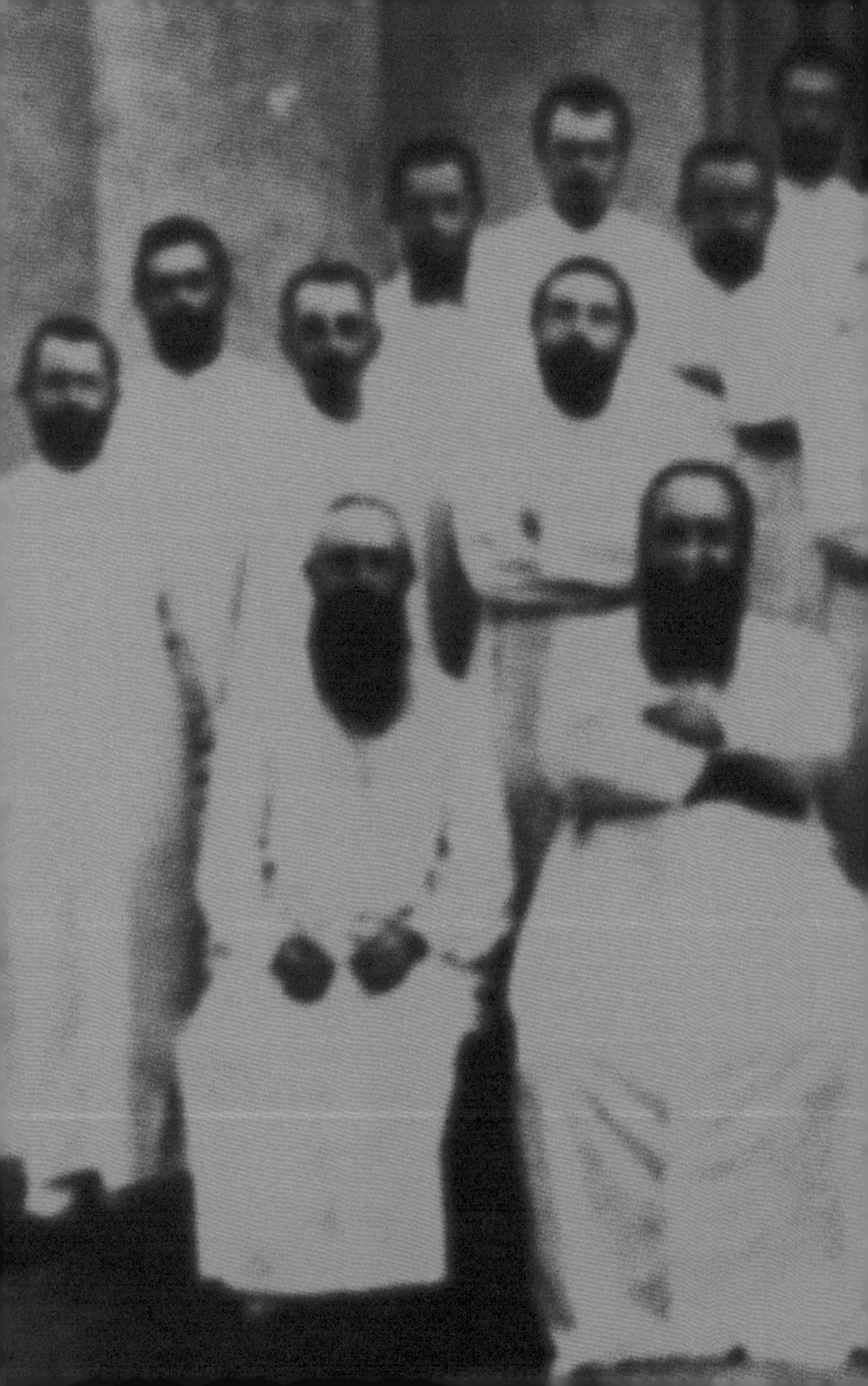

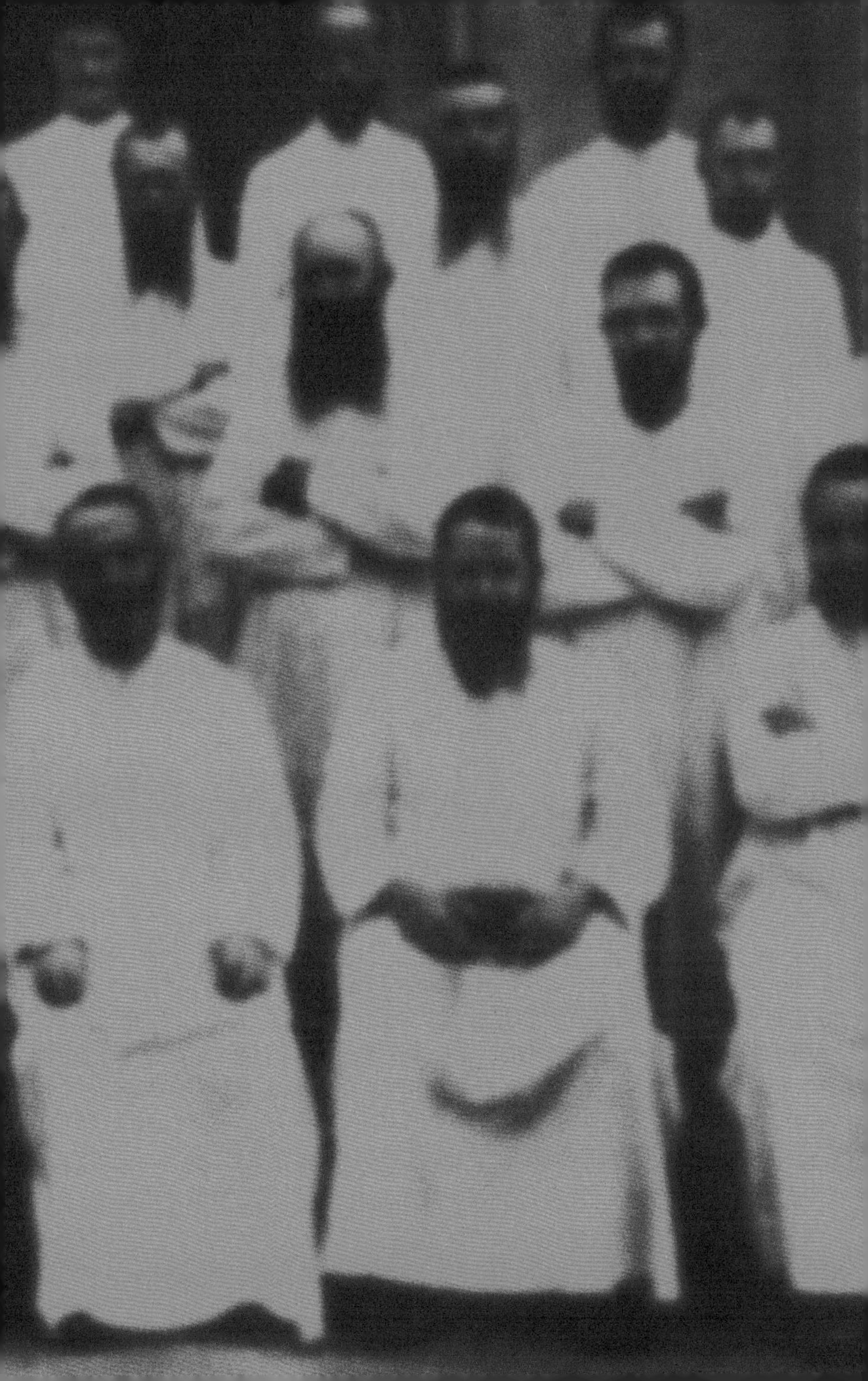

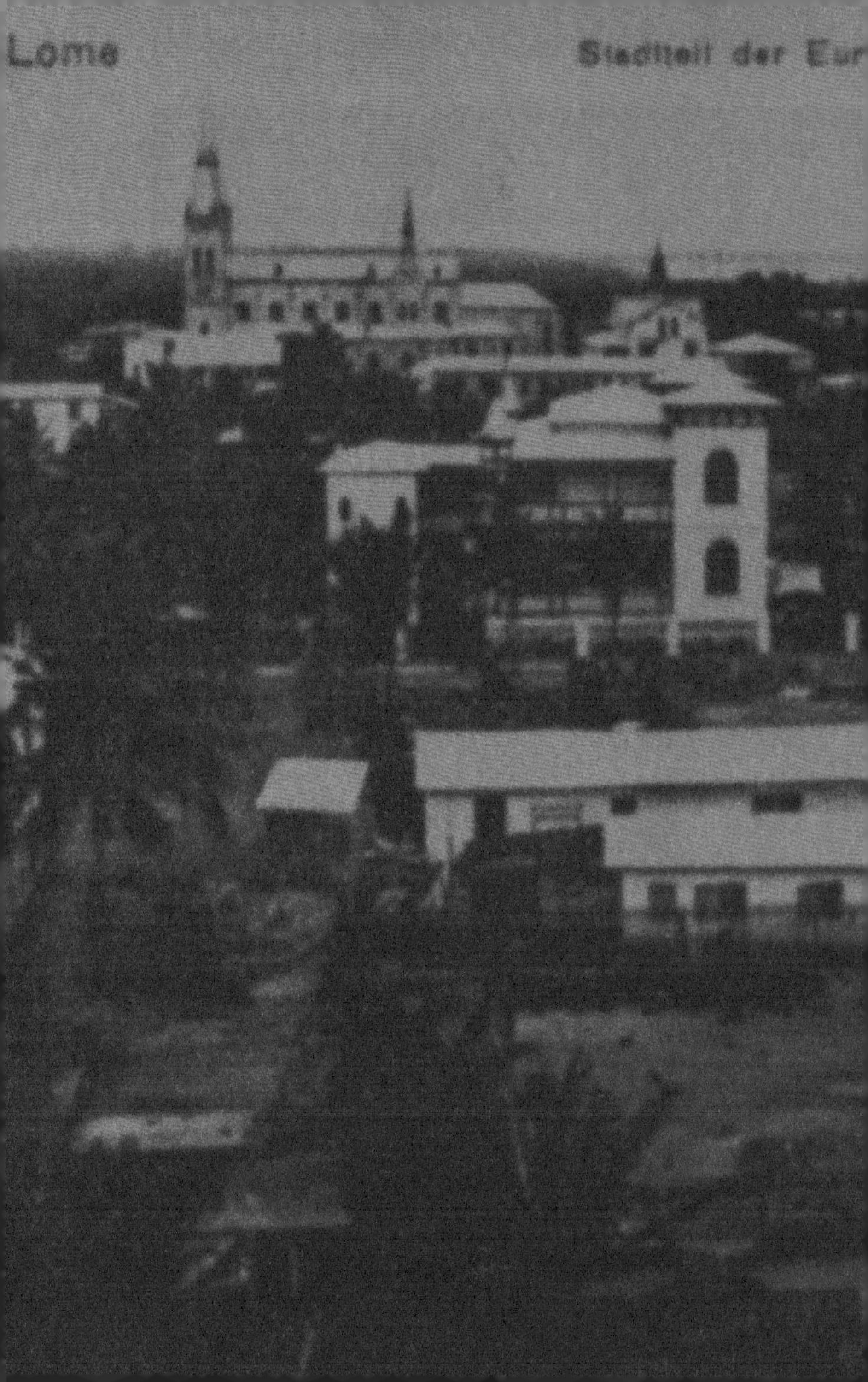

Lome
Stadtteil der Eur

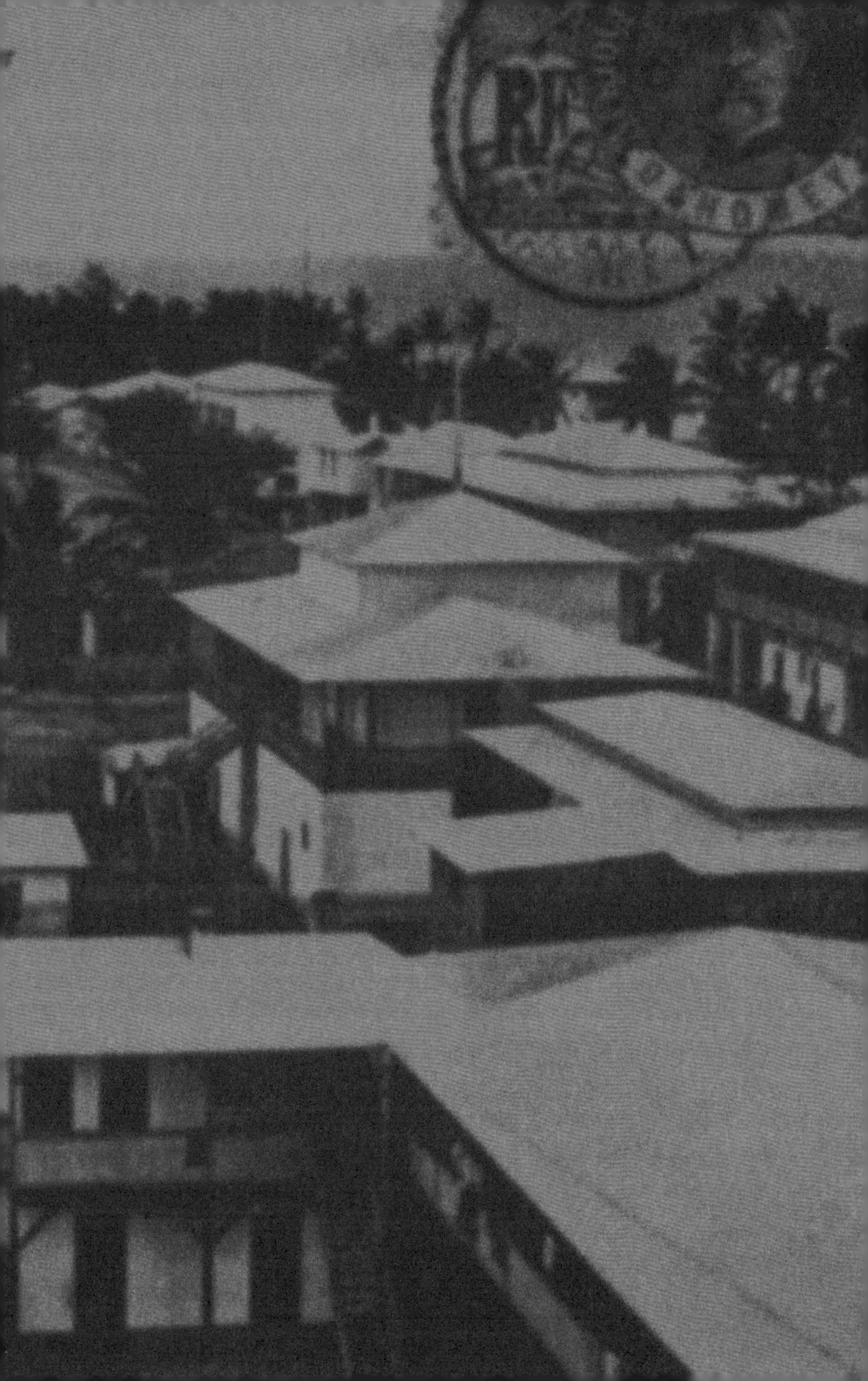

A Throw of Dice: On Silvia Rosi's <u>Protektorat</u>

Katrin Bauer

The scene is set, dispersed into a diptych. A woman takes
center stage, dressed in a geometric, almost kaleidoscopic
garment that mirrors the overarching backdrop pictured behind
her. Her direct gaze meets the camera head-on, commanding the
frame with a presence both powerful and self-assured. In the
second image, the narrative shifts: the woman now obscures
her face with a Bible, as if trying to hide from the viewer's
observing look--or perhaps to declare an interest, maybe
even an allegiance, to the scripture's set of beliefs.

> **What I began to see . . . is that
> it is experience which shapes a
> language; and it is language which
> controls an experience.**[1]
>
> James Baldwin, "Why I Stopped Hating Shakespeare"

In much the same way that Baldwin contemplates how words can both reflect and constrain one's understanding of the world,[2] Silvia Rosi's long-term project Protektorat[3] (2022–24) both plays with and reanchors our knowledge within the intricate nexus of identity and language. Drawing on both literature and poems, among other references, the following lines aim to outline how Rosi's artistic practice reenvisions the intersection of oral history and (post)coloniality from a diasporic standpoint, while focusing on her maternal connection to Ewe and Mina—two native languages widely spoken in present-day Togo despite colonial regulation.

————

Born in Scandiano, Italy, to Togolese parents, Rosi's acts of self-portrayal are deeply rooted in West African studio portraiture that "continues to have a significant influence on my practice," as she mentions during one of our first conversations taking place between Lomé and Munich. For this reason, it is advantageous to approach and understand Rosi's staged settings through a historical lens by comparing them to the specific aesthetics of mid-twentieth-century West African studio portraiture, which played a pivotal role in reshaping the collective imagery of African societies. Through them, photographers "responded to their customers' desires and aroused their imaginations,"[4] highlighting mutual exchange, connection, and care to contain "a modern conception of the individual."[5] Due to close trade ties to Europe, as well as to North and South America toward the end of the nineteenth century, local photographers on the coasts of West and Central Africa began to establish photo studios, both outdoors and indoors, not only to capture a period of increasing urbanization and modernization in their regions, but also to document their client's origin, social status, or a new stage in life such as coming of age. Sitters

usually posed with an awareness of how they wanted to be
perceived by future audiences. By means of richly decorated
backgrounds, photographers often incorporated elements of
Western photographic techniques with local aesthetics. The
resulting portraitures were usually displayed in domestic
settings, such as entry halls of homes, mainly to showcase
one's family ties or to pass them down from one generation
to the next so they would be remembered. By means of these
staged realities, Africans were depicted as self-confident
protagonists, enabling them to actively redefine and restore
their historical portrayal. Viewed from today's standpoint,
these photographs have become symbols of cultural pride for
African people, offering a counternarrative to the Western
gaze, which historically depicted BIPoCs through a racist
lens--one that favored subjugation and violence.

Understanding these implications deriving from photography's
difficult history calls for a careful first statement: Silvia
Rosi's meticulously staged portraiture--which has defined her
work from the very start--aims to reference a similarly empowering setting, enabling the artist to negotiate her Togolese
roots on her own terms. By means of self-insertion and operat-
ing the camera herself, Rosi actively takes control of the image
process that blurs the boundaries between the observed subject
and "the photographer as observer," while simultaneously evok-
ing a range of underlying narratives, yet to be deciphered.

A--B--C,
woven repeatedly.
Threads of logic intertwine,
insisting: such is how it goes.
linear facts, foreign in my mouth,
measured.

As already observed, Silvia Rosi's highly performative studio settings involve props and accessories, all of which seem to be integral to her storytelling. Prior to her project, Rosi spent a considerable amount of her time navigating the lively markets of Lomé, which are known to be vibrant spaces for daily communal exchange where tradition seamlessly interweaves with modernity. It was there that she first encountered the alphabet wax print from the 1920s--as depicted in ABC--Grafton G2651 (2022; p. 216) in the shape of an all-over textile backdrop. The term alphabet refers to the letter-like patterns that are often printed on wax fabrics. The distinctive design itself is created by applying wax to the fabric before starting the dyeing process. Its design captivated her for its symbolic potential and plays a crucial role in conveying the central notion inherent in Protektorat.

The concept of printing the Latin alphabet in a wax print can be attributed to a Christian missionary around 1904, at about the same time when "Togoland" (including present-day Togo and part of Ghana) was under German colonial rule and the German administration decided to make education mandatory for the Togolese, going to great lengths to ensure the rapid spread

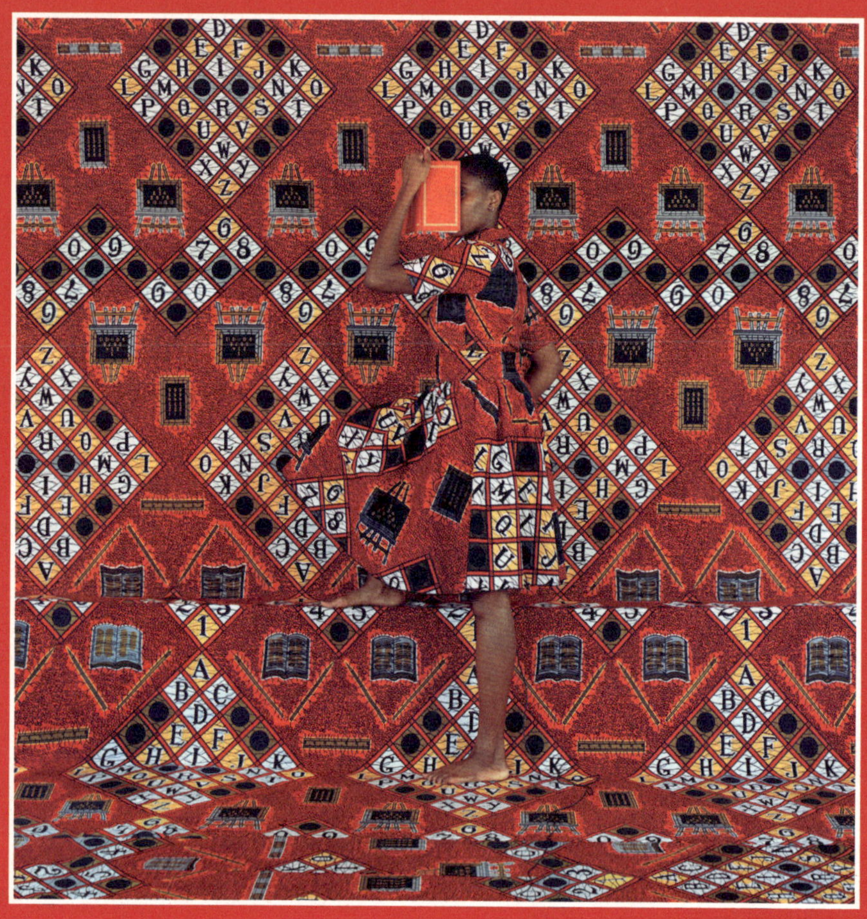

ABC--Grafton G2651 (2022)

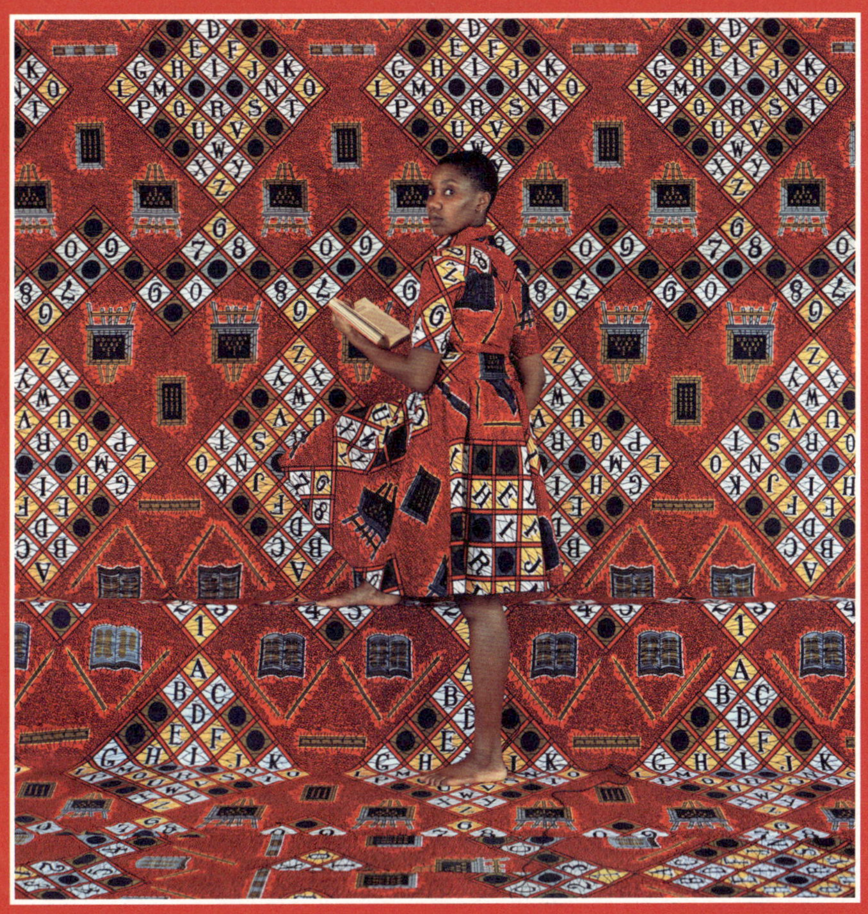

ABC 2--Grafton G2651 (2022)

of the German language and its customs. To mirror this public
change, the alphabet wax print was traditionally worn by attend-
ees of the first colonial schools in Togo, where it started to
function as form of nonverbal communication, symbolizing the
Togolese's embrace of a Western school system introduced during
Togo's decades-long colonial period.[6] By wearing this specific
design, newly literate people proudly showed off their mastery
of the Latin alphabet. For this reason, the alphabet wax print
came to be perceived as "a symbol of social advancement ever
since."[7] Filled with various allegorical figures such as pencils,
rulers, blackboards, numbers, and letters as well as inkpots
and schoolbooks, the print provided the opportunity to display
one's social identity in public. The ornamental display of Latin
letters might initially be perceived as a projection surface for
colonial ideologies, so to speak, pushing Togo's culture to the
peripheries of society. However, its composition was primarily
understood by Togolese as an expression of appreciation for
the new education introduced by Christian missionaries, contributing to "the importance of education in African societies
right up to modern times."[8] The Dutch brand Julius Holland even
started incorporating contemporary technological symbols into
their designs, replacing traditional elements such as a chalk-
board with a computer, "a nod to the evolution of the way
knowledge is handed down."[9]

While Rosi's photographic appropriation of this very specific
type of garment in Protektorat may at first sight produce
"a flat image that lack[s] spatial depth," it makes up for
"semantic depth,"[10] which shifts our focus to the general
history of wax prints: originally deriving from Javanese
batik——an Indonesian native technique that Europeans appro-
priated and adapted for use in West Africa——the transcultural
history of these boldly patterned fabrics traces back to the

mid-nineteenth century on the "Gold Coast" (now Ghana), where
Dutch Army soldiers, returning from Java, likely brought
batik-printed cloths with them. Around 1895 Scottish trader
Ebenezer Brown Fleming "introduced the wax print [in Ghana]
to meet the demand of the increasingly prosperous local population for high quality fabrics."[11]

To conquer these profitable markets, European textile factories
such as Vlisco in the Netherlands and A. Brunnschweiler & Co.
in Switzerland (commonly known as ABC in Africa) began to
mass-produce batik imitations from the late nineteenth century
on. Their exported designs--"mainly an amalgam of Javanese,
Indian, Chinese, Arab and European cultural imageries . . .
branded as 'African prints'"[12]--were tailored to the tastes of
their expanding African clientele, "making them rather 'Afro-
politan' rather than indigenous."[13] However, these European
attempts "to incorporate the Africanity in favour to the ex-
isting modified Indonesian model"[14] encountered some initial
challenges. From the 1940s until the early 1990s, influential
Togolese market women, commonly referred to as the Nana Benz,[15]
eventually took control of the design process by assigning different names and meanings to the various European-made prints,
in an effort to make them more appealing to their buyers. In
doing so, the Nana Benz provided European wholesalers with
direct customer feedback, a reliant distribution network and
a growing local expertise. Art historian Anne Grosfilley inter-
prets this development as follows:

> For years, wax print designs have reflected European pro-
> jections on African cultures. Through the intuition and
> perception of the Nana Benz some of these designs acquired
> an African dimension, becoming the voice of the women who
> wore them. A production starting in African countries
> became another step in the process of Africanization.[16]

Until this very day, "the names attached to these fabrics by African consumers represent [not only] one mode of appropriation,"[17] but also serve as a form of expression, especially for Togolese women, allowing them to convey hidden vernacular sayings, which might concern topics such as individual aspirations, economic concerns, or even their marital status.

This economic shift shows "how African women asserted their agency over what began as a colonial product, transforming it into something uniquely their own,"[18] according to Rosi. As Grosfilley puts it:

> From the late 1930s, this unusual type of print . . . attracted young Togolese women to Accra weekly to buy . . . fabric to sell them back in Lomé. . . . This ability [to speak several local languages] proved critical to their success, as they [the Nana Benz] transformed wax print from a simple piece of cloth into a symbol of women's voices.[19]

It is precisely this act of ownership of these foreign-made textiles by Togolese women that is also of great importance to decode the visual language in one of Rosi's central video installations in Protektorat. In it, the artist and three Togolese sitters literally insert themselves into this very discourse of "taking ownership": the alphabet wax prints, worn by all of them, become a visual vehicle to discuss the postcolonial discourse surrounding the imposition of language, while contemplating on the fabric's ongoing process of Africanization:

> The interplay of visibility and invisibility is crucial: I am both revealing and obscuring the historical narratives within the fabric. The Latin alphabet in the textile design therefore carries significant symbolic weight.[20]

Rosi's video installation assembles all sitters next to a projection of a board game called Ludo--a popular game that

originated in India during British colonization.[21] The board
game determines which one of the screens--each of which rep-
resents a "player" of the game--will be activated. In the case
of activation, a player cites archival documents related to the
period of German colonization in Togo. During her research at
the National Archives of Togo in Lomé, Rosi extracted these
very conversations and letters between Christian missionaries
and the German administration. As stated in one of these missionaries' letters, "the only necessary way to reach a bridge
to the hearts of Africans was to build schools, to educate and
discipline all peoples, and to forcibly inculcate the German
language onto pupils."[22] This attitude says more about Europe
than it does about the subject in focus. These reenacted letters speak directly to the "controlled protection" as referred
to in Rosi's eponymous project title.

Oppressing colonial strategies, such as forcing a foreign language onto someone and forbidding them to speak their mother
tongue could be compared to glottophagia, an expression I had
never yet come across before until Silvia Rosi introduced me
to the publication Linguistique et colonialisme: Petit traité
de glottophagie (Linguistics and Colonialism: A Little Treatise
on Glottophagia), written by French sociologist Louis-Jean
Calvet in 1974. The rare term glottophagia,[23] meaning "language
death" or "language extinction," initially introduced by Calvet,
describes the absorption of minor, "weaker" languages or dia-
lects by dominant ones, particularly within systems of power
such as colonialism or globalization. It is exactly this
metaphor of absorption--Calvet's very notion of devouring
a language--that continued to stick in my mind after having
listened to the "players" featured in Rosi's polyphonic video
installation who collectively read back to Germans what their
ancestors once wrote about Togolese people. By speaking to

the audience in English, German, and French (the player who
is supposed to cite the documents in Ewe actually doesn't get
the chance to speak for the duration of the artwork), the
players reveal Togo's complex history of colonial rule through
language. The choice of language, however, is linked to each
throw of dice: while one dice features the numbers one to six
to regulate one's movements, another dice determines the language settings. Each move therefore not only defines a player's
location on the board, but also the verbal articulation in
the installation:

> As the players move their pawns on the board, they read
> excerpts from documents in the national archive, in the
> language that corresponds to their move in the game. This
> approach turns the archival texts into an active part of
> the gameplay, creating a dynamic link between strategy
> and historical documentation.[24]

In this context, it is worth linking the mechanisms of the
game of Ludo to those of colonialism. Each player--except for
the player embodying the Ewe language--represents a colonial
actor, making calculated maneuvers while trying to understand
the opponents' weaknesses. Each action prompts a reaction,
each roll of the dice a moment of unpredictability. It is
through the appropriation of these game mechanisms that Rosi's
multilinguistic video installation masters to question the
"voices of authority," leaving her audience at times intentionally illiterate to what is being said. In doing so, the players
harness the mechanisms of their ancestors' oppressors, point-
ing toward their ancestors' initiative and survival. By survey-
ing several tongues at once, Rosi also conveys the diverse
linguistic landscape that Togolese have to navigate in order
to understand the history of their own mother country. Through
this orally transmitted correspondence, the installation not
only encourages us to engage with our own biases regarding the

shortcomings and dangers of colonialism, but also particularly
confronts Germany's racist history, challenging the responsibility of a society that grapples with its past.

Following Linda Martín Alcoff's critique in terms of speaking
on behalf of others, "often born of a desire for mastery,"[25]
it is made clear that the divergences between the documents'
claims (aka the colonialists' and missionaries' perspectives)
and those spoken for (aka the oppressed) are detrimental to
the ideas and needs of the Togolese. Based on racist ideologies, the quoted German officials take their apparent legitima-
cy of speaking on behalf of the Togolese for granted. They are
not speaking for them, but rather about them, discussing their
existence as if they needed protection from those who assume
that they would "more correctly understand the truth about
another's situation."[26] Isolated from their respective contexts,
the Togolese's reenactment of the tongues of their oppressors
ridicules--and at times even satirizes--their grotesque world-
view. By making the colonial mind audible, Rosi undermines the
utterly hegemonic ideals that were once strategically imposed
on the Togolese.

Looking across contemporary art contexts, it is evident that
artists are increasingly stretching the notion of what an
archive is by feeding into their roots to connect the threads
that overcome both intergenerational and transnational boundaries. Artistic methodologies such as Rosi's self-portraits that
"respond to and make sense of [one's] relation to a cultural
inheritance of . . . . traumas"[27] have been thoroughly studied
by many scholars, including sociologist Nirmal Puwar. Drawing
on her notion of "an auto-ethnographic project,"[28] Puwar defines
these artistic contemporary approaches as methods to "listen
to the body as an archive,"[29] "which is haunted across time and

scattered across spaces."[30] In many depths, we also find this
technique in Rosi's studio practice, which is closely tied to
her body acting as a vessel to address the prevailing issue
of epistemic injustice embedded within the archival documents
she references. Through these actions, Rosi turns her body
into a carrier of memory or--as social anthropologist Paul
Connerton puts it--into "an active participant in the process
of remembering and forgetting."[31]

In a broader sense, Rosi's embodied reenacting of the past, as
well as the players' speaking out against the archive's hegemonic epistemologies, is closely related to the notion of the
"living archive"--a term coined by British sociologist Stuart
Hall, whose writings also investigate the question of visuality
in relation to photography as a colonial technology:

> 'Living' means present, on-going, continuing, unfinished,
> open-ended. . . . This notion of 'living' is strongly
> counter-posed to the common meaning accorded to 'tradi-
> tion,' which is seen to function like the prison-house
> of the past.[32]

Viewing Rosi's work against a reading of Hall, draws one to
the idea that a "living archive" is not limited, or a static
repository of the past--but much rather an evolving, unfin-
ished space in which historical materials are continually
reinterpreted to contemporary cultural and political life.

To retrace the emergence of Rosi's particular visual language,
the artist shared with me Benjamin N. Lawrance's paper "Most
Obedient Servants: The Politics of Language" (2000). Lawrance
explores the complex dynamics between African colonial subjects
and European colonial powers in the late nineteenth and early
twentieth centuries, delving into how linguistic colonialism
under German rule eventually paved the way to "the birth of Ewe

national consciousness"[33] as an Indigenous form of resistance. Before coming to this conclusion, Lawrance not only highlights the extent to which "English was taught by Protestant missionaries . . . to spread Christianity,"[34] but also points out how the German language "was introduced to Germanize Togo, and to 'civilize' Africans so they might efficiently serve their European masters,"[35] which ultimately gave rise to local populations resisting colonial authorities through their use of the Ewe language, negotiating their autonomy. In time, however, Germans came to understand that, in order to exert control over non-European populations efficiently, it was necessary to develop a structured understanding of Indigenous languages, which in turn eventually led to a "standardized and grammarized Ewe language"[36] and to the Bible being completely translated into Ewe in 1913 by missionaries. This in turn "ensured that the natives themselves could only learn about their own civilizations only through European scholarship,"[37] leading to a dependency on Western interpretations and a loss of their oral traditions.

In this context, Lawrance's research states the following: "It [the Ewe language] was simultaneously a vehicle of colonial encroachment and an African escape from colonial impositions. It enabled African collaboration and resistance."[38] Though it is necessary to mention that Ewe, one of many languages spoken by several million people, continued to enjoy a significant autonomy[39] with the arrival of Christian missionaries in Togo (who mainly taught in English or Ewe), the German language slowly began to substitute or, rather, overrule everyday life from 1904 on "partly due to African demands and expectations of a European education"[40] during the second decade of German rule:

> Language was used by the missionaries to control Africans, and by Africans to realize their commercial, educational and political objectives. . . . Germans perceived English

as a threat and used language policy officially to demote the importance of English in all walks of life. The same rulers, however, did not consider the Ewe language as a great threat to their wider plans of Germanization.[41] Furthermore, the widespread undermining or, rather, delegitimization of African native languages also led to teachers being prohibited from carrying out their duties, as soon as they gave lessons in an unauthorized language.[42]

All of these policies aimed at enforcing the German language in Togo ultimately failed.[43] The fact that language functions as a medium of both power and resistance is especially evident in Lawrance's essay title, which refers to how African communities sought to assert their rights by undermining the colonial system with its own tools, specifically through the use of petitions. These petitions were usually overtly politely scripted requests addressed to colonial authorities, often written in English or French and framed in a highly deferential language, such as signing off as Most Obedient Servants--which can be interpreted--when reading between the lines--as an Indigenous "polite disregard of [colonial] authority, and the sign of a 'lesson learned.'"[44]

When they speak it is scientific,

when we speak it is unscientific;

universal / specific;

objective / subjective;

neutral / personal;

rational / emotional;

impartial / partial;

they have facts, we have opinions;

they have knowledge,

we have experiences.[45]

Grada Kilomba, Plantation Memories: Episodes of Everyday Racism

It comes as no surprise that the imposition of an alien language
within a colonial setting inevitably influences one's identity.
The preceding poem by artist Grada Kilomba—which recalls this
"hunger to come to voice"[46]—not only challenges these very power
dynamics but also serves as a second prelude within this essay
into how Protektorat reflects on the difficulty of speaking on
behalf of others.

Rosi's archival research concerning Togo's history was often
accompanied by interpretive challenges and partial understanding—and navigating an archive's violent imageries can be even
more frustrating at times. Tired of this dichotomous gaze,
these visual encounters eventually inspired Rosi to make these
very irritations productive: to grapple with the question of
representability, the artist decided to blur several historical

photographs she had collected from books and archives, creating unrecognizably hazy images. In the resulting series, which
is featured in this publication, Rosi's formal toolbox consists
of one main component: four monochrome dots, varying in the
colors blue, green, red, and yellow--a playful allusion to the
tokens inherent in the Ludo game board.

In obscuring certain elements of colonial photographs by means
of blurring, Rosi is speaking to the correction of historical
injustices and the role that photography played in perpetuating
a Western perspective, challenging the audience to literally
"connect the dots":

> The dots themselves resemble those used in the Ludo game,
> creating a connection between the archival material and
> the theme of play. This visual strategy transforms the
> archival content into an interactive board game, where
> the viewer's engagement with the images is intentionally
> mediated. By leaving some aspects obscured, the work
> . . . infus[es] a sense of playfulness into the explora-
> tion of historical narratives.[47]

With the dots concealing and emphasizing certain image parts
at the same time, they negotiate how meaning can be generated
out of opacity. Through the image's refusal to be easily legi-
ble, Rosi brings attention to the complex ways in which Black
bodies were perceived as mere objects of the Western gaze.

So, who gets to speak? Whose voices are legitimized? And who
is the intended audience? By means of intricate sign sys-
tems--both verbal and nonverbal--Silvia Rosi's Protektorat
articulates postcolonial critique across multiple dimensions.
Similar to how James Baldwin initially criticizes the way
canons are constructed, Protektorat guides the viewer's
experience through an intentionally varying set of languages,

intentionally provoking various modes of both (il)literacy
and (self-)censorship, which in turn constitute Rosi's own
experience as a diasporic artist. This leads to the question
of whether an archive should generally be considered as a
"collective memory bank."[48] Protektorat is not a mere retelling
of a history of oppression; it can be understood as a visual
interplay that draws attention to how colonizers generally
sought to erase the memories of natives by severing their
linguistic connections, moving their mother tongues to the
periphery. For this reason, Silvia Rosi's Protektorat is not
a project with a predefined end, it is one to be continued by
its audience, continuously challenging Eurocentrism, as if to
say something along the lines of: "I have done my homework;
I have read your art history. This is what I want to do with
that knowledge--invert, subvert and appropriate it--to suit
my own concerns and experiences."[49]

1 James Baldwin, "Why I Stopped Hating Shakespeare" (1964), in Baldwin, The Cross of Redemption: Uncollected Writings, ed. Randall Kenan (New York: Pantheon Books, 2010), 69--72, here 71. **2** In his essay "Why I Stopped Hating Shakespeare," Baldwin discusses his initial resentment toward Shakespeare due to feeling alienated from the predominantly white literary tradition, highlighting how literature can both exclude and include. Baldwin later came to appreciate the universality of Shakespeare's works. **3** The term Protektorat etymologically derives from the Latin word protector, which can be loosely translated to "guardian," "defender," or "safeguard." An alternative reading of this term refers to its colonial or imperial context, where an independent territory is under the "protection" of a more powerful state. **4** C. Angelo Micheli, "Doubles and Twins: A New Approach to Contemporary Studio Photography in West Africa," African Arts 41, no. 1 (Spring 2008): 66--85, here 72. **5** Micheli, "Doubles and Twins," 85. **6** Though the alphabet wax print originated in the early twentieth century, it has achieved timeless status among the Togolese until today and is regarded as one of their most classic designs. **7** Anne Grosfilley, African Wax Print Textiles (Munich: Prestel, 2018), 51. **8** Grosfilley, African Wax Print Textiles, 51. **9** Grosfilley, African Wax Print Textiles, 51. **10** Micheli, "Doubles and Twins," 72. **11** Willem Ankersmit, "The Waxprint: Its Origin and Its Introduction on the Gold

Coast" (PhD diss., University of Leiden, 2010), 3--80, here 3. **12** Tunde Akinwumi, "The 'African Prints': Africa and Aesthetics in the Textile World," in A. Afolayan, O. Yacob-Haliso, and S. O. Oloruntoba, eds., Pathways to Alternative Epistemologies in Africa (Cham: Palgrave Macmillan, 2021), 123--40, here 124. **13** Akinwumi, "The 'African Prints,'" 124. **14** Akinwumi, "The 'African Prints,'" 127. **15** The Nana Benz were wealthy and culturally influential female entrepreneurs in Togo, specializing in the trade of wax-printed fabrics imported from Europe. By the mid-twentieth century, their success enabled them to purchase Mercedes-Benz cars and to acquire properties in Europe, underscoring their economic autonomy. The term Nana means "mother" or "grandmother" in Mina, while Benz acknowledges their social position and their association with the luxury cars. **16** Anne Grosfilley, "The Global Trade of the Wax Fabric," in Véronique Pouillard and Vincent Dubé-Senécal, eds., The Routledge History of Fashion and Dress, 1800 to the Present (New York: Routledge, 2023), 81--98, here 89. **17** William Kynan-Wilson, "Stories and Storytellers: The Naming of Textiles in West Africa," in From Traditional to Contemporary Aesthetic Practices in West Africa, Benin and Togo (Berlin: Forum Transregionale Studien, 2016), https://www.medium.com/from-traditional-to-contemporary-aesthetic/stories-and-storytellers-the-naming-of-textiles-in-west-africa-d9a089fe8b19/. **18** Silvia Rosi, conversation with the author, August 9, 2024. **19** Anne Grosfilley, "Girl Boss," Selvedge 117 (2024): 38--41. **20** Silvia Rosi, conversation with the author, August 9, 2024. **21** Ludo is considered to be the original version of Mensch ärgere Dich nicht ("Man, Don't Get Angry"), the equivalent game commonly played in German-speaking countries. **22** Excerpt from one of the letters featured in Silvia Rosi's video installation shown at C/O Berlin in 2025. **23** See Louis-Jean Calvet, Linguistique et colonialisme: Petit traité de glottophagie (Paris: Editions Payot, Paris, 1974). **24** Silvia Rosi, conversation with the author, August 9, 2024. **25** Linda Martín Alcoff, "The Problem of Speaking for Others," in Cultural Critique 20 (Winter 1991--92): 5--32, here 29. **26** Martín Alcoff, "The Problem of Speaking for Others," 29. **27** Nirmal Puwar, "Carrying as Method: Listening to Bodies as Archives," Body & Society 27, no. 1 (2021): 3--26, here 10. **28** Puwar, "Carrying as Method," 10. **29** Puwar, "Carrying as Method," 4. **30** Puwar, "Carrying as Method," 10. **31** Paul Connerton, How Societies Remember (New York: Cambridge University Press, 1989), 27. **32** Stuart Hall, "Constituting an Archive," Third Text: Critical Perspectives on Contemporary Art and Culture 15, no. 54 (Spring 2001): 89--92, here 89. **33** Benjamin Nicholas Lawrance, "Most Obedient Servants: The Politics of Language in German Colonial Togo," Cahiers d'études africaines 40, no. 159 (2000): 489--524, here 489. **34** Lawrance, "Most Obedient Servants," 490. **35** Lawrance, "Most Obedient Servants," 490. **36** Lawrance, "Most Obedient Servants," 494. **37** Martin Bernal, Black Athena: The Afroasiatic Roots of Classical Civilization, vol. 1, The Fabrication of Ancient Greece, 1785--1985 (New Brunswick: Rutgers University Press, 2006), 236. **38** Lawrance,

"Most Obedient Servants," 490. **39** Excerpt from one of the letters featured in Silvia Rosi's video installation shown at C/O Berlin in 2025. **40** Lawrance, "Most Obedient Servants," 489. **41** Lawrance, "Most Obedient Servants," 492–93. **42** Excerpt from one of the letters featured in Silvia Rosi's video installation shown at C/O Berlin in 2025. **43** Silvia Rosi, conversation with the author, August 9, 2024. **44** Lawrance, "Most Obedient Servants," 491. **45** Grada Kilomba, Plantation Memories: Episodes of Everyday Racism (2008), 7th ed. (Münster: Unrast Verlag, 2023), 28. **46** Kilomba, Plantation Memories, 12. **47** Silvia Rosi, conversation with the author, August 9, 2024. **48** Ngũgĩ wa Thiong'o, "The Language of African Literature," in Decolonising the Mind: The Politics of Language in African Literature (London: John Currey, 1987), 4–33, here 15. **49** Mark Sealy, "A Note from Outside," in Photography: Race, Rights and Representation (London: Lawrence Wishart, 2022), 87.

Conversation between Silvia Rosi and Katrin Bauer

(Katrin Bauer) Let's start by talking about the title of your solo
exhibition at C/O Berlin: Protektorat appears to be directly
linked to Schutzgebiet, a German term meaning "protectorate"
that was commonly used by the German colonial empire to de-
scribe its overseas territories in Africa between 1884 and
1919. The literal definition of the term suggests a condition
in which a state is safeguarded by another for protection
against aggression and other violations of law. How does
this notion translate into your exhibition concept?

(Silvia Rosi) I chose the title Protektorat early in my research,
while examining the period when Togo was under German
rule as a protectorate. This term intentionally nods to
Germany's purported protection of Togo, which was framed
as something different from full-on colonialism, more
like guardianship than direct dominance. When the Germans
arrived, Togo was not yet under formal British or French

control, which allowed Germany to present itself as a "protective" force against potential foreign threats. In reality, however, the protectorate system blurred the line between autonomy and colonial domination. Togo's "protected sovereignty" was severely limited, with Germany exerting control over the local population in ways that mirrored typical colonial power structures. These ideas inform my work, from the archival images reproduced in the pages of this book to the exhibition concept in which power dynamics are presented in different shapes.

(KB) Drawing from your recent research at the National Archives of Togo in Lomé, you've developed staged photographs and video installations for the exhibition that offer insight into the lasting impact of colonialism on modern Togo. How has your archival research informed the conceptual framework of your artworks?

(SR) During my time in the archives, I focused on how the concept of a protectorate extended beyond the economic exploitation of Togo's resources and land. I was particularly drawn to the cultural and linguistic aspects of this domination, specifically the language policies enforced by the German administration.While analyzing the documents --primarily letters exchanged between administrators and missionaries--I encountered texts in multiple languages. Each day at the archive, I never knew what I would find or in which language it would be written. This uncertainty reflected the linguistic power struggle of the colonial period I was studying, and it began to feel like a game of chance--an imaginary roll of the dice determining the language in which answers to my questions would emerge. This experience shaped my project conceptually, making me reflect on contemporary Togo, where navigating multiple languages is still essential to access one's own history.

(KB) What kind of cultural and linguistic aspects are we talking about?

(SR) From the archival material I examined, it's clear that the German missionaries took steps to preserve the Ewe language, but with colonial intentions. This is particularly clear in their translation of the Bible into Ewe, which was one of the most prominent languages in Togo. While the Christian missionaries' translation did help to preserve the language, it also imposed a colonial framework, advancing the goals of evangelization and territorial control. Today this colonial legacy is still felt in how Togolese engage with their cultural narratives. In institutional settings, people are often encouraged to write and express themselves in French rather than their native languages, limiting the written expression of personal and cultural experiences.This linguistic dominance started during the German protectorate and intensified under French colonial rule, when local languages were banned in schools. Students who spoke their mother tongue were punished. My mother, for instance, recalls how, during her school years in the 1970s, students caught speaking Mina[1] had to wear the signal--a "necklace of shame" made from snail shells, small animal skulls, and feathers. She recalls it had a terrible smell, and students were forced to wear it home from school, creating an association of shame and disgust with their own language--yet another lasting effect of colonial language policies.Even though people in Lomé today usually start conversations in Mina or Ewe, they often struggle with writing or expressing themselves formally in these languages. This is why, for instance, most writers choose to write in French rather than Ewe. However, since French isn't their native tongue, it can lead to a feeling of alienation in self-expression. This makes me think of

Jacques Lacan's concept of the mirror stage[2] and, in the context of my research, of how identity is shaped through the lens of the colonizer, leaving the individual with a fragmented sense of self.

(KB) How will visitors experience these linguistic limitations in the exhibition space?

(SR) The exhibition explores both the linguistic limitations and the colonial mindset evident in the archival documents. It presents excerpts from letters kept in Togo's national archives, dating back to the German protectorate period. These letters reveal how language policies were strategically used to control the population. One of my video installations immerses viewers in this complex history through sounds and images, emphasizing the instability of languages in Togo's colonial history. By navigating different idioms, viewers experience a fragmented understanding, mirroring the challenges faced by Togolese when accessing their history through a multilingual archive. Humor also plays a crucial role in addressing these complex issues. By integrating game elements and creating accessible installations, I aim to communicate colonial mentalities in a less conventional way. My goal is not to provide definitive solutions but to offer a nuanced perspective on how linguistic impositions continue to shape contemporary realities.

(KB) A central component in your artistic practice is the genre of studio photography, reminiscent of the aesthetic frameworks of mid-twentieth-century West African studio portraiture. In your photographic diptych ABC--Grafton G2651 (2022; p. 216), your body seems to practically dissolve into the vivid, eclectic textile pattern installed as a backdrop. Can you elaborate on how this mise-en-scène came to be?

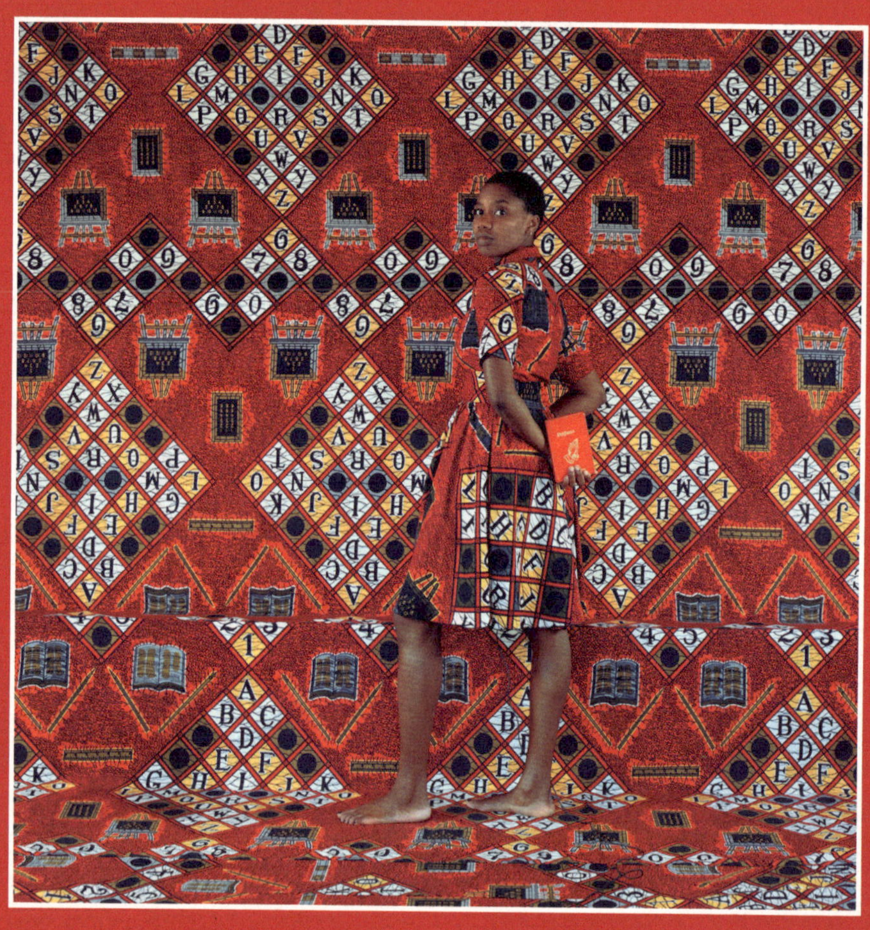

ABC VLISCO 14/0017 (2022)

Also, from which perspective did you approach the historical
surrounding these textiles?

(SR) You can see the influence of West African studio portrai-
     ture in my work, not just in the way I compose images but
     also in the stories and cultural context woven into the
     materials I use, especially wax fabric, which has a his-
     tory of connections between Europe and West Africa, as
     well as a legacy of female trade and empowerment in Togo-
     lese markets. The alphabet print featured in my work has
     a rich history, particularly significant in the final period
     of the German protectorate. It was designed by missionar-
     ies and became a symbol of pride associated with colonial
     education, and it was often worn by those who attended
     colonial schools. Today it's a fabric that you still see
     in the streets but people wear it without an attachment
     to its original historical meaning.

(KB) Did you also encounter this specific textile design during
your archival research?

(SR) Yes, I discovered images of women in missions wearing this
     particular fabric, revealing how the designs evolved in
     response to sociopolitical shifts during and after the
     colonial period. In ABC VLISCO 14/0017 (2022; p. 236),
     I wear a uniform inspired by those used in contemporary
     Togolese schools, made from the same material as the back-
     drop. The Bible I hold, written in Mina, further compli-
     cates the relationship between the subject, the studio
     setting, and the colonial history informing the work. This
     positions me within the conversation on colonialism and
     language while also playing with the idea of concealment.
     By incorporating this textile as backdrops, I'm engaging
     with the legacy of colonialism, as well as addressing how
     it impacted both language and material culture. The fabric

continues to be a part of the oral history of textiles
--a history that is often overlooked or underappreciated.

(KB) Used in places ranging from classroom settings and church
services to harbors and district offices, the medium of photography was not only intensively employed by colonialists to spread
the Christian faith, but also to align with their desired narratives. The historical photographs you gathered from books and
archives also show places of transit as poignant examples of
how the infrastructure planning under German colonial rule was
used to appropriate the urban face of Lomé. Could you talk
about what made you want to implement this archival material
in the publication?

(SR) The images are striking as they show moments of daily life
in the German protectorate as well as offering a visual
representation of how colonial powers imposed their identity on the landscape of Lomé through architecture. The
transformation of unexploited land into sites of religious
and urban infrastructure, for example, reveals a broader
strategy that not only reshaped physical spaces but also
redefined the sociocultural and spiritual landscape of the
area, highlighting architecture as a tool for domination
and control. Traditional African religions often take place
in open communal spaces that have a connection with the
natural environment. In contrast, colonial architecture,
churches in particular, confines people within rigid structures, both physically and ideologically, reinforcing the
power dynamics of the colonial state.

(KB) Judging from the lack of agency given to photographed
locals, these images of daily life appear to have been taken
by photographers working for the German colonial administration, as a means to uphold their propaganda. What strikes

me is that some of these archival photographs depict sterile,
almost empty environments of order and control, mostly devoid
of locals, of BIPoCs, to be precise. What were your main challenges in trying to locate sources that offer perspectives
beyond the Western narrative?

(SR) I completely agree that some of the images don't show
much local presence. This presence is also limited when
it comes to the fruition of the archive that isn't visited
often--only a few researchers go there. The main chal-
lenge in engaging with the photographic material was navigating the limitations of the archive in Lomé. Over the
past year, I've encountered significant obstacles, particularly related to the accessibility and preservation of the
original documents held there. Much of the documentation
has deteriorated over time as they haven't been properly
maintained. Many photographs aren't catalogued and con-
textualized; they are just stored in boxes without proper
identification, which means a lot of my effort went into
figuring out their historical background. Despite this,
I've noticed a strong connection between the archival
material and the oral histories I've been exposed to,
the latter being a crucial part of Togolese culture. This
observation made me reflect on the intersection of docu-
mented history and oral tradition, recognizing that oral
history often plays a more crucial role in transmitting
knowledge across generations.

(KB) How did this influence your artistic approach?

(SR) This realization strongly influenced my approach to the
exhibition, where I introduced the element of play, sym-
bolized by the game Ludo,[3] as well as video work in which
the information is disseminated through the voices of
people reading the documents. This approach allowed me

to engage with the material in a manner that is less rigid
and more reflective of the dynamic nature of oral history.
By incorporating play, I aimed to create a more fluid inter-
action with the archive, one that acknowledges its limitations while embracing the potential for reinterpretation and
recontextualization of the historical narratives it contains.

(KB) Ludo—the classic board game that is widely known as Sorry!
in English-speaking countries—plays an important conceptual
role in the exhibition. In order to win the game, each player
has to race their four tokens from start to finish, trying to
benefit from favorable dice rolls to advance their pieces as
fast as possible. Ludo also involves strategic movement, akin
to colonial maneuvers. The act of sending an opponent's token
back to their base sort of mirrors the conflicts where colonial
powers would push back each other's advances, striving to main-
tain their control. Can you explain how you translated the
game's concept into the exhibition?

(SR) By introducing Ludo, I found a way to explore the strategic
aspects of colonialism. In the exhibition, Ludo is depicted
through a video showing interactions among four players,
each representing a different language: Ewe, German,
French, and English. As the players move their tokens
on the board, they read excerpts from documents in the
national archive. There are two dice; the roll of one
of them determines the language in which the documents
are read, the other the player's movement on the board,
introducing a sense of chance and disorientation. This
randomness mirrors my experience in the archives, where
understanding is often difficult and information is medi-
ated through multiple linguistic channels. My research
focused on the methods used to enforce the German language
in Togo, a policy that ultimately failed. Ludo's strategic

nature is particularly relevant in that context, as the game echoes the colonial strategies and linguistic imposition seen in Togo's history. In the game, three out of the four players represent a different colonial power--German, French, and British--reflecting the competitive nature of colonial expansion and control. The goal isn't just to win the game but to engage in the strategic play of languages. By choosing Ludo I'm also connecting it to its historical background: it evolved from the ancient Indian game Pachisi, which dates back to the sixth century. When the British colonized India, they encountered Pachisi and adapted it into the game we know today. They simplified it, made it portable, and patented it in 1896 as Ludo, which is Latin for "I play." Ludo became popular not only in the United Kingdom but also across its colonies, as it was carried by British military and administrative networks.

(KB) Characterized by four dominant, monochrome dots placed over each black-and-white photograph, several compositions featured in this publication seem to explicitly direct one's gaze, bringing to mind notions of censorship--particularly when a person's face is blurred or concealed. A feeling of uncertainty persists. Does the placement of the dots serve as a certain metaphor?

(SR) The blurring effect, combined with the placement of these dots--similar to the movement of tokens as used in the Ludo game--is a way to obscure certain parts of the images, particularly those that show the inherent violence of colonialism. This blurring doesn't just hide the violence, it also symbolizes the frustration and difficulty of fully looking at this material. By not making the images fully accessible, I invite viewers to engage with the material in a way that resonates with the oral and fragmented nature of historical transmission and the broader context of colonial dynamics.

(KB) On a theoretical level, this method of deliberately denying access to visual information by means of blurring colonial imageries reminds me of Jean-Paul Sartre's Black Orpheus, in which he describes how "the colonized were continually subject to the white gaze." White colonists, however, "enjoyed the privilege of seeing without being seen."[4] Do you find resonance with Sartre's observations, and would you consider it a lens through which to approach the colonial subject-object dynamic?

(SR) To some extent I can agree with the idea that the colonialists enjoyed the privilege of "seeing without being seen," but at the same time I'm not entirely convinced they were actually looking. We often speak of the colonial gaze, but gazing at something is very different from just seeing it and the German colonial experience in Togo is an example of this disconnect. Unlike the missionaries--who were more attuned to local resistance and understood that engaging with native languages was crucial for control--German colonizers completely ignored the complexities and resistance of the Togolese people. They failed to recognize that their efforts to impose the German language were largely rejected. I think the colonizers' lack of scrutiny of the native perspective reveals their failure in truly understanding the act of gazing.

August 2024

1 Mina is a colloquial variant of standard Ewe and is also more frequently spoken in the capital city of Lomé. 2 French psychoanalyst Jacques Lacan (1901--1981) first introduced the psychoanalytic concept of the mirror stage in 1936, characterizing it as the pivotal moment in which a child recognizes their reflection in a mirror, thereby initiating the formation of the "I" or self-identity. This recognition is simultaneously empowering and alienating, as the child identifies with an idealized image distinct from their actual physical existence. The mirror stage signifies the commencement of the ego's development, marking the emergence of a stable structure

of subjectivity as the individual begins to construct their identity in relation to others. **3** The classic board game Ludo is an adaption of the ancient Indian cross-and-circle game called Pachisi. Ludo is considered to be a more complex version of Mensch ärgere Dich nicht (German for "Man, Don't Get Angry"), the equivalent game commonly played in German-speaking countries. Ludo is highly valued in Togolese culture, as it provides a way for people to gather, contributing to integration in everyday life. Each player chooses one of the four colors (blue, green, red, or yellow) to race their tokens around the board game as fast as possible, aiming to be the first to complete a full circuit. Given the result of each throw of the dice, a player can negate the progress of another. **4** Jean-Paul Sartre, "Black Orpheus" (1948), trans. John MacCombie, Massachusetts Review 6, no. 1 (Autumn/Winter 1964--65): 13--52, here 13.

New Documentary Strategies
C/O Berlin Talent Award

The term might sound objective enough, but the act of documenting can never be wholly neutral--and the same applies to documentary photography. This fact is especially worth bearing in mind when questioning the veracity of photographs taken in the past. Every photographer's practice is defined by a different point of view. What strategies are used to interpret documentary images? Which power structures might such images reflect? And what new approaches need to be developed in order to consider documentary photography in the twenty-first century?

Since 2018, the C/O Berlin Talent Award has focused on new documentary strategies. The prize offers a forum to consider precisely these questions from multiple, often unexpected perspectives. This program supports emerging artists and critics in fine-art photography and theory who are in the position to critically examine documentary traditions, narratives, and aesthetics while developing or considering new and innovative photographic strategies.

Each year, two prizewinners are named in the categories of
Artist and Theorist, and each receives a cash prize. The
artist's project is exhibited in an independently planned
solo exhibition at C/O Berlin.

Moreover, the Artist's work and the Theorist's essay on the
project are published in an accompanying monograph, uniquely
bringing together theory and practice. C/O Berlin has awarded
the Talent Award since 2006, introducing emerging photographers and theorists to an international audience. So far, more
than ninety talents have been championed and supported--and we
are delighted that Silvia Rosi and Katrin Bauer are carrying
forward this tradition.

Veronika Epple
Junior Curator
C/O Berlin

Congratulations from the Alexander Tutsek-Stiftung!

In contrast to other forms of fine-art photography, documentary photography is particularly charged with the responsibility of constantly questioning anew the meaning of "reality." What does it mean today to document using photographs?

It not only entails developing innovative new practices, but also reflecting on and critically querying historic traditions and mechanisms in documentary photography, particularly as practiced in the West. A new generation of photographers and critics is thinking carefully about precisely this inheritance and considering the perspectives of the subjects depicted as well as the individuals taking the photographs--most importantly when determining whose story is actually being told and presented in an image.

These topics and questions can be found in the work of Italian artist Silvia Rosi, winner of the C/O Berlin Talent Award 2024 in the category of Artist. Against the backdrop of Togo's colonial past and her own Togolese roots, Rosi uses the photographic still image and the moving image to explore how language can shape both individual and collective identities.

Moreover, we are delighted that the jury selected Katrin Bauer
in the category of Theorist. Bauer is a curator and author based
in Munich. In the past, she has worked on camera-based media as
well as focusing on postcolonial themes within photography.

For the fifth time now, the Alexander Tutsek-Stiftung has sup-
ported the C/O Berlin Talent Award, an exceptional program for
emerging photographers and theorists. In doing so, we actively
bolster exhibitions and publications on societally relevant
topics as well as new developments in documentary photography.

On behalf of the Alexander Tutsek-Stiftung, I would like to
most warmly congratulate Silvia Rosi and Katrin Bauer on
their achievement. I look forward to seeing these projects
reach fruition.

Dr. Eva-Maria Fahrner-Tutsek
Chairwoman of the Board
Alexander Tutsek-Stiftung, Munich

C/O BERLIN TALENT AWARD 2024

This book was created with materials sourced from the National Archives in Lomé, Togo, including original documents, prints of scanned images and reproductions of materials that, in some cases, are no longer present in their original form within the archive. I would like to thank the archivist and librarian at the National Archives for assisting me in my research and in particular Kokou Nouwavi, who helped me source some of the images featured in this work.--Silvia Rosi

This book is published as part of the C/O Berlin Talent Award 2024 on the occasion of the exhibition.

Silvia Rosi . Protektorat
February 1 to May 7, 2025

Each year, the C/O Berlin Talent Award honors a tandem of Artist and Theorist. In 2024 the prize was awarded to Silvia Rosi and Katrin Bauer.

C/O Berlin Foundation
Amerika Haus
Hardenbergstrasse 22--24 . D--10623 Berlin
www.co-berlin.org

Editor
Veronika Epple for C/O Berlin Foundation

Curator
Veronika Epple

Loans and exhibition management
Carolin Bollig

Art Direction
Marc Naroska

Design
Marc Naroska . Max Schürmann

Translations
Sylee Gore (English)
Dr. Sylvia Zirden (German)

Copyediting
Dr. Tas Skorupa (English)
H von G--Katrin und Hans Georg Hiller von Gaertringen (German)

Limited Edition
800 Copies

Published by
Spector Books
Harkortstrasse 10 . D--04107 Leipzig
www.spectorbooks.com

Distribution
Germany, Austria: GVA, Gemeinsame Verlagsauslieferung Göttingen GmbH & Co. KG, www.gva-verlage.de
Switzerland: AVA Verlagsauslieferung AG, www.ava.ch
France, Belgium: Interart Paris, www.interart.fr
UK: Central Books Ltd, www.centralbooks.com
USA, Canada, Central and South America, Africa: ARTBOOK/D.A.P., www.artbook.com
South Korea: The Book Society, www.thebooksociety.org
Japan: twelvebooks, https://twelve-books.com
Australia, New Zealand: Perimeter Distribution, www.perimeterdistribution.com

First Edition
Printed in Germany
ISBN 978-3-95905-899-5

Made possible by

**ALEXANDER
TUTSEK——
——STIFTUNG**

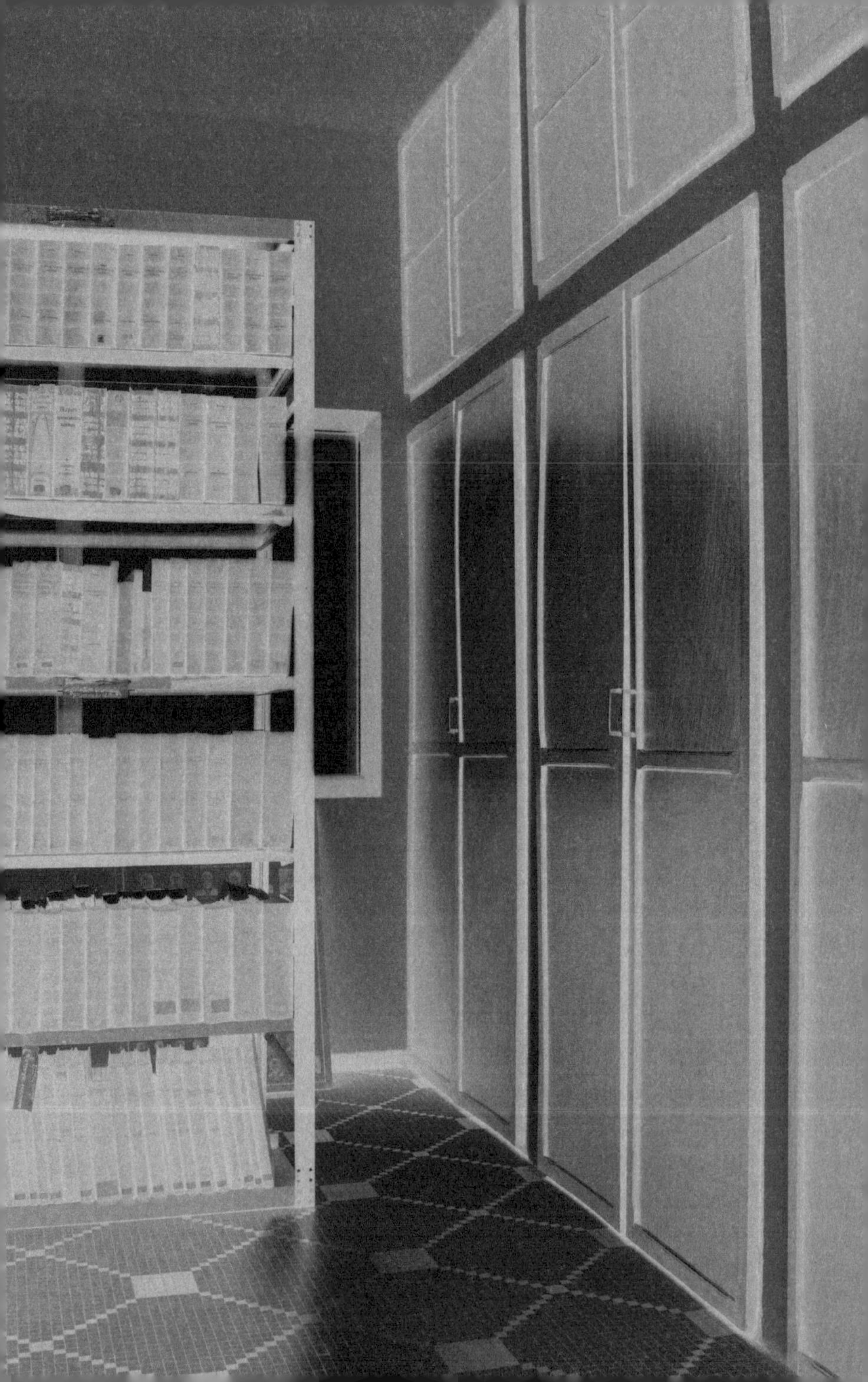

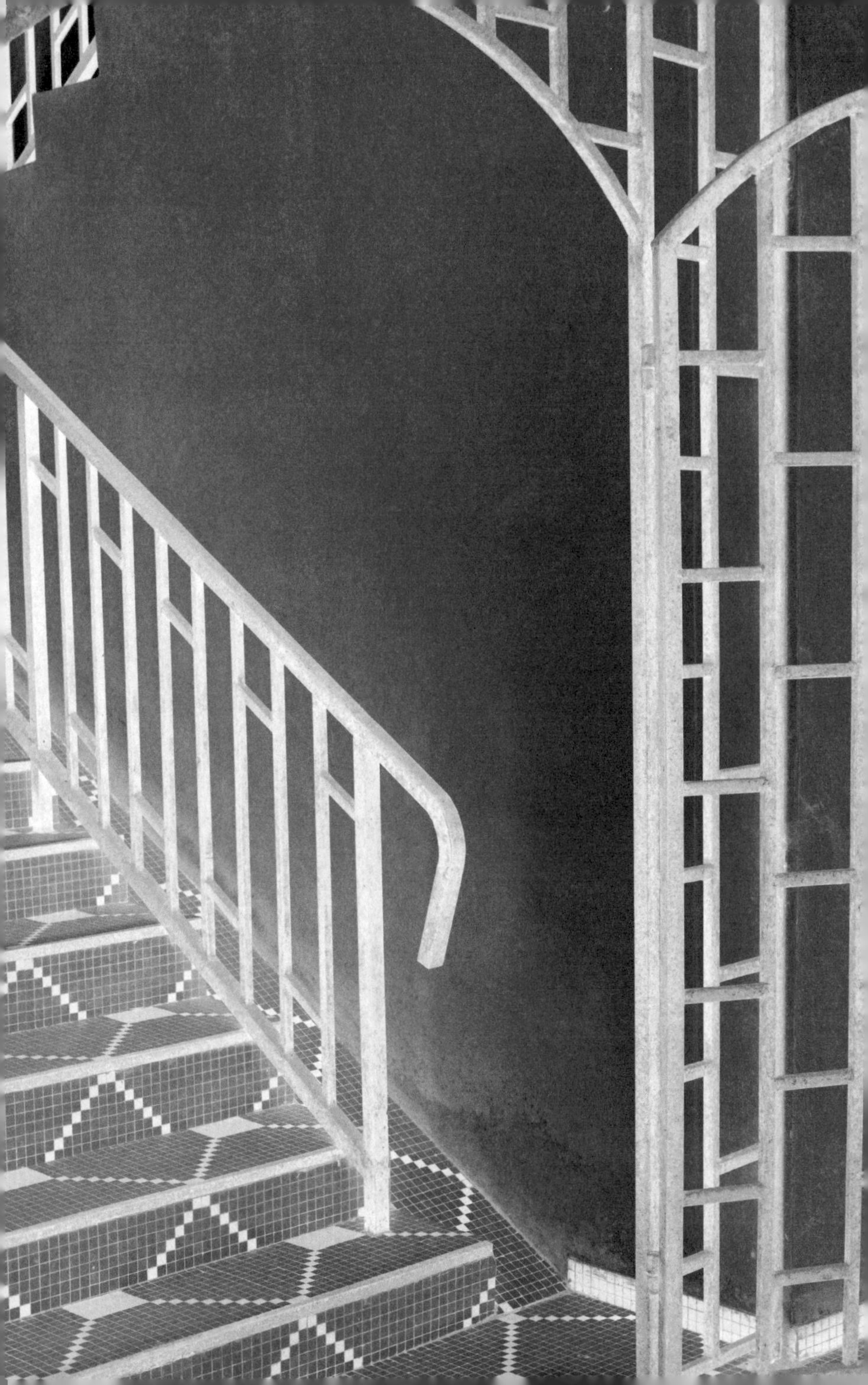

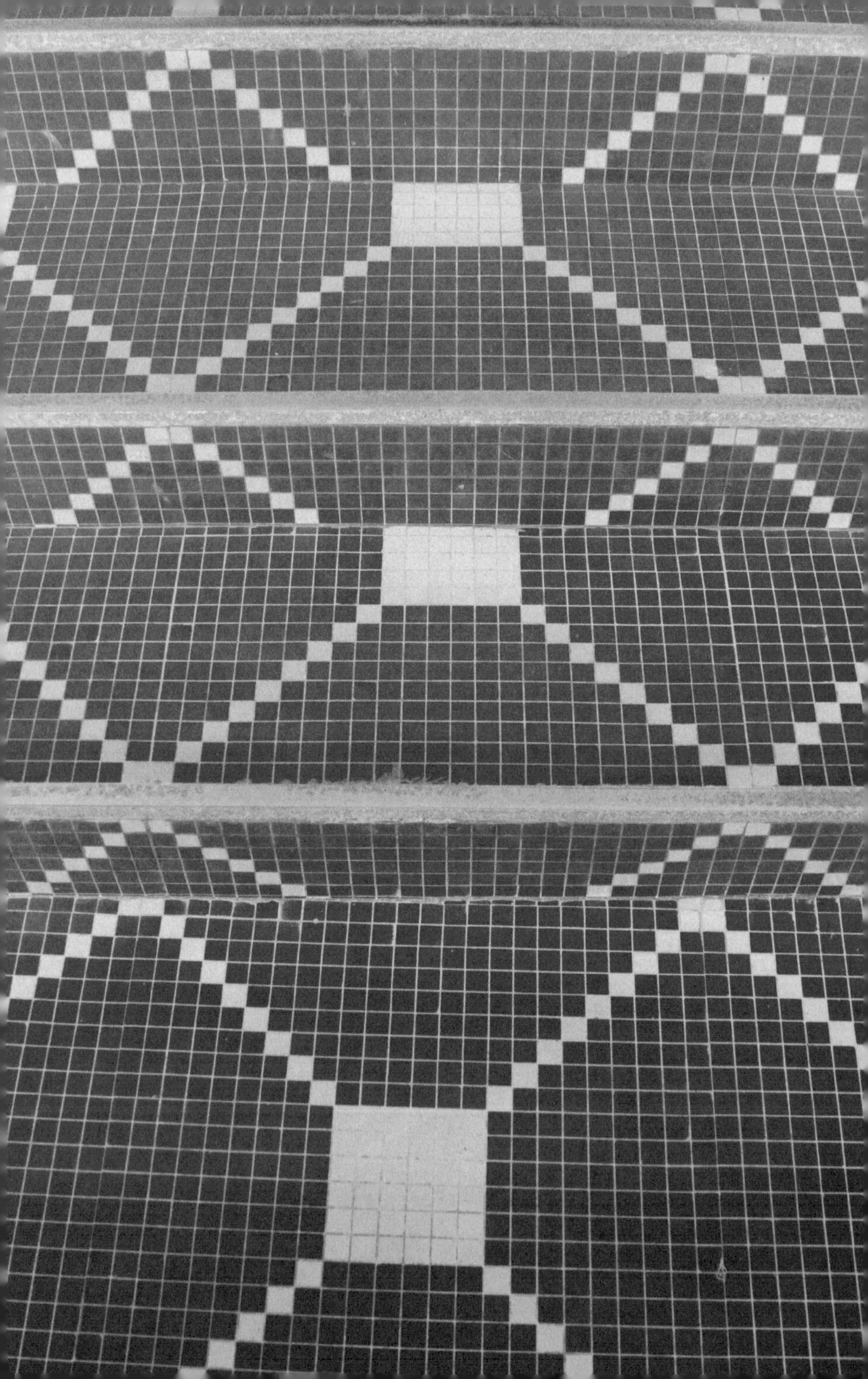

Khaki Worsted Twill
...ric White Twillette
Khakil Helmet with
    Do.   Cover
White Helmet wi...
         Cover
...ps Blue Puttees
Brown Check Home...
...n White Twillette ...
    Strapped same ...
...ozen Linen Collar...
Tin Lined Box

5. Pterocarpus indicus
6. Cedrela odorata
7. Casuarina equisetifolia
8. Eucalyptus in 10 Arten:
    a. amygdalina
    b. globulus
    c. fibrosa
    d. corymbosa
    e. amygdalina
    f. terminifera
    g. carnearenophyt
    h. rostrata
    i. rostrata

An

ma Curt Georgi

Leipzig, *Wallstr. 13/15*

In Rückschluß an das Schreiben
12 März d. J.

45

LOME,

WEST AFRICA, *Den 7. Mai* 190_

An das
Kaiserlich Gouvernement!
Lome

Wir sind beauftragt von
Hr. B. R. Williams, Quittek an die
Regierungskasse den Betrag von Mark 35.—
zu zahlen, welche er einer Firma Curt
Georgi, Leipzig schuldig ist.

Wir bitten um Empfangsbescheinigung
und zeichnen wir

Hochachtungsvoll
pp. F. A. Swanzy
...

vor
35 — M sind
von der Firma Swanzy
gegen Quittung eingezahlt.
...
17. 5. 02.

34, 80 M
34, 80 M
sind so 34, 80 M
sind laut ...
ans Georgi abgesandt

[…] der Landeskommission in Agbeliko statt. […] April erfolgte die Festlegung der […] Grenzziehungen. Mit dieser Landerwerbung […] sich die Mitglieder der Landkommission […] die er im Interesse der Eingeborenen […] sowohl als die der Deutschen Togogesellschaft zu be[…]tig[en], er es für genügend betrachtbar […], um eine lebensfähige Pflanzung zu begründen.

Wie aus der einliegenden Tabelle ersichtlich ist, beträgt der gesammte Grundbesitz der Serie Nyambo 5784 ha, wovon 650 ha von der Togogesellschaft erworben worden sind, so daß nach Abzug von 20 ha der Norddeutschen Mission als Grund der Eingeborenen 5114 ha geblieben. Kopfzahl der Eingeborenen von Nyambo betr[ägt] einschließlich der vorübergehend Abwesenden 1549. Somit verbleiben nach der Kopf 3.28 […]

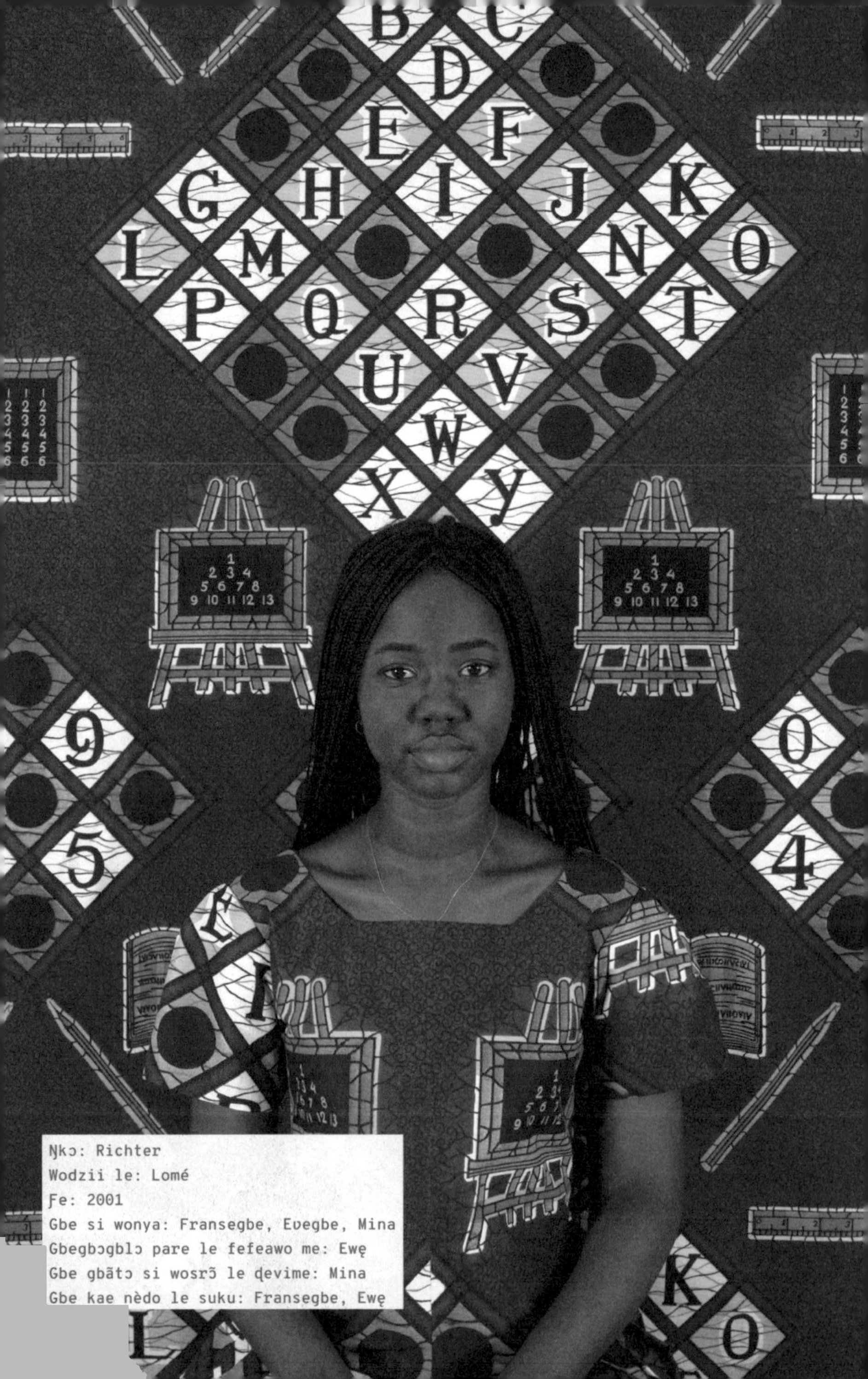

Ŋkɔ: Richter
Wodzii le: Lomé
Fe: 2001
Gbe si wonya: Fransegbe, Eʋegbe, Mina
Gbegbɔgblɔ pare le fefeawo me: Ewę
Gbe gbãtɔ si wosrɔ̃ le ɖevime: Mina
Gbe kae nèdo le suku: Fransegbe, Ewę

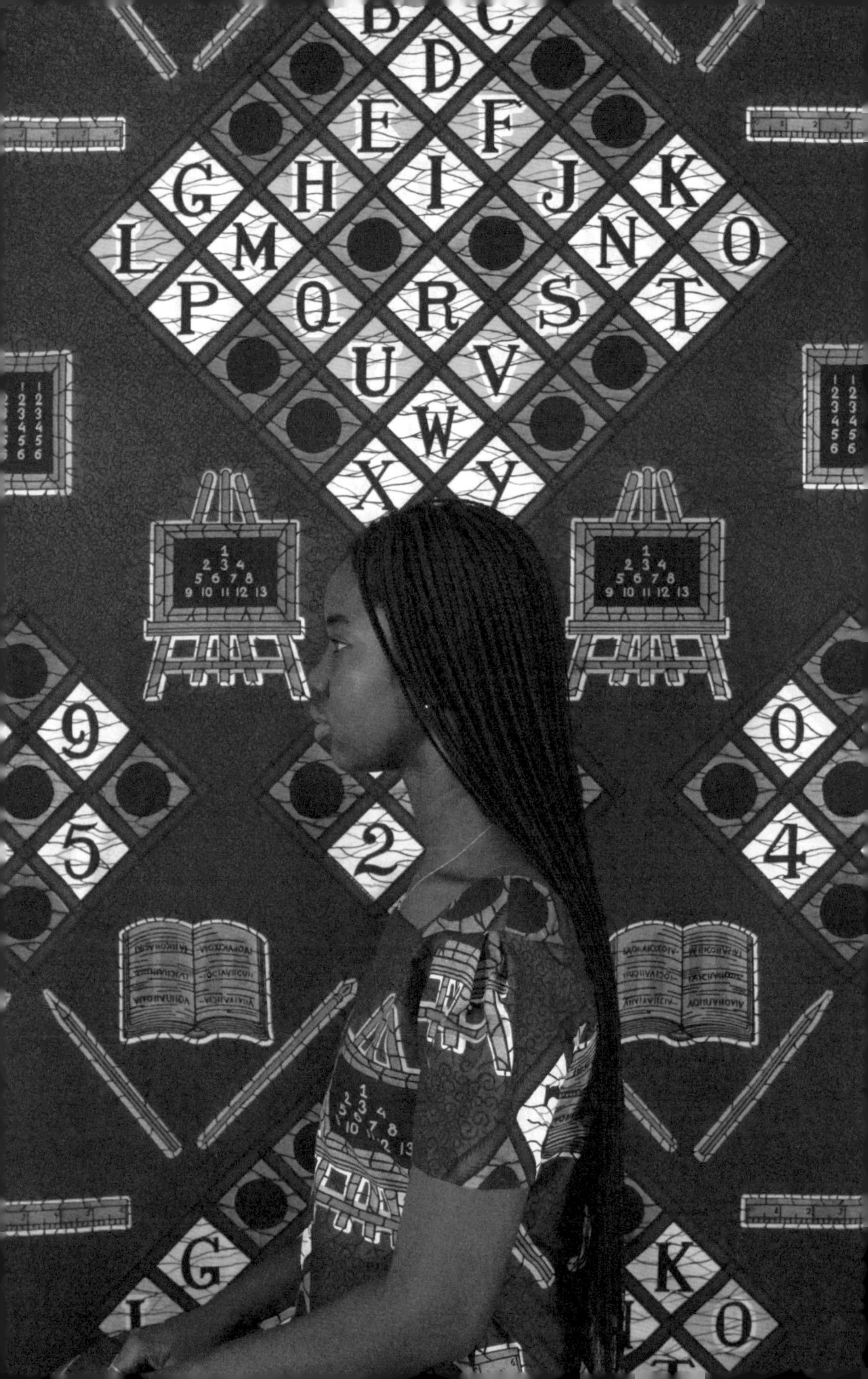

B C
D
E F
G H I J K
L M N O
P Q R S T
U V
W
X Y
9 0
5 2 4
G N O

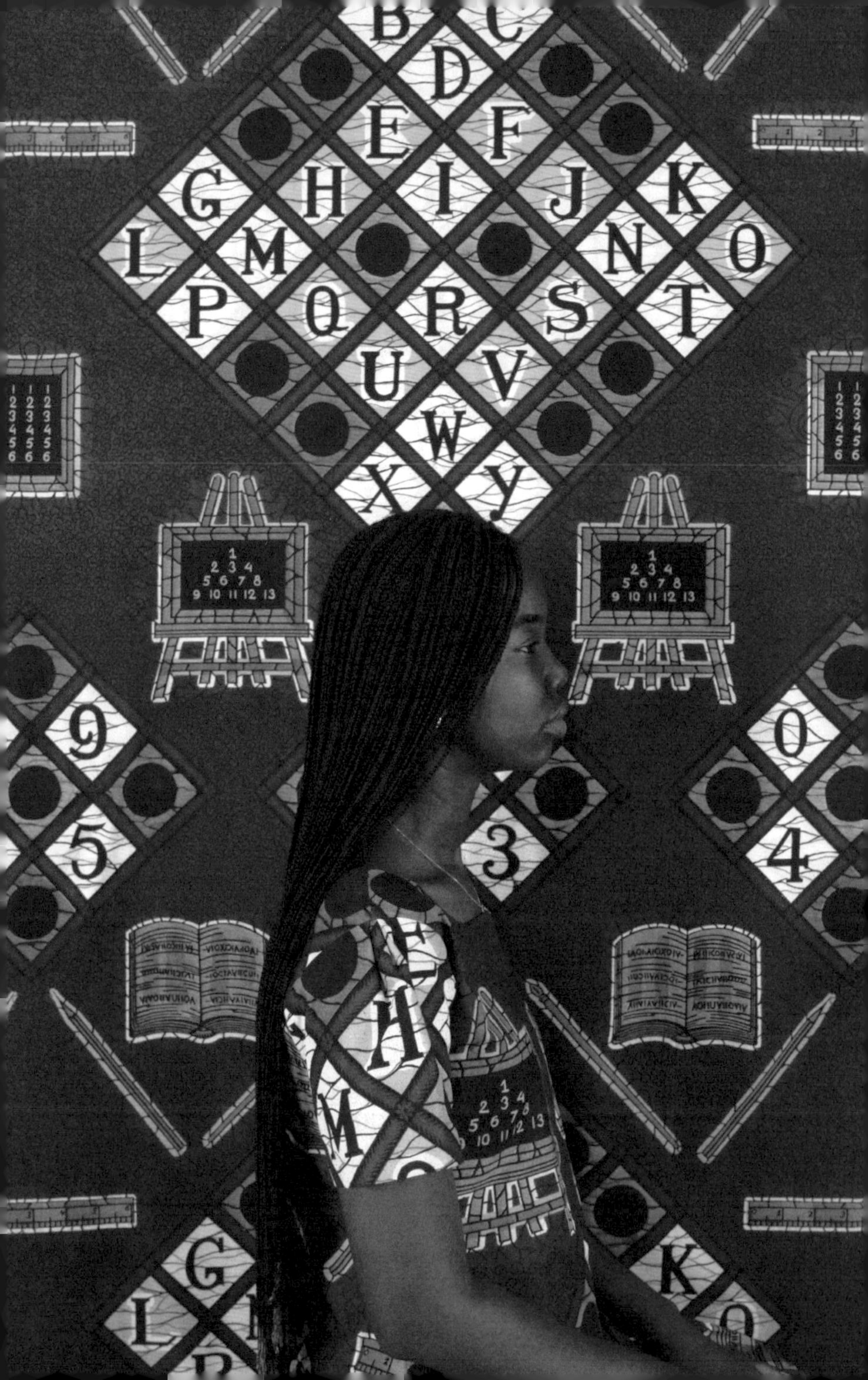

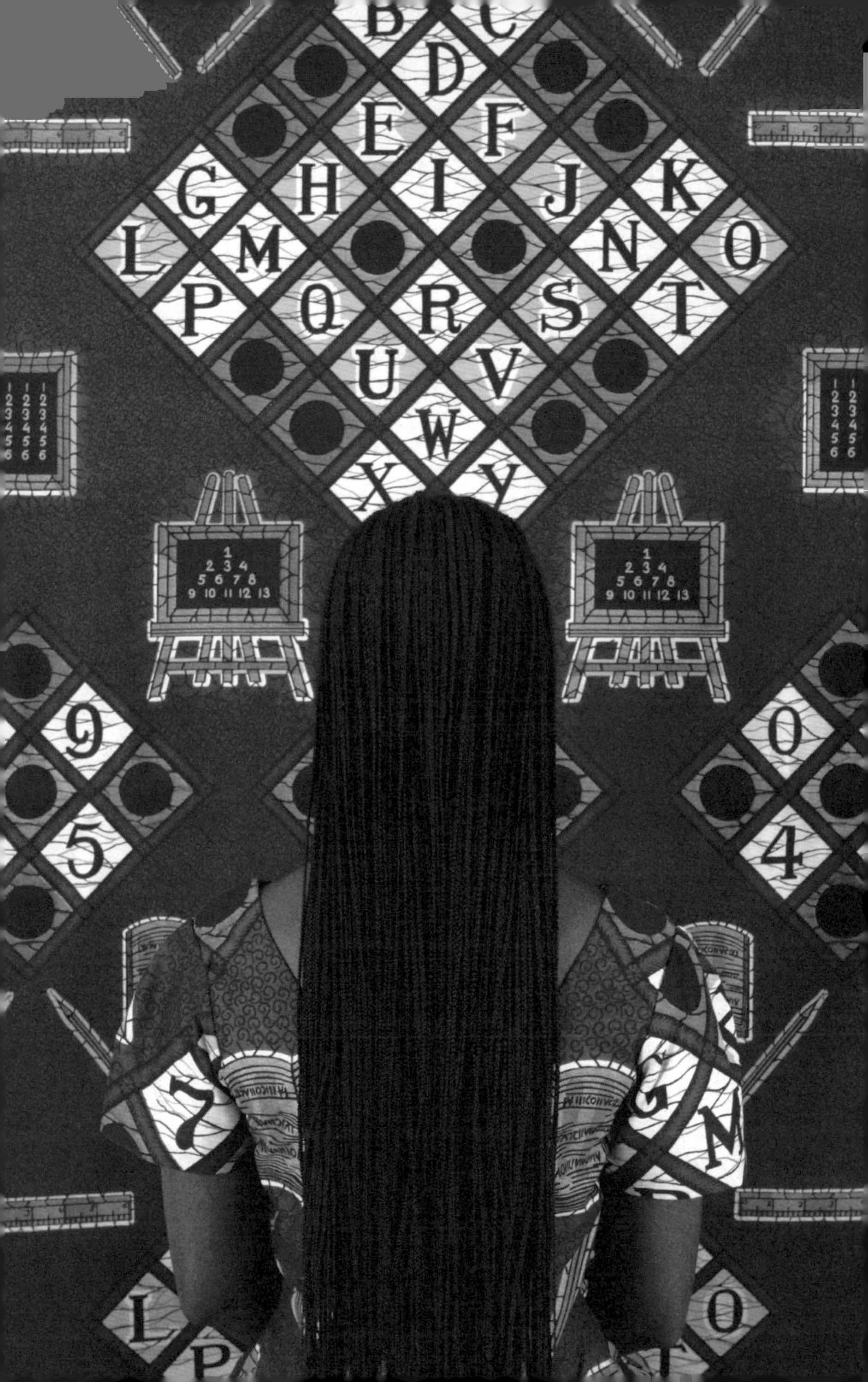

B C
D
E F
G H I J K
L M N O
P Q R S T
U V
W
X Y
1 2 3 4
5 6 7 8
9 10 11 12 13
1 2 3 4
5 6 7 8
9 10 11 12 13
9 0
5 4

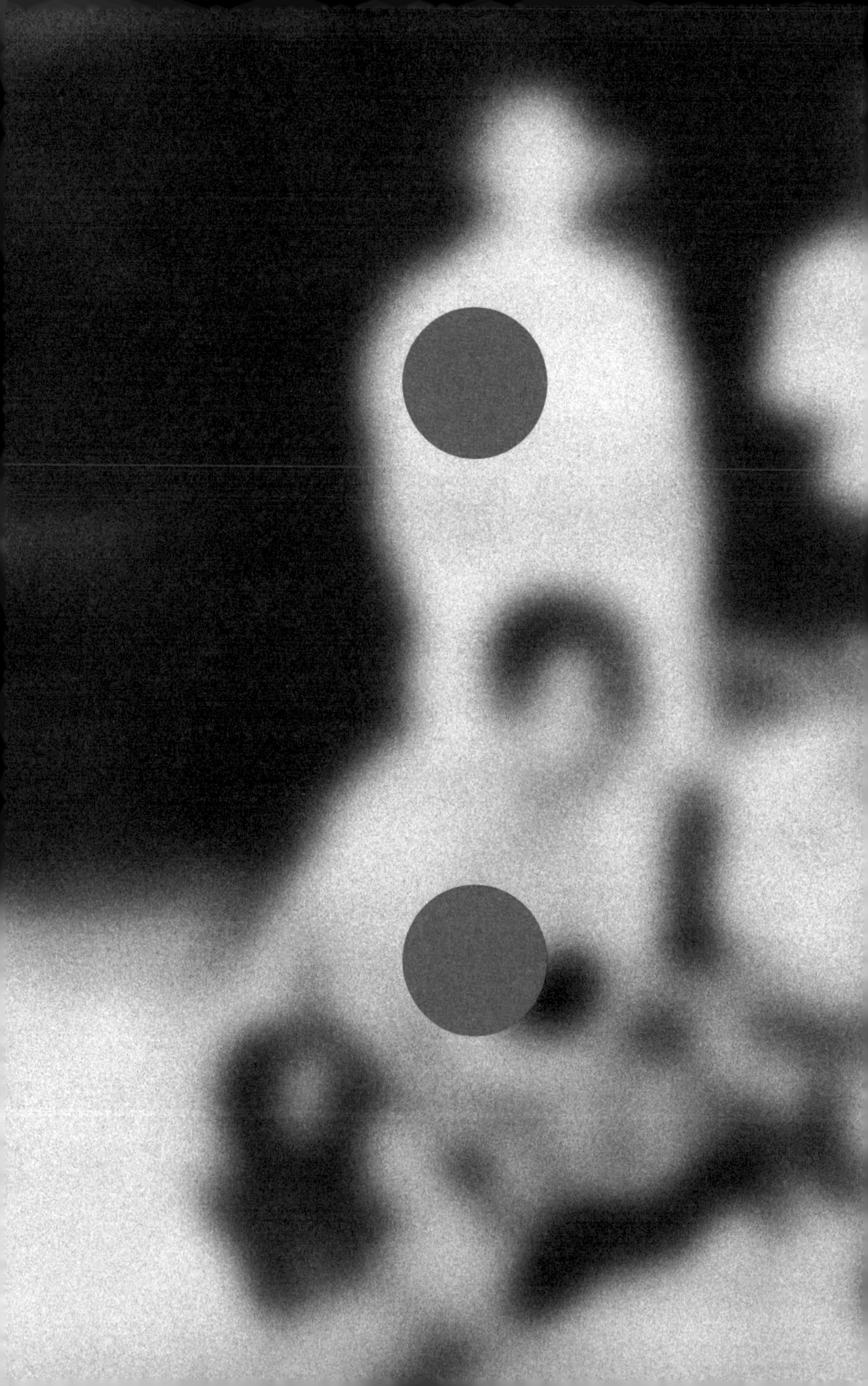

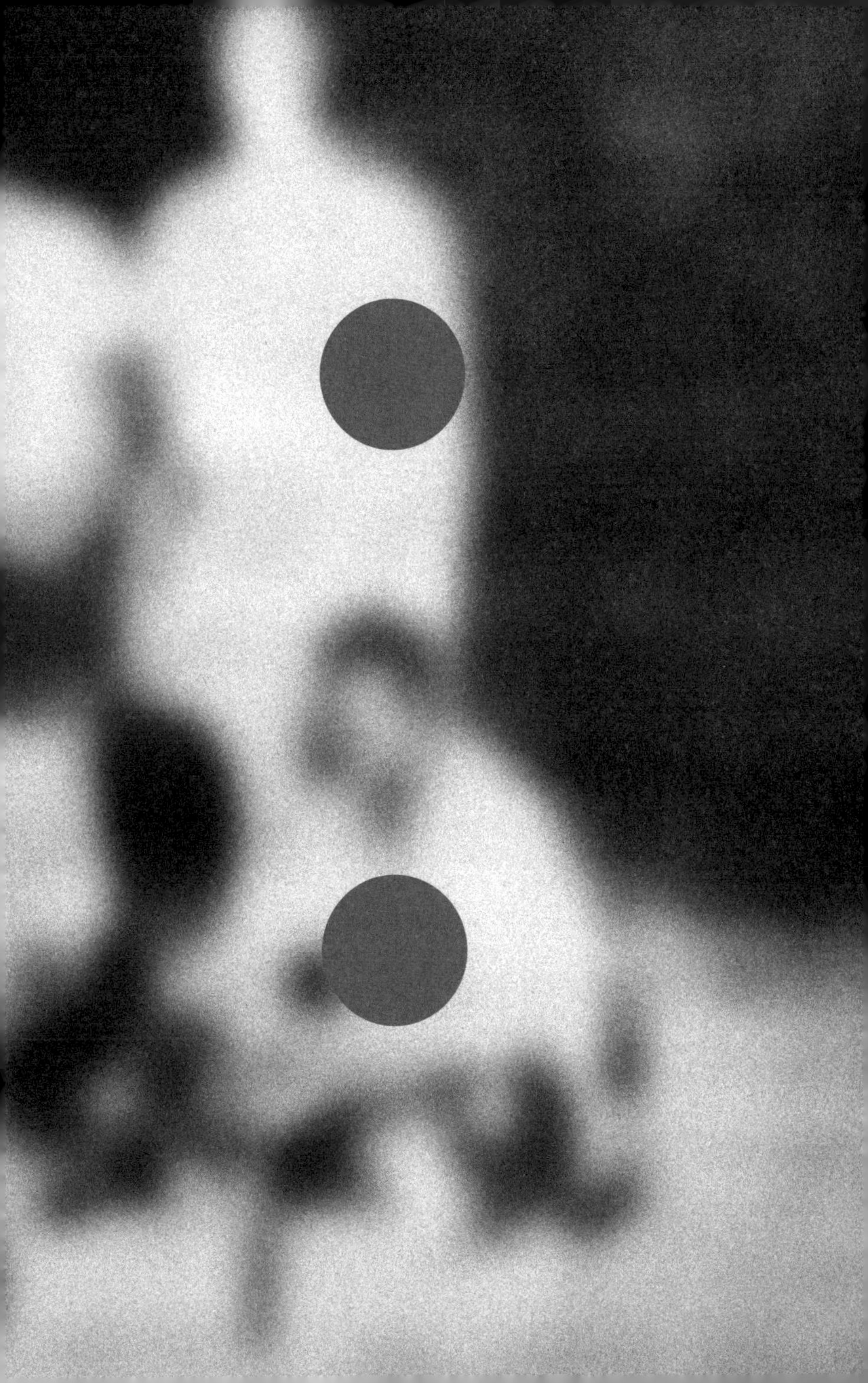

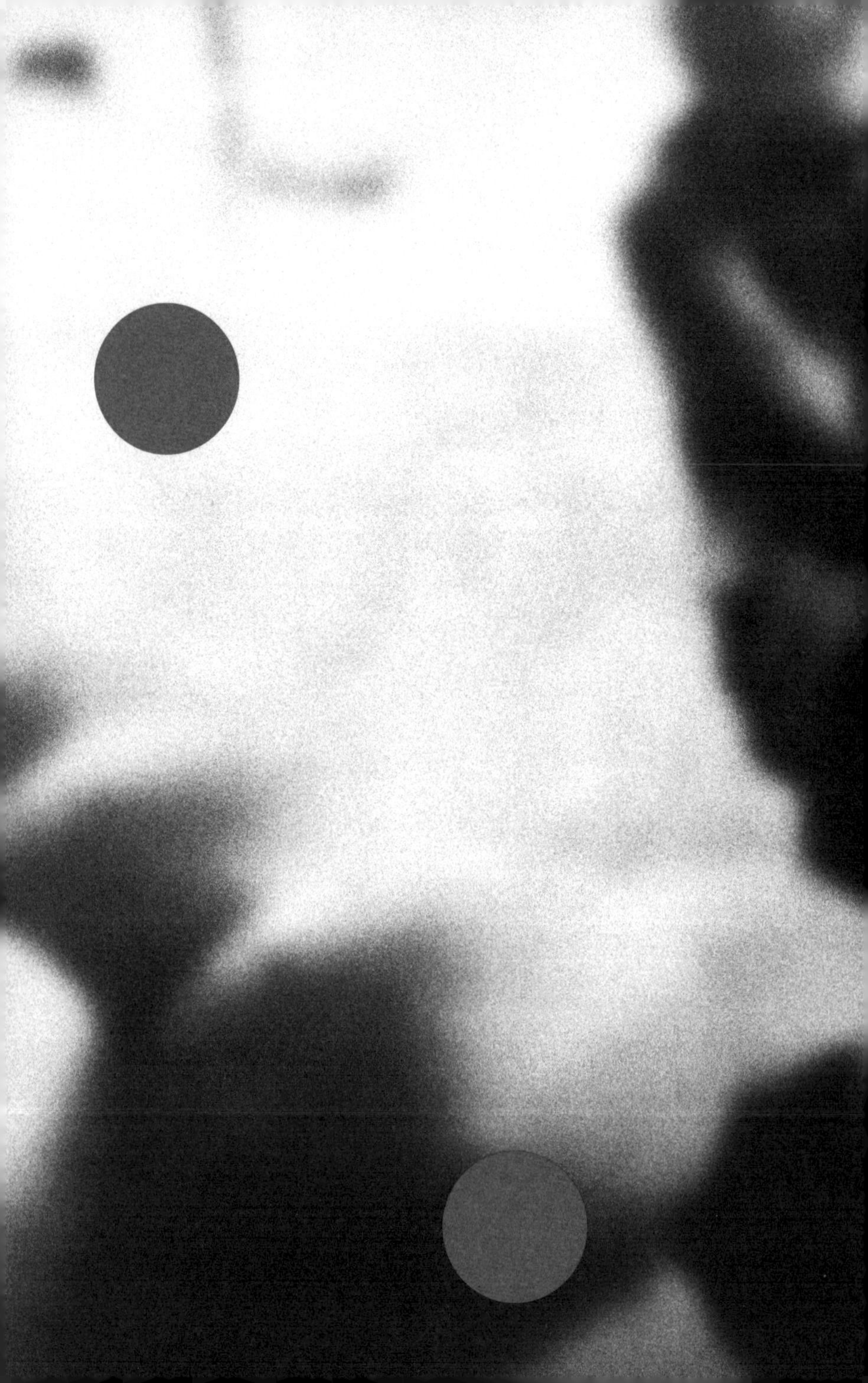

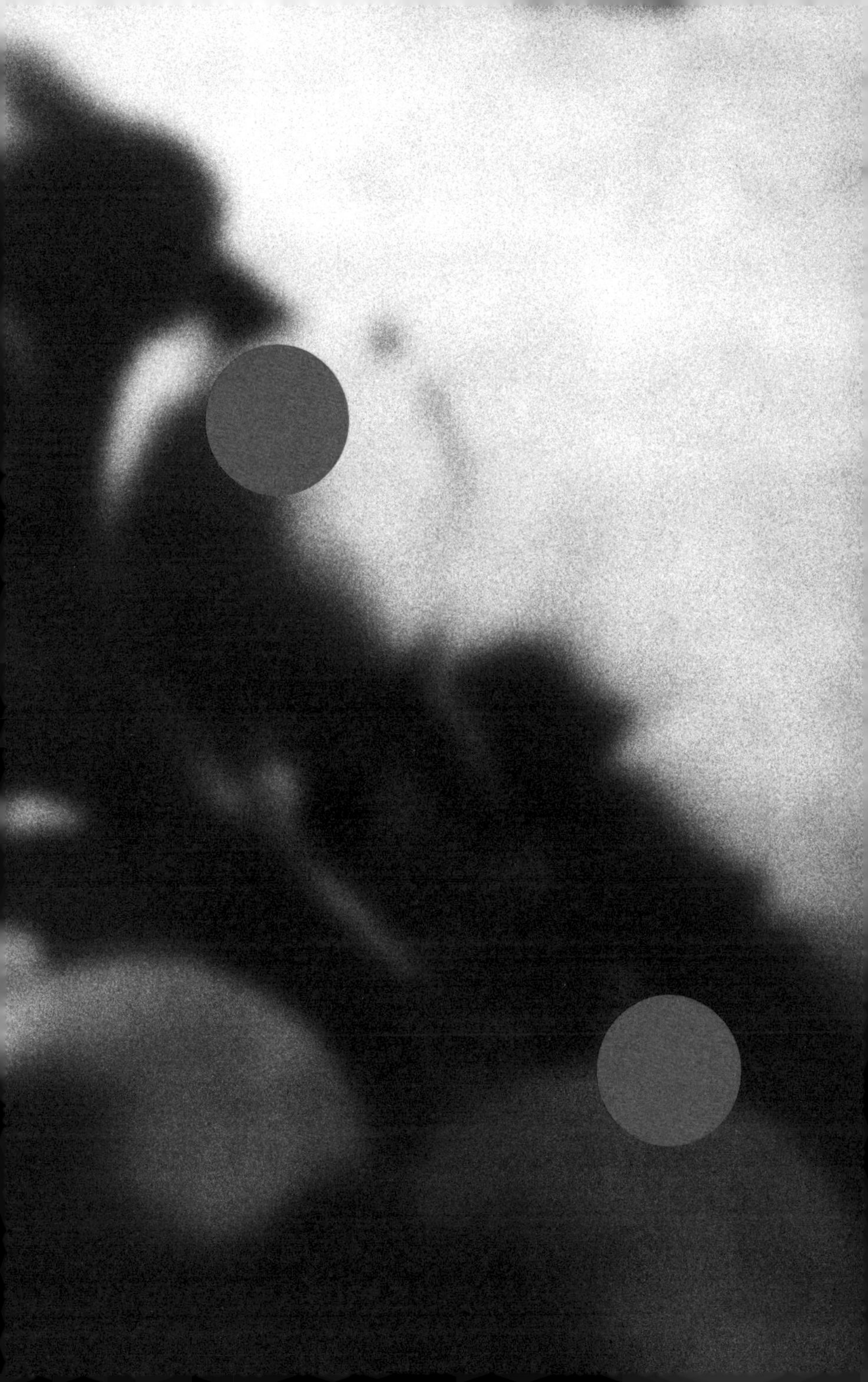

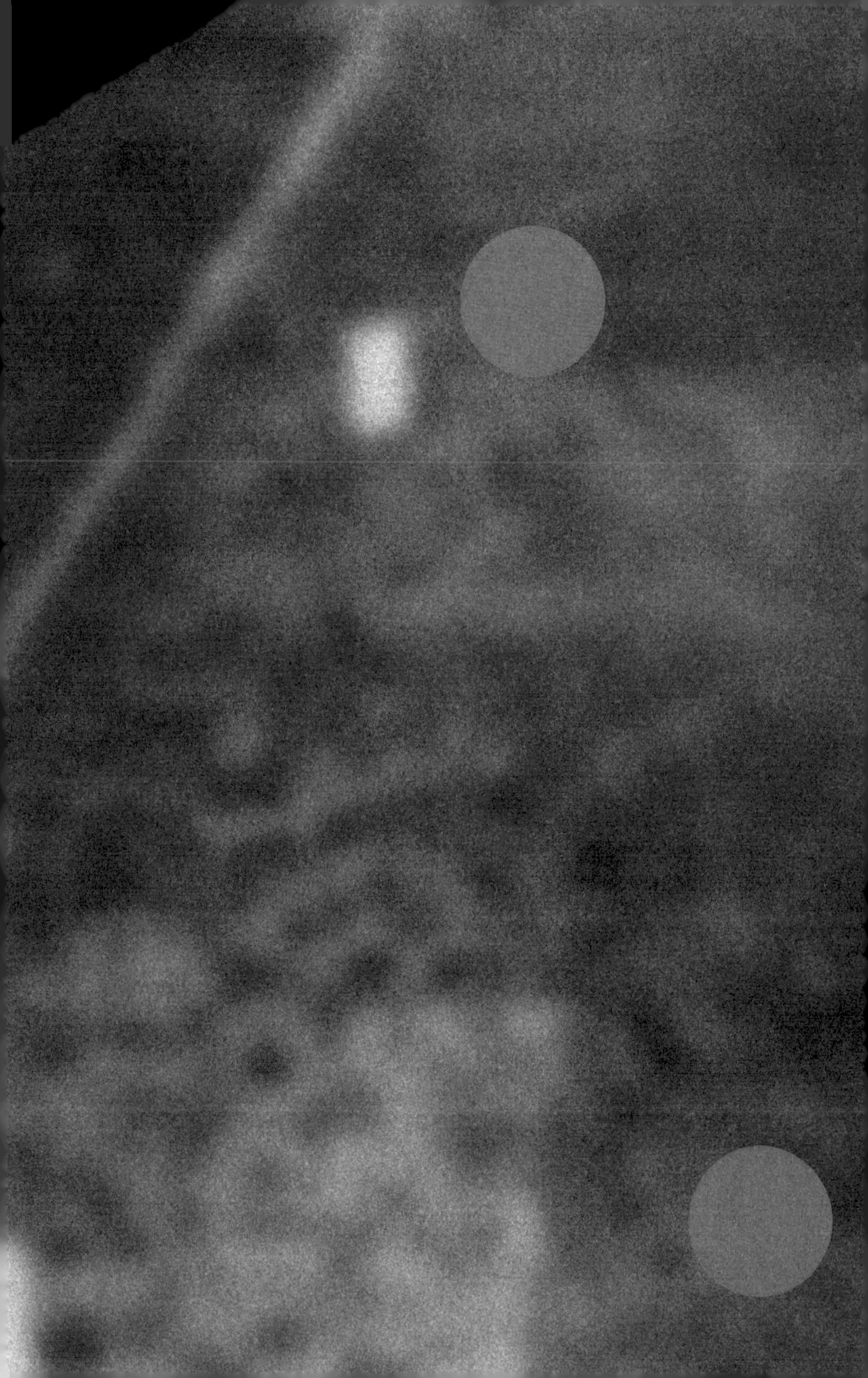

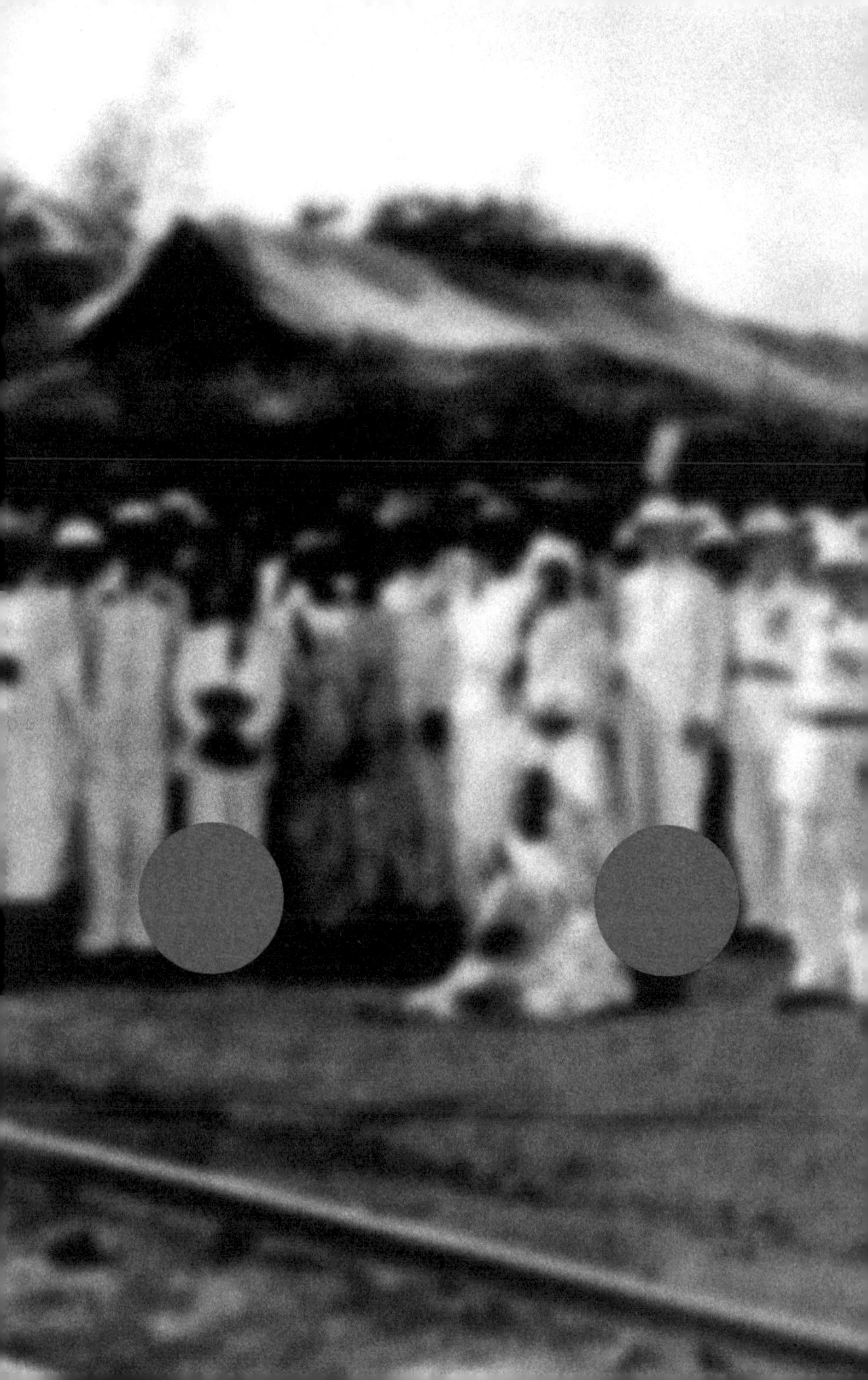

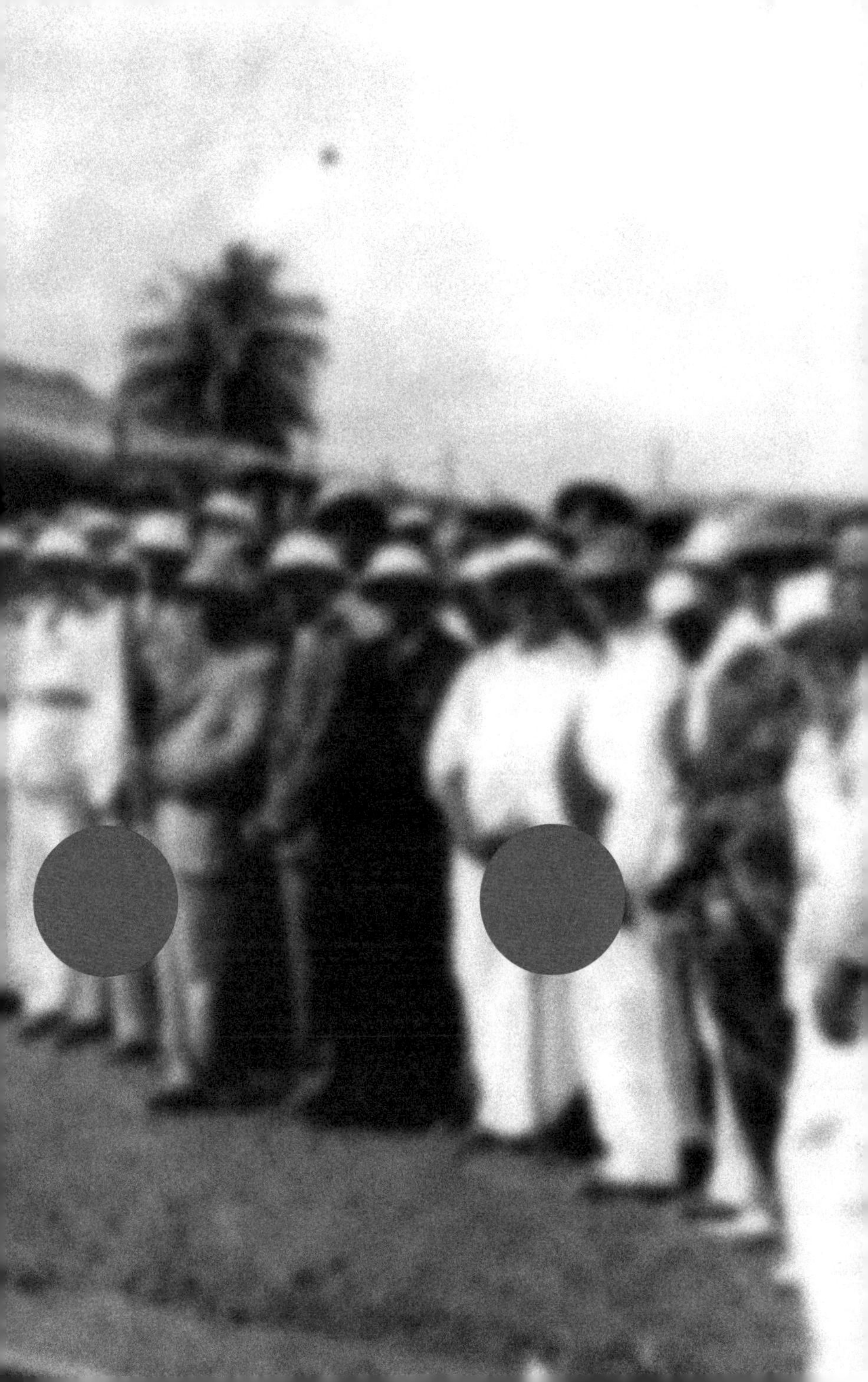

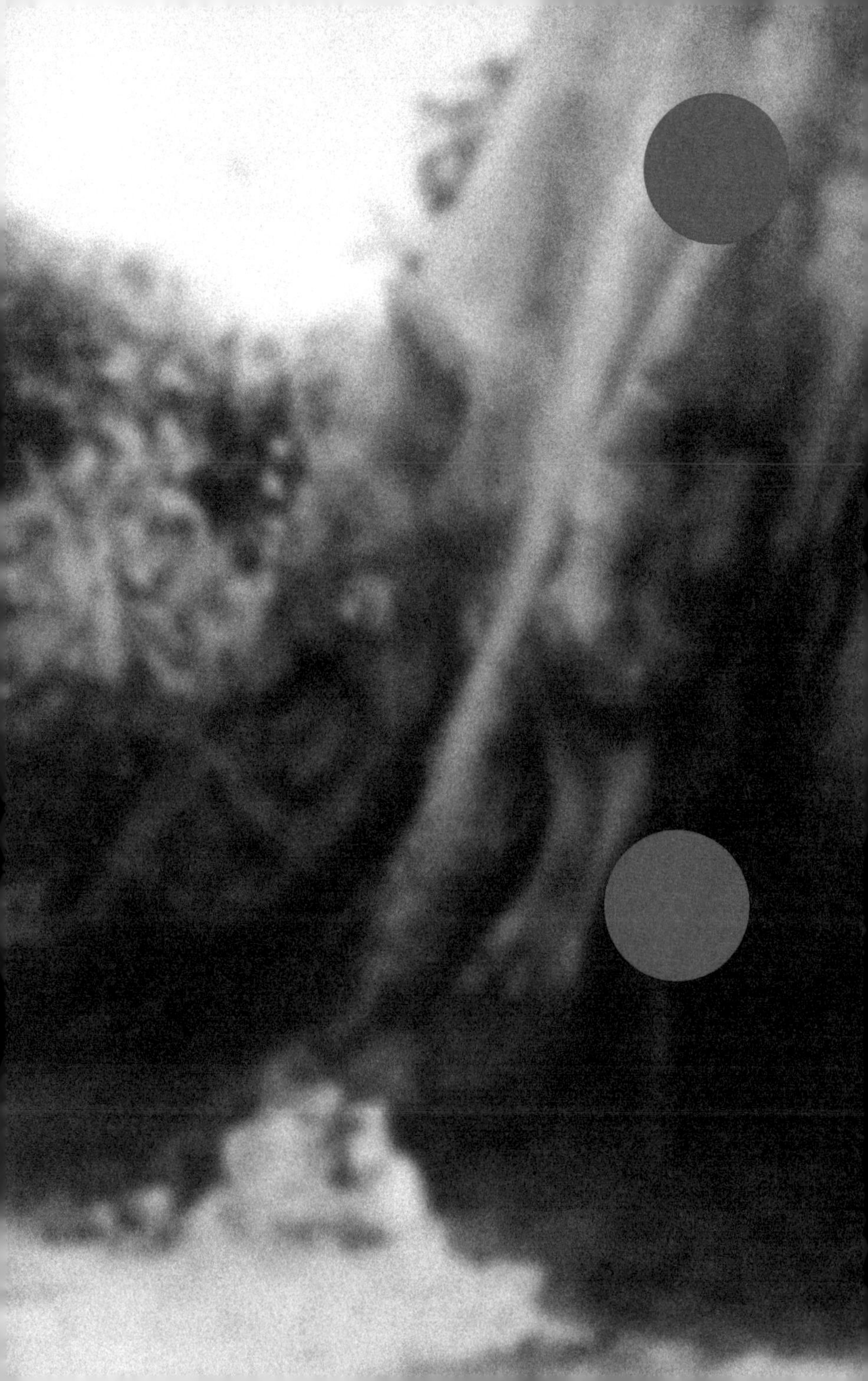

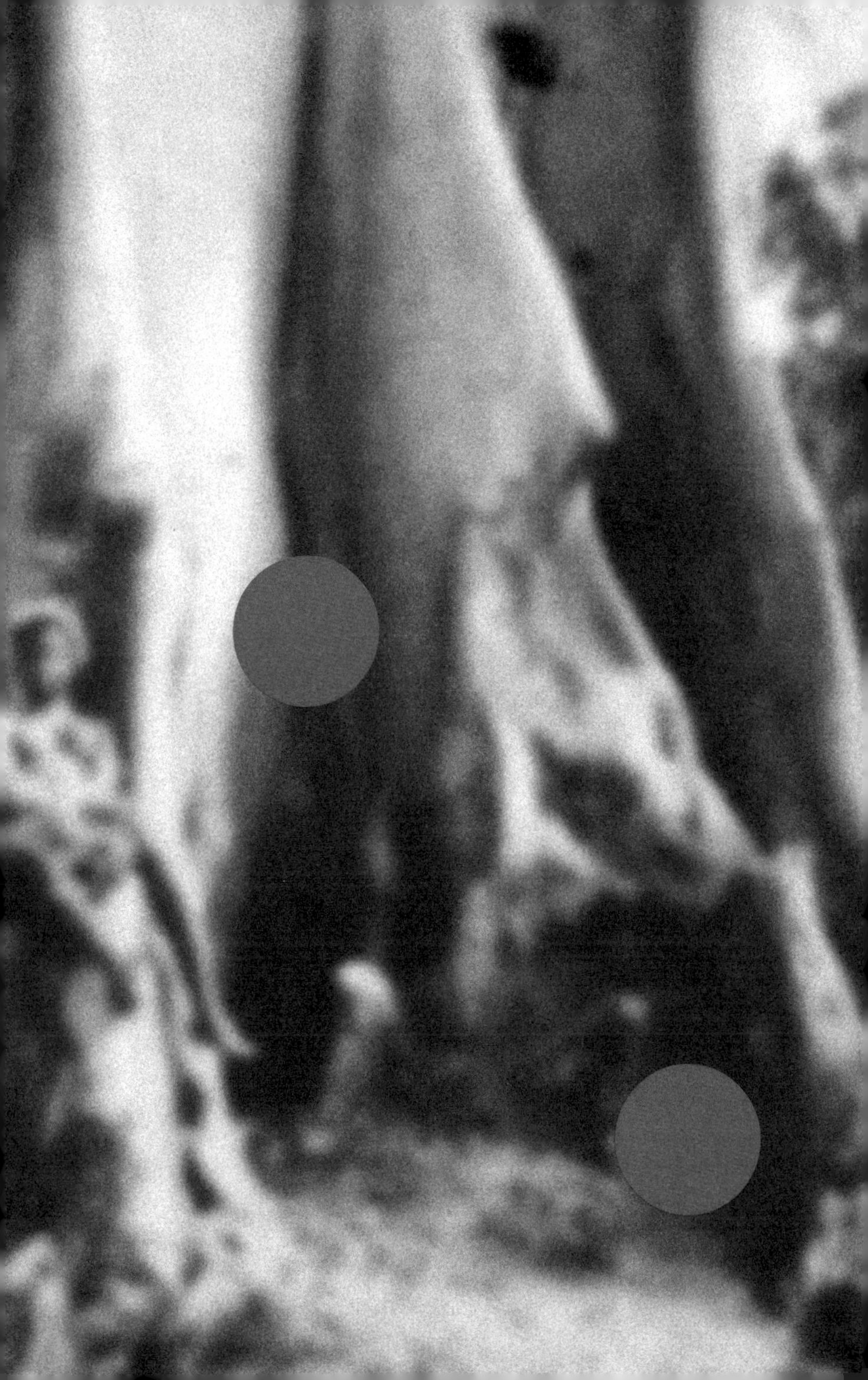

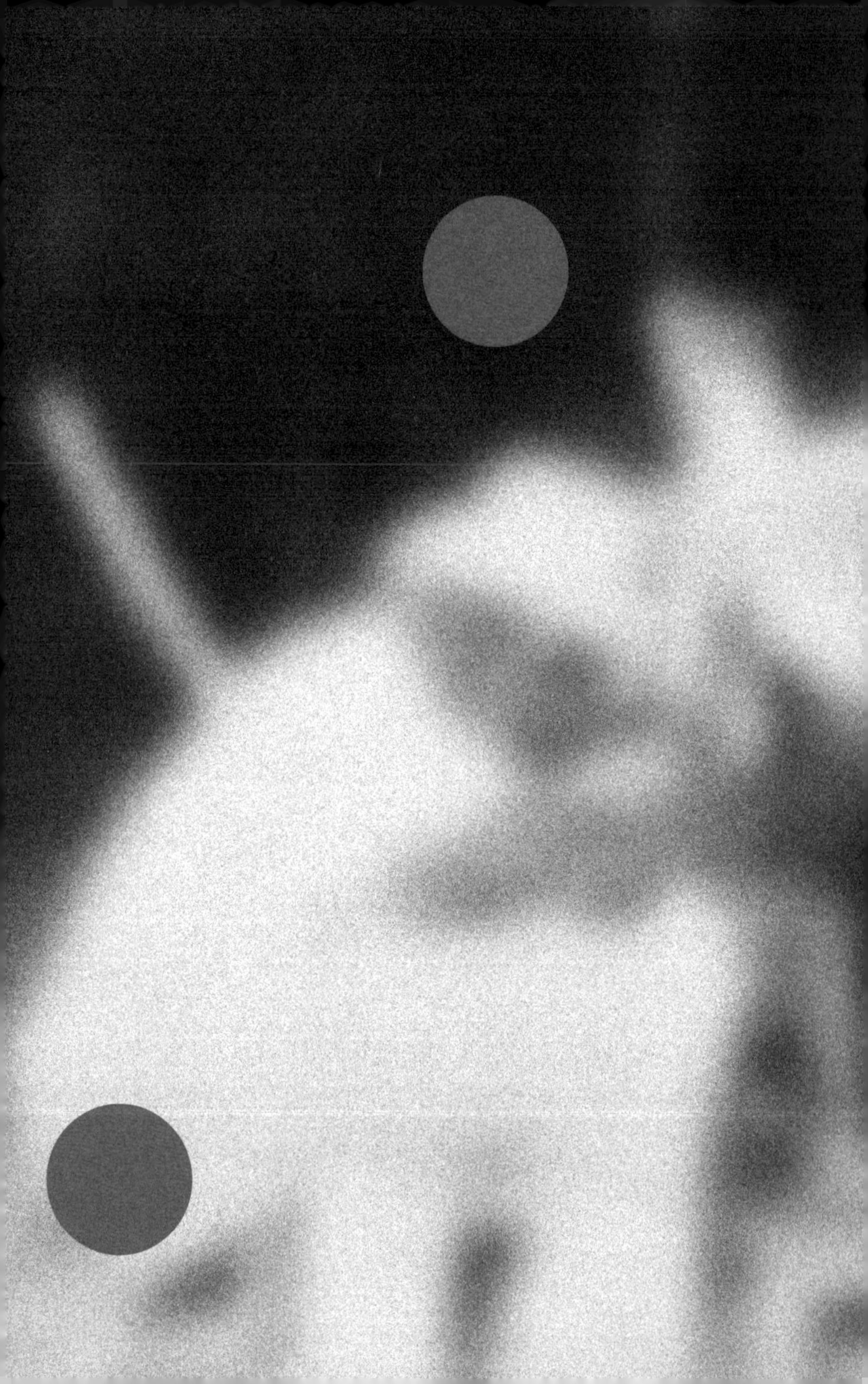

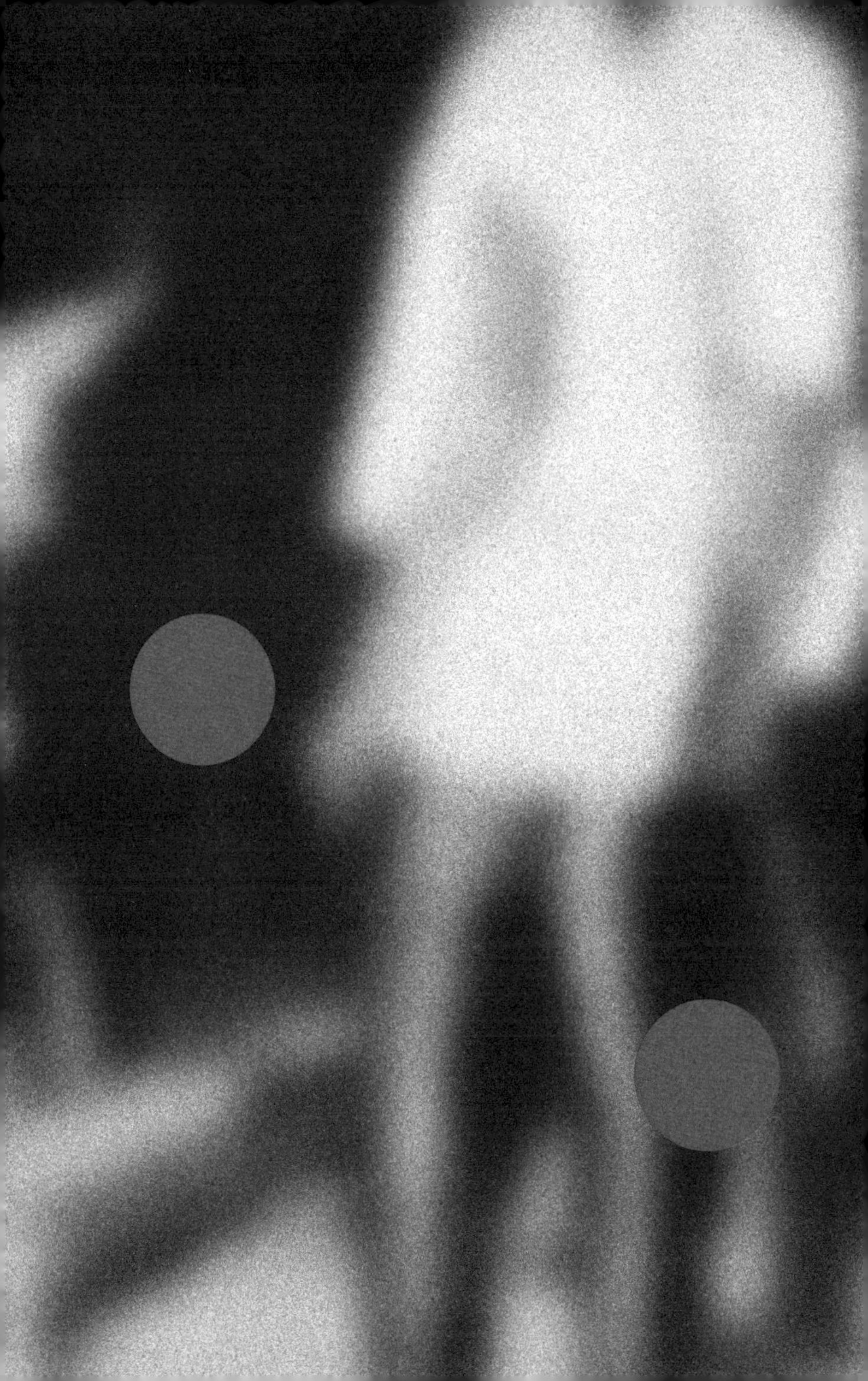

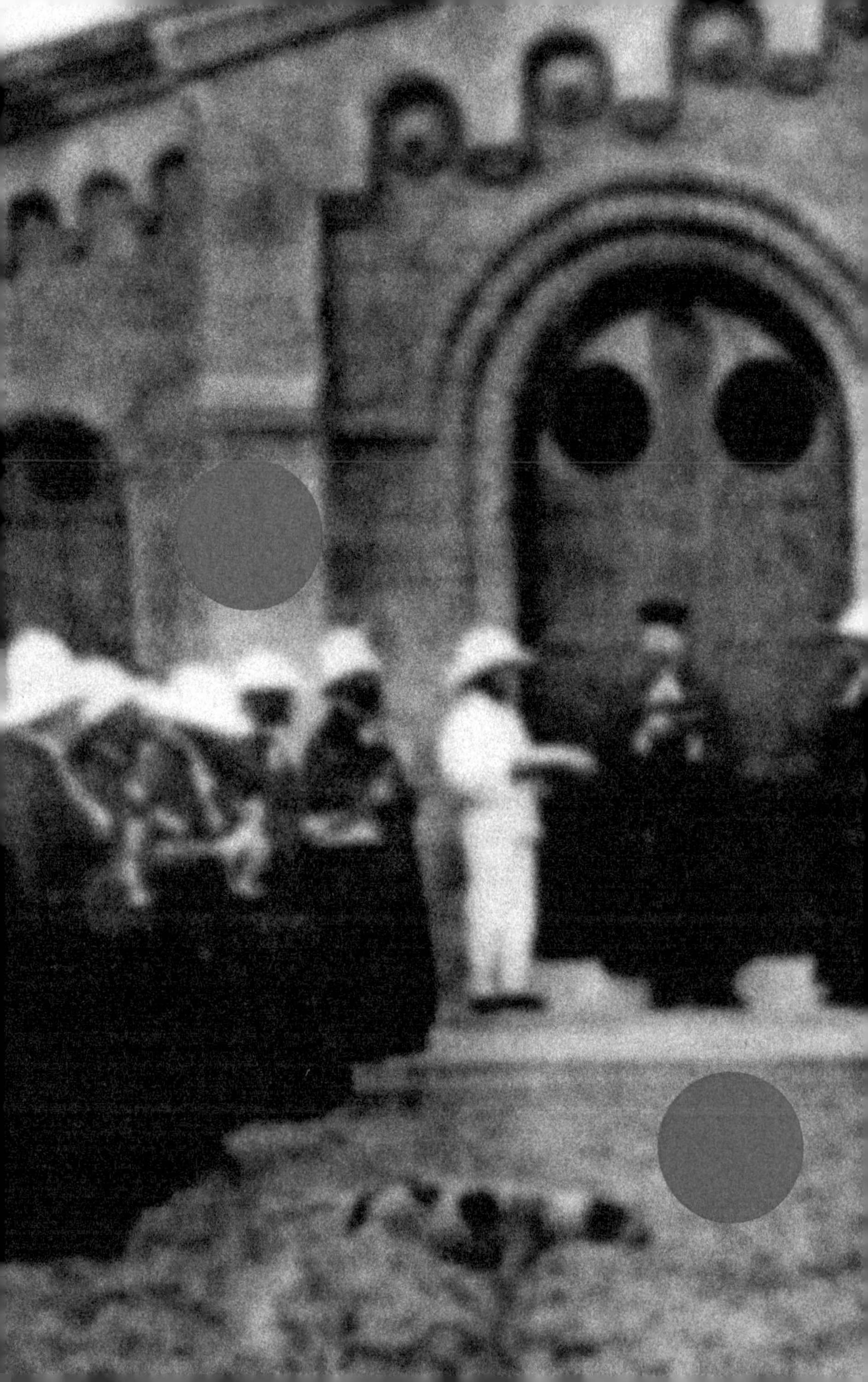

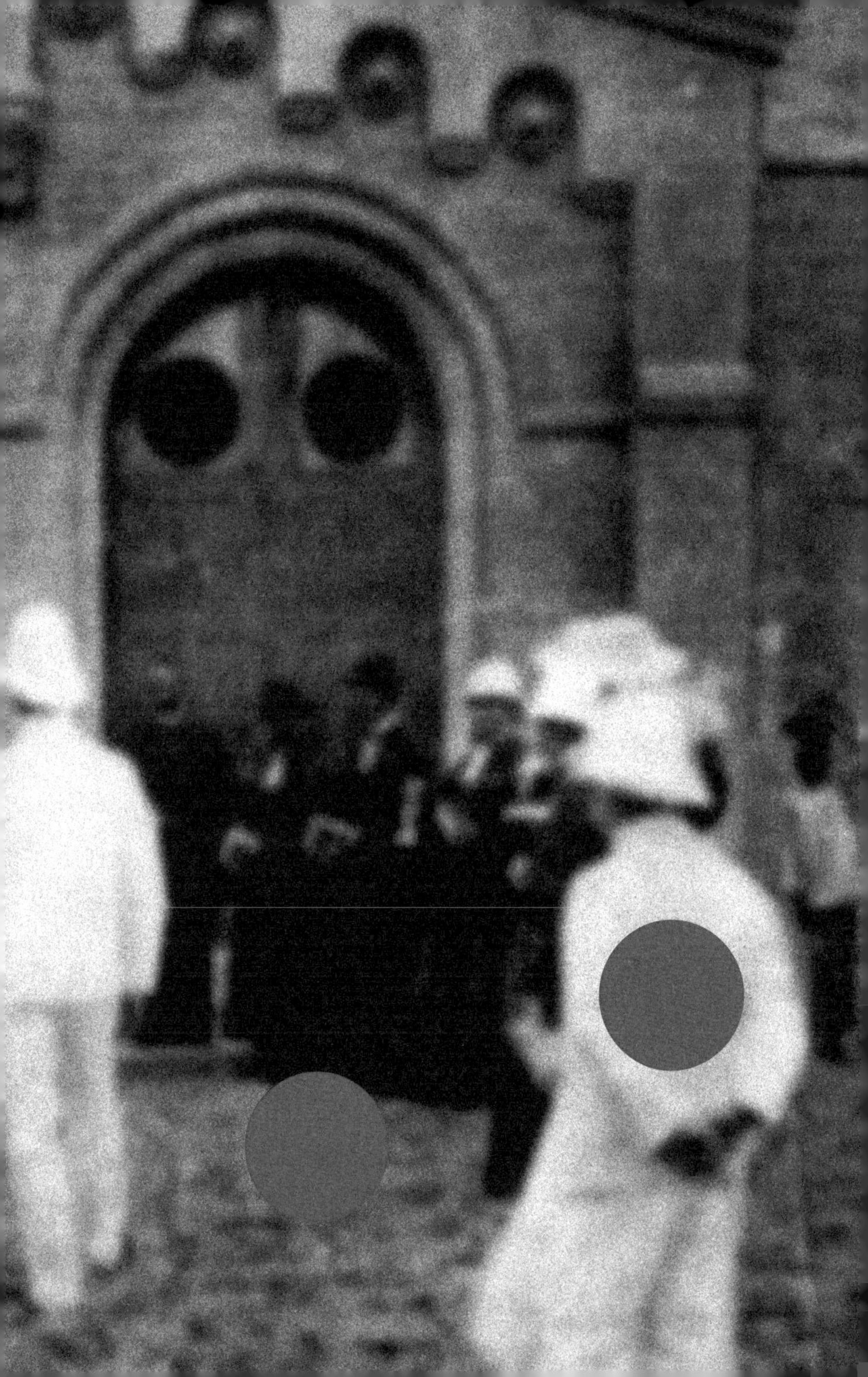

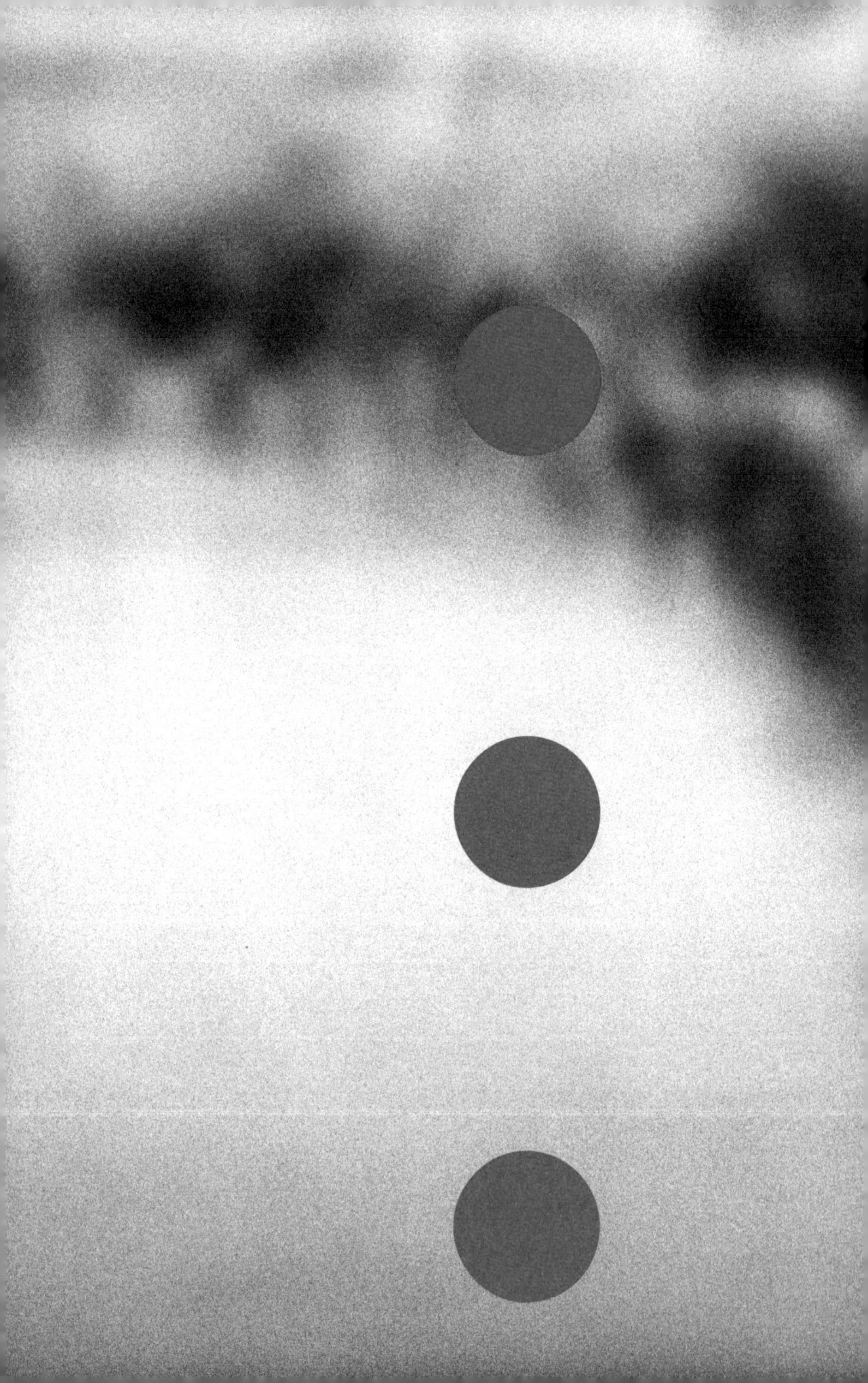

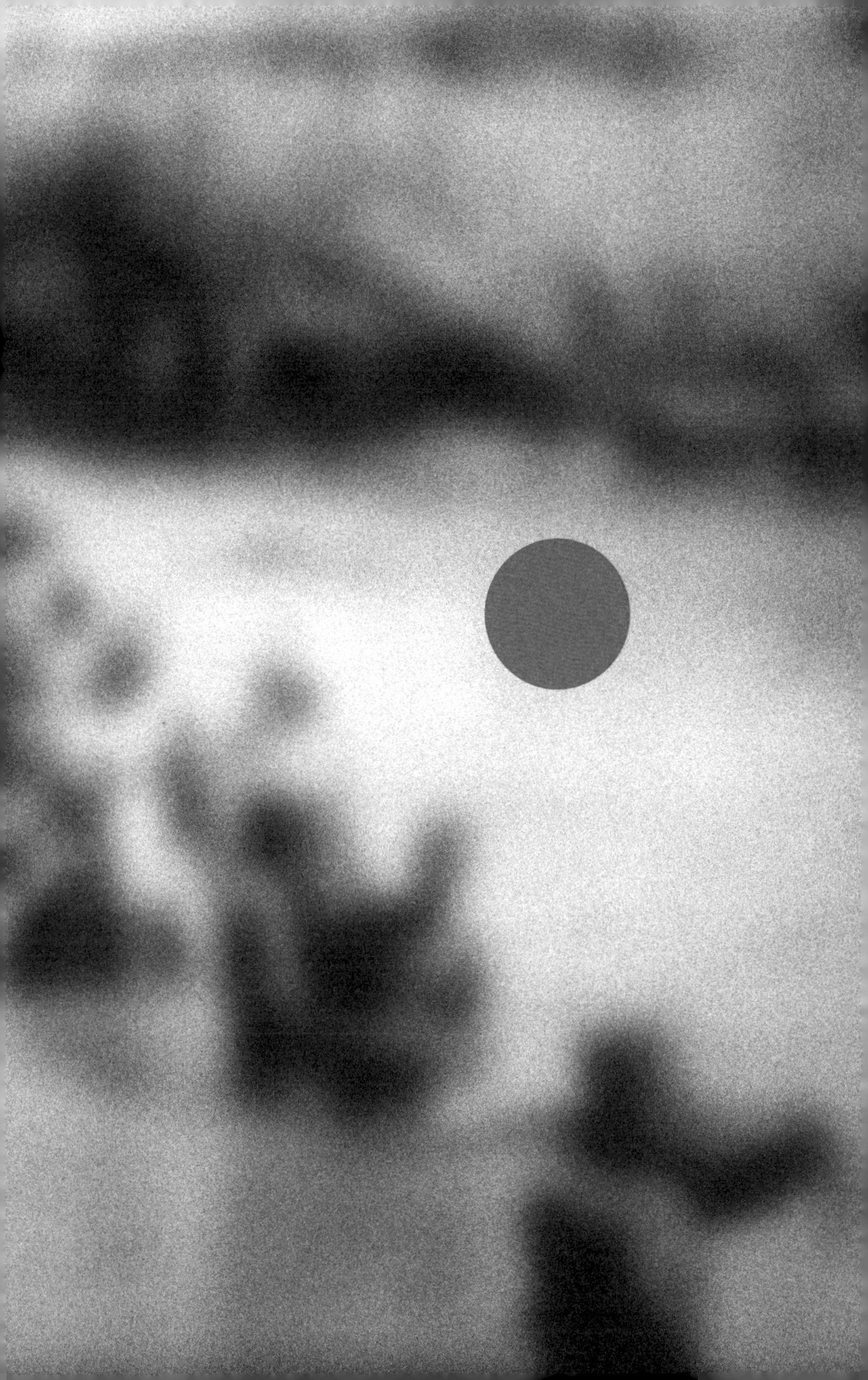

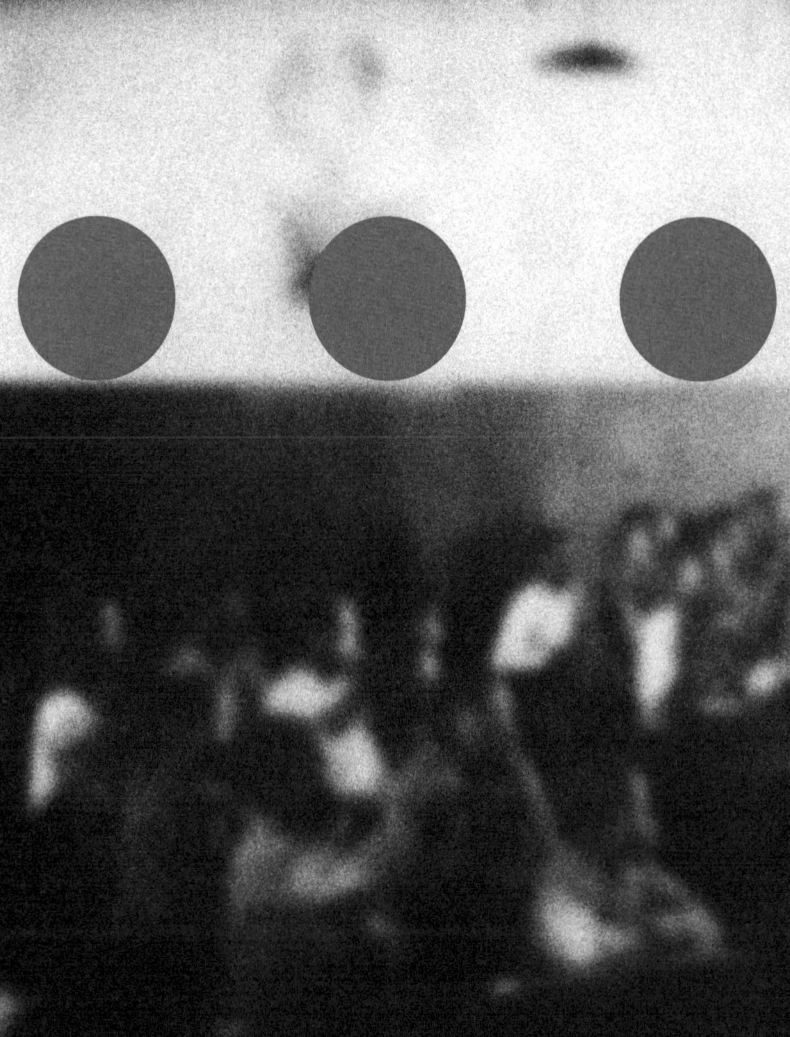

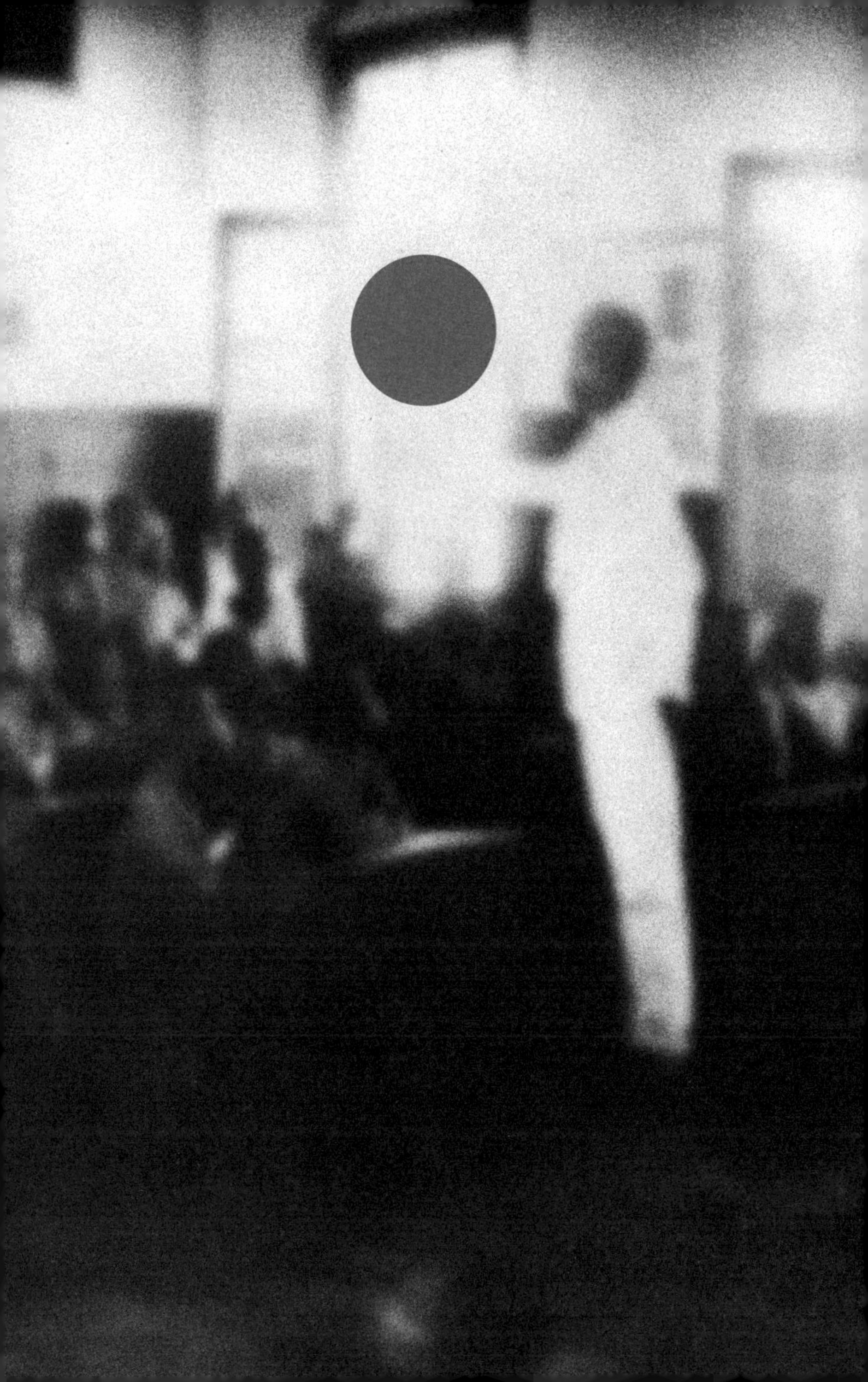

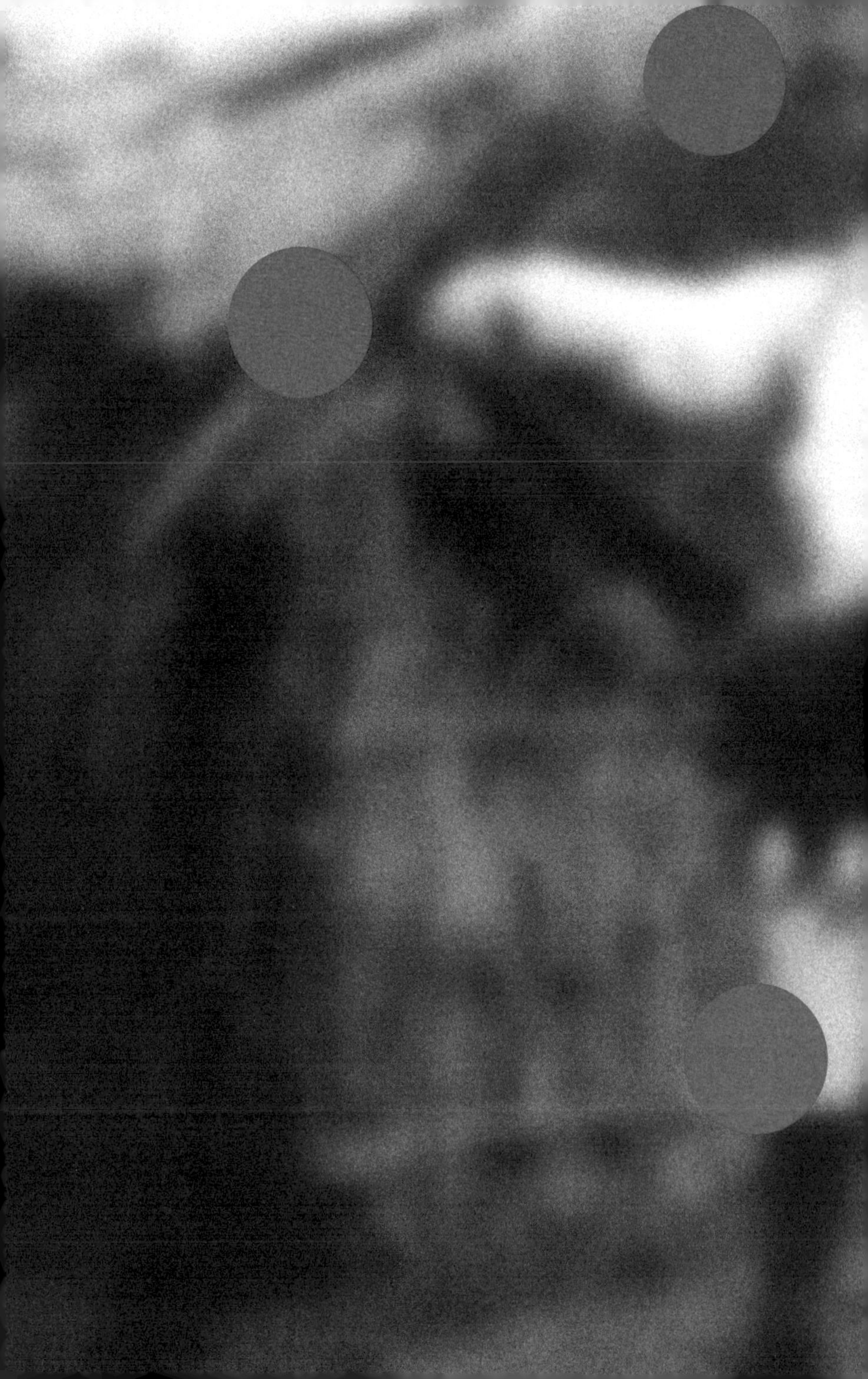

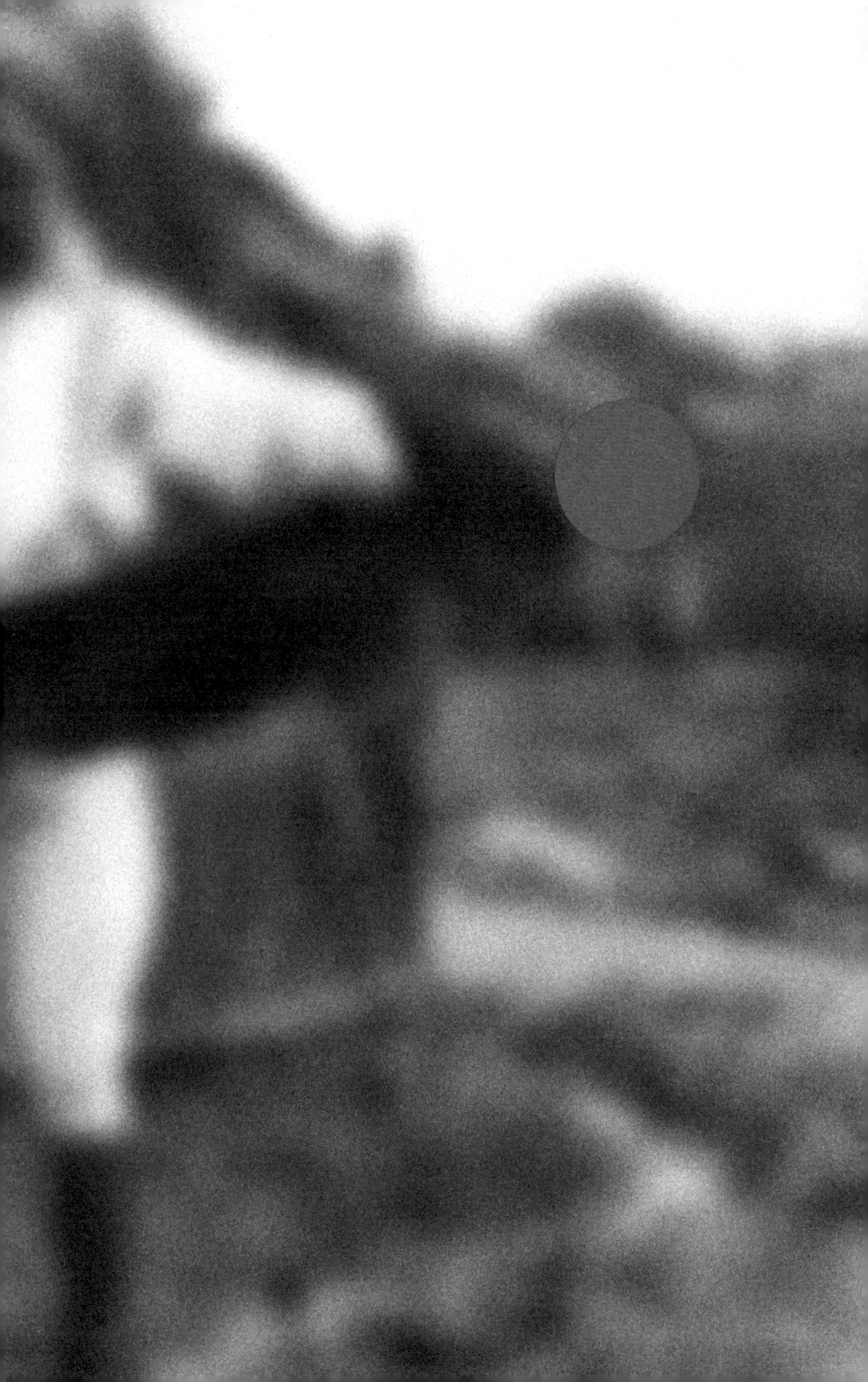

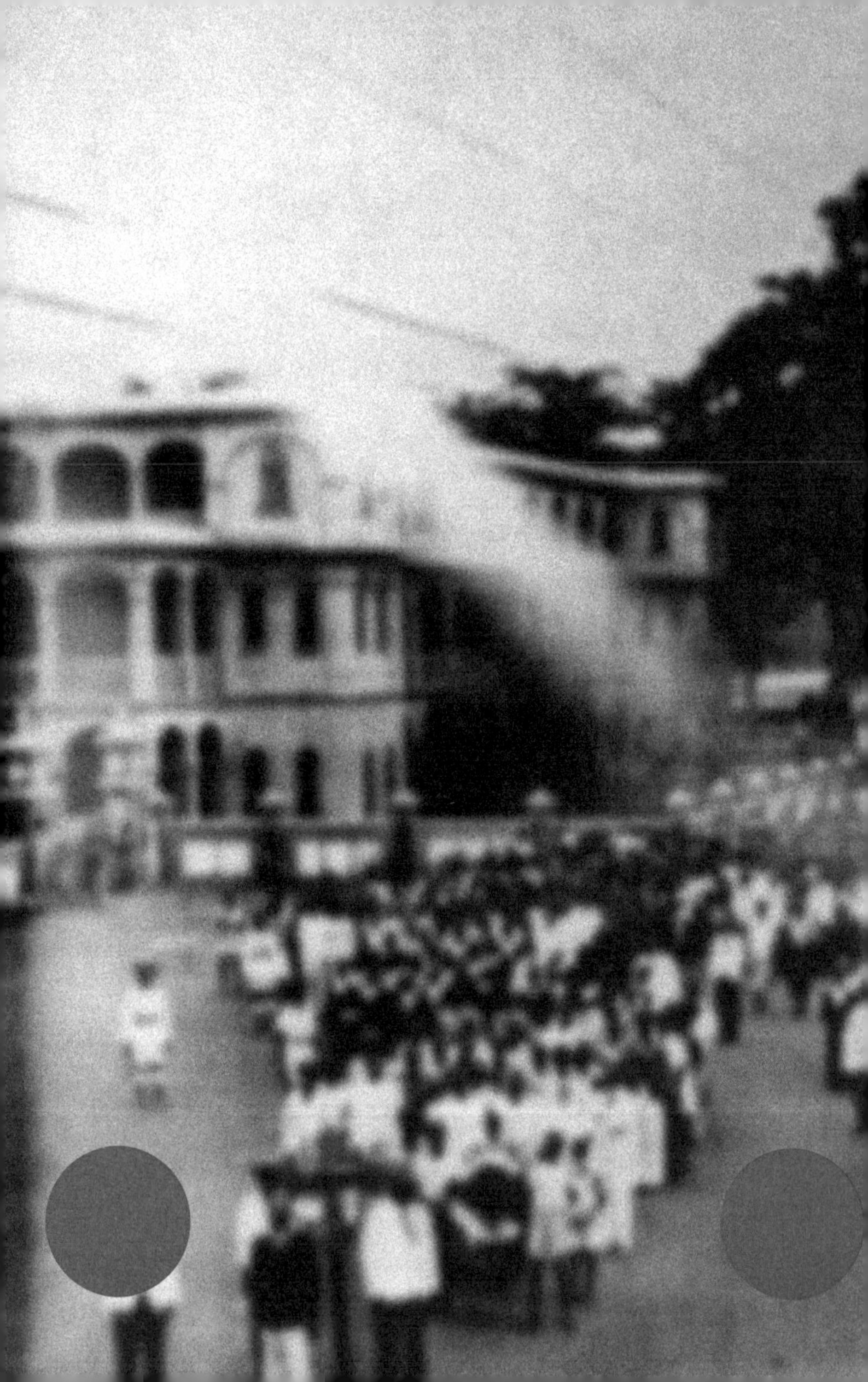

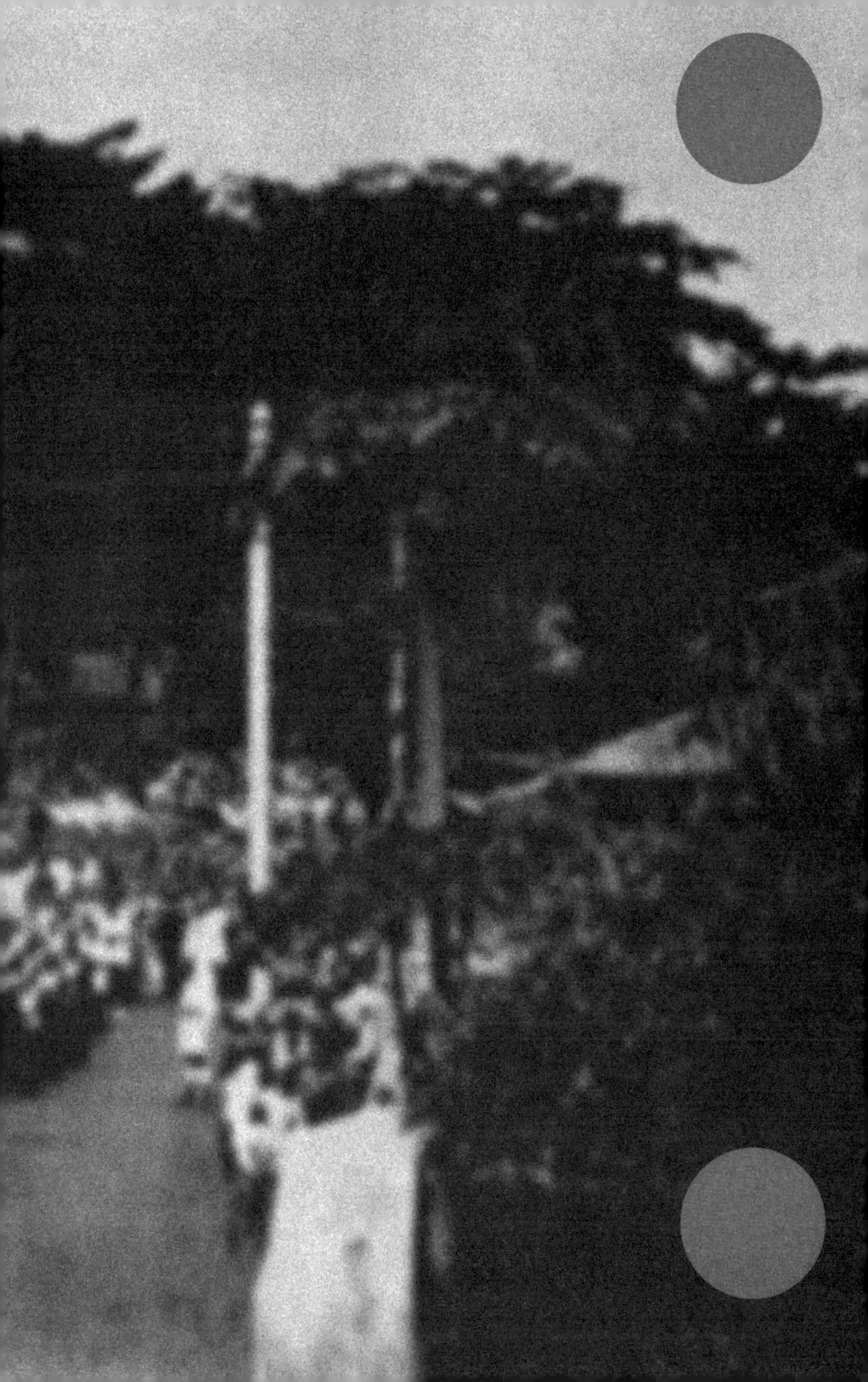

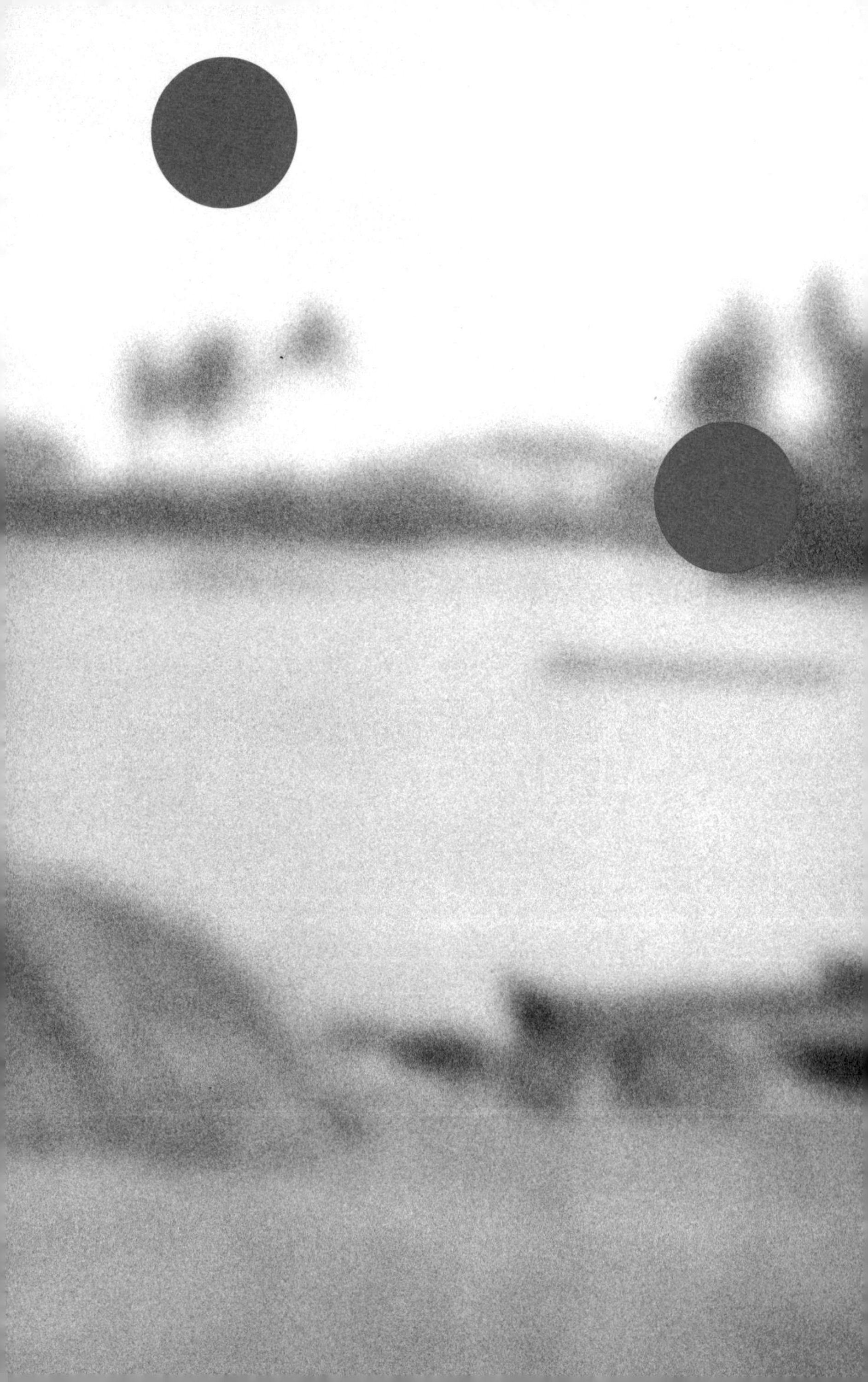

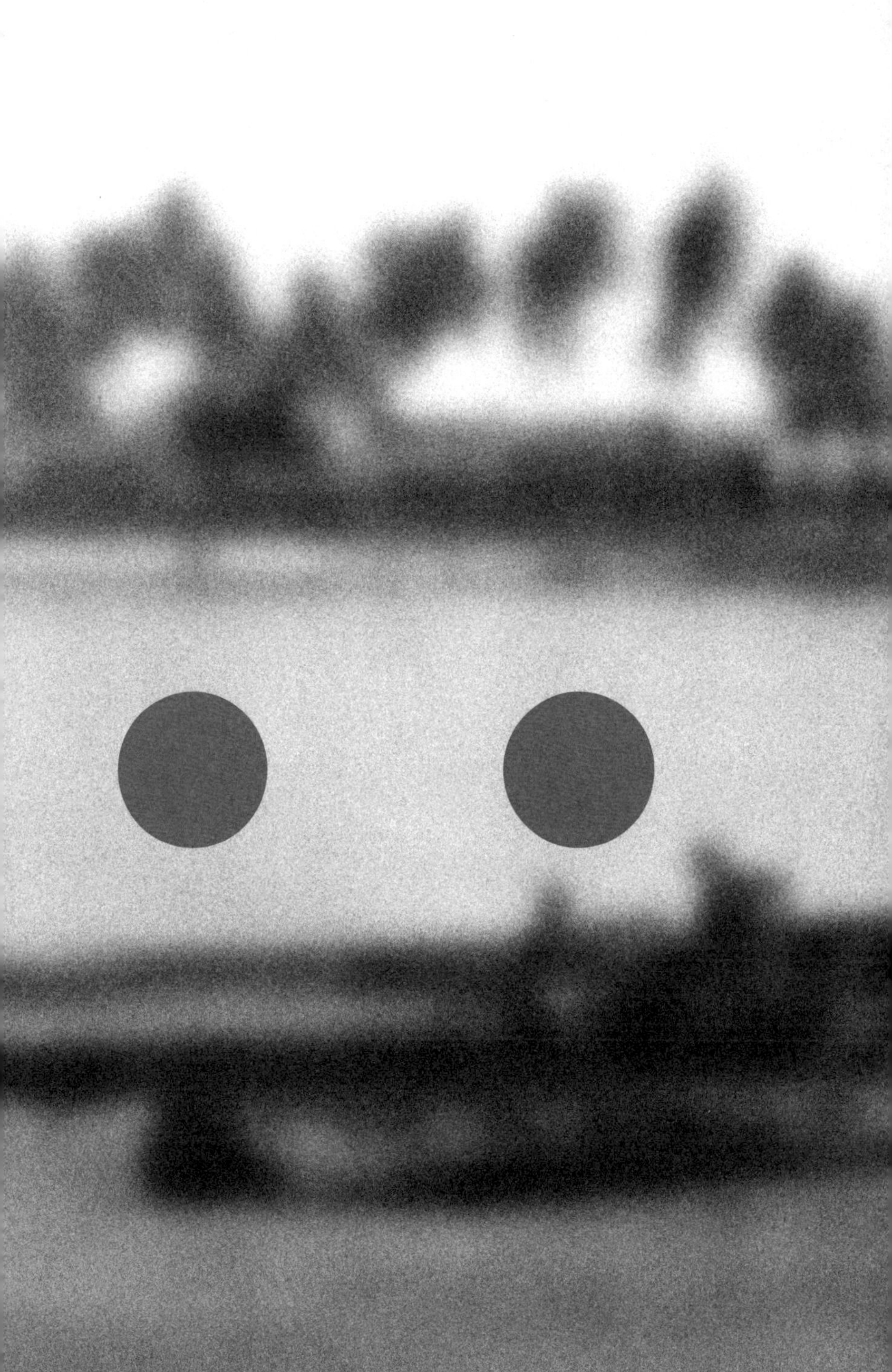

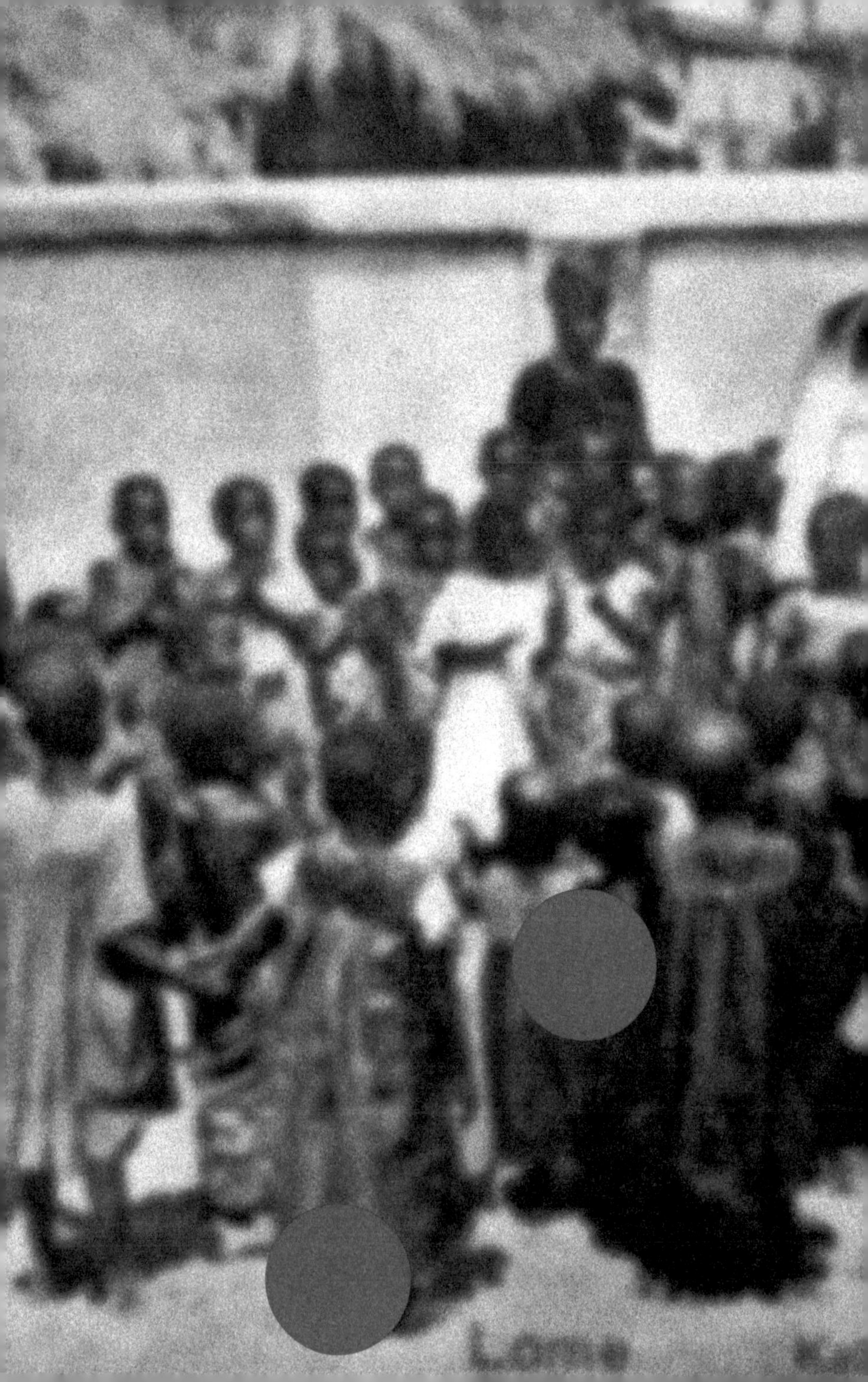

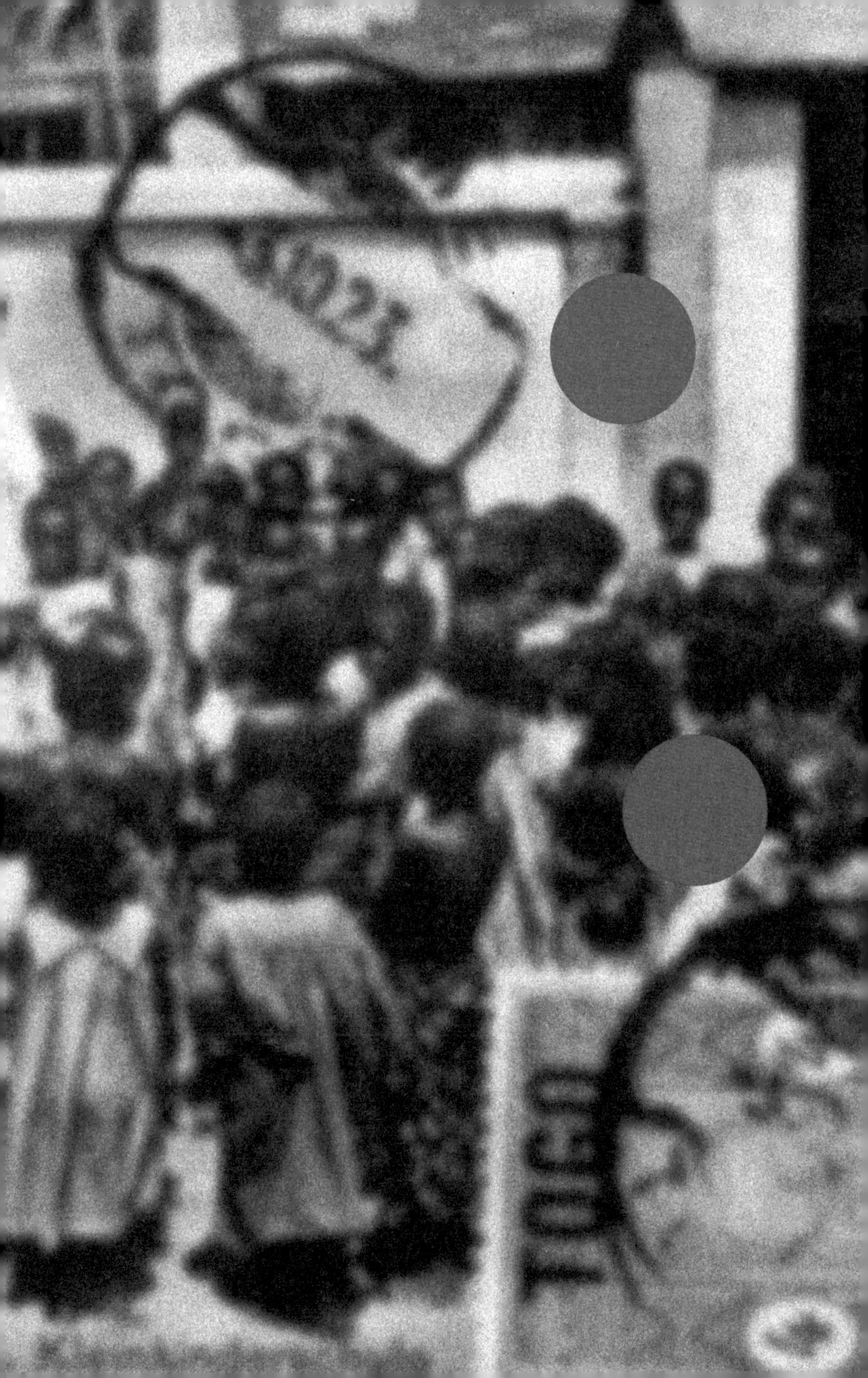

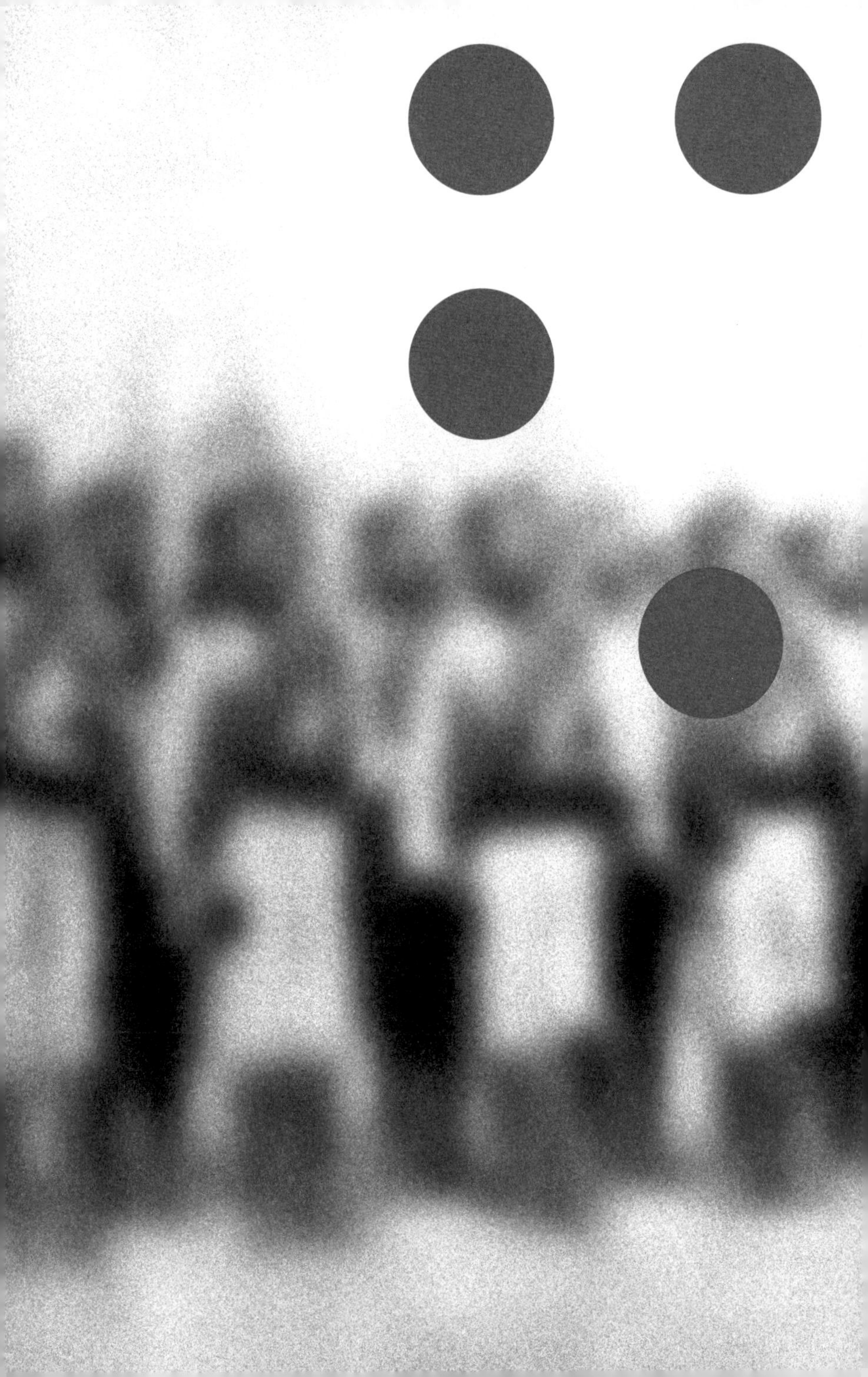

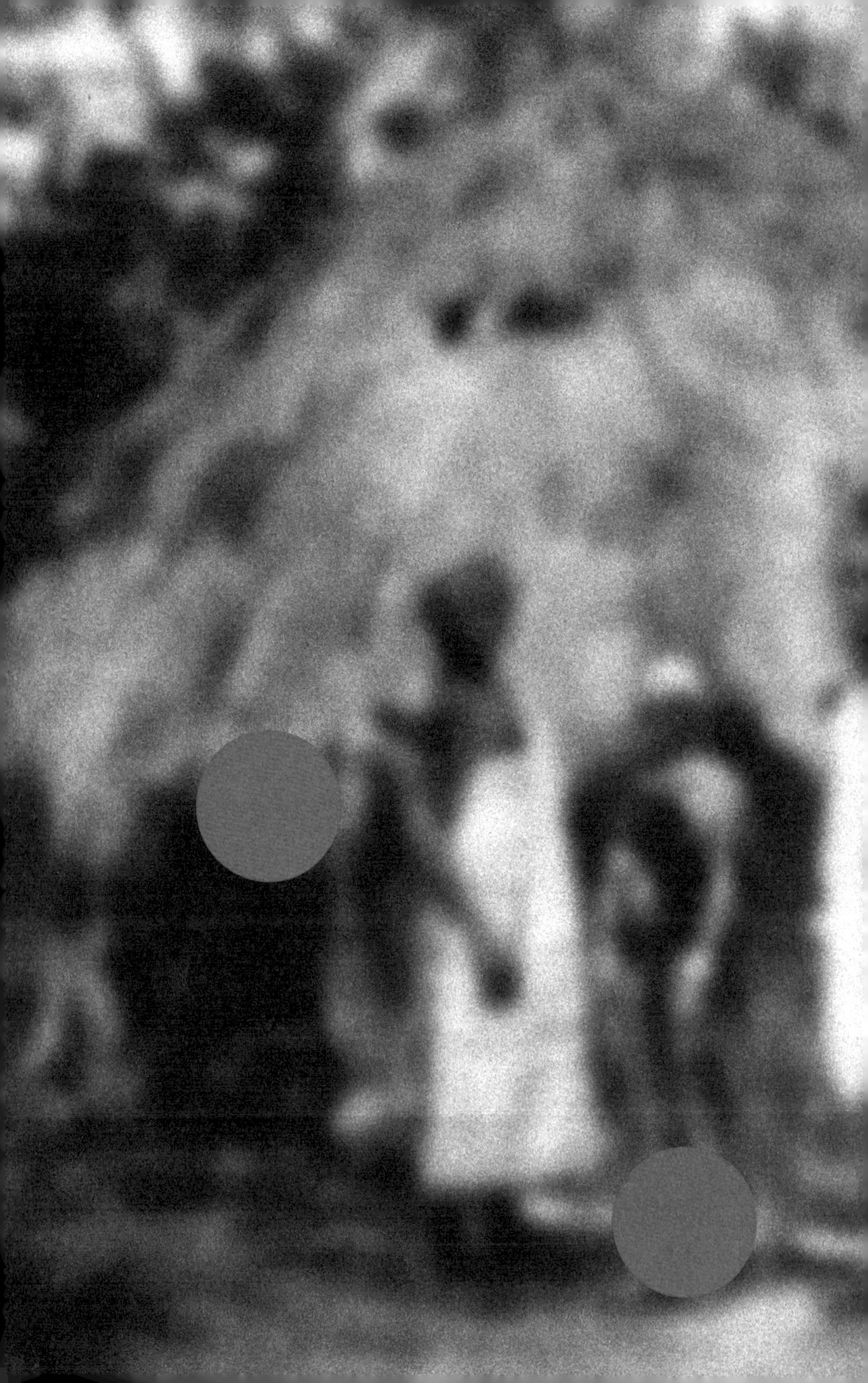

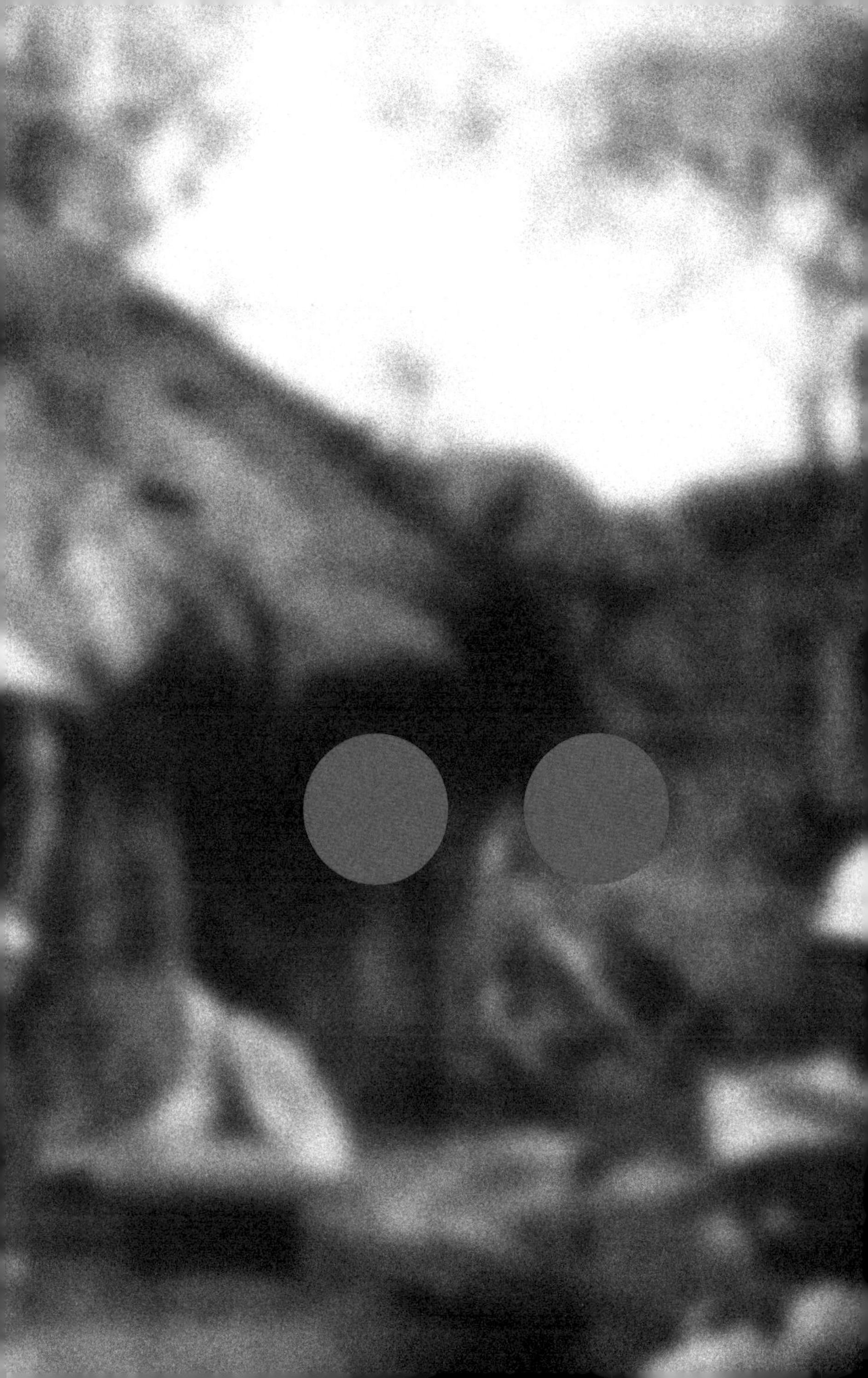

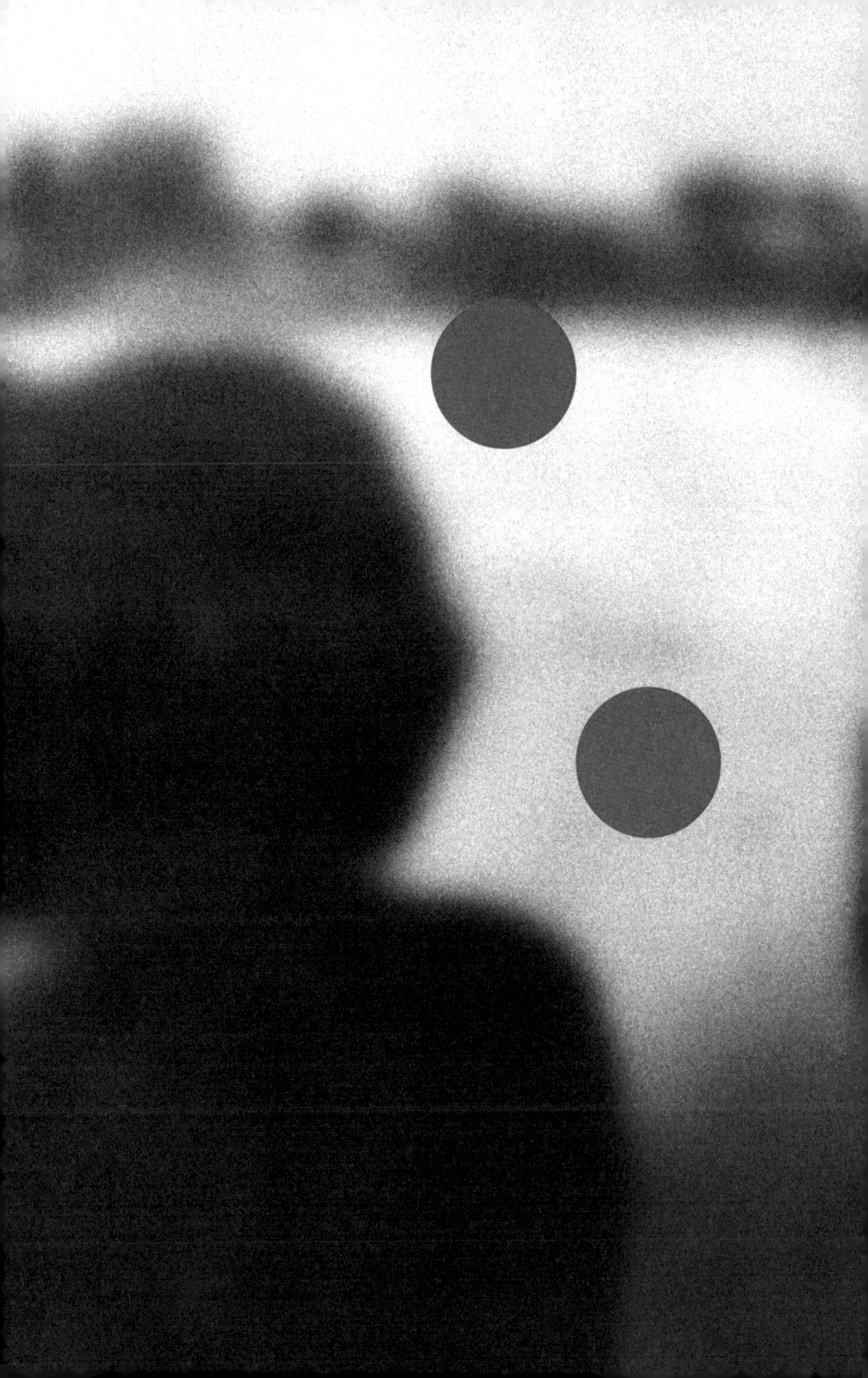

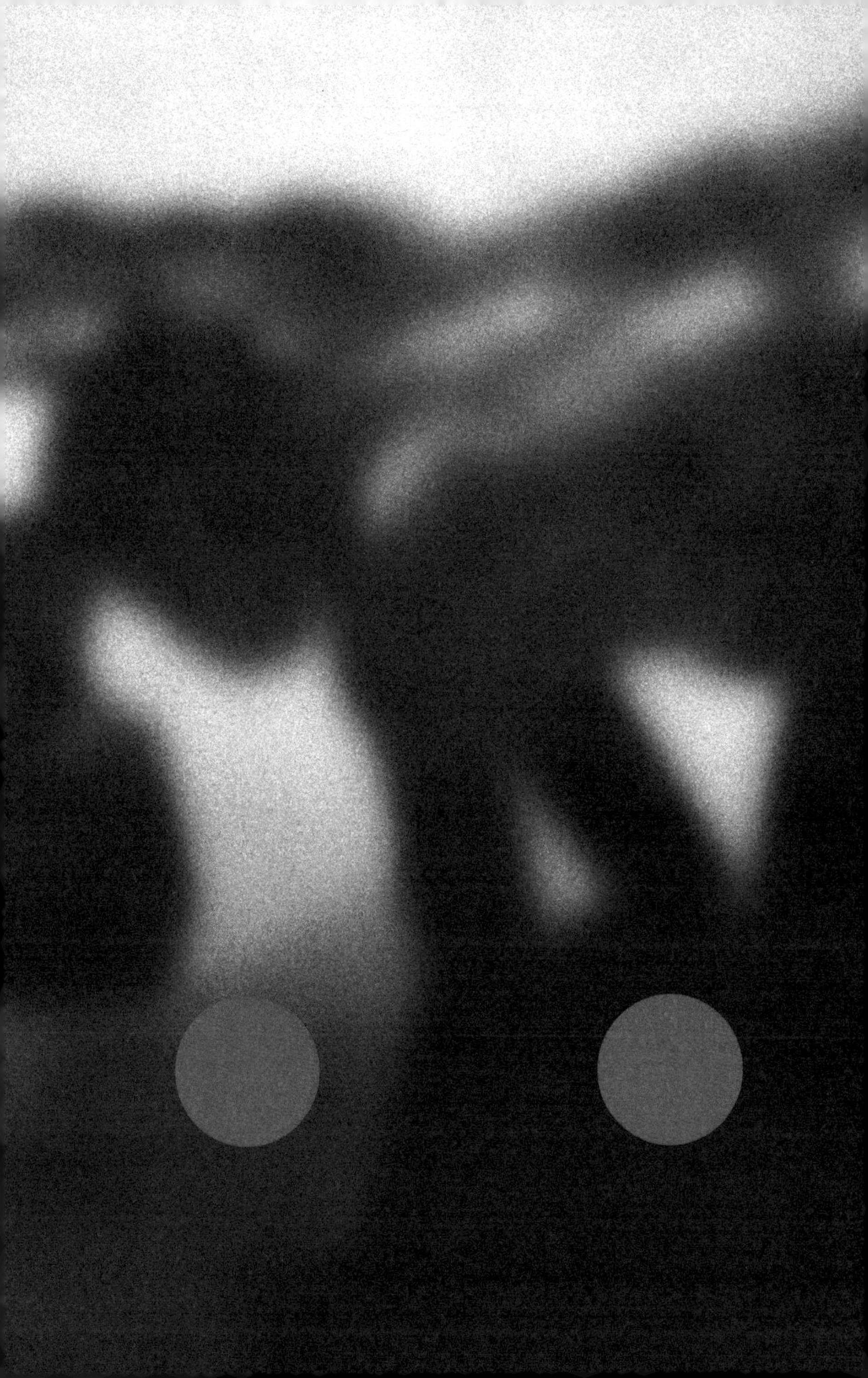

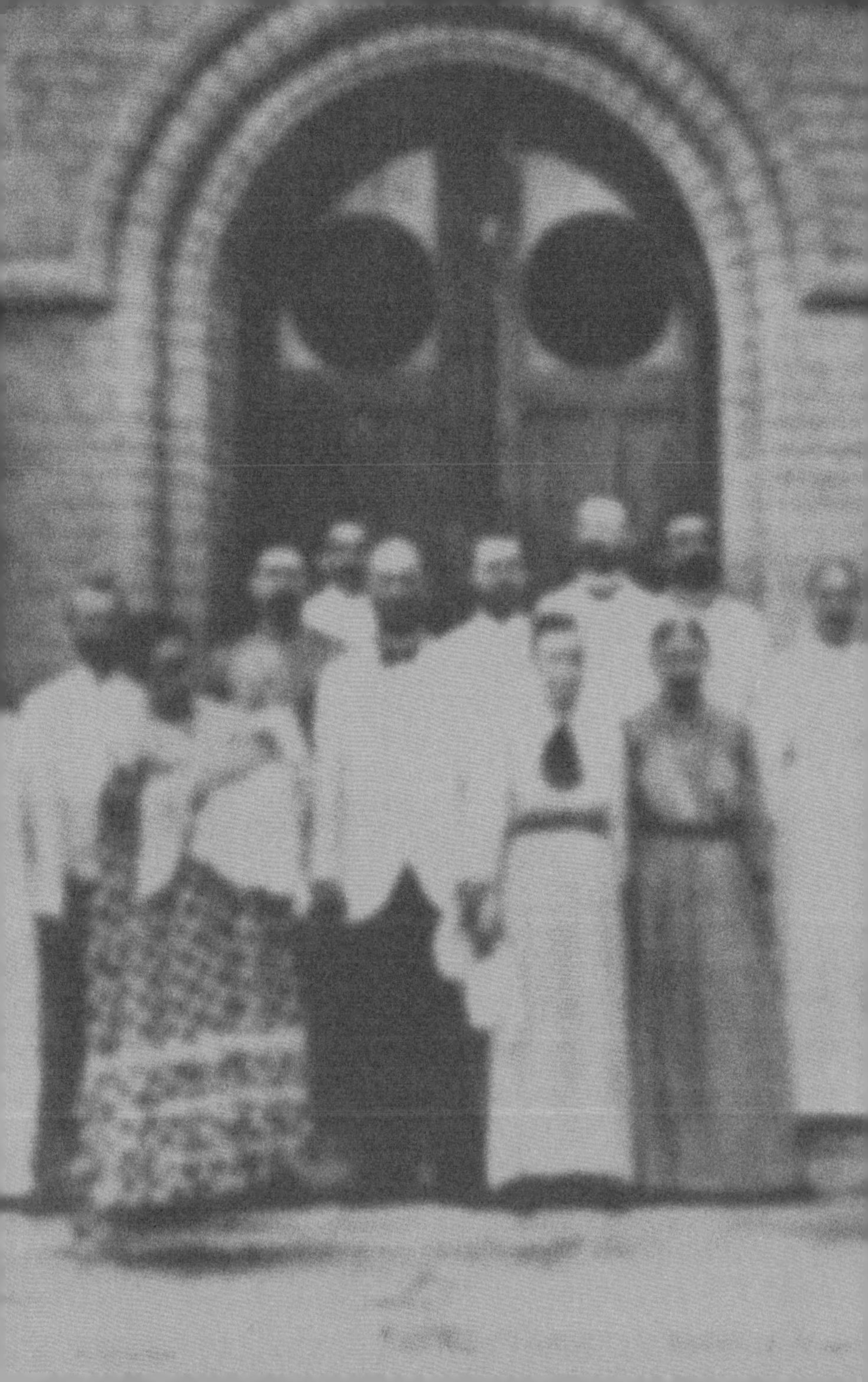

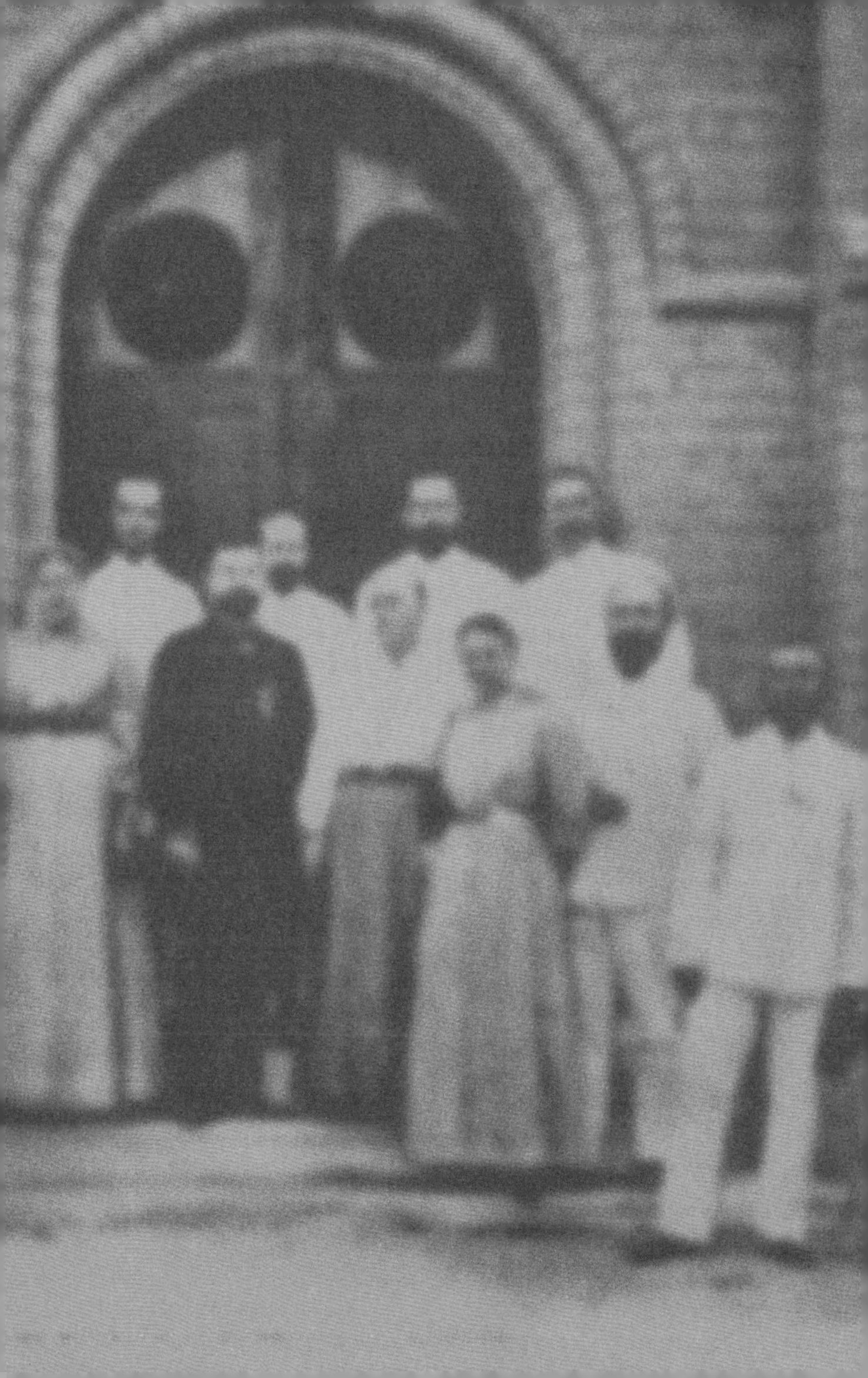

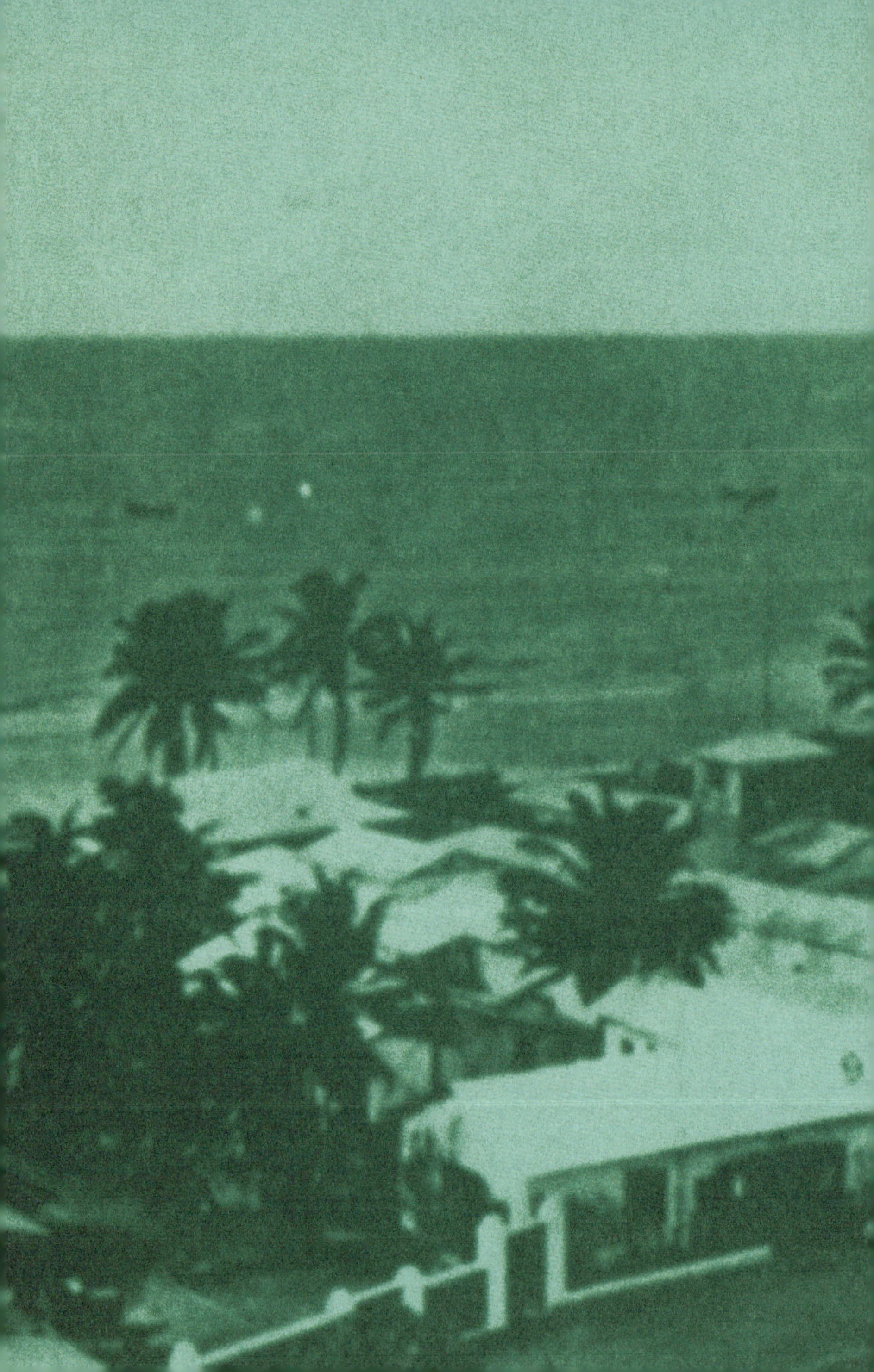

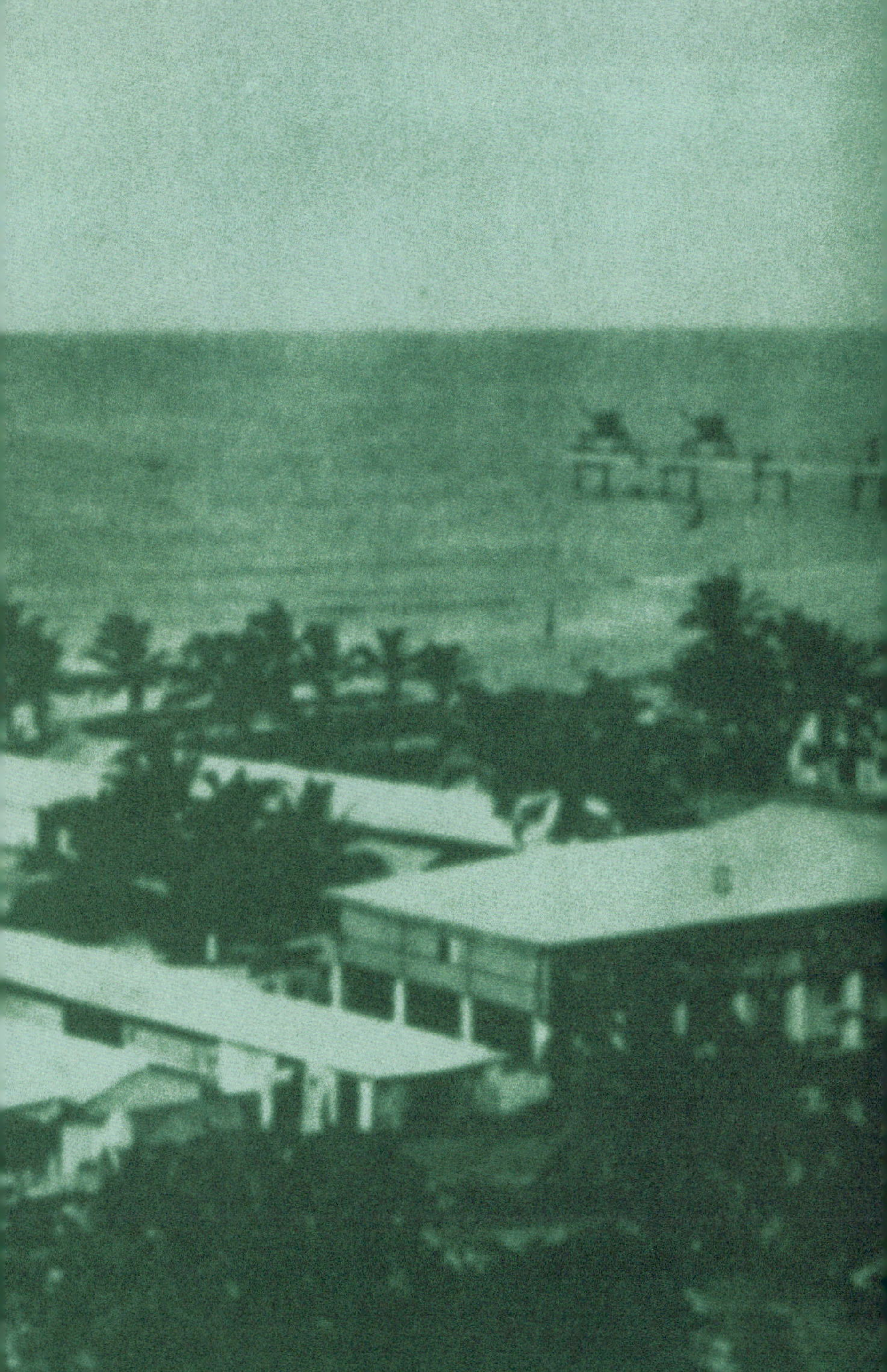

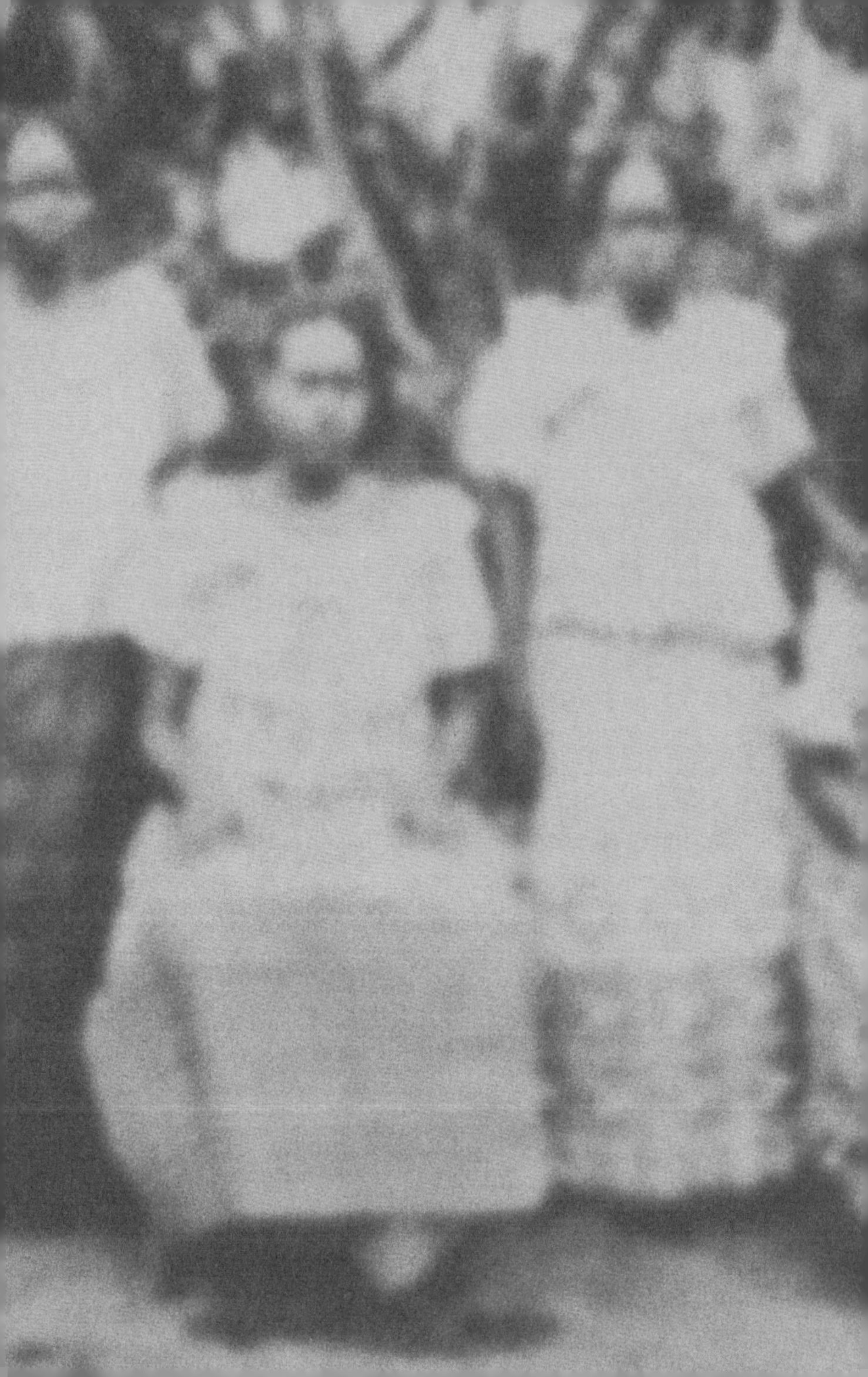

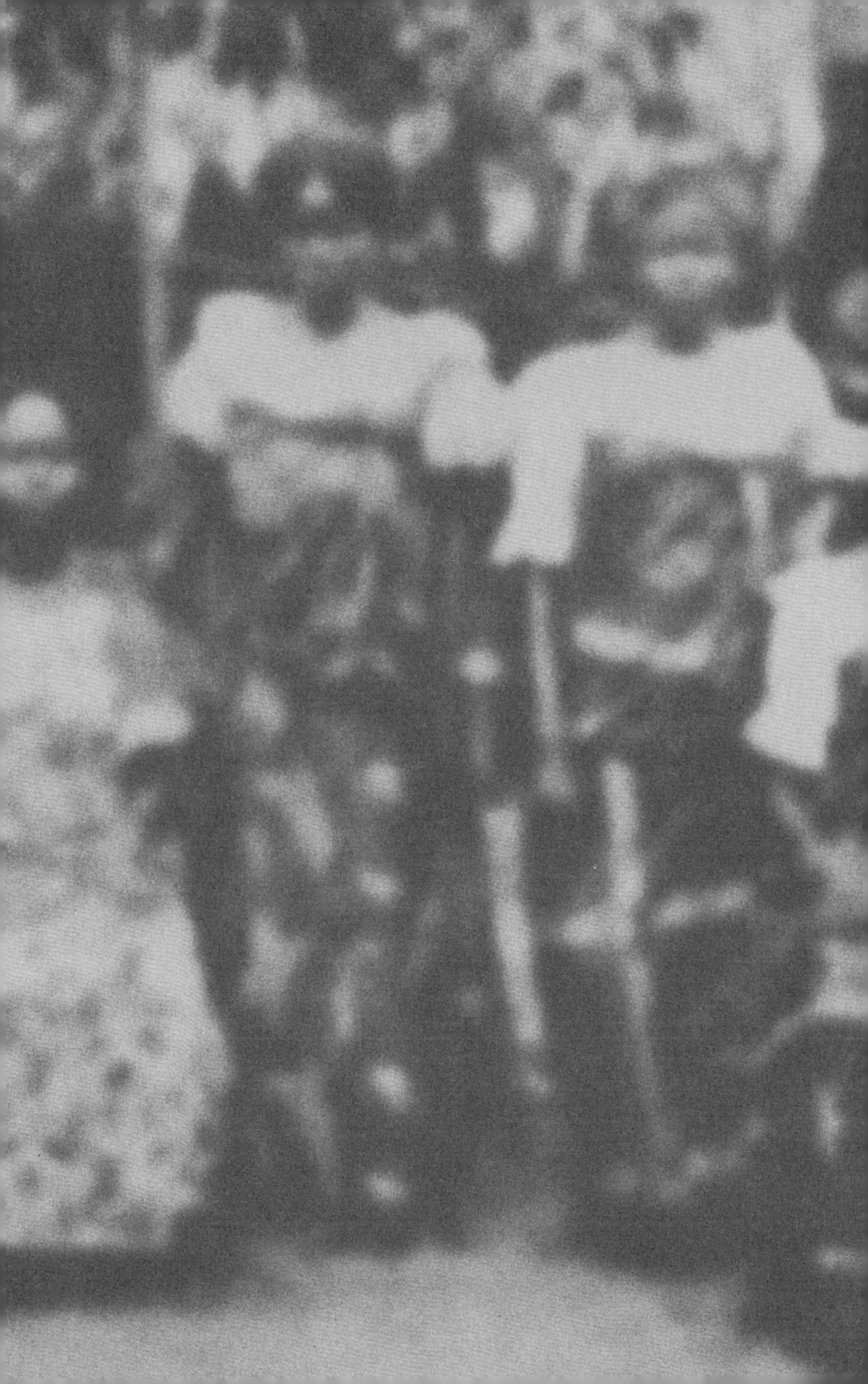

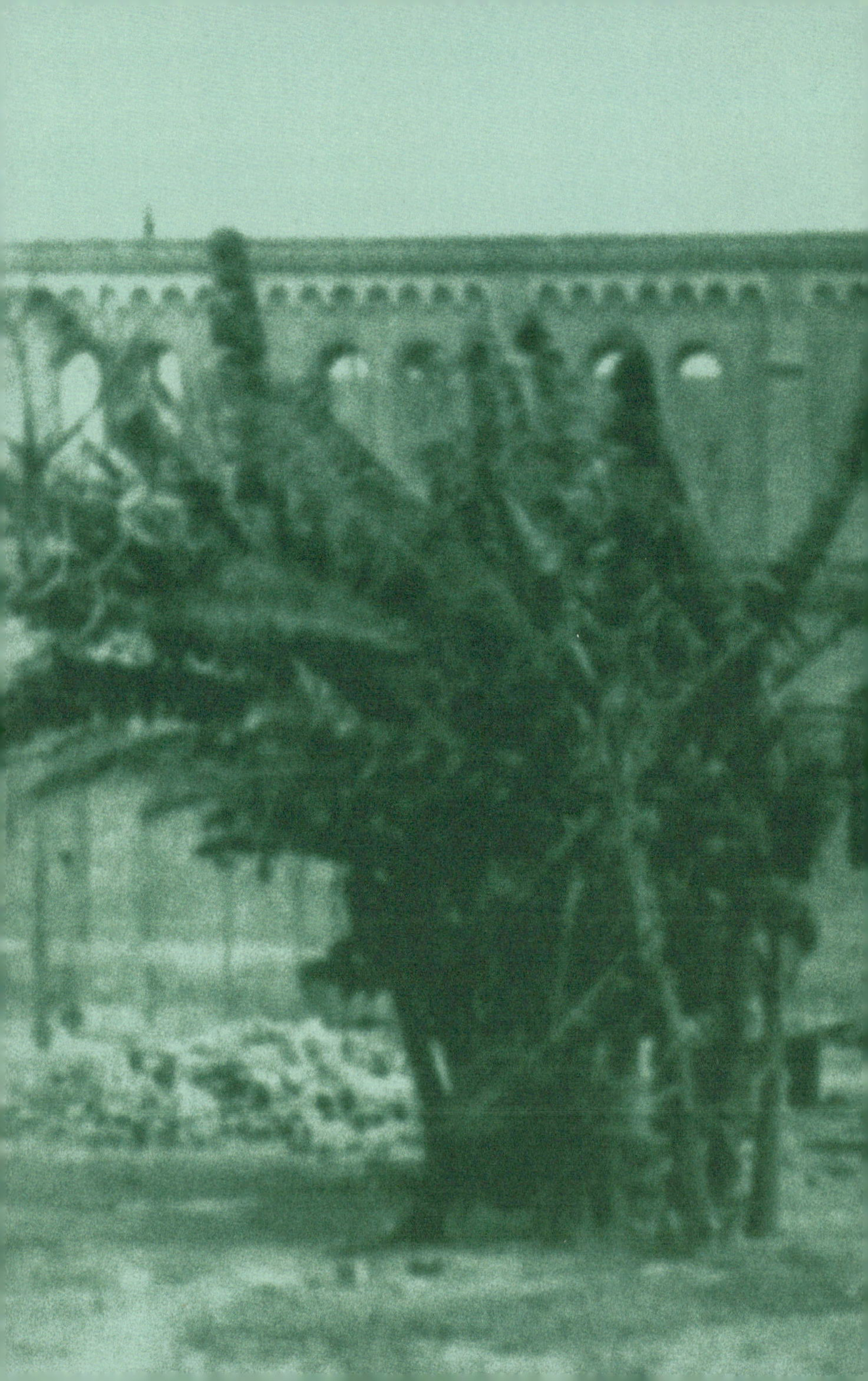

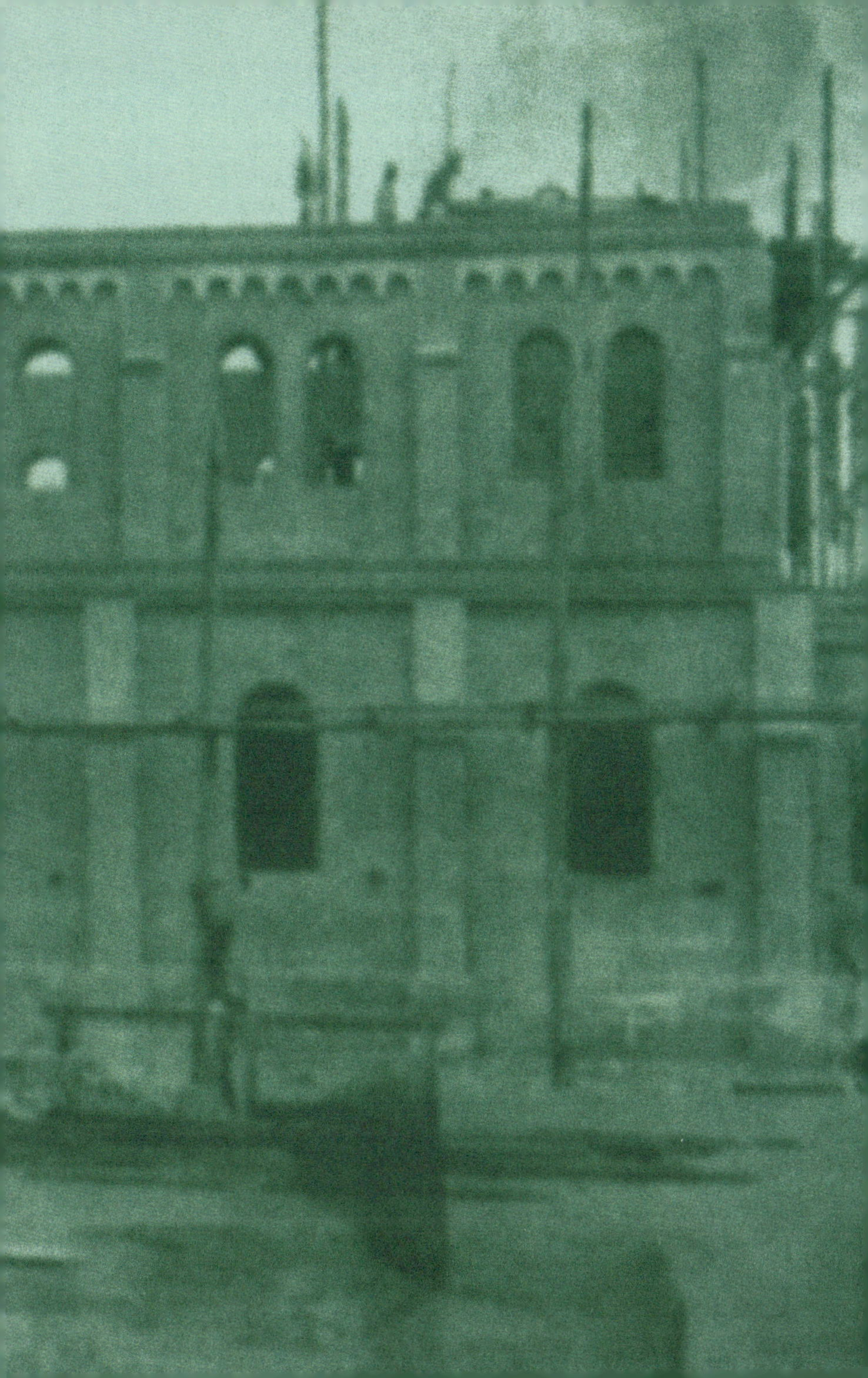

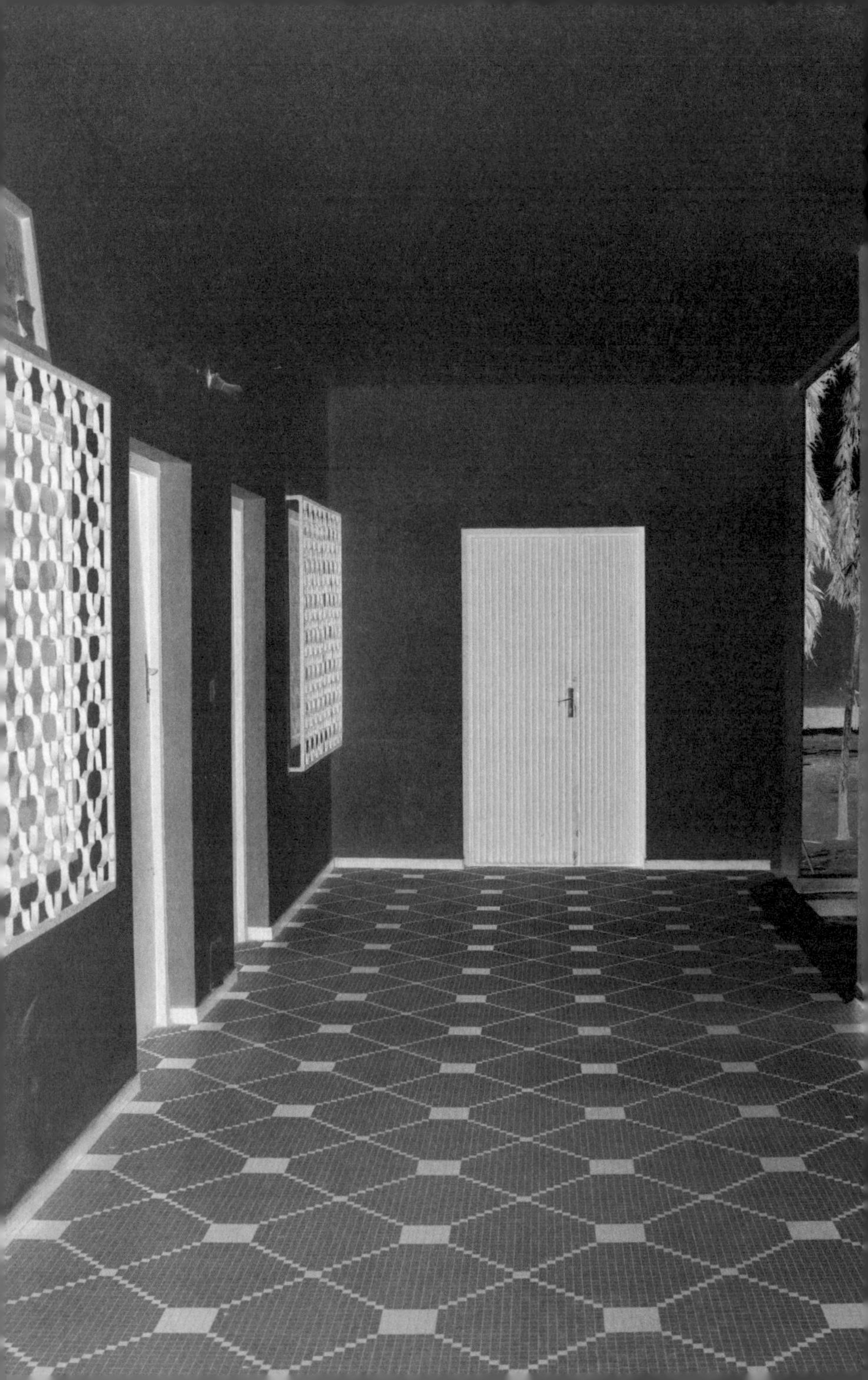

pr. 12/5

Euer Hochwohlgeboren sende ich in der
Anlage gehorsamst Abschrift
1) meines Berichtes an den Gesandten ...
... an Seine Durchlaucht den Fürsten
von Bismarck und
2) meines Erlasses des Grafen ...
Bismarck an den Gesandten von ...
... betreffend ... Anstellung ...
... in den deutschen Schutz-
gebieten von Kamerun und Togo z...
gefälligen Kenntnisnahme zu ...
... der Kaiserliche ...
... Verhältnis

[Unterschrift]

M 2

... stellvertretenden ...
Freiherrn von Puttkamer
Hochwohlgeboren

April 6th 1888

To His Excellency
   The Commandant L. Pope.

Your Excellency
           Permit me to enclose the
deposition of the case and statement
of the two women, now here, as
at the English Mission on which
behalf I craved the King's
protection of the Govt. officer
on April 5th. & beg to add further
that the Rev. J. J. Martin in a
letter to me of Yesterday (April ...)
adds, in substantiation of the
women's deposition.
      "No sooner did I hear the enclosed
deposition (Aug 17th 1886) and knew
that Anorkor who then was one of
Chief Lawson's people, than I went
to him to assist us in saving
the woman & her children from
being sold into slavery, he sent
for Anorkor and her people
who denied the truth, but at
the last meeting a man by the
name of Foli Fia (Anorkor's uncle
hired men to take them as they
came from Chief Lawson's place
by force but my presence
deterred them from carrying out
their intentions yet they can
be secretly sold if they are
not — in a refuge at the Mission
—
      We therefore earnestly crave
your Excellency's protection for
these poor women, both as for-
warding the cause of right &
of humanity — & that under her
protection they may in safety
carry on their usual house-
work &c.

Kaiserl. Gou...
5 AUG 189...

...vorläufigen Abschluss gekomme...

...chosser in Amedschovhe eine ge...

...ya eine Kapelle erbaut.

...en mussten einige unter recht tra...

... Es ist das um so wehthuender, a...

...um Lehrer gebeten werden. Zwei uns...

...Krankheit wegen genötigt sich aus...

...in dem

...sbilden li...

...auch haben m...

...traten nach bes...

...konnt

...e die

N° 1717 pr. 9 Febr. 18.. a. m.

N° 15

Rom, 5. Februar 18..

Der General-Prokurator der Pallotiner
Pallotiner-Väter, meldete mir, daß
in amtlichen Sitzungen des Kardinals-
Konsiums beschlossen der Propaganda,
letztere beschlossen habe, für Kamerun
und Togo ein eigenes Centrum zur
besseren Führung der Propaganda-Schaffen
Präsidentur zu gründen, an deren
die Deutschen und zwar der dazu
falsch gehörigen Geister Väter
falls, welcher bisher in die traditio-
befindlichen Pallotiner geleitet hat
Als Missionare sollen in Kamerun
und Togo nur deutsche geschickt
werden.

(gez.) Schlözer

Seiner Durchlaucht dem Fürsten von Bism...

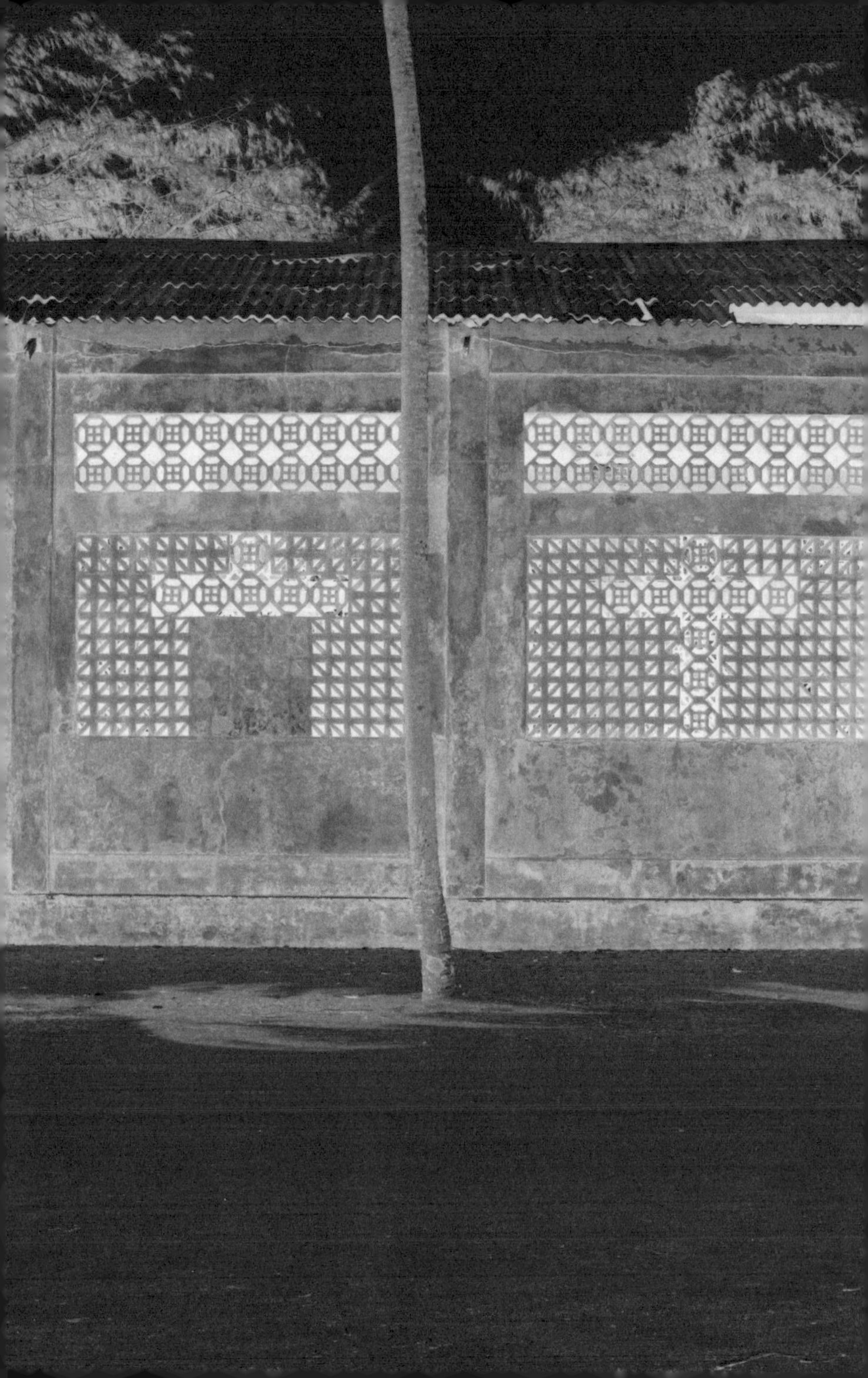